高职高专
市场营销专业
工学结合
规划教材

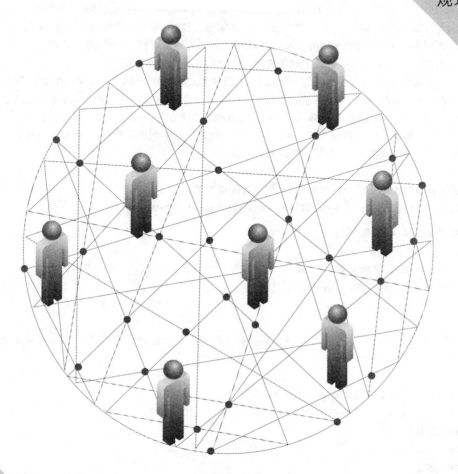

市场调研与预测

（第二版）

李 隽 主编

王世法 兰洪元 程玲云
陆兰华 杨柳月阳 副主编

清华大学出版社
北 京

内 容 简 介

本书根据高职高专人才培养目标及企业市场调研人员岗位需求标准及要求,按照市场调研与预测工作过程,采用"项目导向、任务驱动"的模式,"教做学"一体化,注重市场调研技能的培养和训练。按照一个完整的市场调研与预测工作过程,全书共由 9 个项目组成,每个项目又分解为具体的工作任务,每个工作任务采用"五步教学法"设计:即任务引入、知识铺垫、任务实施、汇报交流和总结拓展。并且,在每个项目后都配有相应的知识图解、知识检测、案例分析及技能训练等丰富的教学资料。此外,本书还配备了丰富的数字化教学资料,针对各项目的重难点嵌入了相关视频,便于线上、线下同步学习。

本书是校企结合、校校合作的集体智慧结晶,也是江苏省教育厅 2014 年度高校"青蓝工程"资助项目成果。本书结合企业实战经验,同时又总结了众多一线教师的教学改革经验和成果,精选大量最新的具有代表性的、真实的市场调研案例,全书体现了"职业性、实践性、开放性、创新性"的高职特色。

本书可供高职高专院校市场营销专业及财经大类相关专业学生用作教材,也可作为高职高专院校其他专业学生和广大在职调研人员、营销人员的培训教材。

图书在版编目(CIP)数据

市场调研与预测/李隽主编. —2 版. —北京:清华大学出版社,2020.9(2023.8重印)
高职高专市场营销专业工学结合规划教材
ISBN 978-7-302-54377-0

Ⅰ.①市… Ⅱ.①李… Ⅲ.①市场调研—高等职业教育—教材 ②市场预测—高等职业教育—教材
Ⅳ.①F713.52

中国版本图书馆 CIP 数据核字(2019)第 263346 号

责任编辑:左卫霞
封面设计:傅瑞学
责任校对:赵琳爽
责任印制:沈　露

出版发行:清华大学出版社
　　　　网　　址:http://www.tup.com.cn, http://www.wqbook.com
　　　　地　　址:北京清华大学学研大厦 A 座　　　　邮　　编:100084
　　　　社 总 机:010-83470000　　　　邮　　购:010-62786544
　　　　投稿与读者服务:010-62776969,c-service@tup.tsinghua.edu.cn
　　　　质量反馈:010-62772015,zhiliang@tup.tsinghua.edu.cn
　　　　课件下载:http://www.tup.com.cn,010-83470410
印 装 者:北京嘉实印刷有限公司
经　　销:全国新华书店
开　　本:185mm×260mm　　　　印　　张:18.25　　　　字　　数:443 千字
版　　次:2016 年 2 月第 1 版　　2020 年 9 月第 2 版　　印　　次:2023 年 8 月第 4 次印刷
定　　价:54.00 元

产品编号:086576-01

我们正面临的是一个快速变化的新营销时代，今天的成功经验还没来得及总结，可能已成为明天进步的障碍。"微利时代"给企业营销提出了新的挑战。

几乎所有的营销者都希望能像阿里巴巴一样，站在一个宝藏库的门前，念一句"芝麻开门"，就能不费吹灰之力得到里面的"真金白银"。为此，他们也确实下了不少苦功去寻找和学习这种本领，然而，无论学习的是菲利普·科特勒和阿尔·里斯的"咒语"，还是大卫·艾克的"法术"，最后大多数人都以失望告终。因为无论那些"咒语"和"法术"如何精妙灵验，如果没有与企业自身的营销实践相结合，没有运用科学的营销方法与策略，也都百无一用。

因此，所有的营销者都不应忘记，市场上的宝藏有很多，但是在使用那些灵验的"咒语"之前，先要找到适合自己和企业的营销理论、方法与策略。只有这样，行走在营销大道上的营销者才能穿越重重迷雾与陷阱，最终运用自己学到的"咒语"和"法术"打开成功营销的大门。

随着我国社会经济又好又快地发展，社会对市场营销人才的需求日益扩大，与此同时，企业在市场上的营销竞争也更加激烈。因此，能否培养出不但数量足够，而且素质和技能较高、能够充分适应和满足企业市场营销需要的营销专业人才，已成为当前我国高职高专院校和市场营销业界必须思考与解决的一个既重要又迫切的问题。

要培养出一支高素质、高技能的市场营销人才队伍，关键要编写出一套体系科学、内容新颖、切合实际、操作性极强的市场营销专业教材。正是基于这样的需要，我们在广泛征求全国高职高专院校市场营销专业的教授、专家、学者、学生，以及企业营销业界专业人士对市场营销专业教材建设的意见与建议的基础上，成立了高职高专市场营销专业工学结合规划教材编写委员会，采用课题研究的方式，通过走访企业和多次召开教材编写研讨会，对教材的编写原则、体系架构、编写大纲和基本内容进行了充分的探讨与论证，最后确定了一支由直接从事市场营销专业一线教学和科研工作，既具有丰富的市场营销教学科研经验，又拥有丰富的企业营销实践技能的专家、教授、学者和"双师型"教师组成的编写队伍。

高职高专市场营销专业工学结合规划教材的编写原则与特色如下。

1. 与时俱进，工学结合

本系列教材在充分贯彻和落实国务院《国家职业教育改革实施方案》(国发〔2019〕4号，简称职教20条)的基础上，注重市场营销新理论、新方法和新技巧的运用，充分体现了前沿性、新颖性、丰富性等特点。同时又根据高职高专市场营销专业学生毕业后就业岗位群的实际需要来调整和安排教学内容，充分体现了"做中学、学中做"，方便"工学结合"，满足学生毕业与就业的"零过渡"。

2. 注重技能，兼顾考证

本系列教材根据营销职业岗位的知识、能力要求确定教材内容，着重理论的应用，不强调理论的系统性和完整性。既细化关键营销职业能力和课程实训，又兼顾营销职业资格的考证，并通过大量案例体现书本知识与实际业务之间的"零距离"，实现高职高专以培养高技术应用型人才为根本任务和以就业为导向的办学宗旨。

3. 风格清新，形式多样

本系列教材在贯彻知识、能力、技术三位一体教育原则的基础上，力求在编写风格和表达形式方面有所突破，充分体现"项目导向、任务驱动"和"边做边学、先做后学"。在此基础上，运用图表、实例、实训等形式，降低学习难度，增加学习兴趣，强化学生的素质和技能，提高学生的实际操作能力。同时，力求改善教材的视觉效果，用新的体例形式衬托教材的创新，便于师生互动，从而达到优化学习效果的目的。

由于编者的经验有限，高职高专市场营销专业工学结合教材对我们来说还是首次探索，书中难免存在不妥和疏漏之处，敬请营销业界的同行、专家、学者和广大读者批评指正，以便我们能够紧跟时代步伐，及时修订和出版更新、更优的教材。

高职高专市场营销专业工学结合规划教材
编写委员会

《**市**场调研与预测》一书自 2016 年 2 月出版以来,深受广大高校师生好评。为了更好地适应信息技术发展、产业升级,实现校企"双元"合作开发教材,我们对第一版教材进行了及时修订。

市场调研与预测能力是从事市场营销、推销、策划、采购、咨询和管理等工作必备的基本能力。伴随着互联网发展和新技术应用,大数据挖掘和分析越来越重要。市场调研与预测越来越多地借助专业调研人员在线调查收集信息和处理数据。因此,如何将线上、线下调研相结合?如何利用信息化调研方法和技术手段收集和分析数据?如何适应"互联网+职业教育"发展需求,深化教学改革和探索开发课程建设、教材编写、配套资源开发、信息技术应用统筹推进的新形态一体化教材?这些新的现实问题促使我们不断探索教学改革,不断完善教材建设。

编写团队顺应信息化技术发展趋势大量走访调研了用人单位需求,同时结合校企合作教材开发成果和众多一线教师的教学改革成果,在《市场调研与预测》第一版的基础上进行了修订。第二版秉持高校应用型人才的培养目标,坚持职教特色,突出技能训练,精选教学内容,选取最新案例,体现信息化教学手段。修订后的教材主要特色和创新如下。

1. "教做学"一体化,体现职教特色

以学生组成虚拟调研公司参与实战调研为主线,构建由学生全员、全方位、全过程参与教学、特征鲜明的"教做学"一体化的开放教学系统。全书采取"项目导向,任务驱动"的编写体例,围绕工作任务组织教学内容,注重培养学生的实践能力。学生的学习过程就是一个真实调研课题的完成过程,充分体现学生的主体地位。强化学生职业素养养成和专业技术积累,将专业精神、职业精神和工匠精神融入教材内容。

2. 更新教学内容,完善教材体系

新版教材参照企业调研工作过程对市场调研教学过程进行了进一步的梳理和优化,增加了线上调研等前沿理论和方法,更新了案例资料,完善了配套资源开发,嵌入了多媒体资源,包括专业视频、企业案例、数据资料等,便于教师备课和学生线上、线下同步学习。

3. 坚持产教融合,校企双元开发

本次教材修订紧跟产业发展趋势和调研人才需求变化,及时将网络技术、信息化技术纳入教材内容,反映市场调研岗位职业能力新要求。本次教材修订还专门邀请了连云港润良商贸有限公司(大润发连云港店)的李丽经理、连云港万邦企业管理咨询有限公司的王树华总经理合作开发。结合企业专家的实战经验,遵循市场调研工作过程,进一步强化了教材的职业性和实用性。

新版教材突出了"职业性、校企合作和信息化"的特点,是一本优秀的高职高专特色教材,也是江苏省教育厅 2014 年度高校"青蓝工程"

资助项目成果。本书修订人员都是市场营销专业教学一线的骨干教师和企业一线专家。本书的体例、内容和配套资源都是编者长期教学和专业实践的积累成果，是校企结合、校校合作集体智慧的结晶。

本书具体编写分工如下：连云港职业技术学院李隽副教授修订项目1～项目5和建设相关信息化资源；连云港职业技术学院王世法副教授修订项目6和建设相关信息化资源；镇江市高等专科学校兰洪元副教授修订项目7和建设相关信息化资源；江苏经贸职业技术学院程玲云老师修订项目8和建设相关信息化资源；南京信息职业技术学院陆兰华老师修订项目9和建设相关信息化资源；苏州高博软件技术职业学院杨柳月阳老师修订各项目后的知识图解、知识检测、案例分析、技能训练以及建设本教材配套数字化资源；李丽经理和王树华总经理为本次教材修订提供了大量的企业素材和行业建议。全书由李隽统稿和修改。

本书的再版首先要感谢第一版全体编者奠定的基础，同时还要感谢清华大学出版社的编辑、校对，是他们耐心、细致的指导，帮助我们顺利完成本次修订工作。此外，本次修订还参阅了大量的书籍、期刊和网站资料，在此，谨向各位专家、学者一并表示感谢。由于编者水平有限，难免会有一些问题和不足，敬请广大读者批评指正，以臻完善。

李　隽

2020 年 6 月

market场调研是走向市场的第一步,是组织或个人发现问题、解决问题的前提和基础。市场调研与预测能力是从事市场营销、推销、策划、采购、咨询和管理等工作必备的基本能力。

市场调研与预测是一门实用性很强的应用型学科。因此,本书在编写体例上彻底打破"学科知识体系"的禁锢,按照市场调研与预测的工作过程,采用"项目导向、任务驱动"的模式,"教做学"一体化,突出学生的主体地位,注重职业能力的培养。同时,本书是教研结合、校企结合的产物,充分体现了高职教育特色,兼顾职业岗位群的知识技能需求、国家职业资格标准以及后续课程的学习要求,注重培养学生的职业素质、专业能力、学习能力和创新能力。全书突出了"职业性、实践性和开放性",是一本优秀的高职高专特色教材,也是江苏省教育厅2014年度高校"青蓝工程"资助项目成果。

本书的主要特色和创新如下。

1."教做学"一体化

以学生组成虚拟调研公司参与实战调研为主线,构建由学生全员、全方位、全过程参与教学,特征鲜明的"教做学"一体化和开放的教学系统。学生的学习过程就是一个真实调研课题的完成过程,充分体现学生的主体地位。

2.理论精练,工学结合

根据高职高专人才培养要求,在理论够用、实用的基础上,突出实践能力培养。全书以项目实施为前提,项目进行到哪里,相关理论知识就安排到哪里,真正做到边做边学,知行合一。

3.项目导向,任务驱动

全书采取"项目导向,任务驱动"的编写体例,围绕工作任务组织教学内容,注重培养学生的实践能力。

4.精选案例,资源丰富

本书精选大量的具有代表性的、真实的市场调研案例,并精心设计了案例分析题和实训项目,便于学生复习巩固。

5.校企合作,共同开发

本书在编写过程中还专门邀请了大润发超市连云港新浦店李丽经理参与合作与开发,按照市场调研工作过程,结合企业实战经验,彰显本书的职业性和实用性。

按照一个完整的市场调研工作过程,全书共由9个项目组成:项目1,市场调研岗前准备;项目2,设计市场调研方案;项目3,选择抽样方式;项目4,选择市场调研方法;项目5,设计市场调查问卷;项目6,整理、分析调研资料;项目7,市场预测;项目8,撰写市场调查报告;项目9,市场调研工作总结。每个项目后都配有知识图解、知识检测、案例分析和技能训练等教辅资料。

本书是校企结合、校校合作的集体智慧的结晶,由连云港职业技术学院的李隽副教授拟定大纲并担任主编；连云港职业技术学院的王世法副教授、陕西国防工业职业技术学院的王珊珊老师、邯郸职业技术学院的刘文静老师、江苏建筑职业技术学院的沈滔老师担任副主编；大润发超市连云港新浦店的李丽经理也参与了本书的编写。具体分工如下：李隽编写项目1～项目5；王世法编写项目6；王珊珊编写项目7；刘文静编写项目8；沈滔编写项目9和各项目后的知识检测、案例分析和技能训练以及本书配套资源建设；李丽经理为编写本书提供了大量的企业素材和行业建议。全书由李隽总纂定稿，由辽宁商贸职业学院的魏玉芝教授主审。

　　本书在编写过程中参阅了大量的书籍、期刊和网站资料，在此谨向各位专家、学者一并表示感谢。由于水平有限，难免会有不足之处，敬请广大读者批评指正，以臻完善。

李　隽

2015 年 10 月

本书是教学改革的结晶,总结了近年来众多一线教师的教学改革经验和成果,同时,体现了信息化技术和大数据时代的发展要求。因此,建议按照基于工作过程的高职教育教学特点精心组织教学:"教做学"一体化,线上、线下相结合,校企合作实践;同时,应结合各团队实际调研课题针对性教学和指导。

1. 教学组织建议

(1)以学生自发组成模拟调研公司(建议每个团队5~7人)参与实战调研为主线,构建由学生全员、全方位、全过程参与教学、特征鲜明的"教做学"一体化、开放教学系统。本课程的学习过程就是每个团队所选调研课题的完成过程。

(2)以"项目导向、任务驱动"模式组织教学。学生采用团队形式完成任务,分工合作、积极分析和解决问题,注重培养学生的实践能力、团队协作能力和沟通能力。

(3)以学生为主体,以教师为主导,充分调动学生学习的积极性。校企合作、工学结合,强化调研技能的培养和训练。

(4)线上、线下混合式教学。利用线上学习平台上传学习资源、发布任务、作业和测试等,利用线下课堂进行重难点讲解、调研课题指导和调研技能训练。线上和线下相结合,提高教学质量和效率。

具体教学内容及实施流程见下表。

基于工作过程的线上、线下混合式教学设计表

工作过程	课堂教学内容	课外工作内容	阶段性考核	课时50
市场调研工作准备	项目1　市场调研岗前准备 线上自学问题反馈;重难点讲解;团队构建和选题指导	线上自学相关资源、完成相关任务;分组,成立模拟调研公司;选择调研课题	调研公司创建方案	4
设计市场调研方案	项目2　设计市场调研方案 线上自学问题反馈;重难点讲解;各公司调研方案的讨论和指导	线上自学相关资源、完成相关任务;确定课题,设计市场调研方案	调研方案	8
设计市场调研问卷	项目3　设计市场调研问卷 线上自学问题反馈;重难点讲解;各公司调研问卷的讨论和指导	线上自学相关资源、完成相关任务;调研问卷设计	调研问卷	6
选择抽样方式	项目4　选择抽样方式 线上自学问题反馈;重难点讲解;各公司抽样方案的讨论和指导	线上自学相关资源、完成相关任务;设计抽样方案	抽样方案	6
选择市场调研方法	项目5　选择市场调研方法 线上自学问题反馈;重难点讲解;各公司调研方法的讨论和指导	线上自学相关资源、完成相关任务;选择适当的调研方法组合	调研方法设计	8

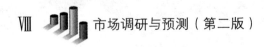

续表

工作过程	课堂教学内容	课外工作内容	阶段性考核	课时 50
实地调研		线上自学实地调研注意事项；开展实地调研	实地调研资料汇总	
整理、分析调研资料	项目6　整理、分析调研资料 线上自学问题反馈；重难点讲解；各公司资料整理、分析的讨论和指导	线上自学相关资源、完成相关任务；资料审核、分组、汇总和显示	统计分析	8
市场预测	项目7　市场预测 线上自学问题反馈；重难点讲解；各公司预测分析的讨论和指导	线上自学相关资源、完成相关任务；市场趋势简单预测	预测分析	4
撰写市场调研报告	项目8　撰写市场调研报告 线上自学问题反馈；重难点讲解；各公司调研报告的讨论和指导	线上自学相关资源、完成相关任务；撰写市场调研报告	调研报告	4
市场调研工作总结	项目9　市场调研工作总结 各组汇报、展示调研报告，并总结本次调研工作	企业、教师、小组多方评价；学习总结和意见反馈	课程总结，评优	2

2. 教学方法建议

教学方法以项目教学、任务驱动为主，同时，根据不同的工作任务要求，灵活运用案例分析、团队学习、情景模拟、多媒体教学和线上自主学习等多种教学方法，构建"教做学合一"多元整合的教学方法体系。每个具体任务建议采用以下"五步教学法"。

（1）任务引入：课前教师线上布置任务，引导学生线上自主学习。

（2）知识铺垫：教师讲解相关知识的重难点，为完成任务做准备。

（3）任务实施：学生动手，将所学的知识和技能融入实际任务中，教师跟踪，及时给予指导和帮助。

（4）汇报交流：分组汇报，展示成果，全班交流，教师点评。

（5）总结拓展：总结本次任务的完成情况，拓展后续任务的相关知识。

3. 考核方式改革建议

本课程采用非试卷形式考核，注重对学生学习过程的考核和实际调查能力的考核。因此，创建以能力考核为目标、以过程性考核为基础的激励性课程考核体系，把课程考核"嵌入"整个教学过程。

（1）过程性考核。过程性考核侧重于对学生的激励与辅导，是在学生完成工作的过程中不断地评估、指导和修正，考核成绩占总成绩的60%。过程性考核的标准包括工作态度、工作技能、团队合作和阶段性成果展示。详见各项目后的过程性考核评价表。

（2）成果性考核。市场调研和预测工作的最终成果是一份完整、规范和科学的市场调研报告。市场调研报告是检验学生整门课程学习情况的最好工具。因此，小组市场调研报告评价占总成绩的40%。详见项目8后的市场调研报告考核评价表。

（3）激励性考核。课程结束，作为一次教学成果总结和展示，根据每位学生参与项目的全过程、每组收集的实际调研资料、最终调研报告及总成绩，进行企业评价、教师评价、学生自评和小组互评四方面评价（各占25%），评选出一个"最佳调研团队"和若干名"最佳调研之星"（每组一个），颁发奖状并进行适当物质奖励。

以上建议仅供参考，希望使用者在教学中不断探索创新，努力提升教学效果，真正体现高职教育特色。

160 项目6 整理、分析调研资料

195 项目7 市场预测

项目 ①

市场调研岗前准备

项目导言

"没有调查就没有发言权",市场调研是走向市场的第一步,是一切工作的开始。现代企业经营管理的关键在决策,决策的前提是预测,预测的依据是信息,信息的来源在调研。市场调研是企业科学决策的基础,是企业取得良好经济效益的重要保证。通过本项目的学习和训练,对市场调研形成全面、正确的认知,为市场调研工作的开展奠定基础。

学习目标

- **能力目标**

1. 在市场调研整体认知的基础上,能有效地组织和开展市场调研活动。
2. 明确市场调研人员的岗位职责。

- **知识目标**

1. 理解市场调研的概念、特点、类型和原则;掌握市场调研的工作过程。
2. 了解市场部的职能、组织架构,熟悉市场调研人员的岗位职责。

- **素质目标**

1. 培养学生发现问题、分析和解决问题的能力,提高市场敏感度和洞察力。
2. 培养学生自主学习、自我管理能力和团队合作精神。

案例导入

无直播　不电商

2019 年,直播卖货逐渐被各大平台纳入重要战略,直播电商迎来最好的时代。"双 11"期间,天猫平台超过 50％的商家开启了直播,开场 1 小时 3 分钟,直播带货成交额超过 2018 年全天;8 小时 55 分钟,淘宝直播大盘的引导成交规模突破百亿元。最终,淘宝直播带来的成交接近 200 亿元,超过 10 个直播间引导成交过亿元,其中家装和消费电子行业直播引导成交同比增长均超过 400％,超过 50％的商家通过直播获得新增长。

这一组鲜活的数字说明新的消费场景为消费者创造了新鲜感,同时也为品牌商家开拓了数字化运营的新阵地。直播使货品的展示更加直观,在 KOL(key opinion leader,关键意见领袖)的个人魅力加成之下,直播带货成为当下最具影响力的话题之一。

美国著名媒体人凯文·凯利说过,网络群体是蜂群效应,有着社群性、非理性的特征。而资本对于趋势一直都是十分敏感,VC(venture capital,风险投资)总是逐水草而居,顺天时而动。

从网红经济到全民直播，直播的潜力无穷无尽，从它的萌生、发展到火爆，这段路走的时间并不长，仅仅几年。就直播电商的交易数据以及被各大平台加码和资本追逐的当下来看，这无疑是一场因需求变化而催生的直播变革。

2019年，李佳琦、牛肉哥等带货型网红在抖音崛起，证明了MCN（multi-channel network）机构的选品能力和议价能力给主播带来带货性价比的个人标签，同时作用于网红个人魅力和所对应的垂直圈层之上，构成了带货主播独特的品牌力。

这也使得传统搜索式电商发展到现在的内容电商，模式开始进化，实现了从"人找货"到"货找人"的转变。主播、MCN、图文短视频平台、直播平台等共同促成了"图文短视频＋直播双向带货"的模式。

因此，抖音官方开始有意识地培养、运营电商合作伙伴，并组建电商产品团队，设计打磨产品。2019年夏季，抖音携手抖音直播公会和MCN机构开始发力直播，并通过算法给主播精准流量支持，以及加强直播入口和用户引导，年底时月度直播收入已经追平甚至超过快手。

从短视频到直播，从广告到带货，抖音和快手这对宿敌的缠斗从未停息。抖音在短视频、广告、直播三个业务上后发先至，对快手构成直接威胁，而2019年快手也从"佛系"防御，转为狼性出去。

与此同时，各类内容平台投入资本扶持MCN机构，短视频直播行业的发展也进一步带动MCN机构爆发式增长。2019年，中国MCN机构数量累计已达到6500家以上，市场规模破百亿元。

也正是2019年，淘宝直播成为独立APP上线，快手发放全民直播公告，腾讯直播上线电商功能，抖音正式公布小程序商业生态，小红书内测直播功能，网易考拉上线直播，拼多多启动直播首秀。一大批电商切入直播，使得直播电商蓬勃发展，因此有人称，2019年是中国直播电商元年或者破圈之年。

过去，电商巨头们掌握着流量分配的绝对控制权，而今直播从中撕开了一道口子。淘宝数据显示，2019年天猫"双11"，淘宝直播带来的成交额接近200亿元，占天猫"双11"总成交额2684亿元的7％。

众多大大小小的品牌都想挤进薇娅、李佳琦的直播间，带动自己的销量翻番。与此同时，直播电商对商家服务能力的要求越来越高。一方面，直播一两个小时的出货量就能和过去淘宝店几个月的出货量相当，销量上去之后发货能否跟上是个问题；另一方面，参与直播的商家越来越多，如何构建核心竞争力避免同质化也是个问题。供应链开始成为直播电商甚至是电商构建核心竞争力的突破口，甚至有人认为，若在供应链上没有优势，在直播电商红利期靠做中间商赚差价的商家将很快面临被淘汰的危机。

对于企业来说，如何跳脱过往的运营思维，快速拥抱直播电商的新趋势，抢占新零售时代的商机，是必须直面的课题。与此同时，新商业与消费升级的核心，不仅仅是更多的消费，而是通过消费数据及消费引导，让商业与情感的传递、人性的结合变得更加紧密，从而引导整个商业生态的升级。

（资料来源：陈杰，丁晓冰，王晓红.全民直播[J].知识经济，2020(4)：11-17）

案例思考：

1. 直播带货的成交数据对企业有何启发？

2. 市场调研对于企业的现实意义是什么？

通过以上案例，可以看出：对于企业来说，如何跳脱过往的运营思维，快速拥抱直播电商的新趋势，抢占新零售时代的商机，是必须直面的现实课题。市场调研的本质就是市场信息的收集、整理和分析过程，为企业决策提供依据。顺势而为，因需而变，获取最新信息并及时调整经营策略已成为企业制胜的重要法宝。我们要全面认知市场调研工作，掌握市场调研的工作流程和市场调研人员的岗位职责，为从事市场调研工作做好准备。

任务 1.1 认知市场调研

 任务引入

（1）举例说明你接触过的市场调研活动，并谈谈你对市场调研的认识和感受。

（2）全班分组，成立模拟调研公司（一个小组即为一家模拟调研公司），各组推荐 1 名组长，并考虑完成本调研公司的创建方案，包括公司名称、组织结构设计、人员分工等。

 知识铺垫

市场调研与预测是企业的一项经常性基础工作，也是管理企业的一个重要手段，只有通过市场调研，才能顺应市场需求的变化趋势，以增强企业的应变能力，把握经营的主动权，实现预期的经营目标。

1.1.1 市场调研的概念、特点及作用

1. 市场调研的概念

广义的市场调研（market research）也叫市场调查、市场研究或市场营销研究，它包括从认识市场到制定营销策略的一切有关市场营销活动的分析和研究。狭义的市场调研，更侧重于信息（information）的收集和分析。本教材内容偏重于信息的收集和分析等具体操作，不再具体区分市场调查、市场研究和市场营销调研，统称为"市场调研"。

关于市场调研概念的论述有很多，如美国市场营销协会（AMA）对市场调研所下的定义：市场调查是一种通过信息将消费者、顾客和公众与营销者连接起来的职能。这些信息用于识别和确定营销机会及问题，产生、提炼和评估营销活动、监督营销绩效，改进人们对营销过程的理解。

美国著名营销学家菲利普·科特勒认为：市场调研是为制定某项具体的营销决策而对有关信息进行系统的收集、分析和报告的过程。

我们认为，市场调研是指运用科学的方法，有目的、有计划、系统地收集、整理和分析有

关市场信息资料，了解市场现状及发展趋势，为市场预测和企业决策提供依据的活动过程。

几点认识和说明如下。

（1）市场调研是一种有目的、有计划的认识市场的活动。任何一项市场调研都不是盲目进行的，而是围绕企业经营活动中存在的问题而展开的，有明确的目的性。

（2）市场调研的具体对象是市场，重点调查对象是消费者市场。

（3）市场调研要借助一套科学的方法，在科学程序的基础上选择正确的调查方法，调查方法包括文案调查、观察法、询问法、实验法等。

（4）市场调研是为企业的预测和决策服务的。市场调研是一种认识市场的手段，市场调研的最终目的是为企业的经营决策服务。

市场是企业经营的起点，是商品流通的桥梁。竞争不仅表现在价格上，而且更多地转向开发新产品、提高产品质量、提供完备的服务、改进促销方式和完善销售渠道等方面。此外，随着人民生活水平的提高，消费心理也在变化，企业产品不仅要满足消费者的量感，更要满足消费者的质感。哪个企业信息掌握得迅速、准确、可靠，产品更新换代快，生产计划安排得当，适销对路，哪个企业才能在竞争中取胜。因此，企业不得不投入人力、物力进行专门的市场调研。

2. 市场调研的特点

1）目的性

市场调研是一项非常明确的工作，必须有组织、有计划、有步骤地进行。因此，每次市场调研都要事先确定好调研的范围和需要达到的目标，以提高预测和决策的科学性。

2）普遍性

任何企业都面临着多变的市场环境，企业只有适应环境才能生存发展，因此，任何企业都离不开市场调研活动。在激烈的市场竞争中，市场调研已渗透到生产和经营的整个过程，企业需要收集一切可以为其所用的信息资料，从而使企业能够适应市场环境的不断变化。同时，市场调研活动也是发掘市场机会，开发新市场的有效手段。

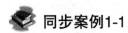 **同步案例1-1**

日本人的"疯狂的情报活动"

第二次世界大战后，日本的经济发展最快。日本人在考虑打入美国市场时，由于对美国国内市场了解甚少，于是开展了"疯狂的情报活动"，而当他们成功地进入了美国市场以后，仍然大规模地进行情报的收集和市场调查工作，并在决策中充分利用获取的情报，从而保住了已占有的市场份额。此外，日本的综合贸易商社为日本制造商提供一系列最新、最精确的市场信息，其中有关于库存控制、生产计划、资金投放、原材料供应、市场需求及价格差异等方面的详尽情报。与此同时，日本的市场调查部门在全球范围内开展信息收集活动，市场调查部门经过计算机系统联网，可以在1～5分钟获得世界金融市场行情，1～3分钟查询到日本与世界各地出口贸易商品的品种和规格等资料。日本企业可以根据自己的需要，依据相关的情况制定全球战略，这种信息收集方式的先进程度被世人称为可以与美国五角大楼相匹敌的"现代通信巨兽"。

讨论：日本人的"疯狂的情报活动"说明什么问题？

提示：首先，说明市场调查工作对企业来说是相当普遍，同时也是非常重要的。其次，多方面、经常性地收集和积累情报，是一个企业处于不败之地的非常重要的前提，也是市场调查在动态的市场中所必须执行的职能。

3）科学性

市场调研是一项相当复杂的工作，需要周密地计划、精心地组织和科学地实施。企业在进行市场调研时，必须以科学方法为指导：在调研过程的设计中，必须按照科学的程序进行；在研究方法的选择中，必须根据科学的原理，选择最恰当的分析问题和解决问题的方法；在研究结果的报告中，必须排除研究人员的个人偏见和主观因素的影响以及其他人员的干扰，以科学的态度为企业的决策人员提供研究报告。如果研究方法选择不当，或为了迎合某些领导的意见而提供不切实际的研究报告，都会给企业带来不利的影响。

4）时效性

市场是开放、动态的市场，会随着时间的变化而变化。市场调研是在一定范围内进行的，它所反映的只是某一特定时期的信息和情况，在一定时期内有效，过了一段时间又会出现新情况、新问题，会使以前的调查结果滞后于市场的发展。因此，我们应该注重市场调查的时效性，防止延误时机或陷入困境。

5）不稳定性

市场调查受多种因素影响，其中很多影响因素本身都是不确定的，比如消费者的心理变化莫测、个人消费习惯不同、消费环境随时可变、商品本身多种多样等，这些不确定因素常常会增加对市场调查结果分析的难度。

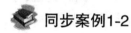 同步案例1-2

难以把握的消费心理

有些市场调查人员发现，当他们向被调查者询问洗发液的问题时，得到的回答肯定是：洗发液最重要的是能够把头发洗干净。但当调查人员把货样拿给人们看时，却有很多人总是先闻一闻有没有香味。

在美国，长期以来肥皂制造商搞不清粉红色香皂是否受欢迎，因为每当把不同颜色的香皂摆在人们面前时，他们总是指着粉红色的那块，但是在商店里粉红色的香皂却很少成为热门货。

讨论：已经对市场进行了调查，为什么还会出现失误？市场调查人员应如何更好地把握购买者的心理？

提示：案例中的问题体现了市场调查结果的不确定性特征，这种不确定性有时会使调查人员感到无所适从。在工业品的市场调查中，由于工业品具有特殊用途，这种不确定性并不明显，而在日用消费品的调查中，这种不确定性有时会表现得很明显，这时市场调查人员不仅要"听其言"，还要"观其行"。否则，调查结果就会出现很大的误差。

3. 市场调研的作用

毛泽东说过"没有调查就没有发言权"，这是一句至理名言，是对市场调研必要性的充分肯定。无论是在国民经济宏观管理中，还是在企业微观经营中，都要通过市场调研及时掌握市场的各种动向和变化发展趋势，才能作出正确的决策。因此，搞好市场调研是关系到国民经济能否健康发展或企业生死存亡的大问题。市场调研具有如下重要作用。

（1）可以发现一些新的市场机会和需求，以便开发新的产品去满足这些需求。

（2）可以发现企业现有产品的不足和经营中的缺点，以便及时纠正，使企业在竞争中立于不败之地。

（3）可以及时掌握竞争对手的动向，调整自己的竞争战略。

（4）可以了解整个经济环境对企业发展的影响，了解国家的政策法规变化，预测未来市场可能发生的变化。这样，能使企业抓住一些新的发展机会，并对可能发生的不利情况及时地采取应变措施，以减少企业的损失。

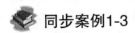 **同步案例1-3**

疫情之下的新商机

受新型冠状病毒（COVID-19）疫情影响，全国各地延期开学，2020年的寒假已比往年延长超过一个月。在停课不停学的号召下，学生的学习和生活发生了哪些改变？疫情对教育行业产生了哪些影响？人们关于教育的哪些需求值得重视？

近日，百度发布的教育搜索大数据显示，互联网成为疫情下人们获取知识的主要渠道。日均超3.5亿人次在百度搜索、浏览教育相关的知识内容，同比上涨86%，知识类视频日均播放量达1.5亿，教育类智能小程序用户时长环比上涨30%，在线教育热度飙升。

从搜索的具体内容分布看，K12（即学前教育至高中教育）与外语的用户需求量最高。兴趣爱好、学前教育、留学、高等教育、职业培训等教育培训行业的市场潜力同样巨大。值得注意的是，兴趣爱好的需求日益上升，反映出小众教育需求崛起，教育需求多元化成为在线教育新趋势。

K12、外语由于与考试关联性更高、实用性更强，在地域分布上呈现出明显特征。搜索大数据显示，山东、河南、河北等高考生源大省最关注K12。而沿海城市及首都由于对外交流更频繁，外语教育的需求也更加旺盛。

与传统印象相反，困扰小学生、初中生的科目不是数学、英语，而是语文。搜索大数据显示，百度文库内小学、初中教育相关内容浏览量超17亿，语文成为最大的"流量主"。显然，随着基础教育不断改革，语文的重要性日益提升。

对高三学生群体而言，疫情之下高考迫在眉睫，自觉刷题才是备考的标准姿势。2020年除夕刚过，搜索"高考真题"的人数便直线上升，近30天，热度环比上涨40%。其中，从百度文库的浏览量看，高三数学真题相关内容热度最高，占比达31%。

与此同时，在抗疫医生的影响下，不少学生将学医作为自己的理想，医学专业的高校排名关注度持续上升。"医学专业大学排名"的搜索热度同比飙升200%，同时，疫情下科技力量助力抗疫，也让"人工智能专业""计算机专业"成为搜索热度上涨最快的专业之一。

由于无法出门，如何让孩子既玩得开心又有收获，成为家长的大难题。"亲子游戏""幼儿识字""幼儿简笔画大全"等幼教相关内容的搜索热度环比涨幅超100%。而从人群的性别分布看，女性占比71%，大部分爸爸虽人在家中，却依旧缺席孩子幼教。

我国疫情防控取得初步成效，国外疫情却有持续蔓延趋势，这也阻碍了留学生的出国计划。"出国留学"的搜索指数同比下降49%，整体数值处于历史低位。不过，出国相关考试的备考并未因此停止，"雅思真题""托福真题"近30天分别环比上涨46%、53%，人们对未来出国学习仍持乐观态度。

疫情让人们有时间认真规划未来学业、职业的发展，各类证书考试受到高度关注。百度文库各类证书考试相关内容的浏览量近2.5亿，"教师资格证考试"热度最高，而后依次为"基金/证券从业资格考试""公务员考试""交规考试""注册消防工程师资格考试"等。

对职场人群而言，复工延期的空档成为"充电"的好时机。"建造师"相关内容在百度文库下载量排名第一，"会计师""监理工程师"等行业也是充电热门选择。从偏好的内容来看，相较知识类内容，职场人群更偏爱具有实用性的技能，以获得更好的职业前景。

疫情也为教育行业、教学方式带来巨大改变，"网课"作为疫情期间保证学生学习正常开展的重要方式，搜索热度直线攀升，环比上涨1891%，"上网课突然卡了怎么办""上网课分屏老师会发现吗"成为热门问题。

"网课"成为国民级热点话题，在线教育行业的市场也迅速扩大，中小城市成为此次在线教育普及的重要区域。百度搜索大数据指出，关注在线教育的城市以二、四线城市居多，新增用户多来自中小城市。这一情况表明，在线教育行业下沉市场仍有较大空间，教育资源下沉迎来良机。

此外，"网课"也带动儿童电子产品持续走俏，"儿童电子产品"相关内容的搜索热度近30天环比上涨200%。正是由于"网课"让学生长时间面对计算机、手机，近30天，"预防近视"的搜索热度也环比上涨265%，孩子视力问题引发家长担忧。

对于教师而言，"网课"改变了其工作模式，体育教师对"网课"表现出较强的不适。"体育课件PPT"搜索热度暴涨1775%，体育教师纷纷表示："上网课太难了！"

即使处在特殊时期，学习时间也有规律可循。百度搜索大数据显示，每天15点和21点是人们搜索知识的高峰时间。随着疫情防控工作持续推进，全国已有多地明确开学时间，学习生活正逐步走向正轨，但由于疫情产生的教育需求、教育问题，仍需长期关注。透过百度搜索大数据，可以全面地了解、评估此次疫情对教育行业带来的影响与改变。同时，百度搜索大数据揭示了小学、高中、留学生等人群的关注重点，为教育从业者提供参考依据，以便更好地满足人们的教育需求。

（资料来源：中国数据分析行业网.http://www.chinacpda.org/yingyongshili/16424.html）

讨论：疫情对教育行业产生了哪些影响？百度发布的教育搜索大数据显示了哪些新商机？

提示：疫情改变了人们的学习方式和工作方式，催生了在线教育行业市场的迅速扩大，同时也派生出一些新需求。由案例中所提供的数据可以看出：在线教育迎来普及最佳时机，中小城市将有更大的市场开拓空间。兴趣爱好、学前教育、留学、高等教育、职业培训等教育培训行业的市场潜力巨大，儿童电子产品、网络教学资源、预防近视的产品等都是疫情下的新商机。

1.1.2　市场调研的基本类型

1. 按调查的目的和功能分类

（1）探测性调查。非正式的定性初步调研，目的在于发现想法、洞察问题、明确性质，为正式调研开路。常用于调查方案设计的事前初步研究。

（2）描述性调查。解决"是什么"的正式调查。要求有详细的调查方案和调查问卷，数据收集要求具有系统性，能描述调查现象的各种数量表现和特征。

（3）因果性调查。解决"为什么"的正式调查，要求有详细的调查方案和调查问卷，重点探求影响事物变化的因素，揭示市场现象之间的因果关系。

（4）预测性调查。解决"未来市场前景如何"，重点在于掌握未来市场发展变化的趋势，为经营管理决策和市场营销决策提供依据。

上述四种类型的调研并不是绝对互相独立的。有些调研项目需要涉及一种以上调研类型的方案设计。一般地说，探测性调查可为"正式调研开路"，也可用于解释正式调研的结果。描述性和因果性调查常结合进行，预测性调查常以描述性和因果性调查为基础。

2. 按市场调查的组织方式分类

（1）全面调查。它又称为普遍调查，即对市场调查对象总体的每一个体进行逐一的、全面的调查。普查资料常被用来说明现象在一定时点上的全面情况。如人口普查就是对全国人口一一进行调查登记，规定某个特定时点（某年某月某日某时）作为全国统一的统计时点，以反映有关人口的自然和社会的各类特征。普查所获得的资料全面，准确性高，但是工作量大，花费大，时间长，组织工作复杂，因此应用较少。

（2）抽样调查。它是一种非全面调查，即以一定的抽样方式从调查对象总体中选取部分个体单位作为调查样本所进行的调查。它是根据概率原理，从全部调查研究对象中抽选一部分单位进行调查，并据以对全部调查研究对象做出估计和推断的一种调查方法。通过抽样减少调查面，从而减少调查时间，节省人力、物力、财力支出。因此，抽样调查在市场调查中应用较广、较常用。

3. 按调查时间的连续性分类

（1）一次性调查。它是指为了研究某一特殊问题而进行的一次性的市场调查。

（2）定期性调查。它是指对市场情况或业务经营情况每隔一定时期所进行的周期性调查，一般有定期报表调查、定期抽样调查等。

（3）连续性调查。它是指在选定调查的课题和内容之后，组织长时间的不间断的调查，以收集具有时序化的信息资料。

4. 按市场调查项目分类

（1）单项目市场调查。它是指为了解决某一方面的问题而进行的专项市场调查，通常只涉及一个目标、一种产品、一个项目的市场研究。

（2）多项目市场调查。它是指为了系统地了解市场供求或企业经营中的各种情况和问题而进行的综合性调查，包括多目标、多商品、多项目调查。

5. 按市场调查的范围分类

（1）宏观市场调查。它是指以一定地区范围内的市场为对象，对市场供求总体情况进行的调查。其目的是为宏观市场调控和企业经营决策提供信息。

（2）微观市场调查。它是指从企业生产经营的角度出发对市场进行调查，又称市场营销调查。其目的是为企业经营管理决策提供信息支持。

6. 市场调查的其他分类

按市场调查的地域范围不同,可分为国际市场调查和国内市场调查。国内市场调查可分为城市市场调查和农村市场调查,或商品产地市场调查和销售地市场调查。按市场性质可分为消费品市场调查、生产资料市场调查、金融市场调查、服务市场调查、证券市场调查、技术市场调查、房地产市场调查、旅游市场调查等。

1.1.3　市场调研的内容

1. 市场宏观环境调查

1) 政治环境调查

政治环境调查,主要是了解对市场影响和制约的国内外政治形势以及国家管理市场的有关方针政策。对于国际市场,由于国别不同,情况就复杂得多,主要调查国家制度和政策、国家或地区之间的政治关系、政治和社会动乱及国有化政策等。

2) 法律环境调查

世界许多发达国家都十分重视经济立法并严格遵照执行。我国作为发展中国家,也正在加速向法制化方向迈进,先后制定了经济合同法、商标法、专利法、广告法、环境保护法等多种经济法规和条例,这些都对企业营销活动产生了重要影响。随着外向型经济的发展,我国与世界各国的交往越来越密切,由于许多国家都制定了各种适合本国经济的对外贸易法律,其中规定了对某些出口国家所施加的进口限制、税收管制及有关外汇的管理制度等。这些都是企业进入国际市场时所必须了解的。

3) 经济环境调查

经济环境对市场活动有直接的影响,对经济环境的调查,主要可以从生产和消费两个方面进行。①生产方面,主要包括能源和资源状况、交通运输条件、经济增长速度及趋势、产业结构、国民生产总值、通货膨胀率、失业率以及农业、轻工业、重工业比例关系等几项内容。②消费方面,主要了解某一国家(或地区)的国民收入、消费水平、消费结构、物价水平、物价指数等。

4) 社会文化环境调查

社会文化环境在很大程度上决定着人们的价值观念和购买行为,它影响着消费者购买产品的动机、种类、时间、方式乃至地点。经营活动必须适应所涉及国家(或地区)的文化和传统习惯,才能为当地消费者所接受。

例如,在销往中东地区的各种用品中不能含有酒精,这是因为该地区绝大多数的居民笃信伊斯兰教,严禁饮酒。又如,有些地区消费者喜欢标有"进口"或"合资"字样的商品,而另一些地区的消费者却可能相反,这种情况一方面与民族感情有关,另一方面也与各国、各民族的意识开放程度有关,这些都要通过市场调查去掌握。

5) 科技环境调查

科学技术是生产力。及时了解新技术、新材料、新产品、新能源的状况,国内外科技总的发展水平和发展趋势,本企业所涉及的技术领域的发展情况,专业渗透范围、产品技术质量检验指标和技术标准等。这些都是科技环境调查的主要内容。

6）自然环境调查

各个国家和地区由于地理位置不同，气候和其他自然环境也有很大的差异，它们不是人为造成的，也很难通过人的作用去加以控制，只能在了解的基础上去适应这种环境。应注意对地区条件、气候条件、季节因素、使用条件等方面进行调查。气候对人们的消费行为有很大影响，从而制约着许多产品的生产和经营。例如，我国的藤制家具在南方十分畅销，但在北方则销路不畅，受到冷落，其主要原因是北方气候干燥，这种家具到北方后往往发生断裂，影响了产品的声誉和销路。由此可见，自然环境也是市场调查不可忽视的一个重要内容。

2. 市场微观环境调查

1）市场需求调查

需求通常是指人们对外界事物的欲望和要求，人们的需求是多方面、多层次的。多方面表现在：有维持机体生存的生理需求，如衣、食、住、行等；有精神文化生活的需求，如读书看报、文娱活动、旅游等；还有社会活动的需求，如参加政治、社会集团及各种社交活动等。按照标志不同，还可分为物质需求（包括生产资料和生活资料）、精神文化需求和社会活动需求，商品需求和劳务需求，欲望需求及有支付能力的需求等。

在市场经济条件下，市场需求是指以货币为媒介，表现为有支付能力的需求，即通常所称的购买力。购买力是决定市场容量的主要因素，是市场需求调查的核心。市场需求调查一般包括社会购买力总量及其影响因素调查、购买力投向及其影响因素调查。此外，由于市场是由消费者构成的，因此，只有对消费者人口状况进行研究，对消费者各种不同的消费动机和行为进行把握，才能更好地为消费者服务，开拓市场新领域。

2）消费者人口状况调查

某一国家（或地区）购买力总量及人均购买力水平的高低决定了该国（或地区）市场需求的大小。在购买力总量一定的情况下，人均购买力的大小直接受消费者人口总数的影响。为研究人口状况对市场需求的影响，便于进行市场细分化，就应对人口情况进行调查。其调查内容主要包括总人口、家庭及家庭平均人口、人口地理分布、年龄及性别构成、教育程度及民族传统习惯等。人口状况调查一般包括以下内容。

（1）总人口。对于一些生活必需品来讲，人口总量的大小与这类商品的需求量成正比。根据一个国家（或地区）的总人口与购买力，可以概括了解该国（或地区）市场规模的大小。在对总人口进行研究时，应该注意流动人口的变化情况，正如前面所讲的那样，人口流动会引起购买力的流动，从而引起市场需求的变化，这对于处在政治、经济、文化中心或地处交通枢纽的城市来说尤为明显。此外，总人口的增长速度及其变化也将对市场需求构成产生影响。

（2）人口地理分布。人口地理分布与市场需求有密切关系。比如沿海地区和内地、城市与农村，无论是在消费、需求构成方面还是在购买习惯和行为等方面都有许多差异。

（3）家庭总数和家庭平均人口数。家庭是社会的细胞，许多商品都是以家庭为基本单位来进行消费的，如住房、家具等。因此，家庭总数和平均人口数对于家庭用品的需求有很大的影响。近年来，随着我国人民生活条件的改善，我国家庭也出现了由过去几代同堂的大家庭向三四口之家的小家庭发展的趋势。

（4）民族构成。各民族由于其历史、文化和信仰不同，形成了各自比较鲜明的民族习惯，这种民族传统习惯往往会造成差别很大的消费习惯。例如，我国与中东地区国家、与欧美国家的生活习惯就有很大差别,对饮食、服装等商品的需求也就不同。同时,我国自身也是一个多民族国家,因此,在对消费者进行调查时,应注意这种因民族不同而产生的消费习惯的差异。

(5)年龄构成。不同年龄的消费者对商品和服务的数量和种类有着不同的需求。如年轻人对服装、体育用品、音像制品、文具等用品需求较多,而老年人则对滋补品、保健用品有较多需求。当然,这也不是一概而论的,在不同的地区、不同的时期会有不同的特点,这都要依赖市场调查去了解和把握。

(6)性别差异。不同性别的人,不但对消费品的需要有很大差别,其购买习惯和行为也有很大差别。通常女性对化妆品及服装的要求较多,喜欢逛商场,购物次数多但每次购物量不大,购物受外界影响较大,常需经过反复、犹豫、挑选后方能下决心购买;而男性对汽车、摩托车、烟酒等商品比较青睐,他们一般购物次数少,但每次购物量较大,购物时自主性强,比较果断和迅速。这些都是通过市场调查所获得的性别消费特征。

(7)职业构成。职业不同,对消费品需求的差异也是比较明显的。例如,工人一般用于物质方面的支出较多,而教师用于购买书刊及精神文化方面的支出相对多一些。

(8)受教育程度。受教育程度不同,会产生不同的消费需要和习性。一般来说,受教育程度较高的消费者商品知识比较广泛,喜爱购买某些特殊商品和文化层次较高的商品,购买商品时也显得较有理性。

3)消费者购买动机和行为调查

消费者购买动机调查。所谓购买动机,就是为满足一定的需要,而引起人们购买行为的愿望和意念。人们的购买动机常常是由那些最紧迫的需要决定的,但购买动机又是可以运用一些相应的手段诱发的。消费者购买动机调查的目的主要是弄清购买动机产生的各种原因,以便采取相应的诱发措施。

消费者购买行为调查。消费者购买行为是消费者购买动机在实际购买过程中的具体表现。消费者购买行为调查,就是对消费者购买模式和习惯的调查,即通常所讲的"3W1H"调查,了解消费者在何时购买(when)、何处购买(where)、由谁购买(who)和如何购买(how)等情况。

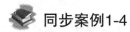

同步案例1-4

"00后"消费的6大特点

根据2018年发布的《腾讯"00后"研究报告》显示,"00后"的世界观、人生观、价值观和消费观等属性都明显不同,呈现出更多元化、包容化、自主化的特点。我们知道"80后"比较注重质量和价格,而"90后""95后"则在好用之外,还有追求好玩有趣的心理诉求。该份报告显示逐渐"接棒"的"00后"的消费态度存在6大特点。

(1)更向往专注且有信念的品牌和偶像。他们希望所消费的品牌和偶像一样,会了解品牌和偶像背后的故事。

(2)愿意为自己的兴趣付费。

(3)在自己的能力范围内付费。

(4)KOL(意见领袖)的影响力在降低。他们认为KOL和粉丝的关系偏向于功利化,KOL的可信度在降低。

(5)内容＝社交工具。他们渴求和同辈做更多的互动,而内容是激发互动的工具,也是他们展示自己所长的方式。

（6）国内品牌不比国外品牌差。超过一半的"00后"认为国外品牌不是加分项。现在"00后"在学校更洋溢着民族自豪感和自尊心，支持国产变成了他们关心国家的一种方式。

说到个性化，每个时代的人在青春期时都会以不同的状态表现个性化，由于"00后"对世界有很多新鲜的理解，他们比"70后""80后"更能包容新生事物，因此他们的兴趣爱好会更加多元化。由于时代原因，"00后"获取资源或产品都更加方便、透明，他们会用最快的速度去消费他们觉得合理的东西。

因此，"00后"会比任何一个时代更加理想主义，很多"00后"在成长的过程中不需要考虑经济上的问题，更加放心大胆地追求自己喜欢的事物，有机会体验新鲜事物，同时，思想上更加独立自主，更能做到不被社会所同化。

（资料来源：搜狐网.https://www.sohu.com/a/270764224_100198426）

讨论："00后"消费的6大特点对企业有何启发？

提示："00后"的消费特点对所有企业的商业模式和营销策略等提出了新的挑战，也带来了新的商机。"00后"强大的个人意识预示着个性化消费浪潮的到来。他们的影响力已经从方方面面渗透到家庭消费，对潮流的敏感，使得他们在家庭购物决策中的地位越来越重要。因此，企业要关注"00后"消费动机和行为的新变化，及时调整企业策略以满足消费者的新需求。

4）市场供给调查

市场供给是指全社会在一定时期内为市场提供的可交换商品和服务的总量。它与购买力相对应，由三部分组成，即居民供应量、社会集团供应量和生产资料供应量。它们是市场需求得以实现的物质保证。对市场供给的调查，可着重调查以下几个方面。

商品供给来源及影响因素调查。市场商品供应量的形成有着不同的来源，从全部供应量的宏观角度看，除由国内工农业生产部门提供的商品、进口商品、国家储备拨付和挖掘社会潜在物资外，还有期初结余的供应量。可先对不同的来源进行调查，了解本期市场全部商品供应量变化的特点和趋势，再进一步了解影响各种来源供应量的因素。

商品供应能力调查。商品供应能力调查是对工商企业的商品生产能力和商品流转能力进行的调查。调查主要包括以下几个方面的内容。

（1）企业现有商品生产或商品流转的规模、速度、结构状况如何？能否满足消费要求？

（2）企业现有的经营设施、设备条件如何？其技术水平和设备现代化程度在同行业中处于什么样的地位？是否适应商品生产和流转的发展？

（3）企业是否需要进行投资扩建或者更新改建？

（4）企业资金状况如何？自有资金、借贷资金和股份资金的总量、构成以及分配使用状况如何？企业经营的安全性、稳定性如何？

（5）企业盈利状况如何？综合效益怎样？

（6）企业现有职工的数量、构成、思想文化素质、业务水平如何？是否适应生产、经营业务不断发展的需要。

商品供应范围调查。商品供应范围及其变化，会直接影响商品销售量的变化。范围扩大意味着可能购买本企业商品的用户数量增加，在正常情况下会带来销售总量的增加；反之，则会使销售总量减少。此项调查内容主要包括如下两个方面。

（1）销售市场的区域有何变化。在调查中要了解有哪些地区、哪些类型的消费者使用本企业的商品,了解他们在今后一段时期的购买是否会发生变化。同时,还要了解哪些地区、哪些类型的消费者目前尚未购买但可能购买本企业的商品,通过宣传能否使他们对本企业的商品产生兴趣,当地社会集团购买情况等。通过市场调查,如果发现本企业商品销售区域有其他企业同类商品进入,并且明显比本企业的商品受欢迎,那么,本企业商品在该区域的销售将面临挑战;反之,则预示着本企业将有一个较好的销售前景。

(2)所占比例有何变化。由于某些商品供应能力有限,或因消费者选择商品的标准不同,往往造成在同一市场上多种同类商品都有销路的状况,各企业的商品都占有一定的市场比例,即通常所讲的市场份额。市场比例不是固定不变的,它会受消费者的喜好、商品的改进等各种因素的影响而发生变动。因此,要随时了解本企业商品与其他企业商品相比存在的优势和差距,这些同类商品在市场上受消费者欢迎的程度,消费者对各种同类商品的印象、评价和购买习惯等。通过调查,使企业对市场比例变化的状况、趋势及其原因有较深入和全面的了解,有利于企业在争取市场的过程中获得更多的份额。

5)市场营销活动调查

市场营销活动调查主要围绕营销组合活动展开。其内容主要包括商品实体和包装调查、价格调查、销售渠道调查、产品生命周期调查和广告调查等。

(1)产品调查。市场营销中的产品概念是一个整体的概念,不仅包括商品实体,还包括包装、品牌、商标、价格以及和商品相关的服务等。例如,我国许多出口商品质量过硬,但往往由于式样、工艺、包装未采用国际标准,或未用条形码标价等原因,而在国际市场上以远低于具有同样内在质量和使用价值的外国商品价格出售,造成了严重的经济损失。

① 商品实体调查。商品实体调查是对商品本身各种性能的好坏程度所做的调查,它主要包括:商品性能调查;商品的规格、型号、式样、颜色和口味等方面的调查;商品制作材料调查。

② 商品包装调查。商品包装总体上分为销售包装和运输包装两大类,销售包装又可分为消费品包装和工业品包装两类。商品包装的调查内容较多,如表 1-1 所示。

表 1-1　商品包装调查

包装种类		调查内容
销售包装	消费品包装	包装与市场环境是否协调; 消费者喜欢什么样的包装外形; 包装应该传递哪些信息; 竞争产品需要何种包装样式和包装规格
	工业品包装	包装是否易于储存、拆封; 包装是否便于识别商品; 包装是否经济,是否便于退回、回收和重新利用等
运输包装		包装是否能适应运输途中不同地点的搬运方式; 包装是否能够保证防热、防潮、防盗以及适应各种不利的气候条件; 运输的时间长短和包装费用是多少等

③ 产品生命周期调查。任何产品从开始试制、投入市场到被市场淘汰,都有一个诞生、成长、成熟和衰亡的过程,这一过程称为产品的生命周期,它包括导入期、成长期、成熟期和衰退期四个阶段。企业应通过对销售量、市场需求的调查,进而判断和掌握自己所生产和经营的产品处在什么样的生命周期阶段,以做出相应的对策。

（2）价格调查。从宏观角度看，价格调查主要是对市场商品的价格水平、市场零售物价指数和居民消费价格指数等方面进行调查。居民消费价格指数与居民购买力成反比，当居民货币收入一定时，价格指数上升，则购买力就相对下降。

从微观角度看，价格调查的内容包括：国家在商品价格上有何控制和具体的规定；企业商品的定价是否合理，如何定价才能使企业增加盈利；消费者对什么样的价格容易接受以及接受程度，消费者的价格心理状态如何；商品需求和供给的价格弹性有多大、影响因素是什么，等等。

（3）销售渠道调查。企业应善于利用原有的销售渠道，并不断开拓新的渠道。对于企业来讲，目前可供选择的销售渠道有很多，虽然有些工业产品可以对消费者采取直销方式，但多数商品要由一个或更多的中间商转手销售，如批发商、零售商等，对于销往国际市场的商品，还要选择进口商。为了选好中间商，有必要了解以下几方面的情况。

① 企业现有销售渠道能否满足销售商品的需要？

② 企业是否有通畅的销售渠道？如果不通畅，阻塞的原因是什么？

③ 销售渠道中各个环节的商品库存是否合理？能否满足随时供应市场的需要？有无积压和脱销现象？

④ 销售渠道中的每个环节对商品销售提供哪些支持？能否为销售提供技术服务或开展推销活动？

⑤ 市场上是否存在经销某种或某类商品的权威性机构？如果存在，它们促销的商品目前在市场上所占的份额是多少？

⑥ 市场上经营本商品的主要中间商，对经销本商品有何要求？

通过上述调查，有助于企业评价和选择中间商，开辟合理的、效益最佳的销售渠道。

（4）促销调查。促销调查主要包括广告调查、人员推销调查、营业推广调查和公共关系调查四个方面。

① 广告调查是用科学的方法了解广告宣传活动的情况和过程，为广告主制定决策，为达到预定的广告目标提供依据。广告调查的内容包括广告诉求调查、广告媒体调查和广告效果调查等。

② 人员推销调查主要是围绕人员推销基本形式和推销人员进行调查。人员推销基本形式的调查一般包括上门推销调查、柜台促销调查和会议推销调查。通过多种形式的调查获取更多的市场需求信息。推销人员的调查，主要是调查推销员的基本素质和能力，为推销人员的选拔和考核提供参考。

③ 营业推广调查主要是向各种推广对象，针对各种推广方式进行调查，了解各种推广活动的市场反应和效果，从而为制订最佳的营销推广方案提供参考。营业推广调查常见的有两类：一类是针对营业推广对象开展的调查，包括消费者或用户调查、中间商调查和推销人员调查；另一类是针对营业推广形式开展的调查，包括赠送产品、有奖销售、优惠券、俱乐部制和"金卡"制、附赠产品、设立推销奖金、竞赛、演示促销、交易折扣、津贴、红利提成、展销会、订货会等。

④ 公共关系调查是企业的一种"软推销术"，它在树立企业形象和产品形象时，能促进产品的销售，满足消费者高层次的精神需要，不断赢得新老顾客的信赖。因此，在进行公共关系调查时应重点调查公共关系的作用，以及哪种公共关系形式对企业产品销售所起的作

用最大。通常所用的公共关系促销形式有创造和利用新闻、举行各种会议、参与社会活动和建设企业文化等。

6）竞争对手状况调查

商场如战场，企业要想在市场中生存和发展，都会面临各种竞争。因此，企业必须对竞争对手进行调查，以确定企业的营销策略。竞争对手状况调查主要有以下内容。

（1）有没有直接或间接的竞争对手，有哪些竞争对手。

（2）竞争对手的所在地和活动范围。

（3）竞争对手的生产经营规模和资金状况。

（4）竞争对手生产经营商品的品种、质量、价格、服务方式及在消费者中的声誉和形象。

（5）竞争对手技术水平和新产品开发经营情况。

（6）竞争对手的销售渠道。

（7）竞争对手的宣传手段和广告策略。

（8）现有竞争程度（如市场、占有率、市场覆盖面等）、范围和方式。

（9）潜在竞争对手状况。

通过调查，可将本企业的现有条件与竞争对手进行对比，为制定有效的竞争策略提供依据。

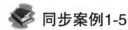

同步案例1-5

资生堂成功的秘诀在于重视市场调查

资生堂是日本最大的化妆品生产公司，获利在全世界同类企业中也居首位。它获得成功的秘诀在哪里呢？日本的一位经济学家对此进行了调查研究，结论是：秘密并不在生产领域，它的生产设备并不比其他公司先进，而在于流通领域，在于重视市场调查。日本全国经营资生堂化妆品的商店有几千家，这些商店都和资生堂签订了这样的合同：由资生堂提供费用，各家商店负责为资生堂收集有关市场情报。如某家主妇到上述商店买了一瓶资生堂的雪花膏或一盒口红，这家商店就会记录在案。这些情报能被及时地送到中间批发商，再转到资生堂总公司。总公司对情况进行综合分析和加工，制订新的生产计划。这种做法虽在流通领域中多花了钱，但可以针对市场扩大生产，减少库存和资金占用，利润当然可观。

讨论：资生堂市场调查的重点是什么？有何意义？

提示：资生堂的调查属于微观环境调查，重点是调查消费者的购买行为和需求特征，这样有利于资生堂及时了解消费者需求特点，以销定产，进行有针对性的营销。

1.1.4 市场调研的原则和流程

1. 市场调研的基本原则

市场调研应遵循如下原则。

（1）客观性原则。市场调研的座右铭是"寻求事物的本来状态，说出事物的本来面目"。市场调研必须实事求是，尊重客观事实。调查人员和调查机构应遵守职业道德。

（2）准确性原则。要求获取真实的准确的信息，调查误差应尽可能地减小，调查数据应真实可靠，调查结果的描述必须明晰准确，不能含混不清、模棱两可。

（3）时效性原则。要求市场调研的信息收集、发送、接收、加工、传递和利用的时间间隔要短，效率要高。

（4）全面性原则。要求调查项目力求齐全，总括性数据与结构性数据齐全，内部信息与外部信息齐全，主体信息与相关信息齐全，横向信息与纵向信息相结合等。

（5）经济性原则。要求选择恰当的调查方式、方法，争取用较少的费用获取更多的调查资料。

（6）科学性原则。要求采用科学的方法去定义调查问题、界定调查内容与项目、设计调查方案以及采集数据、处理数据和分析数据，为决策部门提供正确的信息。

2. 市场调研的流程

市场调研的全过程可划分为调查准备、调查实施、调查总结、追踪与反馈四个阶段，每个阶段又可分为若干具体步骤，如图 1-1 所示。

图 1-1　市场调研流程

1）调查准备阶段

调查准备阶段主要解决调查目的、范围和调查力量的组织等问题，并制订出切实可行的调查计划。具体工作步骤如下。

（1）确定调查目标，拟定调查项目。

（2）确定收集资料的范围和方式。

（3）设计调查表和抽样方式。

（4）制订调查计划。

2）调查实施阶段

调查实施阶段是整个市场调查过程中最关键的阶段，对调查工作能否满足准确、及时、完整及节约等基本要求有直接的影响。本阶段有以下两个步骤。

（1）对调查人员进行培训，让调查人员理解调查计划，掌握调查技术及同调查目标有关的经济知识。

（2）实地调查。调查人员按计划规定的时间、地点及方法具体地收集有关资料，不仅要收集第二手资料（现成资料），而且要收集第一手资料（原始资料）。实地调查的质量取决于调查人员的素质、责任心和组织管理的科学性。

3）调查总结阶段

调查总结阶段的工作可以分为以下几个步骤。

（1）资料的整理与分析。即对所收集的资料进行"去粗取精、去伪存真、由此及彼、由表及里"的处理。

（2）撰写调查报告。市场调查报告一般由引言、正文、结论及附件四个部分组成。其基本内容包括开展调查的目的、被调查单位的基本情况、所调查问题的事实材料、调查分析过程的说明及调查的结论和建议等。

4）追踪与反馈

提出了调查的结论和建议，不能认为调查过程就此完结，而应继续了解其结论是否被重视和采纳、采纳的程度和采纳后的实际效果以及调查结论与市场发展是否一致等，以便积累经验，不断改进和提高调查工作的质量。

任务实施

全班讨论，确定分组名单，选定组长，并考虑成立模拟市场调研公司，按照市场调研工作过程开始运作。

（1）根据全班人数，随机或自愿分组，每组 5～7 人，选定组长。

（2）每组考虑命名各自的调研公司，设计组织架构并明确分工。

汇报交流

举例说明你接触过的市场调研，并谈谈你对市场调研的认识和感受。

总结拓展

在市场经济高度发展的今天，市场已经成为人们生活中非常重要的一部分。因此，是否能够充分地了解市场、掌握市场，将会影响一个公司是否能够在市场立足、是否能够在市场中收获到期望获得的利益。在这种情况下，市场调查便会产生关键性的实际操作效果。

通过市场调研，可以获得有关市场动向的最新情况，并且根据所拥有的信息，制订相对应的市场计划；通过市场调研，可以准确、及时地了解市场上发生的各种具体变化，避免不合时宜的投资，减少市场投资损失；通过市场调查，可以掌握各个行业、各种企业内部的实际情况，对市场进行充分了解。在这个信息至上的时代，掌握信息就意味着掌握了打开市场大门的钥匙。而对于市场投资来说，掌握了市场信息也就意味着掌握了进入市场、打开资产财富宝库大门的钥匙，谁掌握了信息，谁就将在市场中占据优势位置。

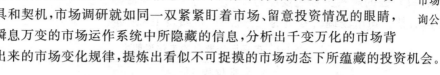

全球知名的
市场调研咨
询公司简介

而市场调研，就为我们掌握市场信息、紧密观察市场动向提供了一个十分重要的工具和契机，市场调研就如同一双紧紧盯着市场、留意投资情况的眼睛，能够捕捉瞬息万变的市场运作系统中所隐藏的信息，分析出千变万化的市场背后所展现出来的市场变化规律，提炼出看似不可捉摸的市场动态下所蕴藏的投资机会。

任务 1.2　明确市场调研人员的岗位职责

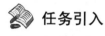

任务引入

资料 1：某公司的市场部组织架构与相关岗位职责描述如图 1-2 所示。

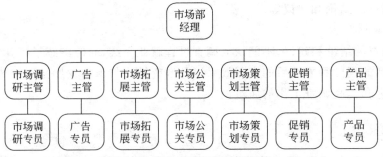

图 1-2　某公司市场部组织架构

市场部经理的岗位职责描述如下。

直接上司：市场总监。

主要工作：组织部门人员完成市场策划工作，监督、管理销售部门的工作进度。

岗位职责（具体工作）：

（1）组织编制公司年度、季度、月度销售计划及销售费用预算，并监督实施（为销售部设计指标）；

（2）组织公司产品和竞争对手产品在市场上销售情况的调查，综合客户的反馈意见，组织市场调查分析、市场机会开拓和合作伙伴开发；撰写市场调查报告，提交公司管理层；

（3）编制与销售直接相关的广告宣传计划，提交总经理办公室；

（4）制定本部门相关的管理制度并监督检查下属人员的执行情况；

（5）对下属人员进行业务指导和工作考核；

（6）组织建立销售情况统计台账，定期报送财务统计部。

职位要求：

（1）对市场营销工作有较深刻的认知；

（2）有较强的市场感知能力，具备敏锐地把握市场动态、市场方向的能力；

（3）有密切的媒体合作关系，具备大型活动的现场管理能力；

（4）工作努力，积极进取，有良好的沟通、协调、组织能力；

（5）具有高度的工作热情和良好的团队合作精神；

（6）具有较强的观察力和应变能力。

资料 2：某公司市场调研专员的工作说明书，如表 1-2 所示。

表 1-2　市场调研专员的工作说明书

一、职位基本信息					
职位名称	市场调研专员	岗位定员		职位编号	
所属部门	市场部	直接上级		市场部经理	
直接下级	各职能专员、管理人员				
工作地点		薪酬类型	年薪制	工资等级	
分析人		审核人		分析日期	
二、工作职责与工作依据					
职位概要	根据计划拟订调查方案，开展调查活动；对调查结果进行分析研究，提出调查报告、市场策略和广告策略建议				

续表

重要性序列	工 作 职 责	工作依据
1	拟订调研计划并及时实施	
2	设计各种调研表格，进行数据整理，及时了解市场动态信息	
3	市场整体发展的调研，为公司制订发展计划提供客观依据： ＊ 调查本公司产品在市场上的销售状况、市场消费者和生产程度； ＊ 对潜在客户的调查； ＊ 对同业企业和相关企业经营状况调查； ＊ 收集竞争对手情报	
4	对地区消费者的特定要求、偏好、经济实力和消费心理进行调查	
5	营销过程中的通路调查、终端调查和消费者调查	
6	政府、行政部门对公司产品的态度和管理措施	
7	产品信息跟进： 及时跟进公司产品服务的信息，保证调研工作的质量	
8	与市场部其他专员保持密切联系，确保各项工作顺利进行	

三、工作权限

编　号	工 作 权 限
1	拟订调研计划的权力
2	协助市场推广计划审核的权力
3	就市场动态提出预测并提供发展建议的权力
4	向客服部等部门了解最新产品信息概况的权力

四、入职条件(最低要求)

专业要求	市场营销及相关专业
最低学历与资质	大学专科及以上
最低经验要求	1年以上工作经验
专业知识技能	精通市场调研知识运作和流程，掌握相关法律知识
主要能力素质要求	市场情况调查研究，调查所用相关表格和文书的制作
其　他	市场调研及相关知识培训

五、主要考核指标

指标类别	主要考核指标
工作业绩	目标执行过程和结果的准确率、日常工作质量控制、成本控制、内部客户满意度
其　他	工作态度、能力提升

任职者签名		直接上级签名	
日　期		日　期	

根据以上资料，完成以下任务。

(1) 市场部的主要工作有哪些？

(2) 说明市场调研人员的岗位职责和基本素质要求。

🔍 **知识铺垫**

随着市场竞争的加剧,企业的销售工作越来越难了,人们发现单靠销售部门去努力推销,很难实现企业的目标。必须靠营销结合才能不断推动企业的销售工作,实现企业的战略目标。这就需要人们不仅要关注销售工作,还要密切关注与销售有关的各种工作,比如通过市场调研了解行业信息和发展趋势,了解竞品信息和竞争趋势,了解消费者信息和市场需求变化;通过开发新品来满足消费者日新月异的需求;通过媒体、公关宣传企业和产品形象,树立品牌地位,使产品更好卖;通过制定产品的推广策略,使销售部的工作更加规范和有成效;通过规范和监管产品的市场销售行为,使市场保持稳定和可持续发展。这一类工作就需要企业成立单独的部门来执行,这时市场部就在企业里大量出现,并在企业的营销工作中发挥着越来越重要的作用,成为企业的核心部门。

1.2.1 市场部的职能

市场部的职能一般包括:为实现企业的经营目标制定策略;收集和了解各类市场信息及有关情报,并在此基础上进行归纳分析;产品开发及管理;宣传企业形象,推广企业品牌;制订推动销售的促销计划;对销售工作监察、审批与评估。

从本质上讲,企业中市场部的职能有两个基本方面,即定义产品和制定产品推广策略并跟踪指导,如图 1-3 所示。

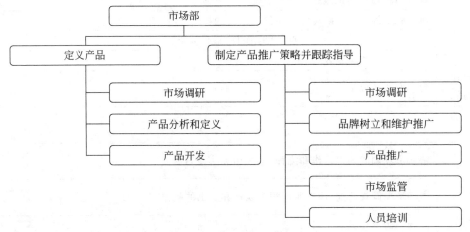

图 1-3 市场部的职能解析

1. 定义产品

定义产品是市场部为贯彻企业的经营目标,站在行业发展和市场需求的角度,确立企业应该开发生产的产品和服务,并用语言文字和图表,把这一产品和服务清晰地表达出来;而要完成这一基本职能,需要做好以下三方面的工作。

1）市场调研

调查研究是一切工作的开始,没有调查就没有发言权,就没有新发现。调查研究是企业一切决策的基础,企业一般设立市场调研中心之类的部门来开展此类工作。由这个部门根据企业的经营目标和经营范围,来制定市场调研的信息收集范围、内容、标准、方法,信息汇总分析的内容、关键指标、格式,信息交流传递的机制和流程等项工作。企业市场调研收集的信息种类一般包括宏观经济信息、行业信息、竞品信息、消费者信息、本品信息、客户信息等内容。

2)产品分析和定义

企业结合收集的各类内部信息、外部信息,以及企业的经营方向、目标计划、自身资源、自身优势、以往的销售数据等进行综合分析,确立企业产品开发计划,并对产品进行可行性分析。

3)产品开发

产品经理提出新品概念,并具体化为新品开发计划,经过可行性分析,由公司批准同意后,交给产品开发中心负责落实新品的开发工作。产品开发中心负责协调组织公司内部生产、质量部门、外部原材料供应商、包装设计等单位执行新品开发工作,并制定相关工作的业务流程、内容、标准等。企业产品开发中心的工作一般包括组织和执行新品开发,执行相关附加赠品开发,计划、组织、管理产品包装和附加赠品采购以及收集、调研相关行业信息等。

2. 制定产品推广策略并跟踪指导

新品开发出来以后,如何指导协助销售部门去销售,向什么样的消费群体推广,向什么样的市场推广,通过什么样的渠道推广,怎样推广,这就涉及市场部的第二项基本职能,即制定产品的推广策略。这项职能通常包括以下几个方面。

1)市场调研

在企业制定产品的推广策略并跟踪指导方面,市场调研的范围一般包括产品研究、定价研究、分销渠道研究和促销研究。

2)品牌树立和维护推广

企业销售给消费者的产品,不仅是满足物质层面的,更应该是满足精神层面的。随着市场竞争的加剧,产品的同质化现象越来越严重,如何在目标消费者心目中建立企业产品的形象和地位,使企业产品和竞品形成有效区隔,树立企业产品的差异化形象,通过品牌形象和地位的不断提升来巩固和提高消费者对品牌的忠诚度,增强企业产品的销售力。要做到这一点就涉及如何树立品牌形象,以及如何维护品牌形象的问题。而这方面的工作,在企业通常是由品牌中心的品牌总监领导内部的品牌管理经理、公关传播经理、产品经理、外部的品牌服务公司、媒体传播公司共同协作来完成。品牌中心根据企业的经营目标、行业地位、市场环境等情况,确立和调整企业的品牌定位、传播理念、CI 和 VI 形象、品牌管理标准,制订和执行企业品牌的媒体传播、公关活动计划,制订和执行企业文化的传播和公关计划。

3)产品推广

产品推向市场后,不仅存在如何销售的问题,更存在如何规范销售的问题。这就需要市场部向销售部提供市场策略支持,并进行跟踪指导和服务。而这部分工作在企业通常是由类似策划执行中心的部门来落实。策划经理在策略总监的指导下,由产品经理配合协助制订新品推广方案,与销售部交流、沟通新品推广方案,跟踪指导销售部执行新品推广方案,并对新品推广情况进行监管评估、分析反馈。

4)市场监管

为了维护市场销售的有序性,防止市场和渠道之间的串货行为,打击假冒伪劣产品,保持市场的稳定性；同时，为了维护品牌形象、规范销售行为，保持企业品牌形象的统一性和规范性；协调客户投诉，搞好企业的售后服务工作，企业需要开展市场监管工作。而这一类工作由于其工作过程与市场调研工作有很大的重合性，因此，企业通常将其并到市场调研中心负责，在调研总监的指导下，市场监管员与调研经理协作落实和执行企业的各种监管工作。

5）人员培训

为了不断提升营销队伍的综合素质和工作执行力，需要定期对员工开展系统的培训工作。而这部分工作，在企业中通常由市场部负责组织实施。可以聘请外部培训机构来培训，也可以组织市场部和销售部编写教材，在内部开展培训。市场部要负责确定培训的内容、挑选培训人员、审核培训材料、组织培训、进行培训评估等工作。在特别大的公司还会设立专职培训师。

总之，市场部的职能就是进行行业市场研究，竞争对手、市场需求及区域市场分析，提炼企业竞争力、产品卖点，拟订年度、季度、月度门店活动推广方案及广告宣传，指导、监督门店各项推广活动的执行，对部门费用预算的控制及各项活动推广的效果负责，另外还有广告策划、市场调查、市场监控等功能。总体来说，市场部功能的多少和权力的大小，体现了企业对市场部的认知。中小企业市场部感知市场、了解市场的能力是其最重要的功能和作用，这种能力同样在企业内部得到体现。

1.2.2　市场部的组织架构及主要岗位职责

1. 市场部的基本架构

市场部的基本架构如图1-4所示。

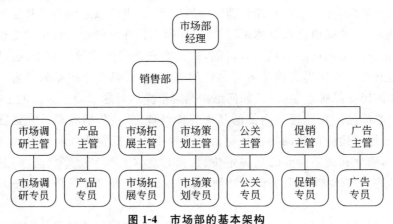

图1-4　市场部的基本架构

2. 市场部各职务详细岗位职责描述

1）市场总监（CMO）

直接上司：总经理。

主要工作：根据市场信息的变化，为公司制定长远营销战略规划以及月度市场推广计划（促销等手段），并负责配合销售总监推广实施。

岗位职责：

(1) 协助总经理制订公司总体发展计划以及战略目标(销售目标＋财务目标)；

(2) 为公司提供准确的行业定位,及时提供市场信息反馈；

(3) 制订和实施年度市场推广计划与新产品开发计划(要依据市场需求的变化,提出合理化建议)；

(4) 要依据市场变化随时调整营销战略与营销战术(包括产品价格的调整等),并组织相关人员接受最新产品知识与市场知识的培训；

(5) 制定公司品牌管理与发展策略,维护公司品牌；

(6) 管理、监督和控制公司市场经费使用情况。

职位要求：

(1) 市场总监不仅要策划能力、战略规划能力强,还要具有项目组织、实施的团队指挥能力；

(2) 对市场营销工作有深刻认知,有较强的市场感知能力,敏锐地把握市场动态、市场方向的能力；

(3) 密切的媒体合作关系,具备大型活动的现场管理能力；

(4) 工作努力,积极进取,责任心强；

(5) 具有高度的工作热情,良好的团队合作精神,出色的人际沟通能力、团队建设能力、组织开拓能力；

(6) 具有较强的观察力和应变能力。

2) 市场部经理

直接上司：市场总监。

主要工作：组织部门人员完成市场策划工作,监督和管理销售部门的工作进度。

岗位职责：

(1) 组织编制公司年度、季度、月度销售计划及销售费用预算,并监督实施(为销售部设计指标)；

(2) 组织公司产品和竞争对手产品市场销售情况调查,综合客户反馈意见,组织市场调查分析,进行市场机会开拓和合作伙伴开发,撰写市场调查报告并提交公司管理层；

(3) 编制与销售直接相关的广告宣传计划,提交总经理办公室；

(4) 制定本部门相关的管理制度并监督和检查下属人员的执行情况；

(5) 对下属人员进行业务指导和工作考核；

(6) 组织建立销售情况统计台账,定期报送财务统计部。

职位要求：

(1) 对市场营销工作有较深刻的认知；

(2) 有较强的市场感知能力和敏锐地把握市场动态、市场方向的能力；

(3) 有密切的媒体合作关系,具备大型活动的现场管理能力；

(4) 工作努力,积极进取,具备良好的沟通、协调、组织能力；

(5) 具有高度的工作热情和良好的团队合作精神；

(6) 具有较强的观察力和应变能力。

3) 市场调研主管

直接上司：市场部经理。

主要工作：制订、实施各项市场调研计划以及市场调研项目，为相关部门人员提供所需的市场信息支持。

岗位职责：

（1）制订市场调研计划，组织策划市场调研项目；

（2）建立健全营销信息系统，为本部门和其他部门提供信息决策支持；

（3）协助市场部经理制订各项市场营销计划；

（4）组织进行宏观环境及行业状况调研，对企业内部营销环境、消费者及用户进行调研；

（5）制作调研报告，并向管理层提供建议；

（6）收集各类市场情报及相关行业政策与信息。

职位要求：

（1）能熟练掌握调研方法与分析工具；

（2）能熟练使用各种统计分析软件；

（3）能熟练掌握市场研究项目的设计、管理、研究和客户服务；

（4）能熟练操作办公软件；

（5）有敏锐的市场眼光；

（6）具有独立的工作能力，良好的人际交往能力与团队合作精神；

（7）积极主动，性格开朗，讲求效率，乐于接受挑战；

（8）沟通协调能力强；

（9）工作态度认真，能在较大的压力下保持良好的工作状态，作风踏实、严谨。

4）产品主管

直接上司：市场部经理。

主要工作：了解同类产品的市场动态并根据市场信息的变化大胆设想未来产品的发展趋势（畅想未来产品，为生产部门提供设计思路）。

岗位职责：

（1）制订竞争对手、行业信息、公司产品信息等市场调研计划，全面开展市场调研工作；

（2）分析和总结调研信息，确定调研结果，为公司的总体战略制定提供相关依据；

（3）策划、组织市场活动，安排公司产品宣传，并反馈和总结所有信息，收集和应用产品市场信息；

（4）策划新品的上市和已有产品的更新换代，包括计划的制订、实施，广告创意，宣传文章的撰写及活动的策划、实施；

（5）协助销售部门开展销售工作，维护供方关系。

职位要求：

（1）熟悉所在产业、行业的生产过程；

（2）具备宏观规划能力和优秀的信息分析能力；

（3）具备较强的口头及书面沟通能力和商务洽谈能力；

（4）具有较强的英语听、说、读、写能力；

（5）积极主动、灵活应变、认真负责；

（6）沟通协调能力强；

（7）工作态度认真，能在较大的压力下保持良好的工作状态，作风踏实、严谨。

5）市场拓展主管

直接上司：市场部经理。

主要工作：公司市场策划部大型活动策划的实际实施与指导工作（负责公司长远战略规划以及公司年度、季度、月度的所有市场营销策划的指导实施工作）。

岗位职责：

（1）规划、组织、实施、协调公司市场策划及广告业务；

（2）把握市场动态，制定产品拓展的整体策略并予以实施；

（3）组织落实市场运作的年度、月度计划；

（4）定期提交市场拓展情况报告和市场分析报告；

（5）组织实施试销售，建立价格体系；

（6）协调与市场拓展部的合作关系，协调开展工作的所有公司内外部人际关系。

职位要求：

（1）对市场营销工作有较深刻的认知；

（2）有较强的市场感知能力和敏锐地把握市场动态、市场方向的能力；

（3）具备业务规划能力；

（4）能熟练操作办公软件；

（5）具有优秀的口头及书面表达能力。

6）市场策划主管

直接上司：市场部经理。

主要工作：为公司制定战略规划并书写所有的大型策划文案（以整合营销策划及渠道管理为主），负责公司长远战略规划以及公司年度、季度、月度的所有市场营销策划工作。

岗位职责：

（1）研究市场宏观方面的信息，包含市场动态、技术发展动态、国家与地方政策变化及趋势等，并收集产品与市场信息；

（2）设计、建立与维护公司产品品牌的定位，设计与实施具体市场方案；

（3）组织、编制大型市场规划和设计方案；

（4）编写方案设计报告和实施方案报告；

（5）独立完成广告策划案、品牌推广方案；

（6）指导制作各种宣传材料、产品说明书、销售支持材料等。

职位要求：

（1）熟悉公司产品及相关产品的市场行情；

（2）能够独立组织制定市场规划、市场销售策略，组织和开展产品拓展等工作；

（3）有大型项目的市场拓展和销售工作经验及商务谈判经验；

（4）能熟练操作办公软件；

（5）具有独立工作的能力和团队合作精神；

（6）具有较强的表达、理解与公关能力；

（7）积极主动、性格开朗、讲效率、乐于接受挑战。

7）公关主管

直接上司：市场部经理。

主要工作：主持制订与执行市场公关计划，监督和开展公关活动。

岗位职责：

(1) 主持制订和执行市场公关计划，配合公司项目策划对外的各项公关活动；

(2) 监督并组织开展市场公关活动，与有关部门和企业进行良好的沟通；

(3) 定期提交公关活动报告并对市场整体策略提供建议；

(4) 开展公众关系调查，并及时调整公关宣传政策；

(5) 向外部公众宣传和解释公司有关情况，策划和主持重要的公关专题活动，协调处理各方面的关系；

(6) 建立和维护公共关系数据库、公关文档；

(7) 参与制订及实施公司新闻传播计划，实施新闻宣传的监督和效果评估；

(8) 提供市场开拓及促销、联盟、展会、现场会等方面的公关支持，协助接待公司来宾。

职位要求：

(1) 对市场营销工作有较深刻的认知；

(2) 有较强的市场感知能力，有敏锐地把握市场动态、市场方向的能力；

(3) 具有较强的语言和文字表达能力；

(4) 能熟练操作办公软件；

(5) 具有高度的工作热情和良好的团队合作精神；

(6) 具有较强的观察力和应变能力、优秀的人际交往和协调能力、极强的社会活动能力。

8) 促销主管

直接上司：市场部经理。

主要工作：书写促销计划，监督和实施促销计划（以节日促销、现场终端促销为主）。

岗位职责：

(1) 根据公司整体规划，组织实施年度、季度、月度以及节假日的各种促销活动；

(2) 拟订各种促销方案，监督各种促销方案的实施并进行效果评估；

(3) 指导和监督各区域市场促销活动计划的拟订和实施，制定各市场促销活动经费的申报细则以及审批程序，并对该项程序予以监督；

(4) 设计、发放、管理促销用品；

(5) 协调各区域进行销量分析并提出推进计划；

(6) 制定不同时期、不同促销活动的各项预算，并依据预算控制促销经费的使用。

职位要求：

(1) 具备良好的客户意识以及业务拓展能力；

(2) 熟悉公司产品及相关产品的市场行情；

(3) 能熟练操作办公软件；

(4) 独立工作能力强，有一定的领导能力；

(5) 具备出色的表达能力和说服力及良好的团队合作精神；

(6) 学习能力强，有责任心。

9) 广告主管

直接上司：市场部经理。

主要工作：策划设计广告、制作广告、CI 设计实施以及终端 POP 美工等。

岗位职责：

（1）开发和维护公司与政府有关机构、合作伙伴之间的关系；

（2）组织企业各种资格认证、技术鉴定、政府科研基金申请申报、各种荣誉申报等工作；

（3）协助组织公司市场活动；

（4）协助创建企业品牌，传播企业文化；

（5）主持公司媒体公关活动，制订并组织和执行媒体公关活动计划；

（6）负责竞争品牌广告信息的收集、整理，行业推广费用的分析，主持制定产品不同时期的广告策略，制订年度、季度、月度广告费用计划；

（7）正确地选择广告公司，督导广告及制作代理公司的工作；

（8）进行广告检测与统计，及时进行广告、公关活动的效果评估。

职位要求：

（1）对市场营销工作有较深刻的认知；

（2）熟悉业务策划活动程序；

（3）熟悉企业项目投标、竞标流程及运作。

1.2.3　市场调研人员的素质要求及培训

市场调研人员是调查工作的主体，其数量和质量直接影响市场调查的结果。因此，市场调查机构必须根据调查工作量的大小及调查工作的难易程度，配备一定数量并有较高素质的工作人员。

微课堂：市场
调研人员的
素质

1. 市场调研人员的素质要求

按市场调查的客观要求，调研人员应具备以下三方面的基本素质。

1）思想品德素质

要求：坚持四项基本原则，具有强烈的社会责任感和事业心；具有较高的职业道德修养，工作中能实事求是、公正无私；工作认真细致；具有创新精神；谦虚谨慎、平易近人。

2）业务素质

要求：具备较广博的理论知识，具有较强的业务能力（具有利用各种情报资料的能力；具有对调查环境较强的适应能力；具有分析、鉴别、综合信息资料的能力；具有较强的语言和文字表达能力）。

3）身体素质

要求：一是体力充沛，二是性格适合从事市场调研。

总之，一个合格的市场调查人员应勤学好问，有思想、有知识并具有创造性，必须善于倾听，善于思考，善于提出问题、分析问题和解决问题。但是也要注意以下两点。

（1）人的素质和才能是有差异的，造成这种差异的原因既有先天因素，也有后天因素。无数事实证明，先天不足是可以通过后天的教育、培训来弥补的，是可以扭转的，要达到调查工作需要的理想标准，就要不断地通过各种途径，利用各种方法提高自身素质。

（2）前面所讲到的各种素质是针对调查人员的个人素质而言的。在实际调查中，调查任务是通过组建一支良好的调查队伍来完成的。因此，除对调查人员基本思想、品德要求外，不必要也不可能要求所有调查人员同时具备这些素质，而只能对调查队伍的整体结构加以考虑，包括职能结构、知识结构、年龄结构，甚至性别结构等，通过人员的有机组合，取长补短，提高调查效率。

2. 市场调研人员的培训

1）培训的基本内容

培训的内容应根据调查目的和受训人员的具体情况而有所不同，通常包括以下三项内容。

（1）思想道德方面的教育。组织调查人员学习市场经济的一般理论，国家有关政策、法规，充分认识市场调查的重要意义，使他们有强烈的事业心和责任感，端正工作态度和工作作风，激发调查的积极性。

（2）市场调查业务方面的训练。不仅需要讲授市场调查原理、统计学、市场学、心理学等知识，还需要加强问卷设计、提问技巧、信息处理技术、分析技术及报告写作技巧等技能方面的训练以及有关规章制度的教育。规章制度也应列入培训的内容，调查人员必须遵守组织内部和外部的各种规章制度，这是调查得以顺利进行的保证。

（3）性格修养方面的培养。对调查人员在热情、坦率、谦虚、礼貌等方面进行培训。

2）培训的途径和方法

培训有两条基本途径：一是业余培训；二是离职培训。业余培训是提高调查人员素质的有效途径，是调动调查人员学习积极性的重要方法，具有投资少、见效快的特点。离职培训则是一种比较系统的训练方法，它可以使调查人员集中精力和时间进行学习。离职培训可以采取两种方式：一种是举办各种类型的调查人员培训班；另一种是根据调查人员的工作特点和本部门的需要，让他们到各类经济管理院校的相应专业，系统地学习专业基础知识、调查业务知识、现代调查工具的使用知识等。这种方法能使调查人员有较扎实的基础，但投资较大。

培训方法主要有以下几种，培训时可根据培训目的和受训人员情况选用。

（1）集中讲授法。这是目前培训中采用的主要方法。就是请有关专家、调查方案的设计者，对调查课题的意义、目的、要求、内容、方法及调查工作的具体安排等进行讲解，在必要的情况下，还可讲授一些调查基本知识，介绍一些背景材料等。采用这种培训方法，应注意突出重点、针对性强、讲求实效。

（2）以会代训法。即由主管市场调查的部门召集会议。有两种形式的会议。一是开研讨会，主要就需要调查的主题进行研究，从拟定调查题目到调查的设计，资料的收集、整理和分析，调查的组织等各项内容逐一研究确定。二是开经验交流会。在会上，大家可以互相介绍各自的调查经验，先进的调查方法、手段和成功的调查案例等，以博采众长，共同提高。采取以会代训方法，一般要求参加者有一定的知识水平和业务水平。

（3）以老带新法。这是一种传统的培训方法，它是由有一定理论和实践经验的人员，对新接触调查工作的人员进行传、帮、带，使新手能尽快熟悉调查业务并得到锻炼和提高。这种方法能否取得成效，取决于帮带者是否能毫无保留地传授知识和经验，学习者是否虚心求教。

（4）模拟训练法。即人为地制造一种调查环境，由培训者和受训者或受训者之间相互装扮成调查者和被调查者，进行二对一的模拟调查，练习某一具体的调查过程。模拟时，要将在实际调查中可能遇到的各种问题和困难表现出来,让受训者做出判断、解答和处理,以增加受训者的经验。采用这种方法,应事先做好充分准备,模拟时才能真实地反映调查过程中可能出现的情况。

(5)实习锻炼法。即在培训者的策划下,让受训者到实际的调查环境中去实习和锻炼。这样,能将理论和实践有机结合,在实践中发现各种问题,在实践中培养处理问题的能力。采用这种方法,应注意掌握实习的时间和次数,并对实习中出现的问题和经验及时进行总结。

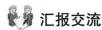 **任务实施**

分组讨论任务引入中的两个问题。

汇报交流

各组推荐 1 名代表发言。

总结拓展

在任务 1.2 中,我们主要解决两个问题,即明确市场调研工作的重要性以及市场调研人员的职责和所要做的工作。现实经验告诉我们,市场部是一个企业中营销组织架构的重要组成部分,它不仅是企业的参谋部,而且是企业的司令部。一个专业和健全的市场部应该具备强大的市场调研功能和能力。

什么样的人最适合做市场调研工作?

首先要有战略眼光。市场调研人员能从长远的角度考虑问题,他们关心的不是现在,而是整个行业中有哪些潜在的机会,如何把这些潜在机会变成本企业未来的现实机会,所以他们是探路者,是侦察部队。

其次要有洞察能力。市场营销需要在微弱的市场信号中发掘机会,并把各种因素综合起来分析,从而得出自己的结论。

最后是表达能力。市场营销人员完成了市场调研、用户分析、竞争分析之后,要把这些资料整理成易于沟通的演示文件,能用简洁明了的语言去介绍和与人沟通,使人们理解并接受。所以,市场部的人员必须是出色的演讲者,是宣传队。

知识图解

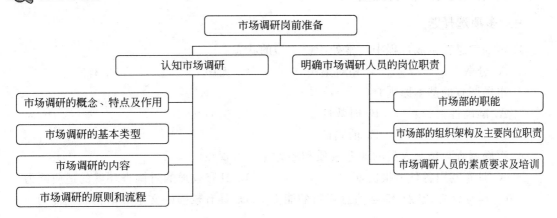

知识检测

一、名词解释

市场调研　宏观市场调研　微观市场调研

二、单项选择题

1. 有目的地收集、整理、加工和分析市场信息，使之集中化、有序化，成为可利用的信息，这一过程是（　　）。

  A. 市场调查　　　　B. 市场分析　　　　C. 市场预测　　　　D. 整理资料

2. 市场调查的目的是（　　）。

  A. 预见市场未来的发展趋势　　　　　　B. 为经营决策提供依据

  C. 了解市场活动的历史与现状　　　　　　D. 收集企业生产活动的相关信息

3. 发挥市场信息效用的必要条件是（　　）。

  A. 市场调查　　　　B. 市场预测　　　　C. 市场分析　　　　D. 经营决策

4. 下列属于优秀调查员的条件是（　　）。

  A. 性格内向　　　　　　　　　　　　B. 缺乏信心

  C. 不善于接近人和被人接近　　　　　　D. 精力充沛

5. 下列调查中，属于消费者市场调查的是（　　）。

  A. 拖拉机市场的调查　　　　　　　　B. 化肥市场的调查

  C. 食品市场的调查　　　　　　　　　D. 煤炭市场的调查

6. 市场调查首先要明确调查的（　　）。

  A. 目标　　　　　　B. 计划　　　　　　C. 战略　　　　　　D. 策略

7. 市场调查数据之间或多或少地具有相关关系，因而市场调查具有（　　）。

  A. 真实性　　　　　B. 时间性　　　　　C. 相关性　　　　　D. 系统性

8. 下列机构中，属于专业性市场调查机构的是（　　）。

  A. 城市社会经济调查队

  B. 零点调查公司

  C. 新华通讯社

  D. 某财经大学市场营销系

三、多项选择题

1. 市场信息在生成过程中经常处于（　　）的状态。

  A. 分散　　　　　　B. 相对集中　　　　C. 无序　　　　　　D. 有序

2. 市场调查的基本原则有（　　）。

  A. 准确性　　　　　B. 时效性　　　　　C. 全面性

  D. 经济性　　　　　E. 前瞻性

3. 市场调查与预测人员的业务素质和能力主要体现在（　　）。

  A. 具有利用各种情报的能力　　　　B. 具有较强的对调查环境的适应能力

  C. 具有分析、鉴别、综合信息资料的能力　　D. 具有较强的文字和语言表达能力

E. 具有较强的创新精神

4. 市场调查与预测的基本环境包括(   )。

    A. 经济环境   B. 法律环境   C. 科技环境

    D. 政治环境   E. 社会文化环境

5. 社会文化环境调查主要包括(   )。

    A. 消费者文化教育水平   B. 民族宗教状况

    C. 社会物质文化水平   D. 社会价值观念

四、简答题

1. 简述市场调查的特征和作用。

2. 简述市场调查的具体步骤。

3. 简述市场调查应遵循的原则。

4. 市场营销活动调查的内容包括哪些？

案例分析

因为"米粉"，所以小米

这些年来，每当提到靠着互联网营销风生水起的科技品牌，一定有小米。一整套行之有效的"小米式营销打法"，助力这一年轻品牌在不到十年的创立时间内快速崛起，走向海外，并在全球范围内不断成功复制模式，斩获大批忠诚"米粉"。

如今，小米式营销早已成为品牌管理创新的跨行业样板，激发和涌现出无数"打造××界小米"的豪情壮志。在光环和标签的背后，人们希望抓住的是以此为代表的互联网营销本质，即打造出富有品牌口碑和高强度黏性的粉丝经济，以走在移动社交传播浪潮的前沿。

以始为终，一切小米品牌运营成功的背后，离不开"米粉"现象的崛起与助攻。2018年，小米在中国香港上市引起业界热议，现场的一个细节尤为引发关注：站在雷军旁边的嘉宾既不是公司高管，也非品牌商业伙伴，而是一位普通年轻人，他的标签便是"米粉"。在他的背后，这一群体标签一路拓展全球，从欧洲到拉丁美洲，迄今已覆盖了18个不同国家和地区，直接撑起了多达800万人的全球品牌智能手机生态社区，举办了超过1000场全球范围内的年度线下米粉活动。

如今炙手可热的米粉模式，其实起源于小米手机用于研发测评的网络社区。从100位超级用户开始，第一批"米粉"产生于小米第一款手机上市之前，并深度参与了最早小米手机论坛上的系统设计测试。短短10年间，这一品牌专属社群粉丝的数字已经横跨全球，从100到1000万再到更多米粉的不断加入，缔造了一个基于新型用户关系的崭新品牌时代。

开创营销的极致扁平时代："米粉"是怎样炼成的

随着移动互联浪潮的不断深入渗透，人们表达意愿、沟通互动、汲取信息的方式已随着科技环境的变迁发生翻天覆地的变化：移动社交网络平台让人人有机会成为媒体，实现了与各类品牌的直接沟通反馈，形成了用户与品牌之间愈发扁平的沟通关系。

而"扁平式"用户关系的核心，是邀请用户深度参与品牌建设：小米以线上社区的前瞻形式,适时拥抱品牌营销转型趋势,通过将用户的实时沟通融入产品研发迭代,不断突出用户的极致话语权,将品牌价值与不断变化的用户需求深度绑定,催生了第一批忠诚跟随品牌成长的"米粉"群体。

而在海外的小米粉丝,也为小米的成功出海奠定了基础。2019年5月4日,小米国际参谋长Alvin发微博称:"条条大路通罗马! 小米欧洲今天在罗马的顶尖商场Porta di Roma开了罗马第一家小米之家,虽然今天天气不佳下着雨,但米粉们非常给力,开幕剪彩实现了超过300位"米粉"一起剪彩的盛况! 因为米粉,所以小米! 五一假期在罗马度假的朋友们欢迎过来参观。"

不仅如此,一路攻入欧洲成熟市场的小米至今已是捷报频传。据《财经》近日报道:除印度外,目前海外市场的主要增量来自欧洲,并已成为小米第二大海外市场,占总销量三成。据第三方机构Canalys数据,2019年第二季度小米是欧洲市场增长较迅猛的公司,同比增长48%,卖出智能手机接近450万台。

小米欧洲开业伊始至今能够顺利斩获一连串业绩,离不开米粉群体"前行一步"的自发式口碑传播,因为小米手机的众多海外版本也是各国"米粉"自发参与制作和推广的。海外市场米粉开花的背后,展现了小米粉丝运营模式的全球复制能力和营销理念的输出能力:在深度理解当地用户需求的基础上,将自己定位成用户身边富有亲和力的朋友,而非高高在上的传统科技品牌,这样的理念成为小米品牌全球成功的共性。

除了吸引"参数控",更要做人见人爱的品牌

性价比一直是小米的王牌武器:除了"感动人心,价格厚道"这句如雷贯耳的口号,一路高喊"为发烧而生"的小米,也在这些年的全球深耕中,以高光亮眼的表现,让高质量智能产品的价格门槛一路降低,让科技走向普惠。

产品造就口碑。在产品力的不断加持下,品牌进军海外市场的征途迎来一路凯歌;而各类五花八门、自下而上的米粉故事与自上而下的米粉文化运营传播,也形成了不容忽视的营销助攻,加固了小米海外市场的声誉,在产品力之上构建起强大的品牌力和生态力。

尽管"米粉"群体最初从"技术控"起步,然而基于"便宜买好货"的本能消费追求,至今"米粉"群体早已扩展至全年龄层与各行各业,形成了更加广阔的用户网络基础与流量入口。

一个著名的故事发生在小米集团国际业务负责人、高级副总裁王翔身上:他2016年赴莫斯科参加"米粉"活动后在机场离境时,一位当地安检官员拦住了他,向王翔"抱怨"为什么小米产品不能早点进入俄罗斯。王翔非常惊讶,原来这位官员不仅是一位"米粉",还参加了前一天的活动。王翔当即为这位"米粉"展示了当时新出的小米MIX手机,答应他一定会尽快回到俄罗斯。2017年4月25日,小米公司在莫斯科召开隆重的发布会,王翔在现场宣布3款智能手机进入俄罗斯市场。

2017年2月,小米在印度尼西亚实现本地化生产,年产量可达100万台。在王翔主持的小米"印尼制造"发布会上,"米粉"代表在现场提议:印度尼西亚有这么多"米粉",希望大家能够经常聚在一起参与设计和改进。王翔回到公司后,立刻将相关诉求发给同事。随后,小米在印度尼西亚开启大型"米粉节"活动,近千名"米粉"代表齐聚活动现场,之前的建议转眼变成现实。

2019年9月首次在墨西哥举办的小米橙色跑活动,引发了当地"米粉"的强烈反响,也是继俄罗斯的跑步活动之后,"米粉"社区继续推广健康公益生活方式的又一次成功尝试。

2019年，小米还通过多元化的营销创意，围绕着新锐中端机型Redmi Note 7，展开了一连串的海外重点推广，突出自身独特的"硬核式传播"节奏，并由此一举摘下金投赏商业创意大奖。这一奖项的取得，让小米的综合文化创意能力再一次受到业界广泛认证。有效的创意营销拉动了海外市场的强烈反响：全球4000万小米用户深度参与了全程内容互动；与小米相关的各社交平台新增粉丝数达66万；广告曝光率高达近五亿次……针对海外市场的用户喜好，在本次传播中，Redmi Note 7深度绑定了知名IP《X战警：黑凤凰》，围绕线上线下多元化场景整合营销，进一步拉动各地米粉的参与热情和传播热情。

Redmi Note 7在西班牙、波兰等市场首销半小时内售罄，东南亚电商平台LAZADA的大促活动上荣登销售冠军宝座，129天全球销量突破1000万台，2019年8月Redmi Note 7的全球总销量突破2000万台。

基于一系列成功实践，小米构建了线上线下两条线推动品牌传播，形成企业对粉丝，粉丝对粉丝的双向沟通。

深入沟通，共情共振，让品牌营销围绕人的互动展开，这是米粉文化得以全球成功扩张的本质。全球化日益深入的今天，技术突破疆界，渗入不同人群的日常生活，反过来推动全球化继续纵深发展。而品牌故事则为技术赋予温度，如同多元文化的传播，连接世界，打破偏见，实现交流融合。在米粉的世界里，这样的"连接"故事还在继续。

（资料来源：东方资讯，http://finance.eastday.com/eastday/finance1/Business/node3/u1ai670967.html）

问题：

1. 小米为何在全球广受欢迎？

2. "米粉"如何助力小米开发新产品？

要求：小组讨论，回答案例中的问题；全班交流分享，教师对各小组的回答进行点评。

技能训练

1. 全班分组讨论，各自成立模拟市场调研公司，按照市场调研工作过程开始运作。每组都要考虑调研公司的命名、宗旨，设计组织架构和明确分工。

2. 完成表1-3中调研公司的基本信息，并准备分组汇报和交流。

表1-3　调研公司基本信息

调研公司名称、标志	公司宗旨、特色、口号	总经理(组长)	组织架构设计	主要岗位及职责

3. 各组推荐一名代表（每次汇报人尽量不重复，要求全员参与）进行汇报交流，介绍本组调研公司的组建情况，经全班评议，正式确定成立该调研公司。

4. 实训考核：采用过程性考核和成果性考核相结合的考核方式。

（1）过程性考核：根据每位学生参与实训的全程表现，评出个人成绩。过程性考核的评价标准见表1-4。

表 1-4   过程性考核评价标准

姓名 \ 任务 \ 标准	工作态度（25%）	工作技能（30%）	团队合作（25%）	阶段性成果展示（20%）	个人成绩
创建市场调研公司				公司创建方案	

注：每一阶段性成果都制定不同的评价标准，阶段性成果评价成绩计入过程性评价，分组给每人分别打分。

（2）成果性考核：根据各调研公司创建方案的完成情况和汇报情况，评出小组成绩。市场调研公司创建方案评价标准如表 1-5 所示。

表 1-5   市场调研公司创建方案评价标准

考核人员		被考评小组	
考评时间			
考评标准	考评具体内容	分值	实际得分
	公司创建方案的完整性	10	
	公司创建的科学性、合理性	40	
	公司创建的可行性	30	
	公司创建的创新性	20	
	合 计	100	
教师评语		签名： 日期	
学生意见反馈		签名： 日期	

项目 ②

设计市场调研方案

项目导言

　　在进行一项市场调研时,首先要明确本次调研需要解决的问题,接着应针对这一问题明确调研目标,确定调研内容,选择市场调研方法,设计调研方案,并在此基础上开始市场调研资料的收集工作。科学地设计调研方案和严谨地评价调研方案是进行市场调研的前提。本项目包括定义调研问题和设计调研方案两大任务,并提供了参考案例。

学习目标

- **能力目标**

1. 学会定义市场调研问题。
2. 学会设计市场调研方案。

- **知识目标**

1. 掌握定义市场调研问题的程序。
2. 掌握市场调研方案设计的内容和工作步骤;理解调研方案的评价。

- **素质目标**

1. 培养学生独立发现问题、分析和解决问题的能力。
2. 培养学生市场调研方案的写作能力。
3. 培养学生团队合作精神。

案例导入

××品牌洗发水的产品策略调研

　　A 公司是国际知名的日用化妆品公司,该公司所生产的××牌洗发水曾经深受国内用户喜爱。但是,一方面,该产品的配方已经陈旧,很难有进一步扩大市场份额的可能;另一方面,竞争对手的产品对 A 公司的市场威胁越来越大。公司决策层认为,必须采取果断措施,推出新产品,取代旧产品,以改变这种不利局面。但是,令决策层犹豫不决的是,毕竟旧产品还有一定的市场,而新产品能否为消费者接受还很难断定,如果淘汰旧产品,而新产品又不能让消费者满意,就等于拱手把既有的消费者送给了竞争对手。更令高层担心的是,新产品较竞争对手的产品而言是否具有竞争优势? 为给这些问题一个明确的答案,A 公司要求市场调查部进行产品测试。研究目的是新产品是否能为旧产品的消费者认同,从而选用新产品? 新产品较竞争对手的产品而言,是否具有竞争优势? 优势在哪里?

　　市场调查部将这一项目分解为两个部分,分别抽取两个样本进行测试:①新产品是否能够留住原有消费者？这部分测试主要在××产品的原有消费者中进行；②在一般消费者中，新产品较竞争产品是否具有竞争力，能否吸引他们使用该产品？这部分测试在目标市场中进行。在对市场进行初步了解的基础上，经过与公司决策层充分沟通，确定将三个竞争产品进入第二部分的测试。

由于测试涉及多个产品，不同的测试顺序会对结果产生较大影响，为了避免这种影响，必须保证测试顺序的随机性。但是又鉴于洗发水产品的特殊性，只能采取留置测试，这又使访问员的控制力度变弱。为此，市场调查部采用动态平衡技术与特殊的留置容器，保证了测试顺序的随机性，消除了测试顺序性误差。最终，公司市场调查部提出了保留旧产品，力推新产品的市场策略，受到了公司决策层的认可，其后公司产品的市场表现证明了市场调查部研究的科学性。

（资料来源：百度文库.http://wenku.baidu.com）

案例思考

1. A公司产品测试目的、测试内容、测试手段、测试结果分别是什么？
2. A公司产品调研问题是什么？

通过以上案例，可以得出：定义市场调研问题是市场调研的第一步，也是最重要的一步。只有清楚地定义了市场调研问题，才能正确地设计市场调研方案。在正式开展市场调研之前需要整体设计调研方案，包括调研目的、调研内容、调研对象、调研方法、抽样方式、资料的整理和分析等。通过本项目的学习，我们可以对如何设计市场调研方案有一个全面的了解。

任务2.1　定义市场调研问题

任务引入

各调研公司选择一个感兴趣的调研课题，并定义其市场调研问题。

- 问题1：什么是调研课题？
- 问题2：如何定义市场调研问题？

知识铺垫

2.1.1　定义调研问题的重要性

定义市场调研问题是指市场调查研究解决什么样的管理决策的信息需求问题，即收集什么样的主题信息，达到什么目的。问题的定义包括对整个问题的叙述以及确定研究问题的具体组成部分。一般包括以下几个部分。

（1）调研的背景是什么？
（2）调研需要解决的问题是什么？

（3）解决这些问题需要什么样的信息？

（4）获得的信息对决策是否有帮助或者是调研信息的价值有多大？

例如，如果是为新的化妆品品牌做调研，主打产品是美白保湿。解决这个问题需要获得的信息至少包括：消费者对化妆品的态度是理性认识还是感性购买，基于什么原因开始购买化妆品？是什么促成消费者初次购买某化妆品，是品牌、广告、口碑、网络评价，还是单纯的促销活动？重复购买的理由是什么？消费者对美白保湿产品的认识和使用情况等。

定义市场调研问题就是将企业经营管理中出现的问题转化为市场调查问题。在市场调查研究方案策划中，没有什么比准确、充分地确定调查研究主题的问题更为重要。调查研究主题的正确界定为整个调查研究过程提供了保证和方向，调查研究主题的正确界定相当于整个调查研究成功了一半。

2.1.2　定义市场调研问题的程序

定义调研问题的过程是从识别管理决策问题开始，通过收集、分析问题背景，经过探索性研究确认决策者所面临的管理决策问题，最后明确相应的市场调研问题。

1. 识别管理决策问题

调研问题包括管理决策问题和营销研究问题两个虽不相同但密切联系的层面。管理决策问题是决策者需要做什么的问题，它关心决策者可以采取什么行动，以行动为导向。营销研究问题是为了回答管理决策问题，企业需要什么信息以及如何获得有效信息的问题，它关心回答管理决策问题的信息依据以及获取途径，以信息为导向。管理决策问题和营销研究问题示例见表 2-1。

表 2-1　管理决策问题和营销研究问题示例

管理决策问题	营销研究问题
是否应该引进新产品	针对提议的新产品确定消费者偏好和购买倾向
如何夺回市场份额	①调整现有产品；②推出新产品；③改变现有产品组合；④细分标准
是否应改变广告活动	确定现有广告效果
这种品牌的价格是否应该提高	①确定需求的价格弹性；②确定在不同水平上价格变化对销售额和利润的影响
如何应对竞争对手率先降价	①按竞争对手降价的程度降价；②维持现有价格但增加广告投入；③少许降价，适当增加广告投入；④不降价的同时推出低价品牌

通常，只有当管理人员发现某些营销问题或机会并需要某些数据资料来辨明问题或机会时，调研人员才会参与进来。市场调研人员应当根据管理者所面临的管理决策问题及其信息需要定义市场调研问题，以澄清问题或机遇的本质。当机遇来临或问题发生时，一般会通过一些征兆反映出来，如公司的销售量、市场份额、利润、投诉、竞争者等发生改变。

2. 收集、分析背景信息

任何企业的活动都无法脱离环境因素的影响。一般问题的背景信息包括公司的基本情况、所涉及的产品与服务、目标市场及主要竞争者、宏观营销环境等。调研人员可以通过以下途径收集必要的背景信息。

（1）同决策者沟通。同决策者沟通的根本任务是深化调研人员对营销研究问题根源的了解和认识，企业管理决策者应注意要让调研者得到与管理决策问题有关的全部信息。

（2）咨询专家。对行业专家、专门问题的研究者进行访谈可以使调研人员对营销研究问题有完全不同的新视角，专家访谈也可能修正决策者或研究人员的某些观点。

（3）收集、分析二手数据。收集、分析二手数据是定义研究问题的一个前提性步骤，只有在二手数据无法解决手头的问题，或获取二手数据的成本高于收集原始数据时，才考虑收集第一手资料。

（4）探索性的定性研究。在某些营销研究问题上，影响调研问题的因素较为隐蔽，不易被清楚地表达或不愿清楚地表达，调研人员可能还需要使用定性研究方法，以得到关于营销研究问题的一些相关因素和不同理解。

背景信息的收集，不仅可以帮助我们把握问题的起因和找到解决问题的线索，有时甚至能够帮助我们找到初步的答案，如二手数据分析。

3. 确认市场调研问题

市场调研问题不等于管理决策问题。市场调研人员应当根据管理者所面临的管理决策问题及其信息需要定义市场调研问题。由于营销问题的复杂性，管理决策问题向市场调研问题的转换很少是直接的、线性的，转换过程通常涉及一些基于营销理论和经验的复杂分析和判断过程。

市场调研问题是需要收集数据加以研究的问题，主要涉及需要什么信息以及如何有效地获取这些信息。因产生管理决策问题的可能原因有多个，所以针对一个管理决策问题可以列出多个调研项目。由于资源有限，不可能对所有可能的问题都进行调研，调研人员必须根据其对决策的用途、成本和技术上的可行性等因素进行取舍，抓住重点，将有限的资源用在最能产生效益的地方。

在确认调研问题时应注意两点：一是能提供足够的信息帮助解决管理决策问题；二是能为下一步的调研指明方向。

调研者在定义调研问题时常犯以下两类错误。

（1）研究问题定得宽，难为下一步指明方向。研究问题定得太宽，无法为调研项目设计提供明确的指引路线。例如，研究品牌的市场营销战略、改善公司的竞争位置、提高企业的经济效益等研究问题，由于定得不够具体，很难进行调查内容和项目的后续设计。

（2）研究问题定得过窄，会限制今后要采取的决策行动。研究问题定得太窄，可能使信息获取不完全，甚至忽略了管理决策信息需求的重要部分。例如，在一项有关某耐用品销售公司的调研中，管理决策问题是"如何应对市场占有率持续下滑的态势"，而调研者定义的调查问题是"调整价格和加大广告力度，以提高市场占有率"。由于调查问题定义太窄，可能导致诸如市场细分、销售渠道、售后服务等影响市场占有率的重要信息被忽略。

市场调研问题确认以后，调研内容也就随之确定，具体实例见表 2-2。

表 2-2　调研问题与调研内容关系举例

管理决策问题	市场调研问题	市场调研内容
制定有效的营销策略	市场细分研究	① 市场有哪些主要的客户群？ ② 主要客户群的规模、特点与需求是什么？ ③ 每个客户群的关键购买因素是什么？
为新产品设计包装	几个备选包装设计的有效性测试	① 消费者对新包装的接受程度。 ② 消费者对新包装的喜欢程度以及喜欢或不喜欢的方面。 ③ 几种包装设计中,消费者的偏好
为节假日设计有效的促销活动	促销活动对消费者的影响评估	① 消费者对促销活动的看法。 ② 不同促销活动对消费者购买行为的影响及原因。 ③ 消费者喜欢的促销活动的类型和促销礼品

同步案例2-1

A商场是一个具有30年历史的国有商业企业,在其多年的经营过程中,在本地区商誉较好,知名度较高,尤其是中老年人对其有深厚的感情。但自从在商场的斜对面建立了一家与其规模相当的商场后,尽管同类商品的价格低于竞争者,但是客流量还是不断下降,效益明显下滑。为此,商场管理层决定开展一次调查活动。

讨论：请帮其定义市场调研的问题。

提示：

(1) 为什么要调查? ——客流量不断下降,效益明显下滑。

(2) 调查中想了解什么? ——顾客为何不喜欢光顾? 他们对该商场有何看法? 他们期望的商场是什么样的?

(3) 调查结果有何用处? ——找出企业经营中的问题,找出潜在客户,规划企业发展战略。

(4) 谁想知道调查结果? ——商场的高层主管。

调查主题确定为消费者对该商场的看法和购物态度。

任务实施

分组讨论,选择本公司调研课题,收集相关背景资料,进一步明确调研问题。

汇报交流

各公司推荐1名代表汇报所选调研课题,全班评议其可行性和现实性,教师点评,帮助该公司进一步明确其市场调研问题。

总结拓展

明确市场调研问题在整个市场调研中尤为重要,它需要根据企业管理决策问题的实际需要去定义,要避免或防止以下错误。

(1) 不道德的调研。在未经同意的情况下获取消费者的私人信息,窃取竞争对手的商业机密等。

(2) "花瓶式"的调研。调研目的仅仅是证实一个已经确定的决策。

（3）不经济的调研。调研公司或调研人员有时会从自身利益出发，提出一些用处不大的调研，当调研的成本超出其可能带来的收益时，开展此项调研就不经济了。

（4）不可行的调研。委托方提出的要求过于苛刻，技术上不可行或愿意支付的费用过低，调研人员为拿到项目而做出很不现实的承诺。

任务2.2 设计市场调查方案

任务引入

根据任务2.1各公司所确定的调研课题，设计一份完整的市场调查方案。
- 问题1：什么是市场调查方案？
- 问题2：如何设计一份完整的市场调查方案？

知识铺垫

2.2.1 市场调查方案设计的含义和意义

1. 市场调查方案设计的含义

市场调查方案也称市场调研计划书、市场调研策划方案、调研项目策划书（计划书、建议书）等，是指在调研项目实施前对调研目的、内容、研究方法、数据分析、时间安排、经费预算等所做的统一安排和规划，以及由这些内容形成的一整套文字材料。拟订调研方案的过程，就是调研方案设计（策划）。

市场调查方案设计，就是根据调查研究的目的和调查对象的性质，在进行实际调查之前，对调查工作总任务的各个方面和各个阶段进行的通盘考虑和安排，提出相应的调查实施方案，制定出合理的工作程序。

市场调查的范围可大可小，但无论是大范围的调查，还是小规模的调查工作，都会涉及相互联系的各个方面和各个阶段。这里所讲的调查工作的各个方面是对调查工作的横向设计，就是要考虑调查所要涉及的各个组成项目。例如，对某市商业企业竞争能力进行调查，就应将该市所有商业企业的经营品种、质量、价格、服务、信誉等方面作为一个整体，对各种相互区别又有密切联系的调查项目进行整体考虑，避免调查内容上出现重复和遗漏。

这里所说的全部过程，则是对调查工作纵向方面的设计，它是指调查工作所需经历的各个阶段和环节，即调查资料的收集、整理和分析等。只有对此事先做出统一考虑和安排，才能保证调查工作有秩序、有步骤地顺利进行，减少调查误差，提高调查质量。

2. 市场调查方案设计的意义

市场调查是一项复杂的、严肃的、技术性较强的工作，一项全国性的市场调查往往要组织成千上万人参加。为了在调查过程中统一认识、统一调查内容、统一方法、统一步调，圆满完成调查任务,就必须事先制订出一个科学、严密、可行的工作计划和组织措施,以使所有参加调查工作的人员都依此执行。具体来讲,市场调查方案设计的意义有以下几点。

(1)调查方案设计是市场调查的第一步。现代市场调查已由单纯的收集资料活动发展到把调查对象作为整体来反映的调查活动,与此相适应,市场调查过程也应被视为市场调查设计、资料收集、资料整理和资料分析的一个完整工作过程,调查设计正是这个全过程的第一步。

(2)调查方案设计起着统筹兼顾、统一协调的作用。现代市场调查可以说是一项复杂的系统工程,对于大规模的市场调查来讲,尤为如此。在调查中会遇到很多复杂的矛盾和问题,其中许多问题是属于调查本身的问题,也有不少问题则并非是调查的技术性问题,而是与调查相关的问题。例如,抽样调查中样本量的确定,按照抽样调查理论,可以根据允许误差和把握程度的大小,计算出相应的必要抽样数目,但这个抽样数目是否可行,要受到调查经费、调查时间等多方面条件的限制。

(3)调查方案设计是调查项目委托人和承担者之间的合同或协议。由于调查委托的一些主要决定已明确写入调查方案设计中,如调查目的、调查范围、调查方法等,使有关各方面都能意见一致,有利于避免或降低后期出现误解的可能性。

(4)调查方案设计在争取项目经费、与其他调查机构竞争某个项目,或是在投标说服招标者时,调研方案设计质量的高低可能直接影响项目能否被批准或能否中标。

2.2.2 设计市场调查总体方案

市场调查的总体方案设计是对调查工作各个方面和全部过程的通盘考虑,包括整个调查工作过程的全部内容。调查总体方案是否科学、可行,是整个调查成败的关键。市场调查总体方案设计主要包括下述 11 项内容。

微课堂:调查
方案的基本
构成

1. 确定调查目的

明确调查目的是调查设计的首要问题,只有确定了调查目的,才能确定调查的范围、内容和方法,否则就会列入一些无关紧要的调查项目或漏掉一些重要的调查项目,无法满足调查的要求。例如,2019 年 10 月 31 日,国务院印发了《关于开展第七次全国人口普查的通知》(国发〔2019〕24 号),决定于 2020 年开展第七次全国人口普查。第七次全国人口普查是在中国特色社会主义进入新时代开展的重大国情国力调查,将全面查清我国人口数量、结构、分布、城乡住房等方面情况,为完善人口发展战略和政策体系,促进人口长期均衡发展,科学制定国民经济和社会发展规划,推动经济高质量发展,开启全面建设社会主义现代化国家新征程,向第二个百年奋斗目标进军,提供科学准确的统计信息支持。可见,确定调查目的,就是明确在调查中要解决哪些问题,通过调查要取得什么样的资料,取得这些资料有什么用途等问题。衡量一个调查设计是否科学的标准,主要看方案的设计是否体现调查目的的要求,是否符合客观实际。

2. 确定调查对象和调查单位

明确了调查目的后,就要确定调查对象和调查单位,这主要是为了解决向谁调查和由谁来具体提供资料的问题。调查对象就是根据调查目的、任务确定调查的范围以及所要调查的总体,它是由在某些性质上相同的许多调查单位所组成的。调查单位是所要调查的社会经济现象总体中的个体,即调查对象中的一个一个的具体单位,它是调查中要调查登记的各个调查项目的承担者。例如，为了研究某市各广告公司的经营情况及存在的问题，需要对全市广告公司进行全面调查，那么，该市所有广告公司是调查对象，每一个广告公司是调查单位。又如，在某市职工家庭基本情况一次性调查中，该市全部职工家庭是这一调查的调查对象，每一户职工家庭是调查单位。

在确定调查对象和调查单位时，应该注意以下四个问题。

（1）由于市场现象具有复杂多变的特点，因此，在许多情况下，调查对象也是比较复杂的，必须用科学的理论为指导，严格规定调查对象的含义，并指出它与其他有关现象的界限，以免造成调查登记时由于界限不清而发生的差错。例如，以城市职工为调查对象，就应明确职工的含义，划清城市职工与非城市职工、职工与居民等概念的界限。

（2）调查单位的确定取决于调查目的和对象，调查目的和对象变化了，调查单位也要随之改变。例如，要调查城市职工本人基本情况时，调查单位就不再是每一户城市职工家庭，而是每一个城市职工了。

（3）调查单位与填报单位是有区别的。调查单位是调查项目的承担者，而填报单位是调查中填报调查资料的单位。例如，对某地区工业企业设备进行普查，调查单位为该地区工业企业的每台设备，而填报单位是该地区每个工业企业。但在有的情况下，两者又是一致的。例如，在进行职工基本情况调查时，调查单位和填报单位都是每一个职工。在调查方案设计中，当两者不一致时，应当明确从何处取得资料并防止调查单位重复和遗漏。

（4）不同的调查方式会产生不同的调查单位。如果采取普查方式，调查总体内所包括的全部单位都是调查单位；如果采取重点调查方式，只有选定的少数重点单位是调查单位；如果采取典型调查方式，只有选出的有代表性的单位是调查单位；如果采取抽样调查方式，则用各种抽样方法抽出的样本单位是调查单位。

3. 确定调查内容

调查内容是指要明确向被调查者了解一些什么问题，调查内容一般是调查单位的各个标志的名称。例如，在消费者调查中，消费者的性别、民族、文化程度、年龄、收入等，其标志可分为品质标志和数量标志，品质标志是说明事物的特征，不能用数量表示，只能用文字表示，如上例中的性别、民族和文化程度等；数量标志表明事物的数量特征，它可以用数量来表示，如上例中的年龄和收入。标志的具体表现是指在标志名称之后所表明的属性或数值，如上例中消费者的年龄为 30 岁或 50 岁、性别是男性或女性等。

在确定调查内容时，除要考虑调查目的和调查对象的特点外，还要注意以下几个问题。

（1）确定的调查内容应当既是调查任务所需，又是能够取得答案的。凡是调查目的需要又可以取得的调查项目要充分满足，否则不应列入。

（2）调查内容的表达必须明确，要使答案具有确定的表示形式，如数字式、是否式或文字式等。否则，会使被调查者产生不同理解而做出不同的回答，造成汇总时的困难。

（3）确定调查内容应尽可能做到内部关联，使取得的资料相互对照，以便了解现象发生变化的原因、条件和后果，便于检查答案的准确性。

（4）调查内容的含义要明确、肯定，必要时可附解释。

4. 确定调查方式和方法

在调查方案中，还要规定采用什么组织方式和方法取得调查资料。收集调查资料的方式有普查、重点调查、典型调查、抽样调查等。具体调查方法有文案法、访问法、观察法和实验法等。在调查时，采用何种方式、方法不是固定和统一的，而是取决于调查对象和调查任务。在市场经济条件下，为准确、及时、全面地取得市场信息，尤其应注意将多种调查方式结合运用。

5. 制作调查提纲或调查表

当调查项目确定后，可将之科学地分类、排列，构成调查提纲或调查表，方便调查登记和汇总。

调查表一般由表头、表体和表脚三个部分组成。

表头包括调查表的名称、调查单位（或填报单位）的名称、性质和隶属关系等。表头上填写的内容一般不作统计分析之用，但它是核实和复查调查单位的依据。

表体包括调查项目、栏号和计量单位等，它是调查表的主要部分。

表脚包括调查者或填报人的签名和调查日期等，其目的是明确责任，一旦发现问题，便于查询。

调查表式分单一表和一览表两种。单一表是每张调查表式只登记一个调查单位的资料，常在调查项目较多时使用。它的优点是便于分组整理，缺点是每张表都注有调查地点、时间及其他共同事项，造成人力、物力和时间的耗费较大。一览表是一张调查表式可登记多个调查单位的资料。它的优点是当调查项目不多时，应用一览表能使人一目了然，还可将调查表中各有关单位的资料相互核对，其缺点是对每个调查单位不能登记更多的项目。

调查表拟定后，为便于正确填表、统一规格，还要附填表说明。内容包括调查表中各个项目的解释、有关计算方法以及填表时应注意的事项等，填表说明应力求准确、简明扼要、通俗易懂。

6. 确定调查资料整理和分析方法

采用实地调查方法收集的原始资料大多是零散的、不系统的，只能反映事物的表象，无法深入研究事物的本质和规律性，这就要求对大量原始资料进行加工汇总，使之系统化、条理化。目前这种资料处理工作一般已由计算机进行，这在设计中也应予以考虑，包括采用何种操作程序以保证必要的运算速度、计算精度及特殊目的。随着经济理论的发展和计算机的运用，越来越多的现代统计分析手段可供我们在分析时选择，如回归分析、相关分析、聚类分析等。每种分析技术都有其自身的特点和适用性，因此，应根据调查的要求，选择最佳的分析方法并在方案中加以规定。

7. 确定调查时间、地点和调查工作期限

调查时间是指调查资料所属的时间。如果所要调查的是时期现象，就要明确规定资料所反映的是调查对象从何时起到何时止的资料。如果所要调查的是时点现象，就要明确规定统一的标准调查时点。

在调查方案中，还要明确规定调查地点。调查地点与调查单位通常是一致的，但也有不一致的情况。当不一致时，尤有必要规定调查地点。例如，人口普查，规定调查登记常住人口，即人口的常住地点。若登记时不在常住地点，或不在本地常住的流动人口，均须明确规定处理办法，以免调查资料出现遗漏和重复。

调查期限是规定调查工作的开始时间和结束时间。包括从调查方案设计到提交调查报告的整个工作时间，也包括各个阶段的起始时间，其目的是使调查工作能及时开展、按时完成。为了提高信息资料的时效性，在可能的情况下，调查期限应适当缩短。

8. 制订调查的组织计划

调查的组织计划，是指为确保调查实施的具体工作计划。主要是指调查的组织领导、调查机构的设置、人员的选择和培训、工作步骤及其善后处理等。必要时，还必须明确规定调查的组织方式。

9. 确定成果提交形式

确定成果提交形式主要包括报告书的形式和份数、报告书的基本内容、报告书中图表量的大小等。撰写市场调查报告是市场调查的最后一项工作，市场调查工作的成果将体现在报告中，调查者必须在计划中列明调查报告提交的方式、时间等。

10. 经费预算

在进行经费预算时，一般需要考虑以下几个方面。

（1）总体方案策划费或设计费；

（2）抽样方案设计费（或实验方案设计）；

（3）调查问卷设计费（包括测试费）；

（4）调查问卷印刷费；

（5）调查实施费（包括选拔和培训调查员、试调查、交通费、调查员劳务费、管理督导人员劳务费、礼品或谢金费、复查费等）；

（6）数据录入费（包括编码、录入、查错等）；

（7）数据统计分析费（包括上机、统计、制表、作图、购买必需品等）；

（8）调研报告撰写费；

（9）资料费、复印费、通信联络等办公费用；

（10）专家咨询费；

（11）劳务费（如公关、协作人员劳务费等）；

（12）上交管理费或税金；

（13）鉴定费、新闻发布会及出版印刷费用等。

在进行预算时，要将可能需要的费用尽可能地考虑全面，以免将来出现一些不必要的麻烦而影响调查的进度。例如，预算中没有鉴定费，但是调查结束后需要对成果做出科学鉴定，否则无法发布。在这种情况下，课题组将面临十分被动的局面。当然，没有必要的费用就不要列入，必要的费用也应该认真核算，做出一个合理的估计，切不可随意多报乱报。不合实际的预算将不利于调研方案的审批或竞争。既要全面细致，又要实事求是，此为正规调研机构的执业规则。调研活动费用预算举例见表 2-3。

表 2-3　某调研活动费用预算

项目内容		单价/元	单位	数量	合计/元
交通	长途汽车	48	7	2	672
	当地公交等	5	7	14	490

续表

项目内容		单价/元	单位	数量	合计/元
住宿	标间	80	3.5	14	3920
餐饮		20	7	15	2100
调研报告会	传单	0.15		2000	300
	宣传展板	40		16	640
	宣传册	5		50	250
	大海报	35		8	280
	宣传小海报	10		28	280
	DVD光盘	5		50	250
	矿泉水	1		24	24
	横幅	150		1	150
其他	笔、笔记本	10	7	1	70
	打印费用				50
	应急药品				50
	队服	25	7	2	350
	访谈小礼品	1.5		60	90
	电话费	50	7	1	350
	当地上网费用	2		15	30
	队旗	150		1	150
总计					10496

11. 提供附件

附件一般包括聘用调查员承诺书、调查问卷、调查问卷复核表、访谈提纲、质量控制办法等。

2.2.3 撰写市场调研方案

1. 市场调研方案的一般格式

正确地撰写调研方案是整个调研活动取得成功的基础。市场调研方案形式很多,格式十分灵活。市场调研方案设计格式如图2-1所示。

2. 市场调研方案的撰写技巧

(1)调研目标。这项内容实际上就是研究项目与主题确定后的简洁表述。在此部分,可以适当交代研究的来龙去脉,说明方案的局限性以及需要与委托方协商的内容。有时这部分内容也放在前言部分。

(2)研究范围。为了确保调查范围与对象的准确性并易于查找,在撰写方案时,研究范围一定要具体明确、界定准确,能够运用定量的指标来表述的一定要定量化,要说明调查的地域、调查的对象,解决"在何处""是何人"的问题。

(3)研究方法。为了顺利地完成市场调研任务,要对策划的调研方法进行精练、准确的

```
封面
目录
概要（引言）。概述方案要点和提供项目概况。概括描述市场调研问题相
关的背景及调研原因。
①调研目的。调研目的和意义。
②调研内容。明确列出调研采集的信息资料的内容。
③调研对象和调研单位。即调研对象范围的设定。
④抽样方式和调研方法。说明收集资料的具体方法。
⑤调研提纲或调研表。将调研项目科学地分类、排列。
⑥调研数据的整理和分析。写明拟采用数据的整理方法和分析方法。
⑦调研时间、地点和工作期限。按调研实施步骤，分若干小项对时间进
行具体安排。
⑧调研组织计划。简要说明调研流程、调研组织和人员培训。
⑨调研预算。列出各种调研费用明细，制定详细的调研预算表。
⑩提交报告的方式。简要写明报告书的形式和份数等。
附件
```

图 2-1 市场调研方案设计格式

陈述，解决"以何种方法"进行调查，由此取得什么资料的问题。具体撰写中，对被调查者的数量、调查频率（是一次性调查还是在一段时间内跟踪调查）、调查的具体方法、样本选取的方法等要进行详细的规定。

（4）研究时间安排。实践中，各阶段所占研究时间的比重可以参照表 2-4 的分配办法酌情分配与安排。

表 2-4 调研时间比重参考 单位：%

研 究 阶 段	所占时间比重	研 究 阶 段	所占时间比重
1. 研究目标的确定	5	6. 数据收集整理	40
2. 研究方案设计	10	7. 数据分析	10
3. 研究方法确定	5	8. 市场调研报告的写作	10
4. 调研问卷的制作	10	9. 市场调研反馈	5
5. 试调研	5	合计	100

（5）经费预算。一般市场调研经费大致包括资料费、专家访谈顾问费、专家访谈场地费、交通费、调研费、报告制作费、统计费、杂费、税费和管理费等。比重较大的几项费用为交通费、调研费、报告制作费、统计费，依调研的性质不同而有一定的差异。目前，为保证问卷的回收量及被调查者的配合度，往往还要支付一定的礼品费，不过礼品的发放不能造成被调查者改变自己的态度，不能影响调研结果的可信度。

（6）调研人员构成。此部分要陈述清楚不同类型研究人员的配比问题，主要需要市场分析、财务分析、访谈人员等专业人士，可以根据具体的项目适当调配各类人员的配合关系。

2.2.4　评价市场调研方案

1. 调查方案的可行性研究

在对复杂的社会经济现象所进行的调查中,所设计的调查方案通常不是唯一的,需要从多个调查方案中选取最优方案。同时,调查方案的设计也不是一次完成的,而要经过必要的可行性研究,对方案进行试点和修改。可行性研究是科学决策的必经阶段,也是科学设计调查方案的重要步骤。对调查方案进行可行性研究的方法有很多,以下主要介绍逻辑分析法、经验判断法和试点调查法三种。

1）逻辑分析法

逻辑分析法是检查设计的调查方案的部分内容是否符合逻辑和情理。例如,要调查某城市居民的消费结构,而设计的调查指标却是居民消费结构或职工消费结构,按此设计调查出的结果就无法满足调查的要求,因为居民包括城市居民和农民,城市职工也只是城市居民中的一部分。显然,居民、城市居民和职工三者在内涵和外延上都存在一定的差别。又如,要调查学龄前儿童的文化程度,对没有通电的山区要进行电视广告调查等,都是有悖于情理的,也是缺乏实际意义的。逻辑分析法可对调查方案中的调查项目设计进行可行性研究,而无法对其他方面的设计进行判断。

2）经验判断法

即组织一些具有丰富调查经验的人士,对设计出的调查方案加以初步研究和判断,以说明方案的可行性。例如,对劳务市场中的保姆问题进行调查,就不宜用普查方式,而适合采用抽样调查;对于棉花、茶叶等集中产区的农作物的生长情况进行调查,就适宜采用重点调查,等等。经验判断法能够节省人力和时间,能在比较短的时间内做出结论。但这种方法也有一定的局限性,这主要是因为人的认识是有限的,有差异的,事物在不断发生变化,各种主客观因素都会对人们判断的准确性产生影响。

3）试点调查法

试点是整个调查方案可行性研究中的一个十分重要的步骤,对于大规模市场调查来讲尤为重要。试点的目的是使调查方案更加科学和完善,而不仅是收集资料。试点也是一种典型调查,是"解剖麻雀"。从认识的全过程来说,试点是从认识到实践,再从实践到再认识,兼备了认识过程的两个阶段。因此,试点具有两个明显的特点,一个是它的实践性;另一个是它的创新性,两者互相联系、相辅相成。试点正是通过实践把客观现象反馈到认识主体,以便起到修改、补充、丰富、完善主体认识的作用。同时,通过试点,还可以为正式调查取得实践经验,并把人们对客观事物的了解推进一个更高的阶段。

具体来说,试点的任务主要有以下两个。

（1）对调查方案进行实地检验。调查方案的设计是否切合实际,还要通过试点进行实地检验,检查目标制定得是否恰当,调查指标设计是否正确,哪些需要增加、哪些需要减少、哪些说明和规定需要修改和补充。试点后,要分门别类地提出具体意见和建议,使调查方案的制订既科学合理,又可解决实际问题。

（2）作为实战前的演习,可以了解调查工作安排是否合理,哪些是薄弱环节。例如,第二次全国工业普查,包括调查300多个指标,进行500多个行业分类,涉及40多万个企业填报。因此，必须通过试点取得这方面的实践经验，把分散的经验集中起来，形成做好普查工作的各项细则，成为各个阶段、各项工作应当遵循的规则。

试点调查应注意以下几个问题。

（1）应建立一支精干、有力的调查队伍，队伍成员应该包括有关领导、调查方案设计者和调查骨干，这是搞好试点工作的组织保证。

（2）应选择适当的调查对象。要选择规模较小、代表性较强的试点单位。必要时可采取少数单位先试点，再扩大试点范围，然后全面铺开的做法。

（3）应采取灵活的调查方式和方法。可以多用几种调查方式和方法，经过对比后，从中选择适合的方式和方法。

（4）应做好试点的总结工作。要认真分析试点的结果，找出影响调查成败的主客观原因。不仅要善于发现问题，还要善于结合实际探求解决问题的方法，充实和完善原调查方案，使之更加科学和易于操作。

2. 调查方案的评价

对于一个调查方案的优劣，可以从不同角度加以评价，一般主要考虑以下四个方面。现结合第四次全国经济普查方案，简要说明如下。

1）方案设计是否体现调查目的和要求

评价调研方案的首要标准是方案设计是否体现了调查的目的和要求。例如，在《第四次全国经济普查方案》中首先明确了调研目的，即完善覆盖国民经济各行业的基本单位名录库以及部门共建共享、持续维护更新的机制，进一步夯实统计基础，完善"三新"统计，推进国民经济核算改革，推动加快构建现代化统计调查体系，为加强和改善宏观调控、深化供给侧结构性改革、科学制定中长期发展规划、推进国家治理体系和治理能力现代化提供科学准确的统计支持。为了实现这一调查目的，要全面调查我国第二产业和第三产业的发展规模、布局和效益，了解产业组织、产业结构、产业技术、产业形态的现状以及各生产要素的构成，摸清全部法人单位资产负债状况和新兴产业发展情况，进一步查实各类单位的基本情况和主要产品产量、服务活动，全面准确地反映供给侧结构性改革、新动能培育壮大、经济结构优化升级等方面的新进展。

2）方案设计是否科学、完整和适用

调研方案是在调研活动开展之前对整个调查活动的通盘考虑和总体安排，因此方案设计要科学、完整和适用。例如，《第四次全国经济普查方案》根据我国国情对普查对象和范围、普查时点和时期、普查内容、普查方法、普查业务流程、普查组织实施、普查法纪与质量控制等都进行了全面、科学的设计。由于全国经济普查调查范围广、组织难度大、影响因素多，因此根据不同的普查对象及不同的普查内容，设计了四类普查表。为了有效指导普查实施，该方案将普查业务流程细化为 13 个环节，每个环节均设计好时间进度安排。总之，《第四次全国经济普查方案》全面、系统和配套，适用性强。

3）方案设计能否使调查质量有所提高

影响调查数据质量高低的因素是多方面的，但调查方案是否科学、可行，对最后的调查数据质量有直接的影响。根据国家统计局、国务院第四次全国经济普查领导小组办公室2019 年 11 月 20 日发布的公报，第四次全国经济普查由于方案设计合理，实施高效，取得重要成果。第四次全国经济普查全面摸清了我国第二产业和第三产业家底,系统反映了我国经济社会发展状况,获得了极其宝贵的海量数据,是对国民经济一次高质量的"体检"。数据更加精准,普查数据事后质量检查结果表明,普查数据填报的综合差错率为1.09%,达到了控制标准。

4)调查方案是否经得起实效检验

评价一项调查方案的设计是否科学、准确,最终还要通过调查实施的成效来体现。即必须通过调查工作的实践检验,方案中哪些符合实际,哪些不符合实际,产生的原因是什么,肯定正确的做法,找出不足之处并寻求改进方法,这样就可以使今后的调查方案设计更加接近客观实际。

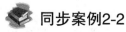

同步案例2-2

第四次全国经济普查方案(摘要)

一、普查目的

全面调查我国第二产业和第三产业的发展规模、布局和效益,了解产业组织、产业结构、产业技术、产业形态的现状以及各生产要素的构成,摸清全部法人单位资产负债状况和新兴产业发展情况,进一步查实各类单位的基本情况和主要产品产量、服务活动,全面准确反映供给侧结构性改革、新动能培育壮大、经济结构优化升级等方面的新进展。通过普查,完善覆盖国民经济各行业的基本单位名录库以及部门共建共享、持续维护更新的机制,进一步夯实统计基础,完善"三新"统计,推进国民经济核算改革,推动加快构建现代化统计调查体系,为加强和改善宏观调控、深化供给侧结构性改革、科学制定中长期发展规划、推进国家治理体系和治理能力现代化提供科学准确的统计支持。

二、普查对象和范围

(一)普查对象

普查对象是我国境内从事第二产业和第三产业的全部法人单位、产业活动单位和个体经营户。法人单位、产业活动单位和个体经营户按照《普查单位划分规定》进行界定。

(二)普查范围

根据《国民经济行业分类》(GB/T 4754—2017)和《三次产业划分规定》,普查范围具体包括:采矿业,制造业,电力、热力、燃气及水生产和供应业,建筑业,批发和零售业,交通运输、仓储和邮政业,住宿和餐饮业,信息传输、软件和信息技术服务业,金融业,房地产业,租赁和商务服务业,科学研究和技术服务业,水利、环境和公共设施管理业,居民服务、修理和其他服务业,教育,卫生和社会工作,文化、体育和娱乐业,公共管理、社会保障和社会组织,以及农、林、牧、渔业中的农、林、牧、渔专业及辅助性活动。

为保证统计单位的不重不漏,普查对包括农业、林业、畜牧业和渔业在内的全部法人单位和产业活动单位进行全面清查。

三、普查时点和时期

普查的标准时点为2018年12月31日。普查登记时,时点指标填写2018年12月31日数据,时期指标填写2018年1月1日—12月31日数据。

四、普查内容

普查的主要内容包括单位基本情况、组织结构、人员工资、财务状况、能源生产与消费、生产能力、生产经营和服务活动、固定资产投资情况、研发活动、信息化和电子商务交易情况等。根据不同的普查对象，其普查内容也有所不同。具体分为四类普查表。

（一）一套表单位普查表

一套表单位普查表包括一套表单位基本情况、财务状况、从业人员及工资总额、能源生产与消费情况、生产能力、生产经营和服务活动、固定资产投资、研发活动、信息化和电子商务交易情况等内容。

（二）非一套表单位普查表

非一套表单位普查表包括非一套表单位基本情况、财务状况、从业人员情况、部分行业经营情况、固定资产投资情况，以及行政事业单位、民间非营利组织主要经济指标等内容。

（三）个体经营户普查表

个体经营户普查表包括个体经营户基本情况、雇员支出、税费、房租、营业收入、固定资产投资情况等主要经济指标。

（四）部门普查表

部门普查表包括金融、铁路部门及军队系统负责普查的单位基本情况、从业人员情况、财务状况、业务情况等内容，以及领导小组办公室其他成员单位负责提供的主要业务量情况。

五、普查方法

（一）清查方法

采取"地毯式"清查的方法，对辖区内全部法人单位、产业活动单位和从事第二、第三产业的个体经营户进行全面清查，具体按照《普查单位清查办法》组织实施。

（二）普查登记方法

对法人单位和产业活动单位在全面清查的基础上进行普查登记。对个体经营户在全面清查的基础上，按照《第四次全国经济普查个体经营户抽样调查方案》进行抽样调查。

各地区普查机构原则上按行政区域组织实施普查。对从事第二、第三产业的法人单位、产业活动单位和个体经营户在其主要经营活动所在地进行普查登记，对建筑业法人单位在其注册地进行普查登记。多法人联合体不得作为一个普查单位，应分别对每个法人单位进行登记。

（三）数据报送方式

在单位清查阶段，普查员使用PAD（手持移动终端）采集清查对象数据；在普查登记阶段，采取网上直报、PAD采集、部门报送及其他方式相结合的方式获取普查对象数据。

六、普查业务流程

普查业务流程主要包括：制订普查方案，普查区划分及绘图，普查指导员和普查员选聘及培训，编制清查底册，实施单位清查，登记准备，普查登记，普查数据检查、审核与验收，普查数据汇总，普查数据质量抽查，普查数据评估、共享与发布，普查资料开发及普查总结13个环节。（略）

七、普查组织实施（略）

八、普查法纪与质量控制（略）

（资料来源：http://www.stats.gov.cn/ztjc/zdtjgz/zgjjpc/d4cjjpc/ggl/201811/t20181101_1630919.html）

讨论：学习了《第四次全国经济普查方案》有何启发？

提示：首先要深刻理解市场调研方案的内涵，它是对整个调查活动的整体设计和全面安排。其次，要掌握调研方案的结构、内容以及撰写技巧。调研方案的整体结构大体相同，但具体内容需要根据调研课题目的和要求灵活设计。方案设计要科学、完整和适用。

任务实施

各公司讨论、构思本公司的调研方案设计。

汇报交流

各公司推荐一名代表汇报讨论结果，教师点评，帮助学生进一步明确市场调研方案设计的主要内容。

总结拓展

市场调研是一项科学性很强、工作流程系统化很高的工作。它是由调研人员收集目标材料，并对所收集的材料加以整理统计，然后对统计结果进行分析，以便为决策提供正确的方法。在实际工作中，面对一个市场调研项目，需要调研人员做的第一项工作就是明确市场调研问题，科学地设计好市场调研方案。

1. 市场调查的基本问题

（1）为何调查？回答为何进行市场调查，界定调查的目的。

（2）调查什么？回答市场调查的内容，界定调查的项目。

（3）由谁调查？回答由谁负责市场调查，界定调查的主体。

（4）向谁调查？回答市场调查的研究对象，界定调查的客体。

（5）如何调查？回答怎样调查的问题，界定调查的方式、方法。

（6）何时何地调查？回答调查的时空范围，界定调查的时间和地点。

任何市场调查，都必须对上述市场调查如何运行的基本问题及其相互关系做出回答，必须正确处理它们之间的相互关系。

2. 设计调研方案需要注意的问题

（1）重视调研方案的撰写。一份完整的调研方案，上述内容均应涉及，不能有遗漏。而且，方案的制订必须建立在对调研项目背景的深刻认识上，尽量做到科学性与经济性的结合。格式可以灵活，调研方案一般应由项目负责人来完成。

（2）进行调研方案的可行性研究。方案写好之后，应当从逻辑的层面对方案进行把关，考察其是否符合逻辑和情理；通过组织一些具有丰富市场调查经验的人士，对设计出来的市场调研方案进行初步研究和判断，说明方案的合理性和可行性；通过在小范围内选择部分单位进行试点调查，对方案进行实地检验，说明方案实施的可行性方式。

（3）对调研方案进行总体评价。一般情况下，对调研方案从四个方面进行评价，即是否体现调查目的和要求、是否具有可操作性、是否科学和完整、是否具有提高调查质量的效果。

知识图解

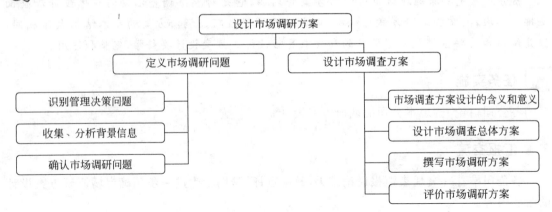

知识检测

一、名词解释

定义市场调研问题　市场调研方案设计

二、单项选择题

1. 确认市场调研项目时，调研人员必须与公司负责人认真讨论许多问题，然而（　　）并非必须讨论。

　　A. 调研目标　　　　B. 调研假设　　　　C. 调研设计　　　　D. 调研范围

2. 企业需要了解某些变化可能引起的结果，称为（　　）。

　　A. 预测研究　　　　B. 因果研究　　　　C. 探索研究　　　　D. 描述研究

3. 市场调查中可以利用的人口基础资料应该首选（　　）。

　　A. 家庭人口　　　　B. 民众态度　　　　C. 地理分布　　　　D. 总人口

4. 从研究方法上来讲，要求最高的调查方式是（　　）。

　　A. 预测性调查　　　B. 描述性调查　　　C. 选择性调查　　　D. 因果性调查

5. 市场调查中使用的最为广泛的是（　　）。

　　A. 预测性调查　　　B. 描述性调查　　　C. 选择性调查　　　D. 因果性调查

三、多项选择题

1. 市场调研要遵循的原则有（　　）。

　　A. 准确性原则　　　B. 时效性原则　　　C. 经济性原则　　　D. 系统性原则

2. 市场调查所提供的资料，必须坚持的基本原则是（　　）。

　　A. 可靠性和时效性　　　　　　　　　B. 可靠性和实用性

　　C. 真实性和准确性　　　　　　　　　D. 准确性和时效性

3. 调查实施计划中调查项目可以有多种选择，选择的原则取决于（　　）。

　　A. 调查的主题　　　B. 调查的内容　　　C. 调查的对象

　　D. 调查的方法　　　E. 调查结果的用途

4. 对调研方案可从（　　）方面进行评价。

    A. 是否体现调查目的和要求　　　　B. 是否具有可操作性

    C. 是否科学和完整　　　　　　　　D. 是否具有调查质量高的效果

  5. 调查方案的设计中，调查所要达到的具体目标和明确"向谁去调查"分别指确定(　　)。

    A. 调查目的　　　B. 调查对象　　　C. 调查内容

    D. 调查组织　　　E. 调查费用

四、简答题

  1. 如何正确定义市场调研问题？

  2. 怎样理解市场调研方案设计的重要意义？

  3. 市场调研方案设计主要包括哪些内容？

案例分析

  广州某服饰公司欲开发一款新的休闲服装，但是面对国内休闲服装市场品牌众多，市场竞争激烈的局面，公司决策层认为要取得产品开发与市场推广的成功，需要对目前的市场环境有一个清晰认识，从现有市场中发现机会，做出正确的市场定位和市场策略。因此，决策层决定委托市场调研机构开展市场调研与预测分析，通过对市场进行深入的了解，确定如何进行产品定位，如何制定价格策略、渠道策略、促销策略以及将各类因素进行有机整合，发挥其资源的最优化配置，从而使新开发的休闲服装成功介入市场。

  现在，某调研公司接受了该服饰公司的委托，完成调研方案设计如下。

××休闲服装市场调研项目策划书

1. 前言

  调研公司通过多次与服饰公司沟通，就休闲服装市场调查达成了共识。目前我国休闲服装市场品牌众多，市场竞争激烈，但另一方面，整个市场又存在以下问题。

  (1) 品牌定位不清晰。

  (2) 产品款式同质化现象严重。

  (3) 产品版型差距大。

  (4) 市场推广手法雷同，等等。

  服饰公司能否对目前的市场环境有一个清晰的认识，能否在目前的市场竞争状态下找到市场空间和出路，取决于正确的市场定位和市场策略，只有对市场进行深入的了解与分析，才能确定如何进行产品定位，制定价格策略、渠道策略、促销策略，使产品成功介入市场。

  在本次调查中，调研公司将集中优势资源，严格把控调研质量，科学实施调研流程，确保调研顺利完成。

2. 调研目的

  (1) 通过市场调研，为××品牌寻找新的市场空间和出路；

  (2) 通过市场调研，了解目前男装休闲市场的竞争状况和特征；

  (3) 通过市场调研，了解竞争对手的市场策略和运作方法；

  (4) 通过市场调研，了解男装休闲市场的渠道模式和渠道结构；

（5）通过市场调研，了解消费者对男装休闲市场的消费习惯和偏好；

（6）通过市场调查，了解男装休闲市场的品牌三度竞争；

（7）通过市场调查，了解消费者对男装休闲产品的认知和看法等。

总之，本次调查最根本的目的是真实地反映休闲服装市场的竞争状况，为××品牌的定位及决策提供科学的依据。

3. 调研内容

1）宏观市场调查

——休闲服装市场的动态及市场格局；

——休闲服装细分市场的竞争特点和主要竞争手法；

——休闲服装细分市场的发展和市场空间；

——休闲服装细分产品的流行趋势研究；

——休闲服装细分市场知名品牌的优劣势分析；

——主要休闲服装企业分析和研究等。

2）代理商调查

——代理商对新兴市场的一些看法；

——代理商对不同风格休闲品牌的看法；

——代理商对市场空间和产品机会的看法；

——代理商对新品牌的市场定位的建议；

——代理商的市场运作手段和方法；

——代理商对产品、价格、款式、种类的需求；

——代理商对厂家合作的建议和要求；

——代理商对产品组合、市场推广的建议；

——代理商目前的市场运作状态与潜在需求之间的差异。

3）零售商调查

——零售商对不同品牌休闲风格的看法；

——零售商对当地休闲服装市场的看法；

——零售商对产品、价格、款式、种类等的需求及与现有状态间的差距；

——不同零售点的产品组合差异性；

——当地零售市场的主要竞争手段；

——该店销售得好的款式及其原因分析；

——该店产品的价格组合方式等。

4）消费者研究

产品调查：

——消费者对目前休闲服装产品的评价；

——消费者对产品质地的偏好趋势；

——消费者对休闲服装风格的偏好趋势；

——消费者对休闲服装款式的偏好趋势；

——消费者对产品组合的要求；

——消费者对产品色彩的趋势与偏好；

——消费者对产品图案的选择和爱好；

——消费者对休闲服装产品的潜在需求与休闲服装现状的差距等。

购买行为调查：

——消费者购买什么类型的休闲服装（what）；

——消费者为何购买（why）；

——消费者何时购买（when）；

——消费者何处购买（where）；

——消费者由谁购买（who）；

——消费者如何购买（how）。

影响因素调查：

——卖场氛围对消费者购买的影响程度；

——影响消费者购买考虑的最主要因素；

——品牌对消费者购买的影响程度；

——风格对消费者购买的影响程度；

——价格对消费者购买的影响程度等。

品牌调查：

——休闲服装品牌知名度测试；

——休闲服装品牌认知度测试；

——休闲服装品牌满意度测试；

——××品牌联想测试等。

广告信息调查：

——消费者获取信息的主要渠道；

——消费者获取休闲服装信息的主要渠道；

——目前休闲服装信息的主要传播点等；

——媒介接受对称性分析等。

竞争对手调查：

——消费者对竞争对手风格的认知；

——消费者对竞争对手产品的了解程度；

——消费者对竞争对手价格的接受程度；

——消费者对竞争对手利益点的接受程度等。

样本的构成调查：

——抽样样本的年龄构成；

——抽样样本的职业构成；

——抽样样本的文化程度构成；

——抽样样本的家庭收入构成；

——抽样样本的性别构成等。

4. 问卷设计思路

（1）问卷结构主要分为说明部分、甄别部分、主体部分、个人资料部分；同时问卷还包括访问员记录、被访者记录等。

（2）问卷形式采取开放性和封闭性相结合的方式。

（3）问卷逻辑采取思路连续法，既按照被调查者思考问题和对产品了解的程度来设计，在一些问题上，采取跳问等方式以适合消费者的逻辑思维。

（4）主要问题的构想：消费者单位与职业、过去购买的休闲服装风格、最近购买的休闲服装品牌等。

5. 调研区域

将以下区域作为调查的主要区域：

广东省调查广州与深圳两座城市；省外区调查为海口、福州、上海、杭州、成都5座城市。

调研区域点的分布原则上以当地的商业中心为焦点，同时考虑一些中、高档生活小区；各个区域要求覆盖以下各个调研点，以保证样本分布的均匀性和代表性。（具体地点由督导到当地了解后决定）

（1）商业中心区域；

（2）代理商经销点；

（3）大型商场休闲柜组；

（4）休闲服装专卖店。

6. 调研方法与样本量设计

（1）消费者抽样方法：采用便利抽样和配额抽样的方法。本次调查在各个城市中采取在街头或商业场所向过往或停留的消费者做休闲服装市场的产品测试；从总体样本中以年龄层为标志把总体样本分为若干类组，实施配额抽样。

（2）经销商、零售商调研方法：本次调查的深度访谈由调研公司有经验的调研人员按照调查提纲来了解相关信息，通过在商业场所观察不同品牌的销售情况和消费者的购买情况，获得市场信息。

（3）文献法：用于内部资料整理、文案研究等。

每个区域的样本量在300～500例。（样本量分配略）

7. 分析方法

对问卷进行统一的编码和数据录入工作。编码由编码员对已完成的问卷建立答案标准代码表（简称码表），今后进行问卷编码；选择不同地区、不同层次的访问立码表。将数据录入电子表格中，并对其进行计算机逻辑查错、数据核对等检查。

用SPSS或Excel软件对问卷进行数据分析。以聚类分析法分析被访者背景、消费习惯、生活方式、个性等；以因子分析法分析影响消费者购买的原因、品牌差异性等影响；以相关分析法分析影响消费者消费、评价品牌、产品与品牌、产品特性之间的内在关系；以SWOT分析品牌的内在环境和外在环境，从而明确优势和劣势，认清市场机会和威胁，对于策略性决定有很大的指导作用。

8. 组织安排

（1）机构安排及职责：设置项目负责人1名，负责项目的规划实施全过程，并对委托方负责；项目实施督导人员7名，在负责人的领导下组织开展调研工作，负责对调查员培训、督导问卷访谈、进行数据资料的整理分析、承担调查报告的撰写任务等；聘用调查人员70名，接受培训后，按要求完成问卷访谈工作。

（2）调查员的选拔与培训安排：从某高校三年级学生中选择经济类专业70名学生，仪表端正,举止得体,懂得一定的市场调研知识,具有较好的调研能力,具有认真负责的工作精神及职业热情,具有把握谈话气氛的能力。培训内容主要是休闲服饰个体调查问卷访谈要求及技术。

（3）实施的进度安排：分准备、实施和结果处理三个阶段。准备阶段完成界定调研问题、设计调研方案、设计调研问卷3项工作；实施阶段完成资料的收集工作；结果处理阶段完成汇总、归纳、整理和分析,并将调研结果以书面的形式——调研报告表述出来。时间分配如下。

调研方案设计、问卷的设计	············ 7个工作日
调研方案、问卷的修改和确认	············ 3个工作日
人员培训和安排	············ 3个工作日
实地访问阶段	············ 7个工作日
资料的审核	············ 5个工作日
数据预处理阶段	············ 5个工作日
数据统计分析阶段	············ 5个工作日
调研报告撰写阶段	············ 20个工作日
论证阶段	············ 10个工作日

9. 经费预算

经费预算包括策划费、交通费、调查人员培训费、公关费、访谈费、问卷调查礼品费、统计费、报告费等,具体金额等略。（经费预算明细表略）

10. 附件

附件包括聘用调查员承诺书、调查问卷、调查问卷复核表、访谈提纲、质量控制办法等,具体内容略。

问题：

1. 该公司的市场调研问题是什么？

2. 如何评价该公司的市场调研方案。

要求：小组讨论,回答案例中的问题；全班交流分享,教师对各小组的回答进行点评。

🏛 技能训练

1. 各公司选择一个自己感兴趣的调研课题,定义其市场调研问题,并设计一套完整的市场调研方案。

课题来源建议：

（1）真实的校企合作调研课题。以某一企业的营销环境为背景,根据该企业营销管理的实际需要,由合作企业提出调研需求,作为独立可操作的调研课题交付项目小组完成。

（2）学生自行寻找的企业课题。由学生自行寻找感兴趣的企业或行业,并自主地与企业联系,获得该企业的认可,对其进行调研。

（3）学生关心的校园调研课题或社会问题课题。就地取材,选择与学生学习、生活和就业密切相关的学生感兴趣的校园或社会问题进行调研。

2. 各公司完成所选调研课题的市场调研方案设计,将调研方案的电子稿和纸质稿上交教师,并准备PPT汇报交流。可以参考如图2-2和图2-3所示格式设计。

3. 各公司推荐一名代表用PPT汇报、展示本公司设计的市场调研方案,经全班评议、教师点评,完善并确定该公司的市场调研方案。

```
┌─────────────────────────────────────┐
│                                     │
│         ×× 市 场 调 研 方 案         │
│                                     │
│                                     │
│                                     │
│              委托方：_____      │
│              受托方：_____      │
│              负责人：_____      │
│              成　员：_____      │
│                   年　月　日          │
└─────────────────────────────────────┘
```

图 2-2　市场调研方案的封面设计样式

```
┌─────────────────────────────────────┐
│ 引言 ······························ 页码 │
│ 一、调研目的 ······················ 页码 │
│ 二、调研内容 ······················ 页码 │
│ 三、调研范围和对象 ················· 页码 │
│ 四、抽样方式和调研方法 ············· 页码 │
│ 五、调研资料整理和分析方法 ········· 页码 │
│ 六、成果提交 ······················ 页码 │
│ 七、调研时间、地点和期限 ··········· 页码 │
│ 八、经费预算 ······················ 页码 │
│ 九、调研组织计划 ·················· 页码 │
│ 十、附件 ·························· 页码 │
└─────────────────────────────────────┘
```

图 2-3　市场调研方案的目录设计样式

4. 实训考核：采用过程性考核和成果性考核相结合。

（1）过程性考核：根据每位学生参与实训的全过程表现，评出个人成绩。过程性考核的评价标准见表 2-5。

表 2-5　过程性考核评价标准

姓名　　任务＼标准	工作态度（25%）	工作技能（30%）	团队合作（25%）	阶段性成果展示（20%）	个人成绩
设计调研方案				××调研方案	

注：每一阶段性成果都制定不同的评价标准，阶段性成果评价成绩计入过程性评价，分组给每人分别打分。

（2）成果性考核：根据各公司调研项目的选择和设计的调研方案评出小组（公司）成绩。调研方案评价标准如表 2-6 所示。

表 2-6　市场调研方案评价标准

考核人员			被考评小组	
考评时间				
考评标准	考评具体内容	分值		实际得分
	调查方案的完整性、规范性	15		
	调查方案的正确性	30		
	调查方案的可行性	30		
	调查方案的经济性	25		
	合　　计	100		
教师评语				签名： 日期
学生意见反馈				签名： 日期

项目 ③

设计市场调研问卷

项目导言

　　问卷调查是国际通行的一种调查方式,也是我国近年来推行最快、应用最广的一种调查手段。问卷设计是一种通过经验获得的技巧,好的问卷设计依赖于设计者的经验、智慧和创造力。问卷设计者需要掌握问卷设计技术,包括设计问卷的格式、确定问题的内容、决定问题的措辞和顺序、设计问卷的外观和式样、修改和定稿等。

学习目标

- **能力目标**
1. 能够根据调研课题,设计合理、规范的调查问卷。
2. 学会设计询问问句和合理安排问句顺序。
- **知识目标**
1. 掌握市场调研问卷设计的含义、问卷的格式、设计问卷的原则和程序。
2. 熟练运用问卷询问技术的几种方式。
- **素质目标**
1. 培养学生发现问题、分析和解决问题的能力,提高构思和写作素养。
2. 培养学生自主学习、自我管理能力和团队合作精神。

案例导入

问卷编号:＿＿＿＿＿＿＿＿

关于淘鲜达-大润发××店的网购消费情况调查

先生/女士:

　　您好!

　　我们是××大学的学生。为了解淘鲜达-大润发××店的网购消费情况,以便该店淘鲜达线上业务的改进和完善,需要您帮助填写一份调查问卷。您所填信息我们将严格保密,且仅用于本次调研实训。请在您选择的答案选项上打"√",并在横线上填写您的答案,感谢您的支持和帮助!

××调研团队

　　1. 您是否听说过淘鲜达-大润发××店?(　　　　)
　　　　A. 是　　　　　　　　B. 否
　　2. 您是否在淘鲜达-大润发××店购物?(　　　　)(选B将跳至第4题)
　　　　A. 是　　　　　　　　B. 否

3. 您使用淘鲜达-大润发××店购物的一般频率是?（　　）

　　A. 从不使用　　　　B. 偶尔使用　　　　C. 经常使用　　　　D. 频繁使用

4. 你未尝试过淘鲜达-大润发××店购物的主要原因有哪些?（　　）

　　A. 网上支付不安全　　　　　　　　B. 担心售后服务无保障

　　C. 担心商品质量有问题　　　　　　D. 不熟悉购买流程

　　E. 其他_____

5. 以下哪些促销手段会激发您在淘鲜达-大润发××店购物?（　　）（多选）

　　A. 安全性保障　　　　　　　　　　B. 满 39 元送货上门

　　C. 赠送优惠券　　　　　　　　　　D. 3 公里内 1 小时送达

　　E. 新鲜食材　　　　　　　　　　　F. 无忧退货

6. 在淘鲜达-大润发××店网购时,您一般会购买哪些商品?（　　）（多选）

　　A. 时令水果　　　B. 蔬菜菌菇　　　C. 肉蛋水产　　　D. 乳制品

　　E. 烘焙速食　　　F. 酒水冲调　　　G. 粮油调味　　　H. 休闲零食

　　I. 居家清洁　　　J. 美妆个护　　　K. 百货商品　　　L. 母婴宠物

7. 您在淘鲜达-大润发××店一次网购一般花费多少?（　　）

　　A. 100 元以下　　　B. 100～300 元　　　C. 300～500 元　　　D. 500 元以上

8. 您选择淘鲜达-大润发××店购物的最主要的原因是(　　)。

　　A. 方便快捷　　　B. 价格优惠　　　C. 信息全面　　　D. 送货上门

9. 您对淘鲜达-大润发××店的信誉有何评价?（　　）

　　A. 高　　　　　　B. 较高　　　　　C. 一般

　　D. 较低　　　　　E. 很低

10. 您在淘鲜达-大润发××店的购物满意程度如何?（　　）

　　A. 很满意　　　　B. 较满意　　　　C. 一般

　　D. 较不满意　　　E. 很不满意

11. 您对淘鲜达-大润发××店的配送速度有何评价?（　　）

　　A. 很快　　　　　B. 较快　　　　　C. 一般

　　D. 较慢　　　　　E. 很慢

12. 你对淘鲜达-大润发××店购物还有哪些不满?（　　）（多选）

　　A. 网络不安全　　　　　　　　　　B. 商品质量差

　　C. 配送速度慢　　　　　　　　　　D. 免费配送起点高

　　E. 售后服务态度差　　　　　　　　F. 网页设计不好,不方便选购

　　G. 配送服务态度差　　　　　　　　H. 配送服务不正规

　　I. 商品品种不全

13. 您对淘鲜达-大润发××店还有何建议和要求?

_____

_____

您的个人资料:

1. 您的性别为(　　)。

　　A. 男　　　　　　B. 女

2. 您的年龄为（　　）。

    A. 20 岁以下　　　　　B. 20～25 岁　　　　　C. 25～30 岁

    D. 30～35　　　　　　E. 35 以上

3. 您的月消费水平一般在（　　）。

    A. 2000 元以下　　　B. 2000～2500 元　　C. 2500～3000 元　　D. 3000 元以上

再次向您表示感谢！

调查员：_____　　调查时间：_____　　调查地点：_____

被调查人：_____　　被调查人联系方式：_____

（资料来源：本课程工学结合调研项目整理资料，2020 年 6 月）

案例思考

1. 什么是市场调研问卷？

2. 如何根据调研课题的需要设计一份科学、规范的调研问卷？

通过以上案例，我们可以对市场调研问卷有一个感性认识。调查问卷就是调查者事先准备好的询问提纲或调查表。调查问卷系统地记载了所需调查的具体内容，是了解市场信息资料、实现调查目的和任务的一种重要形式。调研人员要全面认知市场调研问卷，掌握市场调研问卷的设计技术。

任务 3.1　认知市场调研问卷

 任务引入

各公司收集、推荐一份优秀的市场调研问卷，并进行评析。

- 问题 1：市场调研问卷的一般格式是什么？
- 问题 2：一份优秀问卷的评价标准有哪些？

 知识铺垫

3.1.1　问卷设计的概念与格式

1. 问卷设计的概念

所谓问卷设计，是根据调查目的，将所需调查的问题具体化，使调查者能顺利地获取必要的信息资料，并便于统计分析。由于问卷方式通常是靠被调查者通过问卷间接地向调查者提供资料，所以，作为调查者与被调查者之间中介物的调查问卷，其设计是否科学合理，将直接影响问卷的回收率，影响资料的真实性、实用性。因此，在市场调查中，应对问卷设计给予足够的重视。

微课堂：问卷的基本结构

2. 问卷设计的格式

一份完整的调查问卷通常包括问卷的标题、问卷说明、被调查者基本情况、调查的主题内容、编码、调查者情况等内容。

1) 问卷的标题

问卷的标题是概括说明调查研究主题,使被调查者对要回答什么方面的问题有一个大致的了解。标题应简明扼要,易于引起回答者的兴趣,例如"大学生消费状况调查""我与广告——公众广告意识调查"等,而不要简单地采用"问卷调查"这样的标题,它容易引起回答者因不必要的怀疑而拒答。

2) 问卷说明

问卷说明旨在向被调查者说明调查的目的、意义。有些问卷还有填表须知、交表时间、交表地点及其他事项说明等。问卷说明一般放在问卷开头,通过它可以使被调查者了解调查目的,消除顾虑,并按一定的要求填写问卷。问卷说明既可采取比较简洁、开门见山的方式,也可在问卷说明中进行一定的宣传,以引起调查对象对问卷的重视。下面举两个实例加以说明。

【例 3-1】

同学们:

为了了解当前大学生的学习、生活情况,并做出科学的分析,我们特制定此项调查问卷,希望广大同学予以积极配合,谢谢!

【例 3-2】

先生(女士):

随着我国经济的快速发展,我国广告业蓬勃发展,已成为社会生活和经济活动中不可缺少的一部分,对社会经济的发展起到了积极的推动作用。我们进行这次公众广告意识调查,其目的是加强社会各阶层人士与国家广告管理机关、广告用户和经营者等各方之间的沟通和交流,进一步加强和改善广告监督管理工作,以促进广告业的健康发展。感谢您的支持!

3) 被调查者基本情况

这是指被调查者的一些主要特征,如在消费者调查中,消费者的性别、年龄、民族、家庭人口、婚姻状况、文化程度、职业、单位、收入、所在地区等;又如对企业调查中的企业名称、地址、所有制性质、主管部门、职工人数、商品销售额(或产品销售量)等情况。通过这些项目,便于对调查资料进行统计分组和分析。在实际调查中,列入哪些项目,列入多少项目,应根据调查目的、调查要求而定,并非多多益善。

4) 调查的主题内容

调查的主题内容是调查者所要了解的基本内容,也是调查问卷中最重要的部分,这部分内容设计的好坏直接影响整个调查的价值。在这一部分,调查者依据调查主题设计调查内容,将所要调查的内容具体化为一个个问题和备选答案,要求被调查者回答。主体内容主要包括以下几方面:①对人们的行为进行调查,包括对被调查者本人行为进行了解或通过被调查者了解他人的行为;②对人们的行为后果进行调查;③对人们的态度、意见、感觉、偏好等进行调查。

5）编码

编码是将问卷中的调查项目变成数字的工作过程,大多数市场调查问卷均需加以编码,以便分类整理,易于进行计算机处理和统计分析。所以,在问卷设计时,应确定每一个调查项目的编号和为相应的编码做准备。通常是在每一个调查项目的最左边按顺序编号。

例如：①您的姓名；②您的职业……而在调查项目的最右边,根据每一调查项目允许选择的数目,在其下方画上相应的若干短线,以便编码时填上相应的数字代号。

6）调查者情况

在调查问卷的最后,附上调查员的姓名、访问时间、访问地点等,以明确调查人员完成任务的性质。如有必要,还可写上被调查者的姓名、单位或家庭住址、电话等,以便审核和进一步追踪调查。但对于一些涉及被调查者隐私的问卷,上述内容则不宜列入。

3.1.2　问卷设计的原则

1. 问卷调查面临的困难

一个成功的问卷设计应该具备两个功能：一是能将所要调查的问题明确地传达给被调查者；二是设法取得对方合作,并取得真实、准确的答案。但在实际调查中,由于被调查者的个性不同,他们的教育水准、理解能力、道德标准、宗教信仰、生活习惯、职业和家庭背景等都具有较大差异,加上调查者本身的专业知识与技能高低不同,将会给调查者带来困难,并影响调查的结果。具体表现为以下几方面。

（1）被调查者不了解或是误解问句的含义,不是无法回答就是答非所问。

（2）回答者虽了解问句的含义,愿意回答,但是自己记忆不清应有的答案。

（3）回答者了解问句的含义,也具备回答的条件,但不愿意回答,即拒答。具体表现如下：①被调查者对问题毫无兴趣。导致这种情况发生的主要原因是,被调查者对问卷主题没有兴趣,问卷设计呆板、枯燥,调查环境和时间不适宜。②对问卷有畏难情绪。当问卷时间太长,内容过多,较难回答时,常会导致被调查者在开始或中途放弃回答,影响问卷的回收率和回答率。③对问卷提问内容有所顾虑,即担心如实填写会给自己带来麻烦。其结果是不回答,或随意作答,甚至做出迎合调查者意图的回答,这种情况的发生是调查资料失真的最主要原因。

（4）回答者愿意回答,但无能力回答,包括回答者不善于表达意见、不适合回答和不知道自己该回答什么等。例如,当询问消费者购买某种商品的动机时,有些消费者对动机的含义不了解,很难做出具体回答。

为了克服上述困难,完成问卷的两个主要功能,进行问卷设计时应遵循一定的原则。

2. 问卷设计的具体原则

1）目的性原则

问卷调查是通过向被调查者询问问题来进行调查的,所以,询问的问题必须是与调查主题有密切关联的。这就要求在进行问卷设计时要重点突出,避免可有可无的问题,并把主题分解为更详细的细目,即把它分别做成具体的询问形式供被调查者回答。

2）可接受性原则

调查问卷的设计要比较容易让被调查者接受。由于被调查者对是否参加调查有绝对的自由,调查对他们来说是一种额外负担,他们既可以采取合作的态度,接受调查;也可以采取对抗行为,拒答。因此,请求合作就成为问卷设计中一个十分重要的问题。应在问卷说明词中,将调查目的明确告诉被调查者,让对方知道该项调查的意义和自身回答对整个调查结果的重要性。问卷说明要亲切、温和,提问部分要自然、有礼貌、有趣味,必要时可采用一些物质鼓励,并承诺为被调查者保密,以消除其某种心理压力,使被调查者自愿参与,认真填好问卷。此外,还应使用适合被调查者身份、水平的用语,尽量避免列入一些会令被调查者难堪或反感的问题,如下面两个问句。

【例3-3】

(1) 您至今未买汽车的原因是什么?(　　)

A. 买不起　　　　　B. 没有用　　　　　C. 不懂　　　　　D. 不会日常维护和保养

(2) 您至今未买汽车的主要原因是什么?(　　)

A. 价格高　　　　　B. 用途较少　　　　C. 不了解性能　　　D. 其他

显然,问题(2)更容易让人接受,能够使被调查者乐于回答。而问题(1)中的提问方式容易让人反感、不想回答,结果导致调查结果不准确。

3) 顺序性原则

顺序性原则是指在设计问卷时,要讲究问卷的排列顺序,使问卷条理清楚、顺理成章,以提高回答问题的效果。问卷中的问题一般可按下列顺序排列。

(1) 容易回答的问答(如行为性问题)放在前面;较难回答的问题(如态度性问题)放在中间;敏感性问题(如动机性、涉及隐私等问题)放在后面;关于个人情况的事实性问题放在末尾。

(2) 封闭性问题放在前面;开放性问题放在后面。这是由于封闭性问题已由设计者列出备选的全部答案,较易回答;而开放性问题需被调查者花费一些时间考虑,放在前面易使被调查者产生畏难情绪。

(3) 要注意问题的逻辑顺序,如可按时间顺序、类别顺序等合理排列。

【例3-4】

① 您通常每日读几份报纸?(　　)

A. 从不读报　　　B. 1 份　　　　C. 2 份　　　　D. 3 份及以上

② 您每日通常用多长时间读报?(　　)

A. 10 分钟以内　　B. 30 分钟左右　　C. 60 分钟左右　　D. 60 分钟以上

③ 您通常喜欢读下面哪类(哪几类)报纸?(　　)

A.《×市晚报》　　B.《×省日报》　　C.《人民日报》　　D.《参考消息》

E.《×广播电视报》　　　　　　　　F. 其他

显然,这组问题设计按照一般人的思考顺序,使问卷条理清楚、顺理成章,便于被调查者回答,以达到预期目标。

4) 简明性原则

简明性原则主要体现在 3 个方面。

(1) 调查内容要简明。没有价值或无关紧要的问题不要列入,同时要避免出现重复,力求以最少的项目设计必要的、完整的信息资料。

(2) 调查时间要简短,问题和整个问卷都不宜过长。设计问卷时,不能单纯从调查者角度出发,而要为回答者着想。调查内容过多,调查时间过长,都会招致被调查者反感。通常调查的场合一般都在路上、店内或居民家中，应答者行色匆匆，或不愿让调查者在家中久留等，而有些问卷多达几十页，让被调查者望而生畏，一时勉强作答也只有草率应付。根据经验，一般问卷回答时间应控制在 20 分钟左右。

（3）问卷设计的形式要简明，易懂易读。

5）便于整理与分析原则

成功的问卷设计除了考虑紧密结合调查主题与方便信息收集外，还要考虑调查结果容易得出及其说服力。这就需要考虑问卷在调查后的整理与分析工作。为了提高数据整理的方便性和准确性，问题的排列及回答的符号、位置等都应科学合理地进行设计。必须在设计问卷时充分考虑后续数据统计和分析工作，这要求调查指标是能够累加和便于累加，并且可以进行具体的数据分析，即使是主观性的问题，在进行问句设计时也要有很强的总结性，这样调查工作才能收到预期的效果。

6）非诱导性原则

非诱导性指的是问题要设置在中性位置，不参与提示或主观臆断，完全将被访问者的独立性与客观性摆在问卷操作的限制条件的位置上。如果设置具有了诱导和提示性，就会在不自觉中掩盖事物的真实性。例如设计问卷时，问"××品牌的电冰箱物美价廉，您是否愿意选购？"这样的问题容易使被调查者由引导得出肯定性的结论，具有相当的诱导性，而且限制了回答的内容，最终导致回答信息失真，产生的结论可信度降低。

3.1.3　问卷设计的程序

问卷设计是由一系列相关工作过程所构成的，为使问卷具有科学性和可行性，需要按照一定的程序进行，如图 3-1 所示。

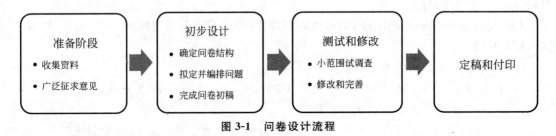

图 3-1　问卷设计流程

1. 准备阶段

准备阶段是根据调查问卷需要确定调查主题的范围和调查项目，将所需问卷资料一一列出，分析哪些是主要资料，哪些是次要资料，哪些是调查的必备资料，哪些是可要可不要的资料，并分析哪些资料需要通过问卷来取得、需要向谁调查等，对必要资料加以收集。同时要分析调查对象的各种特征，即分析和了解各调查对象的社会阶层、行为规范、社会环境等社会特征；文化程度、知识水平、理解能力等文化特征；需求动机、行为等心理特征，以此作为拟定问卷的基础。在此阶段，应充分征求有关各类人员的意见，以了解问卷中可能出现的问题，力求使问卷切合实际，能够充分满足各方面分析研究的需要。可以说，问卷设计的准备阶段是整个问卷设计的基础，是问卷调查成功实施的前提条件。

2. 初步设计

在准备工作基础上,设计者就可以根据收集到的资料,按照设计原则设计问卷初稿。主要是确定问卷结构,拟定并编排问题。在初步设计中,首先要标明每项资料需要采用何种方式提问,并尽量详尽地列出各种问题,然后对问题进行检查、筛选、编排,设计每个项目。对提出的每个问题,都要充分考虑是否有必要,能否得到答案。同时,要考虑问卷是否需要编码,是否需要向被调查者说明调查目的、要求、基本注意事项等。这些都是设计调查问卷时十分重要的工作,必须精心研究、反复推敲。

3. 测试和修改

一般来说,所有设计出来的问卷都存在一些问题。因此,需要将初步设计出来的问卷,在小范围内进行试验性调查,以便弄清问卷在初稿中存在的问题,了解被调查者是否乐意回答和能够回答所有的问题,哪些语句不清、多余或遗漏,问题的顺序是否符合逻辑,回答的时间是否过长等。如果发现问题,应做必要的修改,使问卷更加完善。试调查与正式调查的目的是不一样的,它并非要获得完整的问卷,而是要求回答者对问卷各方面提出意见,以便修改。

4. 定稿和付印

当问卷经过反复修改和测试,确定没有必要再进行修改后,可以考虑定稿。定稿后的问卷从形式上看,版面整齐、美观大方、便于阅读和作答;从内容上看,完整规范、条理清楚。一般应注意以下几点。

(1)问卷纸张大小。一般需用一张 16 开或 A4 的纸张。

(2)问卷表面。它能给人第一印象,因此要求设计明快、简洁、认真,纸张较好,像一份正式文件,不要粗制滥造,否则会给被调查者留下不良印象。

(3)单面印刷。问卷一般单面印制,且每个问题都必须给被调查者留下足够的空间作答。

(4)条理清楚。所有问题的排列必须一目了然,以方便阅读和作答。

(5)统一编号。每张问卷都在右上方统一编号,以便查阅和整理,同时也让被调查者感觉调查的严肃性。

付印就是将最后定稿的问卷,按照调查工作的需要打印复制,制成正式问卷。

任务实施

每组收集、推荐一份优秀的市场调查问卷,全班展示和交流,加深对调查问卷的认知。

汇报交流

各组推荐一名代表展示和评析本组收集的问卷,并谈谈对调查问卷的认识和感受。

总结拓展

优秀问卷的评价标准如下。

(1)有明确的主题。根据调研主题,从实际出发拟题,问题目的明确,重点突出,没有可有可无的问题。

（2）结构合理，逻辑性强。问题的排列应有一定的逻辑顺序，符合应答者的思维程序。一般是先易后难、先简后繁、先具体后抽象。

（3）通俗易懂。问卷应使应答者一目了然，并愿意如实回答。问卷中语气要亲切，符合应答者的理解能力和认识能力，避免使用专业术语。对敏感性问题采取一定的调查技巧，使问卷具有合理性和可答性，避免主观性和暗示性，以免答案失真。

（4）控制问卷的长度。回答问卷的时间控制在 20 分钟左右，问卷中既不浪费一个问句，也不遗漏一个问句。

（5）便于资料的校验、整理和统计。

任务 3.2　问卷设计技术

任务引入

各组根据所选调查课题，设计一份规范的市场调研问卷。

- 问题 1：如何合理地设计调查问卷中的问句和答项？
- 问题 2：问卷设计中应注意哪些问题？

知识铺垫

3.2.1　问句设计技术

问卷的语句由若干个问题构成，问题是问卷的核心，在进行问卷设计时，必须对问题的类别和提问方法仔细考虑，否则会使整个问卷产生很大的偏差，导致市场调查失败。因此，在设计问卷时，应对问题有较清楚的了解，并善于根据调查目的和具体情况选择适当的询问方式。

微课堂：问卷
设计技巧

问题的主要类型及询问方式有如下几种。

1. 直接性问题、间接性问题和假设性问题

（1）直接性问题是指在问卷中能够通过直接提问方式得到答案的问题。直接性问题通常给回答者一个明确的回答范围，所问的是个人基本情况或意见，比如，"您的年龄""您的职业""您最喜欢的洗发水的品牌"等，这些都可获得明确的答案。这种提问对统计分析比较方便，但遇到一些窘迫性问题时，采用这种提问方式可能无法得到所需要的答案。

（2）间接性问题是指那些不宜直接回答，而采用间接的提问方式得到所需答案的问题。通常是指那些被调查者因对所需回答的问题产生顾虑，不敢或不愿真实地表达意见的问题。调查者不应为得到直接的结果而强迫被调查者，使他们感到不愉快或难堪。这时，如果采用间接回答方式，使被调查者认为很多意见已被其他调查者提出来了，他所要做的只不过是对这些意见加以评价罢了，这样，就能排除调查者和被调查者之间的某些障碍，使被调查者有可能对已得到的结论提出自己不加掩饰的意见。

【例3-5】　您认为妇女的权利是否应该得到保障?大多数人都会回答"是"或"不是"。而实际情况则表明许多人对妇女权利有着不同的看法。如果改问:

"A:有人认为妇女权利得到保障的问题应该得到重视。"

"B:另一部分人认为妇女权利问题并不一定需要特别提出。"

您认为哪种看法更为正确?

对 A 种看法的意见:

(1) 完全同意;

(2) 有保留的同意;

(3) 不同意。

对 B 种看法的意见:

(1) 完全同意;

(2) 有保留的同意;

(3) 不同意。

采用这种间接提问方式会比直接提问方式收集到更多的信息。

(3) 假设性问题是通过假设某一情境或现象存在而向被调查者提出的问题,例如,"有人认为目前的电视广告过多,您的看法如何?""如果在购买汽车和住宅中您只能选择一种,您可能会选择何种?"这些语句都属于假设性提问。

2. 开放性问题和封闭性问题

(1) 所谓开放性问题,是指所提出的问题并不列出所有可能的答案,而是由被调查者自由作答的问题。开放性问题一般提问比较简单,回答比较真实,但结果难以做定量分析,在对其做定量分析时,通常是将回答进行分类。

【例3-6】　您对本公司的服务还有哪些建议和要求?

_____

(2) 所谓封闭性问题,是指已事先设计了各种可能的答案的问题,被调查者只要或只能从中选定一个或几个现成答案的提问方式。封闭性问题由于答案标准化,不仅回答方便,而且易于进行各种统计处理和分析。但缺点是回答者只能在规定的范围内被迫回答,无法反映其他各种有目的的、真实的想法。

【例3-7】　您觉得食堂饭菜价格如何?(　　　)

A. 太贵　　　　　B. 中等　　　　　C. 便宜　　　　　D. 无所谓

在实际调查问卷设计中常常既有开放性问题,也有封闭性问题,并且以封闭性为主,以开放性为辅。

3. 事实性问题、行为性问题、动机性问题、态度性问题

(1) 事实性问题是要求被调查者回答一些有关事实性的问题。例如,"您通常什么时候看电视?"这类问题的主要目的是获得有关事实性资料。因此,问题的意见必须清楚,使被调查者容易理解并回答。

通常在一份问卷的开头和结尾都要求回答者填写其个人资料,如职业、年龄、收入、家庭状况、教育程度、居住条件等,这些问题均为事实性问题,对此类问题进行调查,可为分类统计和分析提供资料。

（2）行为性问题是对回答者的行为特征进行调查。例如，"您是否拥有××物？""您是否做过××事？"

（3）动机性问题是为了解被调查者行为的原因或动机的问题，如"为什么购×物？""为什么做×事？"等。在提动机性问题时，应注意人们的行为可以是因有意识动机产生的，也可以是因有半意识动机或无意识动机产生的。对于前者，有时会因种种原因不愿真实回答；对于后两者，因回答者对自己的动机不十分清楚，也会造成回答的困难。

（4）态度性问题是关于对回答者的态度、评价、意见等的问题，如"您是否喜欢××牌子的自行车？"等。

以上是从不同的角度对各种问题所做的分类。应该注意的是，在实际调查中，几种类型的问题往往是组合使用的。在同一个问卷中，既有开放性问题，也有封闭性问题；甚至同一个问题中，也可将开放性问题与封闭性问题结合起来，组成结构式问题。

【例 3-8】 您家里目前有空调吗？有＿＿＿，无＿＿＿。若有，是什么牌子的？＿＿＿＿＿＿。您用后感觉有哪些不足？＿＿＿＿＿＿＿＿＿＿＿＿＿。

同样，事实性问题既可采取直接提问方式，对于回答者不愿直接回答的问题，也可采取间接提问方式，问卷设计者可以根据具体情况选择不同的提问方式。

3.2.2　答项设计技术

在市场调查中，无论是哪种类型的问题，都需要事先对问句答案进行设计。在设计答案时，可以根据具体情况采用不同的设计形式。

1. 二项选择法

二项选择法也称真伪法或二分法，是指提出的问题仅有两种答案可以选择，如"是"或"否"，"有"或"无"等。这两种答案是对立的、排斥的，被调查者的回答非此即彼，不能有更多的选择。

【例 3-9】 您家里现在有吸尘器吗？

答案只能是"有"或"无"。

又如，"您是否打算在近五年内购买住房？"

回答只有"是"或"否"。

这种方法的优点是易于理解和可迅速得到明确的答案，便于统计处理，分析也比较容易。但回答者没有进一步阐明理由的机会，难以反映被调查者意见与程度的差别，了解的情况也不够深入。这种方法，适用于互相排斥的两项择一式问题，及询问较为简单的事实性问题。

2. 多项选择法

多项选择法是指所提出的问题事先预备好两个以上的答案，回答者可任选其中的一项或几项。

【例 3-10】 您喜欢下列哪一种品牌的牙膏？（在您认为合适的□内画"√"）

中华□　佳洁士□　高露洁□　康齿灵□　美加净□　黑妹□

由于所设答案不一定能表达出填表人所有的看法，所以在问题的最后通常可设"其他"项目，以便使被调查者表达自己的看法。

这个方法的优点是比二项选择法的强制选择有所缓和,答案有一定的范围,也比较便于统计处理。但采用这种方法时,设计者要考虑以下两种情况。

(1)要考虑全部可能出现的结果及答案可能出现的重复和遗漏。

(2)要注意选择答案的排列顺序。有些回答者常常喜欢选择第一个答案,从而使调查结果发生偏差。此外,答案较多,使回答者无从选择或产生厌烦。一般这种多项选择答案应控制在8个以内,当样本量有限时,多项选择易使结果分散,缺乏说服力。

3. 量表法

量表法是运用量表形式测定被调查者对问题的态度的询问方法。量表是指测量被调查单位某一特征的测量工具,也即在计量水准既定的条件下,进一步规定询问的语句形式、列出所有的分类项目,并用数字或其他符号来表示这些分类项目形成的测量工具表。

量表一般具有计量水准、询问语句、备选答案、项目编号等基本要素。一般来说,同一计量水准往往可以设计出不同的量表。

【例 3-11】 计量水准为酒店的"服务态度",而量表则有下列几种形式可供选择。

A. 您认为本酒店的服务态度属于下列哪种状态?

① 非常好□ ② 好□ ③ 一般□ ④ 较差□ ⑤ 很差□

B. 您对本酒店的服务态度的满意程度是:

① 非常满意□ ② 满意□ ③ 一般满意□ ④ 不太满意□ ⑤ 很不满意□

C. 您认为本酒店的服务态度可评为下列哪种分值?

① 60 分以下□ ② 60~70 分□ ③ 70~80 分□ ④ 80~90 分□

⑤ 90~100 分□

D. 您认为本酒店的服务态度如何? _____。

测量表按照计量水准不同可分为列名量表、顺序量表、差距量表和等比量表 4 种基本量表,在此基础上,可再按照量表使用的计量水准和设计形式不同作多种分类。量表的具体形式包括以下几种。

1)二项选择量表

二项选择量表又称是否量表或真伪量表,是列名水准的简单应用。

在询问语句下只提出是或否、对或错、有或没有、喜欢或不喜欢、需要或不需要两个答案,受访者必须二者择一,因而是一种强迫性量表。

二项选择量表的优点是可求得明确的判断,在短暂的时间内求得受访者的回答,并使持中立意见者偏向一方;条目简单,易于统计。缺点是不能表示意见程度的差别,结果欠精确。

【例 3-12】

您家有彩色电视机吗? ① 有 ② 没有

您家的彩色电视机是康佳牌的吗? ① 是 ② 不是

你是否喜欢康佳牌彩色电视机? ① 喜欢 ② 不喜欢

2)多项选择量表

在询问语句下,事先列出两个以上的答案,受访者可任选其中一项或几项作答。语句答案的设计可以是强迫性的,也可以是非强迫性的,一般采用非强迫性设计。优点是可以避免二项选择量表必须二者择一的缺点,也便于统计。缺点是答案较多,归类工作量较大。

【例 3-13】　现有下列几种品牌的彩色电视机，您准备买哪种品牌的彩电？（可多选）

① TCL　② 创维　③ 海信　④ 夏普　⑤ 海尔　⑥ 康佳　⑦ 其他品牌

您准备购买彩色电视机的原因是(可多选)：

① 更新需要　② 结婚需要　③ 代亲友买　④ 送礼需要　⑤ 其他原因

3）列举评比量表

以属性水准为依据，列出评价性的询问语句和备选答案的量表，其答案按不同程度给出，备选答案相反的数量一般采用相等设计(对称量表)；被调查者可能选择其中一种答案。其答案没有对或错的选择，只有不同程度的选择。

例如，常见的产品测试的量表尺度的形式主要有以下几种。

质量：	非常好	比较好	一般	比较差	非常差
式样：	非常时尚	比较时尚	一般	不时尚	很不时尚
价格：	非常贵	比较贵	一般	不太贵	很便宜
满意度：	非常满意	比较满意	一般满意	不太满意	很不满意
耐用性：	非常好	比较好	一般	比较差	非常差
可靠性：	完全可靠	比较可靠	一般	不太可靠	非常不可靠

4）图示评比量表

以计量水准为依据，在评价性的询问语句下，用一个有两个固定端点的图示连续谱来刻画备选答案或差距的量表。这种量表可分辨出受访者微小的差别。属性水准和数量水准都可采用这种量表的设计形式。

【例 3-14】　您认为 B 品牌沙发的舒适度怎样？请在下列尺度中标出您的评价结果。

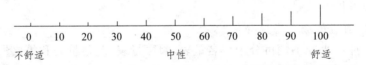

5）语义差距量表

以计量水准为依据，运用若干语义相反的极端形容词或短语作为计量尺度的两个固定端点，中间标出差距相等的位置刻度，并设定最不好的位置记 1 分，其次不好的位置记 2 分，以此类推，直到标出最好位置的记分值。

这种量表可使受访者在计量尺度中标出每个测量项目的评价定位，也有利于调研者事后统计出全部受访者的平均值，以便对测量项目进行定位和排序。

【例 3-15】　请您对 A、B、C 三种品牌汽车的不同项目的特性做出评价和定位(A 品牌用实线"—"连接您的定位，B 品牌用虚线"〜〜〜"连接您的定位，C 品牌用间断线"----"连接您的定位)。

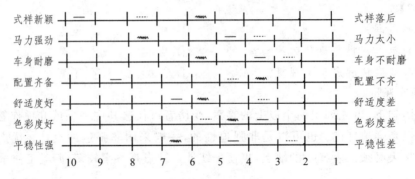

6）配对比较量表

运用配对比较法依次列出两个对比项目，由受访者根据自己的看法做出对比结果的一种量表，一般用于了解受访者对不同产品质量、使用功能等方面的评价意见。事后可统计出全部受访者对比结果的频数或频率，从而可对不同产品的质量或不同评价项目做出定位和排序。

【例 3-16】 请您逐一比较下列各组不同牌子洗衣机的质量，在您认为质量好的牌子后面打"√"。

① 三星牌□　三洋牌□　　　② 三星牌□　美菱牌□

③ 三星牌□　小天鹅牌□　　④ 三洋牌□　美菱牌□

⑤ 三洋牌□　小天鹅牌□　　⑥ 美菱牌□　小天鹅牌□

请您逐一比较下列洗衣粉的特性，您认为每一组中哪一个特性更重要？（在后面打"√"）

① 去污性好□　不伤衣物□　　② 去污性好□　使用量少□

③ 去污性好□　环保性好□　　④ 不伤衣物□　使用量少□

⑤ 不伤衣物□　环保性好□　　⑥ 环保性好□　使用量少□

7）固定总数量表

固定总数量表是根据各个特性的重要程度将一个给定的分数（通常为 100 分），由受访者根据自己的看法在两个或多个特性间进行分数分配。受访者分给每个选项的分数能表明受访者认可的相对等级。也有利于调研者事后统计出全部受访者对每个选项的平均分值，以便对测量项目进行定位和排序。

【例 3-17】 请您对男性运动鞋的 7 个特性的相对重要程度进行分数分配，最重要的特性项目的分数应高一些，不太重要的特性项目的分数应低一些，全部特性项目的分数加总起来应为 100 分。

运动鞋的 7 个特性	分数
穿着舒适	_____
耐用	_____
知名品牌	_____
透气性好	_____
款式新颖	_____
适于运动	_____
产品价格	_____
分数合计	100

4. 顺位法

顺位法是列出若干项目，由回答者按重要性决定其先后顺序。顺位法主要有两种：一种是对全部答案排序；另一种是只对其中的某些答案排序，究竟采用何种方法，应由调查者来决定。具体排列顺序，则由回答者根据自己所喜欢的事物和认识事物的程度等进行排序。

【例 3-18】 您选购空调的主要条件是（请将所给答案按重要顺序 1，2，3…填写在□中）：

价格便宜☐　　外形美观☐　　维修方便☐　　牌子有名☐　　经久耐用☐

噪声低☐　　制冷效果好☐　　其他☐

【例 3-19】 请对下面列出的五类房地产广告排序：

① 电视广告　② 报纸广告　③ 广播广告　④ 路牌广告　⑤ 杂志广告

按您接触的频率，由高至低排序＿＿＿＿＿＿＿＿＿＿；

按您的印象，由浅至深排序＿＿＿＿＿＿＿＿＿＿；

按您信任的程度，由大到小排序＿＿＿＿＿＿＿＿＿。

顺位法便于被调查者对其意见、动机、感觉等做衡量和比较性的表达，也便于对调查结果加以统计。但调查项目不宜过多，过多则容易分散，很难顺位，同时所询问的排列顺序也可能对被调查者产生某种暗示。这种方法适用于对要求答案有先后顺序的问题。

常用的顺位法的询问方式有以下几种。

（1）下面几项中，最重要的是哪一项？

（2）下面各项中，请选出你认为重要的两项、三项或四项。

（3）下面各项中，请选出你认为重要的若干项。（无限制选择法）

（4）将下列各项，按重要的次序注上号码。（顺序填充法）

（5）将下列各项分为极其重要、稍微重要、不太重要、一点也不重要 4 种。（等级分配法）

（6）A 与 B 哪一个重要？B 与 C 哪一个重要？（对比法）

5. 回忆法

回忆法是指通过回忆，了解被调查者对不同商品质量、品牌等方面印象的强弱。例如，"请您举出最近在电视广告中出现的电冰箱有哪些品牌？"调查时可根据被调查者所回忆品牌的先后和快慢以及各种品牌被回忆出的频率进行分析研究。

6. 比较法

比较法就是把调查对象中同一类型不同品种的商品，每两个配成一对，采用对比提问方式，要求被调查者做出相应回答的方法。

【例 3-20】 请比较下列不同品牌的可乐饮料哪种更好喝？（在各项您认为好喝的品牌的☐中画"√"）

黄山☐　　　　天府☐

天府☐　　　　百龄☐

百龄☐　　　　奥林☐

奥林☐　　　　可口☐

可口☐　　　　百事☐

百事☐　　　　黄山☐

比较法适用于对质量和效用等问题做出评价。应用比较法要考虑被调查者对所要回答问题中的商品品牌等项目是否相当熟悉，否则将会导致空项出现。

7. 自由回答法

自由回答法是指提问时可自由提出问题，回答者可以自由发表意见，并无已经拟定好的答案,如"您觉得软包装饮料有哪些优、缺点?""您认为应该如何改进电视广告?"等。

这种方法的优点是涉及面广、灵活性大,回答者可充分发表意见,可为调查者收集到某种意料之外的资料,缩短问者和答者之间的距离,迅速营造一个调查气氛。缺点是由于回答者提供答案的想法和角度不同,因此在答案分类时往往会出现困难,资料较难整理,还可能因回答者表达能力的差异而形成调查偏差。同时,由于时间关系或缺乏心理准备,被调查者往往放弃回答或答非所问,因此,此种问题不宜过多。这种方法适用于那些不能预期答案或不能限定答案范围的问题。

8. 过滤法

过滤法又称"漏斗法",是指最初提出的是离调查主题较远的广泛性问题,再根据被调查者回答的情况,逐渐缩小提问范围,最后有目的地引向要调查的某个专题性问题。这种方法询问及回答比较自然、灵活,使被调查者能够在活跃的气氛中回答问题,从而增强双方的合作,获得回答者较为真实的想法。但要求调查人员善于把握对方心理,善于引导并有较高的询问技巧。此方法的不足之处是不易控制调查时间。这种方法适合于被调查者在回答问题时有顾虑,或者一时不便于直接表达对某个问题的具体意见时采用。例如,对那些涉及被调查者自尊或隐私等的问题,如收入、文化程度、妇女年龄等,可采取这种提问方式。

3.2.3 问卷设计应注意的问题

问卷设计总的要求:问卷中的问句表达要简明、生动,注意概念的准确性,避免提出似是而非的问题。具体应注意以下几点。

1. 避免提出一般性的问题

一般性问题对实际调查工作并无指导意义。

例如,"您对某百货商场的印象如何?"这样的问题过于笼统,很难达到预期效果,可具体提问"您认为某百货商场商品品种是否齐全?""营业时间是否恰当?""服务态度怎样?"等。

2. 避免使用不确切的词

如"普通""经常""一些"等,以及一些形容词,如"美丽"等,各人对这些词语的理解往往不同,在问卷设计中应避免或减少使用。例如,"您是否经常购买洗发液?"回答者不知经常是指一周、一个月还是一年,可以改问:"您上个月共购买了几瓶洗发液?"

3. 避免使用含糊不清的句子

例如,"您最近是出门旅游还是休息?"出门旅游也是休息的一种形式,它和休息并不存在选择关系,正确的问法是:"您最近是出门旅游,还是在家休息?"

4. 避免引导性提问

如果提出的问题不是"执中"的,而是暗示出调查者的观点和见解,力求使回答者跟着这种倾向回答,这种提问就是"引导性提问"。例如,"消费者普遍认为××品牌的冰箱好,你的印象如何?"引导性提问会导致两个不良后果:一是被调查者不加思考就同意所引导问题中暗示的结论;二是由于引导性提问大多是引用权威或大多数人的态度,被调查者考虑这个结论既然已经是普遍的结论,就会产生心理上的顺向反应。此外,对于一些敏感性问题,在引导性提问下，被调查者不敢表达其他想法等。因此，这种提问是调查的大忌，常常会引出和事实相反的结论。

5. 避免提断定性的问题

例如，"你一天抽多少支烟？"这种问题即为断定性问题，被调查者如果根本不抽烟，就会造成无法回答。正确的处理办法是此问题可加一条"过滤"性问题，即"你抽烟吗？"如果回答者回答"是"，可继续提问，否则即可终止提问。

6. 避免提令被调查者难堪的问题

如果有些问题非问不可，也不能只顾自己的需要穷追不舍，应考虑回答者的自尊心。

例如，"您是否离过婚？离过几次？是谁的责任？"等。又如，直接询问女士年龄也是不太礼貌的，可列出年龄段，如 20 岁以下、20～30 岁、30～40 岁、40 岁以上等，由被调查者挑选。

7. 问句要考虑时间性

时间过久的问题易使人遗忘，如"您去年家庭的生活费支出是多少？用于购买食品和衣服的分别为多少？"除非被调查者连续记账，否则很难回答出来。一般可问："您家上个月的生活费支出是多少？"显然，这样缩小时间范围可使问题回忆起来较容易，答案也比较准确。

8. 拟定问句要有明确的界限

对于年龄、家庭人口、经济收入等调查项目，通常会产生歧义的理解，如年龄有虚岁、实岁；家庭人口有常住人口和生活费开支在一起的人口；收入是仅指工资，还是包括奖金、补贴、其他收入、实物发放折款收入在内。如果调查者对此没有很明确的界定，调查结果也很难达到预期要求。

9. 问句要具体

一个问句最好只问一个要点，一个问句中如果包含过多的询问内容，会使回答者无从答起，也给统计处理带来困难。例如，"您为何不看电影而看电视？"这个问题包含了"您为何不看电影？""您为何要看电视？"和"什么原因使您改看电视？"等询问内容。防止出现此类问题的办法是分离语句中的提问部分，使得一个语句只问一个要点。

10. 要避免问题与答案不一致

所提问题与所设答案应做到一致。

【例 3-21】　您经常看哪个栏目的电视？
①经济生活　②电视红娘　③电视商场　④经常看　⑤偶尔看　⑥根本不看

以上是问卷设计中应该注意的一些突出问题。当然，在实践中还会存在许多问题，这就要求设计者要反复斟酌问题，尽量详尽地列出答项，然后逐一进行检查、筛选、测试，直到确定为止。

3.2.4　网络调查问卷的设计

在互联网时代，网络调查作为一种新兴的调查研究方法，以其低成本、时效性和客观性等优势，成为当今市场调查行业的发展趋势，正在成为越来越多市场调查公司的发展方向。

1. 网络调查问卷的含义、主要方式和特点

网络调查问卷是指通过网络邀请会员参与回答问卷以获取数据信息的一种调查方式，属于在线调查的一种。其主要方式有网络会议、电子邮件调查和网页问卷调查等。网络会议是类似于网络在线的会议座谈，是一种进行一对一的访谈或者多人进行座谈的网络调查方式。电子邮件调查是把统计调查问卷设计成电子邮件形式，再通过邮寄电子邮件方式实现收集调查资料的方式。此外，现在也流行在朋友圈、QQ群中发放电子问卷，收集所需资料的调查方式。

网络调查问卷的主要特点是成本低、时效性强、随机性强等。相对于传统的人工问卷调查模式，网络调查问卷独具优势：其自由开放的问卷设计发布、受访者自主式参与、网民在线自由互动交流、广泛的用户覆盖率、调查数据的集成共享、时空地域局限的突破、完备的问卷验证过滤功能等特点，充分保证了问卷调查数据的客观与真实。但是，网络调查问卷也存在信息失实的概率增大、样本代表性不足等局限。

目前国内网络调查问卷一种最普遍的方式是在专业的调查网站上完成问卷。这种方式是以专业的问卷调查网站作为平台，比如国内比较有名的问卷星、腾讯问卷、问卷网、问道网、第一调查网、易调网、我要调查网等。调查者在该网站发布已设计好的问卷，该网站的注册会员就成为此次问卷的样本框，网民根据自己的兴趣和自身实际情况参与完成调查。一般来说，回答问卷的会员都会有不同程度的奖励，这是鼓励网民自发答题的一种有效方式。另外，通过电子邮件邀请用户完成问卷并回复给调查者的形式与此也有些类似。

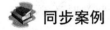 **同步案例**

问卷星——专业的问卷调查网站

问卷星是一个专业的在线问卷调查、测评、投票平台，专注于为用户提供功能强大、人性化的在线设计问卷、采集数据、自定义报表、调查结果分析系列服务。与传统调查方式和其他调查网站或调查系统相比，问卷星具有快捷、易用、低成本的明显优势，已经被大量企业和个人广泛使用。问卷星的典型应用包括以下几种。

微课堂：问卷星的使用

企业：客户满意度调查、员工满意度调查、企业内训、需求登记、人才测评。

高校：学术调研、社会调查、在线报名、在线投票、信息采集、在线考试。

个人：讨论投票、公益调查、博客调查、趣味测试。

问卷星使用简单、快捷，首先进入问卷星官网，免费注册一个账号，然后登录该账号就可以按照问卷星的操作提示进行在线问卷调研，主要步骤如下。

（1）在线设计问卷：问卷星提供了所见即所得的设计问卷界面，支持多种题型以及信息栏和分页栏，并可以给选项设置分数（可用于量表题或者测试问卷），可以设置跳转逻辑，同时还提供了数十种专业问卷模板供选择。

（2）发布问卷并设置属性：问卷设计好后可以直接发布并设置相关属性，例如问卷分类、说明、公开级别、访问密码等。

（3）发送问卷：通过发送邀请邮件，或者用Flash等方式嵌入公司网站或者通过QQ、微博、邮件等方式将问卷链接发给好友填写。

（4）查看调查结果：可以通过柱状图和饼状图查看统计图表，卡片式查看答卷详情，分析答卷来源的时间段、地区和网站。

（5）创建自定义报表：自定义报表中可以设置一系列筛选条件，不仅可以根据答案来做交叉分析和分类统计（如统计年龄在 20～30 岁女性受访者的统计数据），还可以根据填写问卷所用时间、来源地区和网站等筛选出符合条件的答卷集合。

（6）下载调查数据：调查完成后，可以下载统计图表到 Word 文件保存、打印，或者下载原始数据到 Excel 导入 SPSS 等调查分析软件做进一步地分析。

问卷星轻松创建可以在线填写的网络问卷，然后通过 QQ、微博、邮件等方式将问卷链接发给好友填写，问卷星会自动对结果进行统计分析，你可以随时查看或下载问卷结果。

（资料来源：问卷星官网，问卷星-百度百科.https://baike.baidu.com/item/）

讨论：用问卷星进行网络调查时要注意哪些问题？

提示：首先在线问卷的设计要合理，问卷不要太长，要适合网上被调查者填写。其次要严格控制样本质量，样本的选择要符合调研范围并有较好的代表性。再次，样本容量要足够大，否则无法代表调研对象总体特征。最后，要注意问卷回答质量的控制。同一个 IP 地址、同一台计算机、同一用户名都只能填写一次，对不符合要求的答卷要进行人工排查，以确保调研质量。

2. 网络调查问卷设计的注意事项

网络调查问卷设计的基本原理和方法同传统的纸质问卷设计一样，主要考虑问卷的结构、问题和答项设计、问题的编排顺序和问卷的长短等。但在设计网络调查问卷时还要注意考虑调查主题、调查对象、调查内容和激励方式等的设计和选择问题。

1）选择适合网络调查的主题

网络调查问卷适用于网络使用者或是经常上网人群，但不同的网络人群有不同的消费需求和偏好。只有选择适合网络调查的主题，才能使网络调查成为可能。一般来说，适合采用网络调查的调查主题有消费者产品满意度调查、新产品试用效果测试、广告投放效果测试、社会热点问题调查、个人意识类问题调查等。

2）科学确定调查样本的类型

网络调查遭遇的最大瓶颈就是网民的样本代表性问题。对参与调查的用户的身份信息不明确从而导致样本分类错误，这样就会导致最终的调查结果不符合现实情况。在网络调查中，特别是专业的调查网站中，对注册会员进行实名认证并且采取手段进行信息核实是非常有必要的。另外，调查机构或者个人也要采取相应的技术手段对调查过程进行监控，对不实信息进行筛选剔除。

网络问卷调查时，通常有三种类型的样本，即随机性样本、过滤性样本和选择性样本。后两种样本由于在技术设计中增加了对样本的筛选，提高了样本的有效性，因此可保证调查的针对性和质量。

3）科学设计网络调查的内容

不管是网络调查还是传统调查，调查问卷的设计都应遵循三个原则：目的性原则、可接受性原则和简明性原则。目的性原则要求询问的问题与调查主题密切相关，重点突出；可接受性原则要求设计的问卷容易让被调查者接受；简明性原则要求问题简明扼要，使被调查者易读、易懂。此外,设计网络问卷时还要注意针对调查对象设计相应的调研内容。

4)激发被调查者的参与兴趣

任何调查取得成功的关键首先在于要能够激发被调查者的兴趣。网络是个虚拟世界,在网络上并不能吸引到不同群体的代表来接受调查。因此,在网络问卷调查过程中需要加入适当的奖品等激励措施,吸引更多的参与者,以扩大样本容量和提高样本的代表性。例如,问卷星网站上专门设置了红包 & 奖品菜单,问卷调查者可以设置红包或奖品来吸引更多的人参与其问卷调查。每位问卷提交者都可以参与微信红包、即时开奖、定时开奖中任意一种抽奖方式,这样可以大大调动被调查者参与调查的热情,从而大大提高问卷的回复量和回复速度。总之,在开展网络调查问卷时,调查者要合理利用有偿参与、有奖参与等方法来调动被调查者参与调查的积极性,提高信息的反馈率,确保反馈信息的真实性,降低调查结果的偏差。

网络调查问卷是伴随互联网技术成长起来的一种调查方法,它是传统调查问卷的有益补充,两者只是实现调研的形式不同,但其目的都是通过调查手段去获取更多的资料和信息。因此在实际调研中,应该将这两种方式有机结合、取长补短。比如,传统调查问卷中对样本的选取更加具有代表性,而网络调查问卷则更适合一些敏感或者涉及隐私的问题。而且,网络用户并不能很好地代表现实生活中的人群分布,网民与社会大众二者不能等同。因此,问卷调查需要线上、线下相结合,以扩大调研范围,提高样本的代表性。

当然,除在线调查问卷外,网络调查手段还有很多,如电子邮件调查、被访问者随机抽样调查、固定样本调查等,要能够根据调查要求进行综合运用。同时,在选择先进的网络调查平台开展调查时,注意选择传统调查方法对网络不能覆盖的调查对象进行调查,以弥补网络调查的不足。

任务实施

各组根据所选调研课题,完成一份规范的市场调研问卷,并进行展示和汇报。

汇报交流

各组推荐一名代表并展示和汇报本组设计的调研问卷。

总结拓展

在设计和实施调研问卷时要注意以下几点。

1. 以人为本的问卷设计和呈现方式

调研中的"以人为本",即在调研时要考虑被调研者的心理反应,使他们愿意参与调查并回答问卷。

1)使被调查者感到有所收益

赠送小礼品或者支付调查费,既可以表达对被调查者的感谢,也能进一步显示调研的正规性。除了这些物质回馈方式外,向被调查者反馈信息也是一种很好的做法。有时,被调查者可能对调查结果有兴趣,希望知道自己的结果(比如人格、能力方面的心理或整体的调查结果),调查者应在研究许可的范围尽可能满足这样的要求。比如,如果被调查者要求得到个人的相关资料（如智力、性格、态度等信息），可以请他留下联系方式，以便给予反馈。不管是支付调查费用、赠送礼品，还是反馈个人结果，都是为了做到双方互利互惠，使被调查者感到通过调查有所收获，从而增强参与的意愿。

2）消除被调查者的顾虑

问卷调研需要被调查者真实回答，因此，积极参与就变得非常重要。面对问卷，一些被调查者会有所顾虑，调研者要想消除人们的这种顾虑，就需要在设计问卷和实施调查的过程中注意一些细节。一般来说，在封面信中要简单说明调查的意义和目的；采用匿名问卷可以大大增加真实反映的数量；在落款处注明调研机构和调研者的联系方式，也可以增加被调研者的信任程度。如果问卷内容涉及个人情感、收入、爱好等隐私问题或其他敏感性问题，就应该更多地考虑使用投射和情境故事等方法，以减少被调查者的疑虑和心理抗拒倾向。

3）减少被调查者付出的代价

从调查者的角度来说，总是希望通过一次问卷调查尽可能多地收集相关资料，因此就会出现一次问卷调查包含上百个甚至几百个问题的情况。这样的问卷太长、太厚，让被调查者望而生畏。过多的题量不但要占用被调查者更多的时间，也容易使人产生畏难和厌烦情绪。结果可能导致被调查者要么敷衍了事，要么干脆拒绝回答，影响调研质量。因此，问卷一般不宜太长，填答的时间一般最好不超过 20 分钟。

4）注意问卷的呈现形式

要使人愿意参加调查，问卷本身的形式也很重要。一份精美的问卷与一份粗糙的问卷给人的感觉是不同的，因此，设计问卷时应将问卷的形式考虑在内，如装订的效果、纸张的质量、字体大小、行间距、版式等，让美观、正规的问卷呈现在被调研者面前，以增加其认真作答的可能性。

5）选择适当的调查时间、场合和实施方式

调查时间、场合和实施的方法也会影响人们的参与意愿。比如，在大考前调查正在忙碌备考的学生，在上下班高峰期实施路人拦截法调查等，往往都会遭到回绝。再比如，对中高层管理者很难采用集中调查的方式回收问卷，因为他们集中的情况非常少，更不太可能专门为了做问卷而集中。调研者应尽可能地选择被调查者方便的时间、地点和实施方式，而不是仅仅图自己便利。

6）提高被调研者的参与感

例如，有些调查可以在问卷设计时提供自由发表意见的项目，鼓励被调查者展示自己的能力参与调研，也可以在一定程度上调动其合作的积极性。

7）答项设计应让人便于回答

比如，有的问卷经常使用等级选项，如用1、2、3、4、5分别代表"完全不同意""有些不同意"……"完全同意"等不同的程度。有些较长的问卷在换页时，没有再次在开头注明这些数字的意义，结果回答者可能因为记不清这些数字的含义或记错顺序而造成错选，甚至选择刚好相反的选项。因此在设计等级选项时，应在每页的第一行明确每个选项的含义。另外，回答者也常常会因看错行而误答，调研者应在设计问卷呈现方式时避免这种现象。可以使用空行方式（比如每五题空一行）或画线方式（比如每五题之后画一横线作为间隔），以防止填错行。

2. 控制无关干扰因素,确保问卷实施

在问卷调查实施过程中要控制无关因素的干扰,确保问卷调研按计划实施,一般要注意以下细节问题。

1)设计标准化的实施程序

调查者不仅要重视书面指导语的一致性,而且要注重与被调查者进行谈话和解释。因此,调查者的态度、沟通技巧、谈话内容、行为方式等都可能影响被调查者参与的意愿、合作程度、对问卷本身的理解以及回答问题的倾向性。这些在街头的个别调查、入户调查中表现得尤为明显。有些调查员容易得到被调查者的合作,有些则屡遭拒绝。因此,在调查培训时,除了要对其进行调查过程的标准化培训外,还应对调查员的情绪、态度、沟通技巧、解释说明的范围和程度等细节做出具体的说明和规定。

2)营造良好的调查氛围

营造良好的调查氛围即要为被调查者创造一种宽松、令其适应的调查环境,使被调查者易于接受调查,并能放松地表达自己真实的想法。这仍然会涉及对调查时间、调查场合的选择。比如,当被调查者时间有限时就容易出现仓促回答、敷衍了事甚至拒绝调查的情况,而嘈杂、干扰过多的环境也不利于专心作答。另外,有些相关人员不应在场。比如要了解学生对授课教师的教学评价时,班主任或相关教师最好不要在场,以免使学生产生压力和顾虑;当调查员工对组织管理者的看法时,相关的管理人员就不应在场,问卷也不应通过管理者回收。宽松的调查气氛可减少顾虑和压力,使被调查者的反应更加真实可信。

3)做好充分的调查准备

主要指对在调查过程中可能出现的各种问题和意外做好充分的准备。比如,在问卷调查时常常遇到被调查者没带纸笔等文具,因此调查员应该准备备用纸笔,如果是户外调查还要考虑携带一些方便被调查者填答的工具等。

4)控制项目的顺序效应

有些问卷的项目之间有前后关联,对于这类问卷,项目必须按照其逻辑顺序排列。有些问卷则恰好相反,项目间无必然的前后逻辑顺序,固定的回答顺序反而产生顺序效应。对后一类问卷,在设计时可准备项目顺序不同的问卷来消除顺序效应。如果是对同一个人进行几次调查,则可在调查过程中进行平衡,对不同的调查者采用不同的顺序。

5)适当监督调查过程

如果问卷通过被调查单位统一发放,调查者最好能参与其实施过程,这样既可以及时发现问题、解答疑问,也可以监督实施过程,防止个别单位出现"集体代劳"的现象。在调查实施过程中还要及时核查资料,检查所收集的资料是否齐全、准确,留意数据中的数字是否正确,做到及时补救、更正,尽可能避免人为的错误。

6)提高问卷回收率

调查者应根据问卷的发放方式采取不同的方法,尽量保证回收率。调查员亲自发放、当场填写的问卷一般回收率较高。有时需要与被调查者约定时间来回收问卷。邮寄的问卷应附上写好回信地址的信封并贴好邮票,方便被调查者寄回,对于没有回音的问卷,应写信或打电话催促,尽量争取对方的合作。问卷回收后,在剔除废卷后,要统计有效问卷的回收率。为研究结论依据的问卷,回收率一般不应低于70%。

知识图解

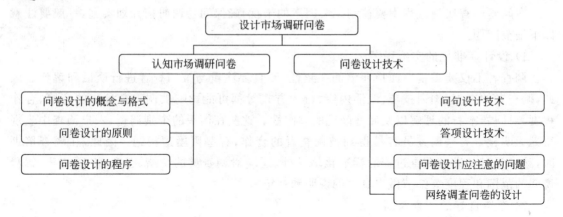

知识检测

一、名词解释

问卷设计　封闭式问句　开放式问句　顺位法

二、单项选择题

1. 调查问卷的（　　）是调查者所要收集的主要信息，是问卷的主要部分。

　　A. 前言部分　　　　B. 主体内容　　　　C. 附录部分　　　　D. 说明部分

2. 问卷设计是否合理，调查目的能否实现，关键就在（　　）的设计水平和质量。

　　A. 前言部分　　　　B. 主体内容　　　　C. 附录部分　　　　D. 说明部分

3. 某调查问卷的问题"您对网上购物有什么看法？"属于（　　）问题。

　　A. 公开式　　　　B. 开放式　　　　C. 保守式　　　　D. 封闭式

4. 某调查问卷的问题"您自己有手机吗？请选择答案：A. 有；B. 没有"，属于（　　）问题。

　　A. 公开式　　　　B. 开放式　　　　C. 保守式　　　　D. 封闭式

5. "××牌啤酒制作精细，泡沫丰富、味道纯正，您是否喜欢？"该问题设计的错误是（　　）。

　　A. 不易回答　　　　B. 措辞不准确　　　　C. 措辞太复杂　　　　D. 诱导性提问

6. 某调查问卷的问题"您至今未买电脑的原因是什么？①买不起；②没有用；③不懂；④软件少"犯了（　　）方面的错误。

　　A. 不易回答　　　　　　　　　　B. 措辞不准确

　　C. 措辞太复杂　　　　　　　　　D. 容易引起被调查者的反感

7. 调查问卷不宜过长，问题设计以适度够用为原则，一般控制在（　　）分钟回答完毕为宜，时间过长会引起被调查者的反感。

　　A. 5～10　　　　B. 20～30　　　　C. 15～20　　　　D. 0～60

8. "如果在购买汽车和住宅中你只能选择一种，你可能会选择何种？"此语句是（　　）。

　　A. 直接性问题　　　　B. 假设性问题　　　　C. 开放性问题　　　　D. 间接性问题

9. 问卷中设计问题有两种形式，开放式和（　　）。

A. 半开放式　　　　B. 封闭式　　　　C. 框图式　　　　D. 半封闭式

10.(　　)是指在提出问题时不提供任何答案,由被调查者根据实际情况自由填写。

　　A. 开放式问题　　　B. 实质性问题　　C. 指导性问题　　D. 封闭性问题

三、多项选择题

1. 一份完整的问卷通常包括(　　)。

　　A. 问卷的标题　　　　　　　　　　B. 问卷说明

　　C. 被调查者基本情况　　　　　　　D. 调查的主题内容

　　E. 作业证明的记载

2. 问卷设计的原则是(　　)。

　　A. 目的性　　　　　B. 可接受性　　　C. 顺序性　　　　D. 简明性

3. 问卷设计应该注意的问题包括(　　)。

　　A. 避免提一般性的问题　　　　　　B. 避免引导性提问

　　C. 问句要具体　　　　　　　　　　D. 避免提令被调查者难堪的问题

　　E. 避免使用含糊不清的句子

4. 调查问卷说明是对(　　)的阐述。

　　A. 调查目的　　　　B. 调查意义　　　C. 调查问题　　　D. 有关事项

5. 调查问卷前言的主要作用是(　　)。

　　A. 引起被调查者的兴趣和重视,使他们愿意回答问卷

　　B. 登记调查访问工作的执行和完成情况

　　C. 打消公众的顾虑,获取他们的支持与合作

　　D. 了解被调查者的基本情况

6. 按照问题是否提供答案,问卷设计的格式可分为(　　)两种类型。

　　A. 公开式　　　　　B. 开放式　　　　C. 保守式　　　　D. 封闭式

7. 问卷设计要达到两个目标,即(　　)。

　　A. 取得合作　　　　B. 容易操作　　　C. 获得准确资料　D. 形式完美

8. 问卷设计所应达到的要求是(　　)。

　　A. 问题清楚明了,通俗易懂,易于回答

　　B. 能体现调查目的

　　C. 被调查者喜欢

　　D. 便于答案的汇总、统计和分析

9. 调查中有人拒答,原因可能是(　　)。

　　A. 对问题无兴趣　　B. 畏难情绪　　　C. 有所顾忌　　　D. 没有给钱

10. 根据性质,量表可分为(　　)。

　　A. 类别量表　　　　B. 顺序量表　　　C. 等距量表　　　D. 等比量表

四、简答题

1. 问卷通常由哪几部分构成?

2. 问卷设计中应遵循哪些原则?

3. 说明问卷设计的一般程序。

4. 问卷设计中应注意哪些问题？

5. 网络调查问卷设计的注意事项有哪些？

案例分析

大学生创业调查问卷

亲爱的同学：

感谢您参与此次大学生创业问卷调查。您的回答将有助于我们了解目前大学生创业的关注点，完善教育部大学生创业网各项服务信息，请您认真作答。下列选项中，既有单选也有多选，请务必认真如实填写。衷心地感谢您的支持！

1. 您对大学生创业的看法是（   ）。

    A. 认同，是实现自我理想的一种途径

    B. 反对，大学生还是应该以学习为主

    C. 应该是解决目前大学生就业问题不错的选择

    D. 其他

2. 您认为大学生最为适合创业的阶段是（   ）。

    A. 大学本科   B. 应届毕业

    C. 毕业并积累几年经验以后   D. 待有硕博等较高学历阶段

3. 您怎么理解创业？（   ）

    A. 开一个小店铺或者公司   B. 只要开创一份事业都算是

    C. 其他

4. 您了解国家以及所在省市对于大学生创业的各种优惠政策吗？（   ）

    A. 很清楚   B. 不清楚

    C. 好像听说过一些，没有系统地了解过

5. 您认为对大学生创业教育的最好方法是（   ）。

    A. 请成功人士讲授经验

    B. 到创业成功的企业实地考察

    C. 在新闻媒体多宣传成功创业人士的经验

    D. 设立大学生创业基金

    E. 设立大学生创业启动项目

    F. 建立校企联合的创业基地

6. 如果您想创业，您最希望得到哪方面的帮助？（   ）

    A. 创业知识培训   B. 创业能力训练

    C. 创业资金支持   D. 创业政策支持

    E. 专家咨询指导   F. 创业场所支持

    G. 创业硬件设备支持   H. 创业实践活动

    I. 其他

7. 您创业的首要目的是什么？（   ）

    A. 赚钱   B. 解决就业   C. 挑战自我   D. 其他

8. 如果创业,您会选择哪种形式?(　　　)

  A. 合伙创业   B. 家庭创业   C. 自己创业   D. 其他

9. 如果创业,您会选择哪个领域?(　　　)

  A. 与自身专业相结合的领域

  B. 自己感兴趣的领域

  C. 往当今热门的方向发展(如软件、网络等高科技行业)

  D. 启动资金少、容易开业且风险相对较低的行业

10. 您认为大学生在创业过程中最大的障碍是什么?(　　　)

  A. 资金不足,没有好的创业方向   B. 经验不够,缺乏社会关系

  C. 创业环境,社会关注和支持力度不够 D. 其他

11. 您关注过"赢在中国"或"大学生创业大赛"等一系列与创业有关的电视节目或社会活动吗?(　　　)

  A. 关注过   B. 没有注意过

12. 如果创业,您的创业资金的主要来源是(　　　)。

  A. 个人存款 B. 家庭支持   C. 银行贷款   D. 风险投资

  E. 政府基金 F. 合伙融资

       (资料来源:全国大学生创业服务网. http://cy.ncss.org.cn/cydc/253927.shtml)

问题:

1. 如何评价该调查问卷?

2. 结合本案例,你认为应如何设计调查问卷?

要求:小组讨论,回答案例中的问题;全班交流分享,教师对各小组的回答进行点评。

技能训练

1. 各组结合所选调研课题,完成调查问卷的设计,并准备分组汇报交流。

2. 各组推荐一名代表(每次汇报人尽量不重复,要求全员参与)进行汇报展示本组设计的调研问卷,经全班评议,帮助该组修改并确定其调研问卷。

3. 各组将定稿问卷上传问卷星并进行小范围测试。

4. 实训考核:采用过程性考核和成果性考核相结合的考核方式。

(1)过程性考核:根据每位学生参与实训的全过程表现,评出个人成绩。过程性考核的评价标准见表 3-1。

表 3-1　过程性考核评价标准

姓名＼任务＼标准	工作态度(25%)	工作技能(30%)	团队合作(25%)	阶段性成果展示(20%)	个人成绩
设计市场调查问卷				调查问卷	

注:每一阶段性成果都制定不同的评价标准,阶段性成果评价成绩计入过程性评价,分组给每人分别打分。

（2）成果性考核：根据各组问卷设计的完成情况和汇报情况，评出小组成绩。调查问卷设计评价标准如表 3-2 所示。

表 3-2　调查问卷设计评价标准

考核人员		被考评小组	
考评时间			
考评标准	考评具体内容	分值	实际得分
	问卷结构的完整性和规范性	15	
	问题及答项设计合理、表述清楚	45	
	主客观问题的比例安排恰当	15	
	问题顺序排列合理	15	
	问卷排版美观、大方	10	
	合　　计	100	
教师评语		签名： 日期	
学生意见反馈		签名： 日期	

项目 4

选择抽样方式

项目导言

　　在市场调查中,为了取得某一市场的总体情况,运用全面调查方法可以取得全面、完整的统计资料,进而了解市场总体特征。但在许多情况下,比如当市场总体非常大、总体单位数非常多或者市场总体的综合特征要经过破坏性测试才能取得的情况下,对总体单位进行全面调查非常困难,也根本不可能,这时只能对部分单位进行抽样调查,进而推断总体的综合特征。在市场调查中,抽样调查作为一种非全面调查方式已经成为一种非常重要且应用广泛的调查方式。

学习目标

- **能力目标**
1. 熟练运用抽样调查的各种方式抽取样本,并会计算样本数目和抽样误差。
2. 能够根据调研课题的需要设计合理的抽样方案。

- **知识目标**
1. 了解抽样调查的概念和特点。
2. 掌握抽样调查的程序以及抽样调查的各种方式和方法。

- **素质目标**
1. 培养学生数理分析思维。
2. 培养学生自主学习、自我管理能力和团队合作精神。

案例导入

2019 年我国婴幼儿配方乳粉抽检合格率为 99.79%

　　2020 年 1 月 11 日,中国乳制品工业协会在北京召开了"社会责任助力质量百分百暨第三届中国乳业质量年会"。来自全国乳制品生产企业及上下游相关企业、企业社会责任标准制定和建设领域的专家及主流媒体的代表 200 多人出席了会议。国家市场监督管理总局食品生产安全监督管理司稽查专员毕玉安、国家市场监督管理总局特殊食品安全监督管理司副司长马福祥、国家市场监督管理总局食品安全抽检监测司副司长陈少洲、国家卫生健康委员会食品安全标准与监测评估司副司长张志强、工业和信息化部消费品司食品处处长李强、中国疾病预防控制中心营养与健康所所长、中国营养学会副理事长丁刚强等领导出席会议。"截至 2019 年 12 月 13 日,我们共完成婴幼儿配方乳粉国家食品安全监督抽检 2358 个批次,检出不合格样品 5 个批次，合格率为 99.79％，抽检境内的 114 家企业生产样品 1721 个批次，100％合格。"会上，国家市场监督管理总局食品安全抽检监测司副司长陈少洲表示。

落实"四个最严"完善监管体系

国家市场监督管理总局特殊食品安全监督管理司副司长马福祥在发言中表示，2019 年特食司严格婴幼儿配方乳粉和特殊医学用途配方的注册审批，严格原料合规审查，加强注册现场核查，婴幼儿配方乳粉方面，全国共批准 15 家企业的 86 个新产品配方，新增境内 11 家企业的 62 个配方，境外 4 家企业的 24 个配方，变更注册 73 家企业的 350 个配方，注销了两家企业的 6 个配方，公示了 6 个集团公司，66 个配方调用报告，特殊医学用途和配方食品全年共批准了 13 家企业的 22 个新产品，其中境内 7 家企业 10 个产品，境外 6 家企业 12 个产品，变更注册 3 家企业 33 个产品，推荐了境外注册现场核查。其中有 4 个国家的 4 家企业 13 个产品未通过现场核查。

我国婴幼儿配方乳粉抽检合格率为 99.79％

国家市场监督管理总局食品安全抽检监测司副司长陈少洲在会上介绍了 2019 年乳制品抽样检测的基本情况。"2019 年市场监管总局共完成国家食品安全监督抽检任务 26.9 万批次，处置不合格食品 6213 个批次，截至 2019 年 11 月 20 日，共完成乳制品的国家食品安全监督抽检 2196 个批次，检出不合格样品 7 个批次，乳制品的合格率是 99.68％，与 2018 年基本持平，其中抽检境内的 572 家生产企业的样品 2082 个批次，检出不合格样品是 7 个批次，生产省份分别涉及宁夏、广西、四川、陕西、新疆。抽检境外 13 个国家或地区样品 114 个批次，全部合格。不合格指标为微生物，主要是大肠菌群、酵母菌落总数、霉菌的污染和质量指标，主要是指脂肪、蛋白质、非植物固体不达标。"陈少洲表示，婴幼儿配方乳粉抽检，主要包括两个细类，一是乳基婴幼儿和豆基幼儿配方食品，二是乳基婴儿配方食品，豆基婴儿配方食品，我们的监督抽检项目是 63 项，覆盖微生物、重金属等元素的污染，还有质量指标及其他问题，截至 2019 年 12 月 13 日，我们共完成婴幼儿配方乳粉国家食品安全监督抽检 2358 个批次，检出不合格样品 5 个批次，合格率为 99.79％，抽检境内的 114 家企业生产样品 1721 个批次，100％合格。抽检境外 15 个国家和地区 53 家企业生产样品 637 个批次，检出 5 个批次的不合格，涉及英国、新西兰、西班牙和澳大利亚，进口产品不合格率为 0.78％。大家关心的婴幼儿配方乳粉中的三聚氰胺连续 11 年零检出。

我国乳业承担着健康中国，满足人民群众建设美好生活的使命和责任担当，我国乳制品企业牢记使命，在保证产品质量安全的同时，不断履行社会责任，不断提升产品竞争力和美誉度。2019 年 10 月 16 日，国家市场监督管理总局举办了"提升乳品质量、企业公开承诺"活动。伊利、蒙牛、光明、飞鹤、君乐宝、三元、完达山、圣元、银桥、新希望、雀巢、美赞臣 12 家大型乳企负责人分别向全国消费者作出郑重承诺，严格落实主体责任，确保产品质量安全，接受社会监督。中国乳制品工业协会携 77 家乳制品企业共同发出"提升乳品质量 我们共同行动"倡议。部分参加"提升乳品质量企业公开承诺"活动的企业，在本次质量年会上，介绍了企业公开承诺后的落实情况。

（资料来源：央广网.http://health.cnr.cn/jkgdxw/20200112/t20200112_524934480.shtml）

案例思考

1. 抽样调查的应用范围和现实意义是什么？

2. 如何实施抽样调查？

通过以上案例,可以得到这样的结论:抽样调查是一种非全面调查,它是从全部调查研究对象中,抽选一部分单位进行调查,并据以对全部调查研究对象做出估计和推断的一种调查方法。抽样调查经济性好、实效性强、适用面广、准确性较高,被认为是非全面调查方法中用来推算和代表总体的最普遍、最有科学根据的调查方法。为了保证样本的代表性,降低抽样误差,抽样必须遵循正确的程序和规则。抽样设计是市场调研中非常重要的一个环节,它是影响调研结论是否有效的重要因素之一。因此,要全面认知抽样调查,掌握抽样调查的工作流程、方式和方法,并学会设计合理的抽样方案。

任务4.1　认知抽样调查

 任务引入

各公司结合所选调研课题,进行抽样设计,并完成具体的抽样设计方案。

- 问题1:什么是抽样调查?
- 问题2:抽样的方式、方法有哪些?

 知识铺垫

4.1.1　市场调查的方式

根据调查对象的全面与否,市场调查的方式主要分为全面调查和非全面调查两大类。

1. 全面调查

全面调查是对调查对象中所有单位一一进行调查的一种调查方式,其目的在于要获得研究总体的全面、系统的总量资料。例如要掌握全国人口总数及构成情况,就需要对全国每一户居民进行调查。各种普查和多数定期统计

微课堂:市场
调查方式

报表都属于全面调查。全面调查需要耗费较多的人力、物力、财力和时间,因此通常只用来反映最基本、最重要的社会经济现象资料。全面调查一般仅限于调查对象有限的情形下使用,当调查对象太多时,一般采用非全面调查。普查是最常见的一种全面调查。

 同步案例4-1

第七次全国人口普查

根据《中华人民共和国统计法》和《全国人口普查条例》规定,国务院决定于2020年开展第七次全国人口普查。

一、普查目的

第七次全国人口普查是在中国特色社会主义进入新时代开展的重大国情国力调查,将

全面查清我国人口数量、结构、分布、城乡住房等方面情况，为完善人口发展战略和政策体系，促进人口长期均衡发展，科学制定国民经济和社会发展规划，推动经济高质量发展，开启全面建设社会主义现代化国家新征程，向第二个百年奋斗目标进军，提供科学准确的统计信息支持。

二、普查对象

普查对象是普查标准时点在中华人民共和国境内的自然人以及在中华人民共和国境外但未定居的中国公民，不包括在中华人民共和国境内短期停留的境外人员。

三、普查内容

普查主要调查人口和住户的基本情况，内容包括姓名、公民身份证号码、性别、年龄、民族、受教育程度、行业、职业、迁移流动、婚姻生育、死亡、住房情况等。

四、普查时间

普查标准时点是 2020 年 11 月 1 日零时。

五、组织实施

第七次全国人口普查涉及范围广、参与部门多、技术要求高、工作难度大，各地区、各部门要按照"全国统一领导、部门分工协作、地方分级负责、各方共同参与"的原则，认真做好普查的宣传动员和组织实施工作。

为加强组织领导，国务院决定成立第七次全国人口普查领导小组，负责普查组织实施中重大问题的研究和决策。普查领导小组办公室设在国家统计局，具体负责普查的组织实施。各成员单位要按照职能分工，各负其责、通力协作、密切配合，共同做好普查工作。对普查工作中遇到的困难和问题，要及时采取措施予以解决。

地方各级人民政府要设立相应的普查领导小组及其办公室，认真做好本地区普查工作。要充分发挥街道办事处和乡镇政府、居民委员会和村民委员会的作用，广泛引导、动员和组织社会力量积极参与并认真配合做好普查工作。

地方普查机构可根据工作需要，招聘或者从有关单位借调符合条件的普查指导员和普查员。为稳定普查工作队伍，确保普查工作顺利进行，应及时支付招聘人员的劳动报酬，保证借调人员在原单位的工资、福利及其他待遇不变，并保留其原有工作岗位。

（资料来源：国务院关于开展第七次全国人口普查的通知（国发〔2019〕24 号）.http://www.gov.cn/zhengce/content/2019-11/08/content_5450146.htm）

讨论：全国人口普查采用了哪种调查方式？为什么？

提示：采用全面调查中的普查方式。因为全国人口总数及构成情况是反映我国国情国力的最基本、最重要的数据资料，是国家制定和完善人口发展战略和政策体系，制定国民经济和社会发展规划等的重要依据。国家需要全面、系统的人口数据资料，因此要进行每十年一次的全国人口普查。

2. 非全面调查

非全面调查是对调查对象中的一部分样本所进行的调查，非全面调查一般按照代表性原则以抽样的方式挑选出被调查单位。

非全面调查的优点是调查的单位少，可以集中力量作深入、细致的调查，能调查更多的指标，从而能提高统计资料的准确性。还可以节省人力、物力和财力，缩短调查期限，从而提高统计资料的时效性。但由于非全面调查未包括总体范围内的全部单位,所获取的数据不够全面,因此常常需要与全面调查结合起来运用。常见的非全面调查主要有重点调查、典型调查和抽样调查。

1)重点调查

重点调查是在调查对象中选择一部分重点单位进行调查的一种非全面调查方式。它既可用于经常性调查,也可用于一次性调查。其特点是所选择的调查对象的标志值在所要研究的标志总量中或占很大比重或有较大代表性,能反映总体的基本状况。例如,为了掌握"三废"排放情况,就可选择冶金、电力、化工、石油、轻工和纺织等重点行业的工业企业进行调查。

重点调查的优点是所投入的人力、物力少,却能较快地收集到统计信息资料。由于重点单位在全体调查对象中只占一小部分,调查的标志量在总体中却占较大的比重,因此重点调查取得的数据只能反映总体的基本发展趋势,但不能用以推断总体,因而它只是一种补充性的调查方式。一般在调查任务只要求掌握基本情况,而部分单位又能比较集中反映研究项目和指标时,就可以采用重点调查。

2)典型调查

典型调查是根据调查目的和要求,在对调查对象进行初步分析的基础上,有意识地选取少数具有代表性的典型单位进行深入细致的调查研究,借以认识同类事物的发展变化规律及本质的一种非全面调查。典型调查要求收集大量的第一手资料,搞清所调查的典型中各方面的情况,作系统、细致的解剖,从中得出用以指导工作的结论和办法。

典型调查的优点是了解的事物生动具体,资料详尽,对问题的研究深入细致,调查方法灵活多样。可以长期蹲点深入实际,直接观察,也可开调查会或个别访问。典型调查投入的人力、财力、物力相对较少。但缺点是调查的面较窄,难以反映事物的全貌。典型调查一般用于调查样本太大,而调查者又对总体情况比较了解,同时又能比较准确地选择有代表性对象的情况。

同步案例4-2

国务院扶贫办:贫困村定点观测2020年典型调查启动

日前,由中国扶贫发展中心组织开展的贫困村定点观测2020年典型调查启动。此次定点观测工作范围涉及14个省(区、市),覆盖32个行政村。

据悉,此次典型调查,就是对已选定的32个观测村开展实地调查,通过调查深入了解观测村脱贫发展的过程,掌握观测村在脱贫攻坚期内发展变化的数据,总结好的经验做法,发现存在的困难问题,并提出巩固脱贫成果、建立解决相对贫困长效机制的建议。主要内容包括:梳理观测村在脱贫攻坚期内投入和产出情况;收集分析反映村庄发展变化的指标数据;了解脱贫攻坚"两不愁、三保障"目标的落实情况、贫困人口收入稳定提高情况、水电路讯房等生产生活环境改善情况、村容村貌变化、扶贫产业发展、村集体经济发展、基层组织作用发挥、贫困群众内生动力等情况。

此次典型调查以项目申报的形式进行。调查成果要形成3个报告:村级报告、专题报告和总报告。村级报告主要包括观测村脱贫攻坚的主要措施、成效、典型经验、发现问题、有关建议等。汇总分析村级调查成果后,结合面上脱贫攻坚工作提出建议,形成定点观测典型调查总报告。对调查过程中发现的经验亮点或需要引起注意的问题，形成专题报告。

（资料来源：中央广电总台央视新闻客户端.http://news.cri.cn/uc-eco/20200410/d11a1390-f52d-1e2a-43da-251ed9735db1.html）

讨论：国务院扶贫办为何要选择 32 个观测村开展实地调查？

提示：选出的 32 个行政村是中国贫困村的典型代表。通过对这 32 个贫困村的深入调查，了解观测 32 个村脱贫发展的过程，掌握观测 32 个村在脱贫攻坚期内发展变化的数据，总结好的经验做法，发现存在的困难问题，并提出巩固脱贫成果、建立解决相对贫困长效机制的建议。典型调查好比"解剖麻雀"，通过对具有代表性的个别的具体事物进行深入调查分析，直接掌握第一手材料，从个别中找出带有普遍性、规律性的东西，然后以此指导一般。

3）抽样调查

抽样调查是从全部调查研究对象中，抽取一部分个体作为样本进行调查，并据以对全部调查研究对象做出估计和推断的一种调查方法。抽样调查虽然是非全面调查，但是按照科学的原理和计算，从若干单位组成的事物总体中，抽取部分样本单位来进行调查、观察，用所得到的调查标志的数据以代表总体，推断总体。抽样调查被公认为是非全面调查方法中用来推算和代表总体的最完善、最有科学根据的调查方法。

4.1.2 抽样调查的概念、特点和分类

1. 抽样调查的概念

抽样调查实际上是一种专门组织的非全面调查。它是按照一定方式，从调查总体中抽取部分样本进行调查，用所得的结果说明总体情况的调查方法。抽样调查是现代市场调查中的重要组织形式，是目前国际上公认和普遍采用的科学的调查手段。抽样调查的理论原理是概率论，概率论中诸如中心极限原理等一系列理论，为抽样调查提供了科学依据。

2. 抽样调查的特点

抽样调查数据之所以能用来代表和推算总体，主要是因为抽样调查本身具有其他非全面调查所不具备的特点。

（1）调查样本是按随机的原则抽取的，在总体中每一个单位被抽取的机会是均等的，因此，能够保证被抽中的单位在总体中的均匀分布，不致出现倾向性误差，代表性强。

（2）抽样调查是以抽取的全部样本单位作为一个"代表团"，用整个"代表团"来代表总体。而不是用随意挑选的个别单位代表总体。

（3）所抽选的调查样本数量是根据调查误差的要求，经过科学的计算确定的，在调查样本的数量上有可靠的保证。

（4）抽样调查的误差是在调查前就可以根据调查样本数量和总体中各单位之间的差异程度进行计算，并控制在允许范围内，调查结果的准确程度较高。

与其他调查一样，抽样调查也会遇到调查的误差和偏误问题。通常抽样调查的误差有两种：一种是工作误差（也称登记误差或调查误差），一种是代表性误差（也称抽样误差）。但是，抽样调查可以通过抽样设计，通过计算并采用一系列科学的方法，把代表性误差控制

在允许的范围内;另外,由于调查单位少,代表性强,所需调查人员少,工作误差比全面调查要小。特别是在总体包括的调查单位较多的情况下,抽样调查结果的准确性一般高于全面调查。因此,抽样调查的结果是非常可靠的。

抽样调查的主要优点:节约人力、物力和财力;更节省时间,具有较强的时效性;具有较强的准确性;通过抽样调查,可使资料收集的深度和广度都大大提高。

尽管抽样调查具有上述优点,但它也存在某些局限性,它通常只能提供总体的一般资料,而缺少详细的分类资料,在一定程度上难以满足对市场经济活动分析的需要,此外,当抽样数目不足时,将会影响调查结果的准确性。

3. 抽样调查的分类

抽样调查总体上分为随机抽样和非随机抽样两大类。

(1)随机抽样是按照随机原则抽取样本,即在总体中抽取单位时,完全排除了人的主观因素的影响,使每一个单位都有被抽到的可能性。遵守随机原则,一方面,可使抽取出来的部分单位的分布情况(如不同年龄、文化程度人员的比例等)有较大的可能性接近总体的分布情况,从而使根据样本所做出的结论对总体研究具有充分的代表性;另一方面,遵循随机原则,可有助于调查人员准确地计算抽样误差,并有效地加以控制,从而提高调查的精度。

(2)非随机抽样不遵循随机原则,它是从便利性出发或根据主观的选择来抽取样本。非随机抽样无法估计和控制抽样误差,无法用样本的定量资料采用统计方法来推断总体。但非随机抽样简单易行,尤其适用于做探测性研究。

4. 抽样调查的适用范围

(1)对一些不可能或不必要进行全面调查的社会经济现象,最宜用抽样方式解决,例如对有破坏性或损耗性质的商品进行质量检验、对一些具有无限总体的调查(如对森林木材积蓄量的调查)等。

(2)在经费、人力、物力和时间有限的情况下,采用抽样调查的方法可节省费用,争取时效,用较少的人力、物力和时间达到满意的调查效果。

(3)运用抽样调查对全面调查进行验证,全面调查涉及面广、工作量大、花费时间和经费多,组织起来比较困难。但调查质量如何需要检查验证,这时,显然不能用全面调查方式进行。例如,工业普查前后需要几年的时间才能完成,为了节省时间和费用,常用抽样调查进行检查和验证。

(4)对某种总体的假设进行检验,判断这种假设的真伪,以决定行为的取舍时,也经常用抽样调查来测定。

4.1.3　抽样调查中的常用概念

---

1. 总体与样本

总体是所要调查研究的现象的全体,它是由具有同质性和差异性的许多个别事物组成的集合体。总体单位数通常用 N 表示。

样本是按随机原则从总体中抽出来的一部分单位的综合体,样本中包含的单位个数称为样本量,用 n 表示。n/N 称为抽样比。

例如,某学校要调查学生的后勤服务满意度,全校共有学生 10000 人,从中抽取 500 人进行调查,那么总体 N 就是该校的全部学生数,即 $N=10000$;样本 n 就是所要抽取的那部分学生,即 $n=500$;抽样比为 $n/N=500/10000=5\%$。

2. 参数与统计量

参数是总体的数量特征,即总体指标。参数在抽样时往往是未知的,是需要进行推断的。参数通常有总体均值($\bar{X}$)、总体标准差(σ)、总体比率(P)等。

统计量是样本的数量特征,即样本指标。统计量随样本不同而不同,因而是一个随机变量。统计量通常有样本均值($\bar{x}$)、样本标准差(S)、样本比率(p)等。

3. 抽样框与抽样单位

抽样框是一个包括全部总体单位的框架,用来代表总体,以便从中抽取样本的一个框架。抽样框可以是一览表(如名单或名录)、一本名册、一幅地图、一段时间等。

抽样单位是指样本抽取过程中的单位形式,也即从抽样框中直接抽取的单位称为抽样单位,它可能是总体中的基本单位,也可能是总体中的基本单位的集合。

例如,欲调查某市大学的教学用品需求,则全市大学的集合为总体,抽样框是全市的大学名单。总体单位是每一个大学,抽样单位可以是总体中的每一个大学,也可以是大学分类中的每一个大学。

4. 样本量与样本单位

样本量是指样本的大小,即一个样本中包含的样本单位的多少。样本量的大小,取决于抽样调查的精度要求、总体各单位的标志变异程度、抽样估计的可信程度、抽样方式方法等因素的制约。

样本单位是构成样本的基本单位,与总体单位的形式是一致的,样本单位可直接从总体中抽取,也可从抽样单位中产生。

5. 总体分布、样本分布与抽样分布

总体分布:总体各单位标志值的分布状况,又称总体结构。

样本分布:样本中各样本单位标志值的分布状况,又称样本结构。当样本量足够大时,样本分布趋于总体分布。

抽样分布:从总体中抽取的所有可能的样本的统计量构成的分布。根据中心极限定量,当样本量足够大时,样本均值等统计量的分布趋近于正态分布,因而可用正态分布来做区间估计。

6. 重复抽样与不重复抽样

从 N 个总体单位中抽取 n 个组成样本,有两种抽取方法。

(1) 重复抽样,即每抽出一个单位进行登记后,放回去,混合均匀后,再抽下一个,直到抽满 n 个为止。重复抽样有可能出现极大值或极小值组成的极端样本。

(2) 不重复抽样,即每次抽出一个单位进行登记后,不再放回参加下一次抽取,依次下去,直到抽满 n 个为止。不重复抽样可以避免极端样本出现,抽样误差比重复抽样小。

7. 抽样误差与抽样标准误差

抽样误差是指在遵守随机原则的条件下,样本指标与总体指标之间的差异,它是一种偶然性的代表性误差,不包括系统性误差和非抽样误差。抽样误差的大小通常受样本量大小、总体标准差、抽样方法、抽样方式四个因素的影响。

抽样误差的大小常用抽样标准误差来反映,而抽样标准误差是指所有可能的样本均值(或样本比率)与总体均值(或总体比率)的标准差,抽样标准误差的平方称为抽样方差。依定义有

$$\sigma_{\bar{x}} = \sqrt{\frac{\sum (\bar{x} - \overline{X})^2}{N}}$$

$$\sigma_p = \sqrt{\frac{\sum (p - P)^2}{N}}$$

式中,$\sigma_{\bar{x}}$ 代表样本平均数的抽样标准误差,σ_p 代表样本比率的抽样标准误差;N 代表样本个数。上述公式可用来解释抽样误差的实质,但不能实际应用,因为所有可能的样本个数太多,总体均值或总体比率是未知的,是需要推断的,同时,实际抽样时,往往只能抽取一个样本进行调查。因此,抽样标准误差的计算需要寻求别的测定方法,这将在以下各种抽样方式中介绍。

8. 点估计与区间估计

点估计也叫定值估计,当样本容量足够大时,可直接用样本均值代替总体均值,用样本比率代替总体比率,可据此计算有关总量指标,这就是点估计。

区间估计是用一个取值区间及其出现的概率来估计总体参数。具体来说,区间估计是用样本统计量和抽样标准误差来构造总体参数的取值范围,并用一定的概率来保证总体参数落在估计的区间内。其概率称为置信概率,概率的保证程度称为可靠性或置信度(t),估计区间称为置信区间。如

总体均值:

$$\overline{X} = \bar{x} \pm t\sigma_{\bar{x}}$$

总体比率:

$$P = p \pm t\sigma_{\bar{p}}$$

式中,$t\sigma_{\bar{x}}$ 和 $t\sigma_{\bar{p}}$ 又称为允许误差或极限误差,记作 Δ,$\Delta/\overline{X}$,Δ/P 称为估计的相对精度。

中心极限定理已证明,概率度 t 和概率 p 呈函数关系,即 $p = F(t)$,t 每取一个值,都有唯一确定的 p 值与之相对应。在实际工作中,为了使用方便,将不同的 t 值与其相应的概率 p 预先算好,编成概率表,供调查时使用。几个常用的概率度和概率之间的关系如表 4-1 所示。

表 4-1 概率度和概率函数关系

t	$F(t)$	t	$F(t)$
1.00	0.6827	2.50	0.9876
1.50	0.8664	3.00	0.9973
1.96	0.9500	4.00	0.9994
2.00	0.9545	5.00	0.999999

9. 抽样方式与抽样方法

抽样方式是指抽样调查的组织方式，通常有简单随机抽样、分层抽样、系统抽样、整群抽样、目录抽样、多阶段抽样等。这些抽样调查的组织方式、抽样误差的计算和区间估计，后文将分别介绍。

抽样方法是指在抽样调查的组织方式既定的前提下，从总体的全部单位（个体）中抽取 n 个单位组成样本的方法。通常有重复抽样与不重复抽样两种抽取方法，而重复抽样与不重复抽样的具体实施，又有不同的具体做法。

4.1.4　抽样调查的方式

1. 随机抽样

1）简单随机抽样

（1）简单随机抽样的概念。简单随机抽样也称纯随机抽样，是指在总体单位均匀混合的情况下，随机逐个抽出样本的抽样方式，它是概率抽样的最基本类型。简单随机抽样只适用于总体单位数不多，总体单位标志变异度较小的情形。通常采用直接抽取法、抽签法、随机数表法等抽取样本。

① 直接抽取法是从调查总体中直接随机抽取样本进行调查。这种方法适合对集中在某个较小空间的总体进行抽查。例如，对存放在仓库中的所有同类产品随机抽查出若干箱产品为样本进行质量检验。但这种方法有难以完全遵循随机的缺点，因为在抽选的过程中往往受到主观判断的影响，所以采取这种方法时应避免主观判断的影响是关键。在正式调查中，很少采用直接抽选法。

② 抽签法是先将研究总体中的每一个单位统一编号，使每一个单位都有一个号，然后将每一个号做成一个卡号并且混合均匀，最后从中随机抽取卡片，直到抽到额定的数目为止。抽签法有重复抽样和不重复抽样两种方式，这种方法在日常生活中用得比较多。

【**例 4-1**】　要从 500 名学生中抽取 50 人进行调查，采用抽签法如何抽取样本？

首先把这 500 名学生的姓名分别写在小纸上，再把 500 张小纸条放在一个纸箱中摇匀，然后任意抽取一张，则该学生就是样本的第一个单位。依次取出 50 张，就构成此次抽样的样本，这是不重复抽样。如果每一次都把抽取出的纸条放回去，再任意抽出，出现重复的则再放回去抽取一次，直至抽到 50 个不同的学生姓名，这就是重复抽样。

③ 随机数表又称为乱数表，它是将 0～9 的 10 个自然数，按编码位数的要求（如两位一组、三位一组、五位甚至十位一组），利用特制的摇码器（或电子计算机），自动地逐个摇出（或电子计算机生成）一定数目的号码编成表，以备查用。这个表内任何号码都有同等出现的可能性。利用这个表抽取样本时，可以大大简化抽样的烦琐程序。其缺点是不适用于总体中个体数目较多的情况。随机数表法应用的具体步骤是：将调查总体单位一一编号；在随机号码表上任意规定抽样的起点和抽样的顺序；依次从随机号码表上抽取样本单位号码。凡是抽到编号范围内的号码，就是样本单位的号码，一直到抽满为止。采用随机号码表法抽取样本，完全排除主观挑选样本的可能性，使抽样调查有较强的科学性。

【**例 4-2**】　某企业调查消费者对某产品的需求量，要从 90 户居民家庭中抽选 10 户居民，采用随机数表法如何抽选样本？

具体步骤如下。

第一步：将 90 户居民家庭编号，每一户家庭一个编号，即 01～90。（每户居民编号为 2 位数）

第二步：在如表 4-2 所示随机数中，随机确定抽样的起点和抽样的顺序。假定从第一行第 6 列开始抽，即从号码"36"作为起始号码，抽样顺序从左往右抽。

表 4-2 随机数（片段）

03	47	43	73	86	36	96	47	36	61	46	99	69	81	62
97	74	24	67	62	42	81	14	57	20	42	53	32	37	32
16	76	02	27	66	56	50	26	71	07	32	90	79	78	53
12	56	85	99	26	96	96	68	27	31	05	03	72	93	15
55	59	56	35	64	38	54	82	46	22	31	62	43	09	90
16	22	77	94	39	49	54	43	54	82	17	37	93	23	78
84	42	17	53	31	57	24	55	06	88	77	04	74	47	67
63	01	63	78	59	16	95	55	67	19	98	10	50	71	75
33	21	12	34	29	78	64	56	07	82	52	42	07	44	28
57	60	86	32	44	09	47	27	96	54	49	17	46	09	62

第三步：从起始号码开始，从左到右依次抽取 10 个不重复的位于 01～90 的号码，由此产生的 10 个样本单位号码为 36、47、61、46、69、81、62、74、24、67。编号为这些号码的居民家庭就是抽样调查的对象。

（2）简单随机抽样标准误差。

① 样本平均数的抽样标准误差为

$$\sigma_{\bar{x}} = \sqrt{\frac{\sigma^2}{n}} \quad （重复抽样）$$

或

$$\sigma_{\bar{x}} = \sqrt{\frac{\sigma^2}{n}\left(1 - \frac{n}{N}\right)} \quad （不重复抽样）$$

② 样本比率的抽样标准误差为

$$\sigma_{\bar{p}} = \sqrt{\frac{p(1-p)}{n}} \quad （重复抽样）$$

或

$$\sigma_{\bar{p}} = \sqrt{\frac{p(1-p)}{n}\left(1 - \frac{n}{N}\right)} \quad （不重复抽样）$$

【例 4-3】 某商场从某天的顾客中，不重复随机抽取 100 个顾客调查购买商品情况，其中有 5 个顾客未购买商品（未购率 5%）；顾客购买商品的样本平均数为 498 元，样本标准差为 144 元，要求用 95% 的概率（$t=1.96$）估计顾客平均购买额和未购率的置信区间。

此题不知总体方差，因样本为大样本，可用样本方差代替。

$$\sigma_{\bar{x}} = \sqrt{\frac{144^2}{100}} = 14.4$$

$$\sigma_p = \sqrt{\frac{0.05 \times (1-0.05)}{100}} = 0.022$$

顾客平均购买额的置信区间为

$$498\pm1.96\times14.4 \quad 即[469.78,526.22]元$$

顾客未购率的置信区间为

$$5\%\pm1.96\times2.2\% \quad 即[0.69\%,9.31\%]$$

（3）简单随机抽样样本容量的确定。一般来说，样本容量确定应考虑总体方差 σ^2、抽样估计精度要求（允许误差 Δ 的约束）和把握程度（置信概率）的大小、抽样方式方法、抽样调查费用约束等因素。在不考虑抽样调查费用约束的条件下，样本容量的计算公式如下。

① 总体均值估计所需的样本容量为

$$n=\frac{t^2\sigma^2}{\Delta^2} \quad （重复抽样）$$

或

$$n=\frac{t^2\sigma^2N}{N\Delta^2+t^2\sigma^2} \quad （不重复抽样）$$

② 总体比率估计所需的样本容量为

$$n=\frac{t^2p(1-p)}{\Delta^2} \quad （重复抽样）$$

或

$$n=\frac{Nt^2P(1-P)}{N\Delta^2+t^2P(1-P)} \quad （不重复抽样）$$

（4）简单随机抽样的优缺点和适用范围。简单随机抽样只适用于总体单位数量有限的情况，否则编号工作繁重；对于复杂的总体，样本的代表性难以保证；不能有效地利用总体的已知信息等。在市场调研范围有限，或调查对象情况不明、难以分类，或总体单位之间特性差异程度小的情况下采用此法效果较好。

2）分层抽样

（1）分层抽样的概念。分层抽样又称为类型抽样，是先将总体按有关的研究标志分组，然后再从每组中按随机原则抽取样本。在每个组中抽取的调查单位的数目，可按相同的比例 (n/N) 抽取，也可按不同的比例抽取。为了简便起见，通常都是按相同比例抽取，称作等比例分层抽样。

在分层抽样时，抽样误差只和层内方差有关，而与层间方差无关。因此，只要能够扩大层间方差而缩小层内方差，就可以提高抽样效率。

（2）分层抽样的基本步骤。

① 分层。将总体按照一定的标准进行分层，选择分层标准时要注意：分层后，同一层内部的单位尽可能是同质的，不同层之间的单位尽可能是异质的。

② 确定各层所要抽取的样本量。具体做法有以下两种。

第一种：等比例分层抽样。即在确定各层所要抽取的样本数量时，按各层占总体的比例分配各层的样本数量。

【例4-4】 某公司要估计某地家用电器的潜在用户。这种商品的消费同居民收入水平相关，因而以家庭年收入为分层基础。假定某地居民为100000户，已确定样本数为1000户，家庭年收入在10000元以下的家庭户数为18000户，

微课堂：分
层抽样

收入在 10000～30000 元的家庭户数为 35000 户,收入在 30000～60000 元的家庭户数为 30000 户,收入在 60000 元以上的家庭户数为 17000 户,请采用等比例分层抽样法确定各层应抽取的样本数。

$$10000 \text{ 元以下抽取样本数} = 1000 \times \frac{18000}{100000} = 180(\text{户})$$

$$10000 \sim 30000 \text{ 元抽取样本数} = 1000 \times \frac{35000}{100000} = 350(\text{户})$$

$$30000 \sim 60000 \text{ 元抽取样本数} = 1000 \times \frac{30000}{100000} = 300(\text{户})$$

$$60000 \text{ 元以上抽取样本数} = 1000 \times \frac{17000}{100000} = 170(\text{户})$$

第二种:不等比例分层抽样,又称分层最佳抽样。这种抽样法不按各层中样本单位数占总体单位数的比例分配各层样本数,而是根据各层的标准差的大小来调整各层样本数目。该方法既考虑了各层在总体中所占比重的大小,又考虑了各层标准差的差异程度,有利于降低各层的差异,以提高样本的可信程度,故也可将不等比例分层抽样称为分层信任程度抽样。

【例 4-5】 某公司要调研某地家用电器产品的潜在用户,这种产品的消费同居民收入水平有关,因此以家庭收入为分层基础。假定该地居民户即总体单位数为 20000 户,已确定调研样本数为 200 户。家庭收入分高、中、低三层,其中高收入家庭为 2000 户,占总体单位数的 10%;中等收入家庭为 6000 户,占总体单位数的 30%;低收入家庭为 12000 户,占总体单位数的 60%。又假定各层样本标准差为高收入家庭是 300 元,中等收入家庭是 200 元,低收入家庭是 50 元。现要求根据分层最佳抽样法,确定各收入层家庭应抽取的户数。

为了便于观察,列表 4-3 计算如下。

表 4-3 调研单位数与样本标准差乘积计算

家庭收入分层	各层调研单位数	各层的样本标准差	乘积	样本单位数
高	2000	300	600000	$200 \times \frac{600000}{2400000} = 50$
中	6000	200	1200000	$200 \times \frac{1200000}{2400000} = 100$
低	12000	50	600000	$200 \times \frac{600000}{2400000} = 50$
合计	20000		2400000	200

如果按照等比例分层抽样,那么,高收入家庭的分层样本数为 20 户(200×10%);中等收入家庭的分层样本数为 60 户(200×30%);低收入家庭的分层样本数为 120 户(200×60%)。将前后两种方法抽取的各层样本数做个对比,不难看出,相比等比例分层抽样法,根据分层最佳抽样法抽取样本,则高收入家庭的分层样本数增加了 30 户,中等收入家庭的分层样本数增加了 40 户,低收入家庭的分层样本数则减少了 70 户。由于购买家用电器同家庭收入水平是呈正比例变动的,所以,增加高、中档层的样本数,相应减少低档层的样本数,将有利于提高抽样的准确性。

③ 在各层内部进行抽样,即按照随机原则,用简单随机抽样或等距抽样的方法,从各层

中抽取所要的样本数目,各层的样本之和构成了样本总体。

(3) 分层抽样的抽样标准误差。设 n_i、$\overline{x_i}$、σ_i^2 分别为样本各组的单位数、平均数、方差; N_i 为总体各组的单位数,在等比例分层抽样条件下,则有下列计算公式。

总体平均数点估计为

$$\overline{X} = \frac{\sum \overline{x_i} N_i}{\sum N_i} = \frac{\sum \overline{x_i} n_i}{\sum n_i}$$

层内方差平均数为

$$\overline{\sigma^2} = \frac{\sum \sigma_i^2 N_i}{\sum N_i} = \frac{\sum \sigma_i^2 n_i}{\sum n_i}$$

总体平均数的抽样标准误差为

$$\sigma_{\overline{x}} = \sqrt{\frac{\overline{\sigma^2}}{n}} \quad （重复抽样）$$

或

$$\sigma_{\overline{x}} = \sqrt{\frac{\overline{\sigma^2}}{n}\left(1 - \frac{n}{N}\right)} \quad （不重复抽样）$$

总体比率估计的抽样误差的计算只需用 $p_i(1-p_i)$ 代替上述层内方差平均数公式中的 σ_i^2 即可,则总体比率估计的公式为

$$P = \frac{\sum p_i N_i}{\sum N_i} = \frac{\sum p_i n_i}{\sum n_i}$$

【例 4-6】 某县某年共有乡镇 18 个,农民家庭 88 万户,按各乡镇收入高低可分为高收入乡镇、中收入乡镇、低收入乡镇三类,各类乡镇的农户数如表 4-4 所示,现从这三个类别中按等比例抽样,共抽取 500 户组成样本,要求在 90% 的置信概率($t=1.64$)下对全县户均年收入进行区间估计。

表 4-4 某市居民收入分层抽样数据

类 型	家庭 N_i/万户	样本容量 n_i/户	户均年收入 $\overline{x_i}$/百元	标准差 σ_i
高收入	38.72	220	700	200
中收入	31.68	180	400	120
低收入	17.60	100	300	180
合 计	88.00	500	—	—

$$\overline{X} = \frac{700 \times 220 + 400 \times 180 + 300 \times 100}{500} = 512（百元/户）$$

$$\overline{\sigma^2} = \frac{200^2 \times 220 + 120^2 \times 180 + 180^2 \times 100}{500} = 29264$$

$$\sigma_{\overline{x}} = \sqrt{\frac{29264}{500}} = 7.65（百元）$$

户均年收入置信区间为 $512 \pm 1.64 \times 7.65$,即 $[499.5, 524.55]$（百元/户）。

【例 4-7】 某广告公司从某市 310 万人中采用等比例分层抽样,调查居民收看某电视广

告的收视率,有关资料整理如表4-5所示。要求在95%的置信概率($t=1.96$)下,估计居民收看某电视广告的收视率的置信区间。

表 4-5 某市广告收视率抽样数据

分层	N_i/万人	n_i/人	观看广告/人	观看比率 p_i
市区	155	400	320	0.8
郊区	93	240	120	0.5
农村	62	160	40	0.25
$\sum$	310	800	480	0.60

收视率 p 的点估计:

$$p = \frac{480}{800} = 0.60$$

$$\sigma_p = \sqrt{\frac{0.8 \times 0.2 \times 400 + 0.5 \times 0.5 \times 240 + 0.25 \times 0.75 \times 160}{800 \times 800}} = 0.00024$$

收视率 p 的置信区间为 $0.60 \pm 1.96 \times 0.00024$,即$[59.95\%, 60.05\%]$。

(4)分层抽样的样本容量。采用等比例分层抽样时,样本容量 n 的确定与简单随机抽样样本容量的确定公式基本相同(只需用层内方差的平均值替换总体方差即可)。样本容量 n 确定之后,各层应抽取的样本单位数 n_i 可采用等比例法进行分配,计算公式为

$$n_i = n \cdot \frac{N_i}{N} = \frac{n}{N} \cdot N_i$$

【例4-8】 以例4-6的某县农民家庭户均年收入估计为例,若要求下一年总体户均年收入的抽样标准误差不超过600元/户,概率保证程度为95%,则等比例分层抽样的样本容量为多少?

$$N = 88, \quad N_1 = 38.72, \quad N_2 = 31.68, \quad N_3 = 17.6$$
$$\overline{\sigma^2} = 29264, \quad \sigma_{\overline{x}} = 6, \quad t = 1.96$$

则

$$n = \frac{1.96^2 \times 29264}{(1.96 \times 6)^2} = 813(户)$$

$$n_1 = 813 \times \frac{38.72}{88} = 358(户)$$

$$n_2 = 813 \times \frac{31.68}{88} = 293(户)$$

$$n_3 = 813 \times \frac{17.6}{88} = 163(户)$$

(5)分层抽样的优缺点。分层抽样的优点是,它适用于总体单位数量较多、内部差异较大的调查对象。与简单随机抽样和等距抽样相比较,在样本数量相同时,它的抽样误差较小;在抽样误差的要求相同时,它所需的样本数量较少。分层抽样的缺点是,必须对总体各单位的情况有较多的了解,否则无法做出科学的分类。而这一点在实际调查之前又往往难以做到。

3）等距抽样

（1）等距抽样的概念。等距抽样是将总体各单位按一定顺序排列，然后每隔 N/n 个总体单位抽取一个样本单位组成样本进行调查。等距抽样能使样本十分均匀地分布在总体中，从而能增加样本的代表性，减少抽样误差，提高抽样效率。

（2）等距抽样的排序方法。

① 按无关标志排队又称无序系统抽样，即总体单位排列的顺序与所要研究的标志是无关的。抽样误差比简单随机抽样小。

② 按有关标志排队又称有序系统抽样，即总体单位排列的顺序与所要研究的标志是有直接关系的。抽样误差比分层抽样小。

（3）等距抽样的步骤。

① 将总体单位按某一标志随机排列，并进行连续编号。

② 计算抽样距离 L，$L=N/n$。

③ 随机确定样本抽样起点。抽样距离实际上把总体分成 n 段，每段中有 L 个单位，在第一段中，用简单随机抽样的方法随机抽取一个号码，该号码即是等距抽样的起点。

④ 按抽样距离作等距抽样。从起点号码开始，每隔 L 个单位抽取一个单位作为样本，直到抽出全部的样本单位为止。

【例 4-9】　从 5000 名学生中随机抽取 100 名进行调查，采用等距抽样如何抽取样本？

抽取过程如下。

① 将 5000 名学生按一定顺序（如学号、姓氏笔画等）排列，然后编上号码 1～5000。

② 计算抽样距离 L，$L=5000/100=50$。

③ 随机确定样本抽样起点。在第一段 50 人（编号为 1～50）中用简单随机抽样的方法抽出 1 人，假设其编号为 8 号。

④ 进行等距抽样。即以 8 号为起点，以后每隔 50 人抽取 1 人，依次抽出第 58 号、第 108 号、第 158 号……直到抽出 100 名为止。

（4）等距抽样标准误差的测定。

① 无序系统抽样：可采用简单不重复随机抽样的公式计算抽样标准差。

【例 4-10】　已知某街区共有居民家庭 8860 户，按登记名册每隔 10 户抽取 1 户，共抽取了 886 户，调查他们是否收看了某电视广告，调查结果是已收看的有 685 户。要求在 95% 的置信概率下，求出收看率的置信区间。

$$N=8860,\quad n=886$$

$$p=\frac{685}{886}=0.7731$$

$$\sigma_p=\sqrt{\frac{0.7731(1-0.7731)}{886}\times\left(1-\frac{886}{8860}\right)}=0.0133$$

所以置信区间为 $0.7731\pm1.96\times0.0133$，即 $[74.70\%,79.92\%]$。

② 有序系统抽样：采用事后分层，利用等比类型抽样标准误差公式计算抽样标准误差。

【例 4-11】　某大型超市某年 2 月有 360 个小时的营业时间，现按时间顺序每隔 9 小时抽取 1 个小时，以测定 2 月（春市期间）购物黄金月的顾客流量，共抽出 40 小时，将每小时的顾客流量整理为如表 4-6 所示 5 组,要求在 95% 的置信率下估计每小时顾客流量的置信区间。

表 4-6 顾客流量抽样数据分段 单位:千人

组别	观察值分段								$\overline{x_i}$	σ_i^2
1	8	10	11	12	11	13	12	14	11.38	2.98
2	12	13	15	14	16	15	17	18	15.00	3.50
3	16	18	20	18	19	21	22	23	19.63	4.73
4	22	23	24	23	26	26	28	28	25.00	4.75
5	26	28	30	31	32	34	36	38	31.88	14.11

本例每组单位数(n_i)相等,故

总体平均值点估计为

$$\overline{X} = \frac{\sum \overline{x_i}}{n} = 20.58(千人)$$

平均组内方差为

$$\overline{\sigma^2} = \frac{\sum \sigma_i^2}{n} = 6.01(千人)$$

$$\sigma_{\overline{x}} = \sqrt{\frac{6.01}{40} \times \left(1 - \frac{40}{240}\right)} = 0.368(千人)$$

总体均值置信区间为 $20.58 \pm 1.96 \times 0.368$,即每小时顾客流量介于 19.86~21.30 千人。

(5)等距抽样样本容量的确定。

① 无序系统抽样的样本容量。采用简单随机抽样中的样本容量公式确定样本容量 n。

② 有序系统抽样的样本容量。采用分层抽样的样本容量公式确定样本容量 n。但计算所需的平均组内方差应根据以往的资料做出估计。

(6)等距抽样的优缺点和适用范围。等距抽样方式相对于简单随机抽样方式最主要的优势就是经济性。等距抽样方式比简单随机抽样更为简单,花的时间更少,并且花费少。使用等距抽样方式最大的缺陷在于总体单位的排列上。一些总体单位数可能包含隐蔽的形态或者是"不合格样本",调查者可能疏忽,把它们抽选为样本。由此可见,只要抽样者对总体结构有一定了解时,充分利用已有信息对总体单位进行排队后再抽样,则可提高抽样效率。

等距抽样适用于同质性较高的总体,即总体内部各单位差别不大。

4)整群抽样

(1)整群抽样的概念。整群抽样是将总体按某一标志分组后形成的每个群视为单位进行随机抽样,然后对抽中的每个群体进行全面调查。整群抽样的特点是先分群,后抽群作为样本单位,在抽中的群内实行全面调查,不再从中抽样。

(2)整群抽样标准误差的测定。由于整群抽样对群内的总体单位实行全面调查,因而群内方差并不引起抽样误差,计算整群抽样误差只需以群间方差代替总体方差,当总体的群间方差未知时,可用样本群间方差代替。

设总体共分为 R 群,每群内有 M 个总体单位(每群 M 相等称为等群抽样,不等则称为不等群抽样),样本容量为 r 群,各群平均数为 $\overline{x_i}$,δ^2 为群间方差,则有下列计算公式。

① 总体均值点估计为

$$\overline{X} = \frac{\sum \overline{x_i} m_i}{\sum m_i}$$

均值的群间方差为

$$\delta_{\overline{x}}^2 = \frac{\sum (\overline{x_i} - \overline{X})^2 m_i}{\sum m_i}$$

样本平均数的抽样标准误差为

$$\sigma_{\overline{x}} = \sqrt{\frac{\delta_{\overline{x}}^2}{r} \left(\frac{R-r}{R-1}\right)}$$

② 总体比率点估计为

$$\overline{p} = \frac{\sum p_i m_i}{\sum m_i}$$

比率的群间方差为

$$\delta_p^2 = \frac{\sum (p_i - p)^2 m_i}{\sum m_i}$$

样本比率的抽样标准误差为

$$\sigma_{\overline{p}} = \sqrt{\frac{\delta_p^2}{r} \left(\frac{R-r}{R-r}\right)}$$

如果为等群抽样,$m_1 = m_2 = m_3 \cdots$,则以上公式中的 m_i 可略去,有关公式的每项则为 r。

【例 4-12】 某乡某年从 18 个行政村中,用整群抽样抽取 3 个村,调查农民家庭电风扇拥有量情况,调查资料整理如表 4-7 所示,要求在 95.4% 的概率下($t=2$),估计户均电风扇拥有量的置信区间(全乡共有 5480 户)。

表 4-7 某乡农民家庭电风扇拥有量

样本群	$\overline{x_i}$/(台/户)	m_i/户
1	2.0	300
2	2.4	320
3	1.8	280

$$\overline{X} = \frac{2.0 \times 300 + 2.4 \times 320 + 1.8 \times 280}{300 + 320 + 280} = 2.08 (台/户)$$

$$\delta_{\overline{x}}^2 = \frac{(2 - 2.08)^2 \times 300 + (2.4 - 2.08)^2 \times 320 + (1.8 - 2.08)^2 \times 280}{300 + 320 + 280} = 0.063$$

$$\sigma_{\overline{x}} = \sqrt{\frac{0.063}{3} \times \left(\frac{18-3}{18-1}\right)} = 0.14$$

所以户均电风扇拥有量置信区间为 $2.08\pm2\times0.14$，即 $[1.80,2.36]$（台）。

③ 整群抽样的样本容量确定。由于整群抽样一般是不重复抽样，故应按不重复抽样计算必要的抽样群数 r。由整群抽样的极限误差 Δ 和抽样标准公式可导出

$$r=\frac{Z^2\delta^2R}{\Delta^2R+Z^2\delta^2}$$

式中，δ^2 为群间方差，可根据以往的资料确定。

【例 4-13】 某乡从 720 个行政村中，拟抽取若干个行政村调查农民家庭彩电的普及率，根据以往的资料测算，农民家庭彩电普及率的群间方差为 6%，要求抽样平均误差不超过 3.98%，置信概率为 95.44%，求整群抽样样本容量 r。

$$N=720，\quad \delta_p^2=6\%，\quad \sigma_p=3.98\%$$
$$\Delta=3.98\%\times2=7.96\%$$
$$r=\frac{2^2\times0.06\times720}{0.0796^2\times720+2^2\times0.06}=36$$

即每 20 个村抽一个村作整群抽样的单位，样本容量为 36 个村（群）。

5）多阶段抽样

（1）多阶段抽样的概念。二阶段抽样又称二级随机抽样，就是在抽取样本时分两个阶段来进行，第一阶段是从总体中用随机抽样的方法抽取若干个群体，称为初级单位。然后在第二阶段从这些初级单位中又随机抽取若干个样本单位，称为基本单位或最终单位。最后，根据所抽的基本单位组成的样本进行调查，用取得的样本资料来推断总体。

如果在二阶段抽样之后，又继续在被抽中的二阶单位中进行第三次、第四次随机抽样，就形成了三阶抽样、四阶抽样。二阶和二阶以上的抽样都叫作多阶抽样。例如，在农产品产量调查中，由省抽县，由中选的县抽乡，由中选的乡抽村，由中选的村抽地块，就是采用多阶段抽样。

（2）多阶段抽样的优点。多阶段抽样有利于大规模、大范围的抽样调查的组织与实施，能在一定程度上满足各级管理部门对调查资料的需求，有利于减少抽样误差，提高抽样估计的精确度，因而在实际工作中应用较多，如人口、农产品、城镇居民、农村住户等调查都可采用这一方法。

需要指出的是，多阶段抽样中，各阶段可以采用不同的抽样方法，也可采用同一种抽样方法，要视具体情况和要求而定。

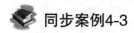

同步案例4-3

全国1%人口抽样调查如何进行

日前，国务院办公厅发布了《关于开展 2015 年全国1%人口抽样调查的通知》，我国将于 2015 年开展全国1%人口抽样调查。此次调查将如何进行？

时点：人口普查的标准时点是普查年份的 11 月 1 日零时，为了使1%人口抽样调查数据与普查数据有更好的可比性，因此，调查时点就定在 2015 年 11 月 1 日零时。

全国1%人口抽样调查如何进行抽样？

"这次调查将采用两阶段、分层、整群、概率比例的抽样方法。"国家统计局人口和就业统计司司长冯乃林在回答记者提问时说。具体来说就是：第一步，将全国 31 个省、自治

区、直辖市各自所辖的全部社区/村级单位按照社会经济发展指标及地理地形进行分层；第二步，在层内按一定的比例抽取社区/村级样本单位；第三步，在每个抽中的社区/村级单位中，在已划分好的调查小区基础上，采用简单随机抽样的方法，抽取调查小区。最终全国将抽取约 6 万个调查小区，每个调查小区的人口 200～250 人，全国大约要调查1400 万人。

冯乃林还透露，调查的内容目前正在研究论证中，"初步设想调查的内容包括住户的基本情况和个人的性别、年龄、民族、受教育程度、迁移流动、就业、社会保障、婚姻、生育、死亡、住房情况等指标"。

人口变化的新特点将决定国家政策的制定和调整。据冯乃林介绍，为更好地回应一些社会关注的热点问题，与过去的普查和1‰人口抽样调查相比，此次调查可能会适当增加一些反映城镇化质量、生育意愿的指标。最终的指标需要进行广泛的论证和试点后才能确定。

（资料来源：光明网.http://news.gmw.cn/2014-08/26/content_12779280.htm）

讨论：全国1‰人口抽样调查采用了哪种抽样方法？为什么？

提示：采用了多阶段抽样方法。当抽样对象的总体单位很多、分布很广，直接一次抽取样本很困难，而且效果不好，面对这样复杂的调研课题，可以采用多阶段抽样方式，各阶段可以采用不同的抽样方法，也可采用同一种抽样方法，这要视具体情况和要求而定。

2. 非随机抽样

1) 非随机抽样调查的概念和特点

非随机抽样又称主观抽样，是指不按随机原则，而由调查者根据调查目的和要求，主观地从总体中抽选样本的抽样方式。非随机抽样与随机抽样的根本区别在于样本的抽取过程是否遵循随机性原则，这个区别导致了两种抽样技术在认识上的差别。非随机抽样具有如下特点。

（1）抽样过程的主观性。样本的代表性取决于以下两点。

① 抽样者的认识能力和判断能力。

② 抽样者的责任心和科学态度。

（2）抽样误差的不可测性。主观抽样的误差之所以不可测，主要是由于抽样过程具有主观性。但是，如果样本具有代表性，也可进行主观抽样误差的估计。

（3）要求已知总体分布的更多信息。主观抽样在很大程度上依赖于对调查总体分布的大量假设的有效性上，这样才能使主观抽样的估计有较充分的可靠性。

（4）抽样实施简便易行。由于主观抽样没有随机抽样多项技术上的限定，因而运用简便易行，在多数情况下，抽样是在现场完成的，这使主观抽样在市场调查中具有较广的运用范围。

在市场调查中，采用非随机抽样通常是出于以下几个原因。

① 因客观条件限制，无法进行随机抽样。

② 为了快速获得调查结果，提高调查的时效性。

③ 在调查对象不确定，或无法确定的情况下采用，例如对某一突发（偶然）事件进行现场调查等。

④ 总体各单位间离散程度不大,且调查人员具有丰富的调查经验时。

2) 非随机抽样调查的方式

(1) 任意非随机抽样。任意非随机抽样是指调研者以在一定环境所遇到的人作为调查对象来抽选样本的方式,其调查样本的选择完全取决于调研者的方便,如"街头拦人法""方位选择法"等。

优点:简便易行,能及时获取信息,费用低。

缺点:对调查对象缺乏了解,样本的偏差大、代表性差,调查结果不一定可靠。

任意非随机抽样一般用于探测性调查,或某些时效性要求较高的调查,对流动性特征明显或边界不清的总体的调查也常用这种方式。若在总体中各单位的同质性很明显的条件下,运用这种方式也能获得较好的调查效果。

【例 4-14】 某市民调中心的调查员分别深入街道、学校、机关、企事业单位采用随机抽样法用问卷询问市民"最关心的社会问题是什么"(备选答案分为就业、公共卫生治理、治安、整治腐败、公共设施建设),共询问了 300 名市民,备选答案选择的人数分布为就业60 人、公共卫生治理 45 人、治安 75 人、整治腐败 90 人、公共设施建设 30 人;频率分布为20%、15%、25%、30%、10%。因此,市民最关心的社会问题的前 3 位是整治腐败、治安和就业。

(2) 判断非随机抽样。判断非随机抽样又称立意抽样。它是调查者根据调查的目的和自己的主观判断选择调查样本的一种非随机抽样方式。

判断非随机抽样法的"判断",主要包括两方面的内容:一是判断总体的规模与结构等;二是判断样本的代表性,即面对认识的总体你认为哪些个体对总体具有代表性,将其选出来作为样本进行调查。

判断非随机抽样的一般做法有以下两种。

① 由专家判断决定样本单位。

② 根据所掌握的统计资料,按照一定的标准来选定样本。一般选取"多数型"或"平均型"的单位组成样本。

实际应用中有以下两种基本情形。

① 强调样本对总体的代表性。当调查的目的在于了解总体的一般特征时,判断非随机抽样方式必须严格选择对总体有代表性的单位作为样本。

② 注重对总体中某类问题的研究,而并不过多考虑对总体的代表性。在这种情况下,判断非随机抽样必须有目的地选择样本,即选择与研究问题的目的一致的单位作为样本。

(3) 配额非随机抽样。配额非随机抽样又称定额抽样。它是指按市场调查对象总体单位的某种特征,将总体分为若干类,按一定比例在各类中分配样本单位数额,并按各类数额任意或主观抽取样本单位。配额非随机抽样能保证样本单位在总体中均匀分布,调查结果比较可靠。

① 独立控制配额非随机抽样。这种方式是分别独立地按分层特征分配样本单位数,在按多个特征对总体进行分层的情况下,这些交叉特征对样本单位的分配没有限制。

【例 4-15】 某市进行牛奶消费需求调查,确定样本量为 300 名,选择消费者的年龄、性别、收入 3 个标准分类。各分类标准的样本配额数如表 4-8~表 4-10 所示。

表 4-8　年龄样本

年　龄	人数/人
18～35 岁	50
36～45 岁	100
46～60 岁	110
60 岁以上	40
合　计	300

表 4-9　性别样本

性　别	人数/人
男	150
女	150
合　计	300

表 4-10　收入样本

月收入	人数/人
4000 元以下	40
4000～5000 元	100
5000～6000 元	100
6000 元以上	60
合　计	300

② 相互控制配额非随机抽样。这种方式明确规定了几种分类标准的样本配额的交叉关系，调查员在选取调查单位时，必须符合规定的样本交叉配额。如例 4-15 中，3 种分类标准交叉分配的样本单位数的配额见表 4-11。

表 4-11　相互控制配额抽样分配　　　　　　　　　　　　　　单位：人

月收入及性别　　　年龄	4000 元以下		4000～5000 元		5000～6000 元		6000 元以上		合计
	男	女	男	女	男	女	男	女	—
18～35 岁	4	5	7	7	9	3	10	5	50
36～45 岁	7	6	10	16	23	17	10	11	100
46～60 岁	5	5	20	28	19	20	4	9	110
60 岁以上	3	5	8	4	6	3	5	6	40
小计	19	21	45	55	57	43	29	31	—
合计	40		100		100		60		300

（4）滚雪球非随机抽样。滚雪球非随机抽样是调查者先通过少数可以由自己确定的样本单位进行调查，再通过这些样本单位各自去发展其他同类单位，如此进行下去，像滚雪球一样越滚越大，直到发展到所需要的样本单位数为止。

（5）自愿非随机抽样。自愿非随机抽样是由一些主动接受调查的"志愿者"组成的样本。最常见的是在报刊上刊登读者意见表，是否填写调查表再寄回调查组织中心，完全由读者的意愿决定，凡寄回调查表的都是主动接受调查者。

任务实施

结合本公司所选调研课题，各公司讨论该课题抽样整体思路以及适合采用的抽样方式。

汇报交流

每个公司推荐一名代表发言，汇报本公司的抽样整体思路以及适合采用的抽样方式。

总结拓展

市场调查通常有普查、典型市场调查、重点市场调查和抽样调查。抽样调查是一种非全面调查，它是从全部调查研究对象中，抽选一部分单位进行调查，并据以对全部调查研究对象做出估计和推断的一种调查方法。由于抽样调查经济、高效，因而应用范围广泛。抽样中必然存在误差，抽样误差是指由于抽样的随机性而产生的样本指标与总体指标之间的平均离差。抽样误差的影响因素主要有抽样数目的多少、总体各单位之间的差异程度、不同的抽样组织方式和方法等。抽样调查的方式可分为随机抽样和非随机抽样两大类。随机抽样具体包括简单随机抽样、分层抽样、等距抽样、整群抽样、多阶段抽样;非随机抽样具体包括任意抽样、判断抽样、配额抽样、滚雪球抽样和自愿抽样,如图 4-1 所示。在市场调查中可根据调研课题的实际需要,灵活选择抽样方式。

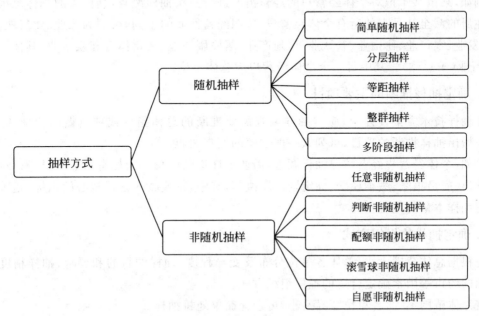

图 4-1 常见抽样方式分类汇总

任务 4.2 设计抽样方案

 任务引入

各公司结合所选调研课题,完成详细的抽样设计方案。

* 问题 1:如何设计抽样方案?
* 问题 2:抽样方案如何评审?

 知识铺垫

4.2.1 抽样方案设计的基本内容

1. 明确抽样调查的目的

抽样调查的目的在于用样本数据推断总体的数量特征。因此,抽样调查目的界定,应对抽样推断的具体项目或指标做出重点说明。

2. 确定总体范围和总体单位

应根据研究的目的明确界定调查的总体范围，并对调查总体做适当的划分。总体范围明确后，应进一步明确总体单位是什么，即明确样本单位。

例如，某市某年拟对个体经营户的经营情况进行一次抽样调查，其调查的总体范围是在本市注册的截至某月末的所有个体经营户，按照经营性质的不同，可划为工业、建筑业、运输业、批发业、零售业、住宿业、餐饮业、房地产业、居民服务业、文化体育和娱乐业、其他服务业11个行业（子总体）。其中每一个个体经营户为总体单位。

3. 确定抽样推断的主要项目

在抽样技术方案设计中，应对抽样调查需要推断的总体指标或项目做出合理的规定。不必要做出抽样推断的项目，可列入一般了解的调查内容。

例如，个体经营户经营情况抽样调查，需要抽样推断的总体指标有从业人员、营业收入、营业支出、雇员报酬、缴纳税费、固定资产原值等，其中，营业收入是最核心的指标，是确定抽样精度和样本量的关键指标。

4. 确定抽样的组织方式

应根据总体范围大小、总体各单位分布及变异程度、抽样的目的和要求、抽样精度和抽样费用的约束等因素确定合适的抽样组织方式。

若总体范围不大，各单位变异又小，可选择简单随机抽样。

若总体范围大，各单位变异大，应选择类型抽样、系统抽样、目录抽样等。

若既要推断总体的主要指标，又要获取详细的信息，可选择二重抽样。

若样本单位需要经过几个阶段才能抽取和确定，可选择多阶段抽样等。

5. 确定合适的抽样框

抽样框是一个包括全部总体单位的目录或名册，它是抽取样本的依据。

抽样框通常有企业名录、个体户名录、职工名册、学生名册、城镇居委会名册、社区居民名册、农村村委会名录、产品流水线、农田地块名册等表现形式。

抽样框的设计应当力求包括总体的全部个体，并列出必要的辅助信息，以便对个体进行分层或排序处理，为有效地抽取样本提供依据。例如，企业名录库的设计，应包括企业名称、企业性质、行业类别、产量、产值、利润等基础性资料。

6. 确定恰当的抽样方法

简单随机抽样应明确是重复抽样还是不重复抽样，以及如何具体实施抽样；类型抽样则应明确如何分层（类），如何从每一层中抽取样本单位组成样本；系统抽样则应明确如何对总体单位进行排序，怎样等距抽取样本单位组成样本；整群抽样则应明确怎样对总体进行分群，怎样抽取样本群组成样本等。

7. 确定主要指标的抽样精确度

在抽样技术方案设计中，为了控制抽样误差，确定必要的样本量，必须预先提出和明确主要指标的抽样精确度。

抽样精确度或准确度的表现形式通常有抽样极限误差、抽样标准误差和相对抽样标准误差。如我国城市居民家庭收支调查一般要求相对抽样标准误差不超过3％，可信程度应达到95.45％。

8. 确定必要的抽样数目（样本量）

样本量一般可考虑对总体方差、抽样精确度、可信度（概率度）和抽样方式方法进行计算确定。样本量的确定应力求在抽样精度和调查费用之间求得平衡。

9. 制定抽样的实施细则

抽样的实施细则主要包括样本量的分配、样本单位抽取的操作程序、样本单位抽取登记、中选样本单位的分布图制作、个别单位拒绝调查或拒绝回答等特殊问题的处理办法、样本代表性的评价与改进等。

10. 设计数据处理与抽样估计的方法

在抽样技术方案设计中，应对调查数据的质量控制、审核、汇总处理、统计量（样本指标）的选择与计算、抽样标准误差的测定、参数估计或假设检验等做出规定。

4.2.2　抽样技术方案的评审

1. 抽样技术方案评审的内容

抽样技术方案评审主要是评价所设计的方案是否具有科学性、可行性和经济性，主要评审内容有以下几个方面。

（1）抽样技术方案是否体现了调查目的和任务的要求。

（2）抽样技术方案是否完整、周密，有无遗漏。

（3）抽样框的设计是否存在缺陷，总体单位是否有遗漏或重复。

（4）抽样组织方式的选择是否恰当，是否有更好的抽样方式。

（5）抽样精确度的界定是否合适，是否需要提高或降低抽样精确度。

（6）样本量的大小能否满足抽样精确度的要求。

（7）样本量的大小能否满足调查费用的约束。

（8）样本的代表性怎样，样本分布与总体分布是否趋于一致。

（9）抽样估计方法设计是否科学。

2. 抽样技术方案评审的方法

（1）逻辑评审法。用逻辑分析的方法评审所设计的抽样技术方案各部分内容之间是否相互衔接，其逻辑性、系统性、严谨性如何。

（2）经验判断法。组织一些有抽样调查经验的专家，对抽样技术方案设计的科学性、可行性、经济性等进行研究和判断。

（3）样本分布检验法。利用抽样框提供的辅助信息和抽取的全部样本单位的辅助信息，分别制定总体分布和样本分布的图表，以判断样本的代表性。

（4）抽样误差检验法。利用抽样框提供的辅助信息分别计算总体和样本的均值与方差，以衡量样本的均值是否趋近于总体均值，来决定样本的代表性；也可进一步计算抽样标准误差、抽样极限误差，并与确定的抽样精确度进行比较，衡量样本的代表性。

（5）试点调查法。对于大规模而又缺乏经验的抽样调查课题，可根据设计的抽样技术方案进行试点调查，从中发现抽样技术方案的缺陷和问题，以便修订、补充、完善抽样技术方案设计。

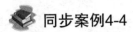 **同步案例4-4**

美国盖洛普民意测验机构的抽样设计

盖洛普民意测验(Gallup poll)是指 20 世纪 30 年代由创办人乔治·盖洛普设计的用以调查民众的看法、意见和心态的一种测试方法。它根据年龄、性别、教育程度、职业、经济收入、宗教信仰六个标准，在美国各州进行抽样问卷调查或访谈，然后对所得材料进行统计分析，得出结果。民意测验每年举行 20～25 次，总统大选年略多。它在总统大选时举行"模拟投票"，还常对政策进行"民意测验"。此方法仍在美国经常运用，拥有较大的社会影响力。盖洛普民意测验机构的正式名称是"美国舆论研究所"，它是美国最大的民意测验机构。

1. 抽样目的

取得居住在美国(50 个州和哥伦比亚特区)的所有成年人(18 岁和 18 岁以上者)对于一些社会问题的意见的抽样估计量，其中包括生活在军事基地上的军人和暂时生活在一些机构中的人，例如囚犯或者住院病人等。

2. 抽样方法

盖洛普民意测验调查机构采用的是一个由调查地区构成的全国性概率抽样样本，具体抽样过程如下。

1) 按照地理位置、都市化程度和社区规模对全国各地区进行分层

盖洛普抽样首先根据最新的人口普查资料，按照地区的人口规模和都市化程度进行分层，将全国各地区划分为以下 7 类。

（1）中心城市人口在 100 万人和 100 万人以上。

（2）中心城市人口在 25～100 万人。

（3）中心城市人口在 5～25 万人。

（4）人口规模低于以上三组，但其地理位置处在(人口普查局确认的)都市化地区。

（5）城市和乡镇(人口密集地区和人口普查标识地区)的人口数为 2500～49999 人。

（6）乡镇和村庄(人口密集地点和人口普查标识地点)的人口数在 2500 人以下。

（7）其他地区。

接下来，盖洛普抽样又把全国划分为若干地理区域：新英格兰地区、大西洋中部地区、中东部地区、中西部地区、东南部地区、山区和太平洋沿岸地区。经过这样的以社区规模、都市化程度和地理区域逐次分层之后，全国被划分为人口规模相等的若干地区，并将这些地区按照各自的地理位置呈螺旋状的带状排列。这样，便可根据与人口规模等比例的原则，从这

一带状分布的地区中抽出调查地区。

2）抽取调查地区

以多阶段概率抽样方式，分阶段抽取地区样区。

3）将抽中的调查地区进一步分成数个分区

仍然按照各分区的人口规模，等比例地抽取分区样本。倘若缺少分区的人口资料，而且各分区的地理面积差异又不大时，也可采取等概率方式抽取分区样本。

4）从分区中抽取街道或街区

在进行入户调查时，若能取得分区中各街道的有关资料，则应按照与住宅数目等比例的抽样概率，抽取街道或街区样本。在那些缺少有关统计资料的分区中，可按照等概率的原则抽取街区或街段。

5）从调查地区中抽取家庭和个人

在城市以街区为单位，在乡村以乡（或者同等大小面积的地区）为单位，抽取入户调查点。在进行全国性调查时，大约需要300个这样的调查点。在每一个由街区或街段构成的调查点上，都要根据该地区的地图随机确定抽样的起点。调查员将从这一点开始，顺着一条事先定好的访问路线，挨家挨户地进行调查。直到面访的男性和女性的被调查者人数达到任务规定的数额时，这次入户调查方告结束。

6）调整调查点

盖洛普抽样依据人口普查局最新公布的各地区人口结构抽样数据，定期校正各地区抽样前分层的人口结构，使之与人口普查局的最新资料一致。例如，根据人口普查局的抽样数据，对样本中的受教育程度、年龄、性别等人口结构进行一些小的调整。

3. 调查方法：派调查员入户调查

调查一般在周末或者周末的晚上进行。因为这时成年人大多喜欢待在家里，正适合进行入户调查。

盖洛普抽样是一种以人们"出行规律"进行加权的抽样设计，它考虑人们外出的情况，具有比回访方式更高的效率。有些人由于种种原因，平时很少待在家里，采用这一方法有助于减少由于缺少这类样本而引起的抽样误差。

4. 优点

1）穿插抽样

从一个完整的盖洛普抽样的抽样框中抽出的每一组调查点，都可以提供一个独立的、具有充分代表性的全国性样本。能够取得每一个独立子样的总体参数估计量和通过样本资料计算出估计量的标准误差，是盖洛普抽样设计时的突出特点。采用这一类穿插样本，可以进行任何特定的研究。

2）计算估计量标准误差

计算出由抽样资料取得的比率数据的估计量标准误差，有助于确定"典型的"盖洛普抽样误差置信区间。经过对大量估计量的数量分析，在95％的置信水平下，由1500个全国性标准样本资料得出的估计量的置信区间，大约为±3％。比率数据的抽样误差界限（例如，对于某一观点或态度的比率，反映为90％对10％或80％对20％），一般可以比置信区间稍小一些。然而，当估计量是由部分样本资料取得时（例如，仅仅从男子样本中取得的数据），抽样误差界限略大于置信区间才是合理的。

必须指出，抽样误差置信区间是一个存在于抽样过程的随机变量，抽样设计效率要取决于分层技术、加权技术、调查登记和数据处理过程中的种种随机因素。此外，抽样误差置信区间并没有考虑非抽样误差和其他一些可能的偏误因素。因此，当我们试图减少误差时，仅仅依靠置信区间是不够的，它不能反映调查研究中导致偏误的全部根源。

（资料来源：百度文库）

讨论：盖洛普民意测验机构的抽样设计有何特点？

提示：该抽样设计采用了分层抽样、多阶段抽样、等比例抽样等多种抽样方式的组合，并且定期地校正抽样数据，使之与人口普查局的最新资料一致。入户调查选择在周末或者周末的晚上进行，符合人们的"出行规律"，减少了抽样误差。由此可见，在市场调研实践中，需要根据调查课题的需要，灵活使用多种抽样方式、方法。

任务实施

各公司结合所选调研课题，构思该课题的抽样方案。

汇报交流

各公司推荐一名代表汇报讨论结果，教师点评，帮助学生进一步明确抽样方案设计的主要内容。

总结拓展

（1）抽样市场调查的程序如图 4-2 所示。

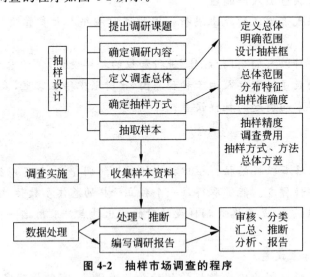

图 4-2　抽样市场调查的程序

（2）进行抽样方案设计时应按照抽样过程认真落实每一个问题，灵活使用各种抽样方式、方法，以提高抽样设计的质量。

知识图解

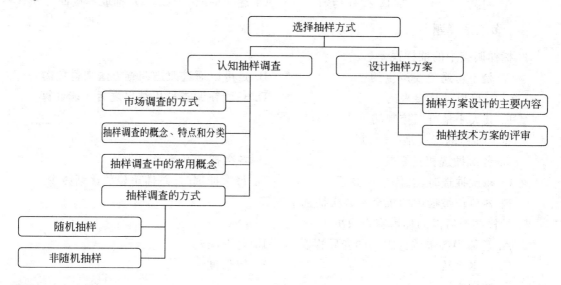

知识检测

一、名词解释

抽样调查　总体　样本　样本框　抽样误差　等距抽样　分层抽样　整群抽样

二、单项选择题

1. 用简单随机重复抽样的方法抽取样本单位，如果要使抽样平均误差降低50%，则样本容量需扩大为原来的（　　）倍。

    A. 2　　　　　　　　　B. 3　　　　　　　　　C. 4　　　　　　　　　D. 5

2. 事先将总体各单位按某一标志排列，然后依固定顺序和间隔来抽选调查单位的抽样组织方式叫作（　　）。

    A. 分层抽样　　　　B. 简单随机抽样　　C. 整群抽样　　　　D. 等距抽样

3. 计算抽样平均误差时，若有多个样本标准差的资料，应选（　　）来计算。

    A. 最小一个　　　　B. 最大一个　　　　C. 中间一个　　　　D. 平均值

4. 抽样误差是指（　　）。

    A. 计算过程中产生的误差　　　　　　B. 调查中产生的登记性误差

    C. 调查中产生的系统性误差　　　　　D. 随机性的代表性误差

5. 抽样成数是一个（　　）。

    A. 结构相对数　　　B. 比例相对数　　　C. 比较相对数　　　D. 强度相对数

6. 不属于非随机抽样技术特点的陈述是（　　）。

    A. 可以按照一定的主观标准抽选样本　　B. 可以缩小抽样范围

    C. 可以选择典型样本　　　　　　　　　D. 抽样误差可以计算

7. 整群抽样是对被抽中的群做全面调查，所以整群抽样是（　　）。

    A. 全面调查　　　　B. 非全面调查　　　C. 一次性调查　　　D. 经常性调查

8. 抽签中确保样本代表性的关键是（　　　）。

    A. 制签   B. 搅拌均匀   C. 逐一抽取   D. 抽取不放回

三、多项选择题

1. 抽样调查中的抽样误差（　　　）。

    A. 是不可避免要产生的   B. 是可以通过改进调查方法来避免的

    C. 是可以计算出来的   D. 只能在调查得出结果之后才能计算

    E. 其大小是可以控制的

2. 重复抽样的特点是（　　　）。

    A. 各次抽选相互影响   B. 各次抽选互不影响

    C. 每次抽选时，总体单位数不变   D. 每次抽选时，总体单位数逐渐减少

    E. 各单位被抽中的机会在各次抽选中相等

3. 抽样调查所需的样本容量取决于（　　　）。

    A. 总体中各单位标志间的变异程度   B. 允许误差

    C. 样本个数   D. 置信度

    E. 抽样方法

4. 分层抽样误差的大小取决于（　　　）。

    A. 各组样本容量占总体比重的分配状况   B. 各组间的标志变异程度

    C. 样本容量的大小   D. 各组内标志值的变异程度

    E. 总体标志值的变异程度

5. 下面描述符合普查特征的有（　　　）。

    A. 普查用于调查必须全面掌握其数量状态的社会现象

    B. 普查可用于小范围的市场调查

    C. 普查的内容有限

    D. 普查可以对社会问题进行细致的分析

四、计算题

1. 某市有各类超市 800 家，其中大型超市 100 家，中型超市 300 家，小型超市 400 家。为了调查该市超市的销售情况，拟抽取其中 50 家超市进行调查。如果采用分层比例抽样法，应从各类超市中各抽取几家调查？

2. 某企业对职工用于某类消费的支出进行了等比例分层抽样，调查结果如表 4-12 所示。要求以 95.45% 的置信度估计该企业职工平均支出和总支出的置信区间。

表 4-12　某企业职工用于某类消费的支出

职工类型	职工人数/人	调查人数/人	平均支出/元	标准差
青年职工	2400	120	230	60
中老年职工	1600	80	140	47

3. 某一生产空调的厂家对某一城市居民潜在的空调消费需求量进行调查。假定该市有居民用户 100 万户，确定计划抽取样本 1000 个。家庭收入按高、中、低分层，其中高收入户为 60 万户，中等收入户为 20 万户，低收入户为 20 万户。假定其标准差估计值为 S，家庭收

入高的为 300,中等的为 200,低等的为 100。采用分层最佳抽样法,应抽出各层样本数分别为多少?

案例分析

2015 年全国 1‰人口抽样调查方案

根据《国务院办公厅关于开展 2015 年全国 1‰人口抽样调查的通知》(国办发〔2014〕33 号)和《全国人口普查条例》(中华人民共和国国务院令第 576 号),制订 2015 年全国 1‰人口抽样调查方案。

1. 调查目的和组织实施

(1) 2015 年全国 1‰人口抽样调查的目的是了解 2010 年以来我国人口在数量、素质、结构、分布以及居住等方面的变化情况,为制定国民经济和社会发展规划提供科学、准确的统计信息支持。

(2) 调查工作按照"统一领导、分工协作、分级负责、共同参与"的原则组织实施。

国家和县以上地方各级人民政府成立 2015 年全国 1‰人口抽样调查工作领导机构及其办公室,被抽中的乡、镇和街道办事处成立 1‰人口抽样调查办公室,领导和组织实施全国和本地区的 1‰人口抽样调查工作。

2015 年全国 1‰人口抽样调查领导机构各成员单位要按照各自职能分工,认真做好相关工作。

(3) 2015 年全国 1‰人口抽样调查所需经费,按照分级负担原则,由中央和地方各级人民政府共同负担,并列入相应年度的财政预算,按时拨付、确保到位。

(4) 各级调查机构及其工作人员要坚持依法调查。严格执行《中华人民共和国统计法》和《全国人口普查条例》的有关规定。调查取得的数据,严格限定用于调查目的,不得作为任何部门和单位对各级行政管理工作实施考核、奖惩的依据,不得作为对调查对象实施处罚的依据。

(5) 各级宣传部门和调查机构应采取多种方式,积极做好 1‰人口抽样调查的宣传工作,为 1‰人口抽样调查工作的开展营造良好的社会氛围。

(6) 各级 1‰人口抽样调查领导机构对本行政区域的调查数据质量负责,确保调查数据真实、准确、完整、及时。

2. 调查标准时点、对象、内容和方式

(7) 调查的标准时点为 2015 年 11 月 1 日零时。

(8) 调查对象为抽中调查小区内的全部人口(不包括我国港澳台地区居民和外国人)。

应在抽中调查小区内登记的人包括:2015 年 10 月 31 日晚居住在本调查小区的人;户口在本调查小区,2015 年 10 月 31 日晚未居住在本调查小区的人。

中国人民解放军现役军人由军队领导机关统一进行调查。

(9) 调查内容主要包括姓名、性别、年龄、民族、受教育程度、行业、职业、迁移流动、社会保障、婚姻、生育、死亡、住房情况等。

(10) 调查以户为单位进行登记,户分为家庭户和集体户。

(11) 调查采用调查员手持电子终端设备(PDA)入户登记与互联网自主填报相结合的

方式。

住户可以选择由调查员手持电子终端设备（PDA）入户登记的方式，也可以选择在互联网上填写调查表直接上报的方式。

（12）调查表分为《2015 年全国 1‰人口抽样调查表》《2015 年全国 1‰人口抽样调查死亡人口调查表》。

3. 抽样方法、调查小区划分和绘图

（13）全国调查的样本量约占全国总人口的 1‰。调查以全国为总体，各地级市为子总体，采取分层、二阶段、概率比例、整群抽样方法，其中群即最终样本单位为调查小区。

（14）二阶段抽样的方法为第一阶段抽取村级单位；第二阶段抽取调查小区。在第一阶段抽样时，抽取方法为分层、概率比例抽样。

样本的抽取由全国 1‰人口抽样调查办公室负责实施。

（15）调查小区的划分、编码和绘图。2015 年全国 1‰人口抽样调查小区规模划分原则为 80 个住房单元，常住人口大约 250 人。在划分调查小区的同时，绘制抽中村级单位内调查小区分布图并给调查小区升序编码，绘制抽中调查小区内所有建筑物的分布图。

4. 调查的宣传、试点和物资准备

（16）各级宣传部门和调查机构要组织协调新闻媒体，通过报刊、广播、电视、互联网、新媒体和户外广告等多种渠道，宣传调查的重大意义、政策规定和工作要求，积极营造良好的调查氛围。

（17）全国 1‰人口抽样调查办公室负责组织国家级试点。省级 1‰人口抽样调查办公室负责组织本地区的试点。

（18）调查所需的物资由各级 1‰人口抽样调查办公室根据所承担的工作任务负责准备。

5. 调查指导员和调查员的借调、招聘和培训

（19）每个调查小区至少配备一名调查员，每个被抽中的乡、镇、街道至少配备一名调查指导员。

（20）调查指导员和调查员应当由具有初中以上文化水平、身体健康、经培训能够使用手持电子终端设备（PDA），工作认真负责、能够胜任调查工作的人员担任。

（21）调查指导员和调查员的借调、招聘工作由县级 1‰人口抽样调查领导机构负责。

（22）调查指导员和调查员可以从党政机关、社会团体、企业事业单位借调，也可以从村民委员会、居民委员会或者社会招聘。

（23）培训工作分级进行。全国 1‰人口抽样调查办公室负责对省级 1‰人口抽样调查办公室的业务骨干进行培训；省级 1‰人口抽样调查办公室负责对市、县级 1‰人口抽样调查办公室的业务骨干进行培训；市、县级 1‰人口抽样调查办公室共同负责培训调查指导员和调查员。

培训工作应于 2015 年 10 月 15 日前完成。

6. 调查摸底、登记

（24）调查登记以前，调查员和调查指导员要对调查小区的人口状况进行摸底工作，明确调查登记的范围、绘制调查小区图、编制调查小区户主姓名底册。

摸底工作应于 2015 年 10 月 31 日前完成。

（25）现场登记工作从 2015 年 11 月 1 日开始，采用调查员手持 PDA 入户询问、现场填报，或由住户通过互联网自主填报的方式进行。

对完成 PDA 登记的住户，调查指导员应及时组织调查员进行复查，经核实无误后上报。

选择互联网填报的住户应于 2015 年 11 月 7 日前完成调查表的填写和提交。对在规定时间内没有完成的住户，调查员将再次入户使用 PDA 进行登记。

全部登记工作应于 11 月 15 日前完成。

7. 事后质量抽查

（26）登记工作完成后进行事后质量抽查。全国 1‰人口抽样调查办公室负责事后质量抽查样本的抽取，省级 1‰人口抽样调查办公室负责事后质量抽查工作的组织实施。

（27）事后质量抽查工作应于 2015 年 11 月 25 日以前完成。

（28）事后质量抽查结果只作为评价全国调查数据质量的依据。

8. 调查数据的汇总、发布和管理

（29）登记工作结束后，县级 1‰人口抽样调查办公室负责组织调查表的行业和职业编码。编码前应对编码人员进行严格培训。

编码工作应于 2015 年 11 月 20 日以前完成。

（30）调查数据的处理工作由 1‰人口抽样调查办公室负责。汇总程序由全国 1‰人口抽样调查办公室统一下发。

（31）国家统计局和全国 1‰人口抽样调查办公室对数据进行审核后发布主要数据公报。各省、自治区、直辖市的主要数据应于国家公报发布之后发布。

（32）调查的原始数据由全国和省级 1‰人口抽样调查办公室负责管理。

9. 其他

（33）调查工作全部结束后，各级 1‰人口抽样调查办公室要对这次调查工作进行全面的总结，并报同级人民政府和上级调查领导机构。

（34）交通极为不便的地区，需采用其他登记时间和方法的，须报请全国 1‰人口抽样调查工作协调小组批准。

（35）全国 1‰人口抽样调查办公室根据本方案制定各项工作实施细则和有关技术文件。

（36）本方案由全国 1‰人口抽样调查办公室负责解释。

（资料来源：天津市统计局网站.http://www.stats-tj.gov.cn/Item/24983.aspx）

问题：

1. 该调查采用了哪些抽样方法？

2. 结合案例谈谈分层抽样有何优缺点。

要求： 小组讨论，回答案例中的问题；全班交流分享，教师对各小组的回答进行点评。

技能训练

1. 各公司结合所选调研课题，讨论如何抽样，拟采用哪些抽样方式，完成抽样方案的设计，并准备汇报交流。

2. 各公司推荐一名代表进行汇报交流，介绍本课题的抽样方案设计。

3. 实训考核：采用过程性考核和成果性考核相结合的考核方式。

（1）过程性考核：根据每位学生参与实训的全过程表现，评出个人成绩。过程性考核的评价标准见表 4-13。

表 4-13　过程性考核评价标准

姓名＼任务	标准	工作态度（25%）	工作技能（30%）	团队合作（25%）	阶段性成果展示（20%）	个人成绩
选择抽样方式					抽样方案设计	

注：每一阶段性成果都制定不同的评价标准，阶段性成果评价成绩计入过程性评价，分组给每人分别打分。

（2）成果性考核：根据各公司抽样方案的完成情况和汇报情况，评出小组成绩。抽样方案设计评价标准如表 4-14 所示。

表 4-14　抽样方案设计评价标准

考核人员		被考评小组	
考评时间			
考评标准	考评具体内容	分值	实际得分
	抽样方案的完整性	15	
	抽样方案的科学性、合理性	40	
	抽样方案的可行性	30	
	抽样方案的经济性	15	
	合　　计	100	
教师评语		签名： 日期	
学生意见反馈		签名： 日期	

选择市场调研方法

设计好市场调研方案之后,需要按照确定的调研内容收集所需要的信息。不同的调研课题需要选择与之相适应的调研方法。调研方法主要说明什么人、从什么地方、用什么方法来收集有关信息。常见的调研方法有文案调研和实地调研两大类。随着互联网的发展,网络调研日益广泛。

- **能力目标**

1. 能够根据调研课题的实际需要选择适当的调研方法。

2. 能够熟练运用各种调查方法收集所需资料。

- **知识目标**

理解并掌握文献调查法、观察调查法、询问调查法、实验调查法、网络调查法的概念、特点和基本要求。

- **素质目标**

1. 培养学生的职业道德。

2. 培养学生自主学习、自我管理能力和团队合作精神。

在大数据时代如何做市场调研

很多人表示,将传统的市场调研智慧与大数据的巨大威力相结合,可能会在定性分析和定量分析方面产生巨大的优势。但是要做到这一点,首先还有很多工作要做。沃顿商学院运营与信息管理学教授桑德拉·希尔(Shawndra Hill)表示:"这是一个非常激动人心的时代。有大量的数据可挖掘,以深入了解客户,了解他们的态度和他们在想什么。此外,数据挖掘在过去的十年已经取得了长足的进步,但我们还有很长的路要走……也就是要弄清楚人们说话背后的真正含义。"

希尔教授补充到,要搞清楚人们所做选择背后的原因,这是最重要的。"把大数据和传统市场调研结合起来,就可以从人们的选择中找出一定的规律,然后市场调研者就可以检测各种假设。有些人和我一样,擅长和机器打交道,搞数据挖掘,而不注重人类行为分析和原因分析。所以说,大数据和市场调研,这两者你都需要。"

此外，希尔还指出，数据挖掘分析和市场调研，这两个方向适用不同的行业。她表示："对于某个行业而言，如果成功可以用点击率和在线购买量来衡量（这方面数据充足），那么这个行业就可能更青睐数据挖掘。在线广告就是一个很好的例子，广告效果完全就是用数据、预测等来衡量。我在电视领域工作多年，现在的电视网络都有数据分析团队，但同样也做大量的市场调研工作。"

沃顿商学院营销学教授埃里克·布莱特劳（Eric T. Bradlow）表示，将大数据和市场研究相结合的一个很好的行业例子就是在消费品领域，比如宝洁公司。"虽然像沃尔玛这样的大公司，花了很多时间做分析和数据挖掘，但是他们也没有放弃消费群体的民族特性研究、消费调查以及消费心理学研究等。在我看来，你既不能轻视对消费者的跟踪分析，但也不能忽视这一点，那就是，没有什么比了解消费者的心理更重要，相比前者，后者更难做到。"

未来的发展领域是什么呢？布莱特劳指出："现在，市场调研都变得可测量了，它就是时间和地点的问题。比如，当你走过梅西百货商店时，市场营销人员是否能根据你的实时定位，来向你发送正确的消费信息？对我来说，这一点就是最终目标：在正确的时间，向正确的人，提供正确的商品信息。这就是为什么如今你看到这么多的商家投资于移动设备，在人们消费的时候，向他们发布产品和折扣信息进行宣传。我觉得在这方面存在很大的机会，但我们目前还没有充分发掘这种机会。"

更高层次的数据，比如跟踪人们的眼球在计算机屏幕上的运动轨迹，或在人们逛商场时，通过手机来跟踪他们的购物模式等，可能会带来侵犯个人隐私方面的问题。但是沃顿商学院营销学教授芭芭拉·卡恩（Barbara E. Kahn）认为，对于市场调研者来说，这类的数据可以帮助他们更好地理解消费者的消费行为和原因。

卡恩教授还是沃顿商学院 Jay H. Baker 零售业研究中心主任。她指出，最终的目标是要能够跟踪消费者的整个消费轨迹，从最初的消费冲动、权衡阶段，到最终的购买阶段。她表示："这就是对消费者的消费决策进行更加综合和深入的分析。比如，某人没有购买某种新款电视机，因为他（她）从来没见过这种电视机。有人则是见过了，发现不喜欢，才没有购买。虽然结果都一样，但原因不一样，所以在进行消费行为分析时，方法也有所不同。要针对不同的原因，采取不同的弥补措施。传统的市场研究显然是有趣的，但有些新的手段和方法，能够带来新的见解和可能性。"

（资料来源：世界经理人网站.http：//www.ceconline.com/it/ma/8800069653/01/）

案例思考

1. 常用的市场调研方法有哪些？

2. 在大数据时代如何做市场调研？

通过以上案例分析，可以得到这样的结论：企业的成功往往离不开深入细致的市场调研，市场调查资料需要通过一定的手段和方法去获取。市场调研方法有很多，不同的方法，其特点、运用条件和所需费用不尽相同。在选择市场调查方法时，要区分各种调查方法的异同，掌握各种调查方法的技巧。特别是在大数据时代，需要组合运用多种调查方法，以确保获取所需要的大量资料。

任务 5.1　运用文案调研法

 任务引入

各公司结合所选调研课题,进行文案调研,并完成该课题的文献资料汇编。

- 问题 1:围绕所选调研课题,需要收集哪些文献资料?
- 问题 2:如何收集这些文献资料? 需要采用哪些文献调研方法?

 知识铺垫

5.1.1　文案调研法概述

文案调研法是市场调查中的重要方法。文案调研法要求调查者具有更多的专业知识、实践经验和技巧。这是一项艰辛的工作,要有耐性、创造性和持久性。

微课堂:文案
调查法

1. 市场信息的类别

市场调查是对市场信息进行收集和研究的过程,在介绍调查方法之前,有必要了解市场信息的各种类别。

1) 按市场信息负载形式分类

(1) 文献性信息:如文字、图像、符号、声频、视频,以及手工型、印刷型、微缩型、卫星型等类型的信息。

(2) 物质性信息:如商品展览、模型、样品等类型的信息。

(3) 思维型信息:如预测信息、对竞争对手的决策判断等。

2) 按市场信息的产生过程分类

(1) 原始信息:是市场活动中产生的各种文字和数据资料。

(2) 加工信息:根据需要,对原始信息进行加工、处理和分析等形成的信息。

3) 按市场信息的范围分类

(1) 宏观市场信息:是关于企业外部经营环境的各种信息,如国民经济发展情况、居民购买力、股市行情等。

(2) 微观市场信息:是反映企业生产、经营状况的各种信息,如企业商品销售额、劳动效率、购销合同履行情况等。

4) 按市场信息的时间分类

(1) 动态市场信息:反映市场现象在不同时期的发展变化的信息。

(2) 静态市场信息:是对某一时刻市场活动的说明,对各种动态及静态资料进行收集、整理和分析的结果,是科学预测和决策的前提。

2. 文案调研法的含义和特点

文案调研法又称资料查阅寻找法、间接调查法、资料分析法或室内研究法。它是利用企业内部和外部现有的各种信息、情报，对调查内容进行分析研究的一种调研方法。与实地调查法相比，文案调研法具有以下几个特点。

（1）文案调研是收集已经加工过的次级资料，而不是对原始资料的收集。

（2）文案调研以收集文献性信息为主，它具体表现为各种文献资料的收集和研究。

（3）文案调研所收集的资料包括动态和静态两个方面，尤其偏重于动态角度，收集各种反映调查对象变化的历史与现实资料。

3. 文案调研法的功能和局限性

1）文案调研法的功能

在市场调查中，文案调研有着特殊地位。它作为信息收集的重要手段，一直得到世界各国的重视。文案调研的功能表现在以下四个方面。

（1）文案调研可以发现问题并为市场研究提供重要参考。根据调查的实践经验，文案调研常被作为调查的首选方式。几乎所有的调查都可始于收集现有资料，只有当现有资料不能提供足够的证据时，才进行实地调查。因此，文案调研可以作为一种独立的调查方法加以采用。

（2）文案调研可为实地调查创造条件。

① 通过文案调研，可以初步了解调查对象的性质、范围、内容和重点等，并能提供实地调查无法或难以取得的市场环境等宏观资料，便于进一步开展和组织实地调查，取得良好的效果。

② 文案调研所收集的资料还可以用来证实各种调查假设，即可通过对以往类似调研资料的研究来知道实地调查的设计，用文案调研资料与实地调查资料进行对比，鉴别和证明实地调查结果的准确性和可靠性。

③ 利用文案调研资料并经适当的实地调查，可推算需掌握的数据资料。

④ 利用文案调研资料，可帮助探讨现象发生的各种原因并进行说明。

（3）文案调研可用于经常性的市场调查。实地调查更费时费力，操作起来比较困难，而文案调研如果经调查人员精心策划，具有较强的机动灵活性，能随时根据需要，收集、整理和分析各种调查信息。

（4）文案调研不受时空限制。从时间上看，文案调研不仅可以掌握现实资料，还可获得实地调查所无法取得的历史资料。从空间上看，文案调研既能对企业内部资料进行收集，还可以掌握大量的有关市场环境方面的资料。

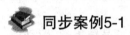 同步案例5-1

聪明的日本企业

日本公司为了使产品能够进入美国市场，就专门查阅了美国的有关法律和美国进出口贸易法律条款。阅后得知，美国为了限制进口、保护本国工业，在进出口贸易法律条款中规定美国政府收到外国公司商品报价单，一律无条件地提高50%。而美国法律中，本国商品的定义是"一件商品，美国制造的零件所含的价值，必须在这一商品总价值的50%以上"。日本公司针对这些规定，思谋出一条对策：生产一种具有20种零件的商品，在本国生产19种零件，在美国市场上购买1种零件，这1种零件的价值最高，其价值比率在50%以上，在日本组装后再送到美国销售,就成了美国国内的商品,就可以直接和美国公司竞争。

讨论:企业采用文案调研法的主要优点是什么?

提示:在激烈的市场竞争中,企业使用文案调研法,常常可以便捷地获得大量市场信息,并利用节省下来的时间迅速地做出经营策略上的调整,以达到提高竞争能力的目标。

2) 文案调研法的局限性

(1) 文案调研法依据的主要是历史资料,过时资料比较多,现实中正在发展变化的新情况、新问题难以得到及时的反映。

(2) 文案调研法所收集、整理的资料和调查目的往往不能很好地吻合,数据对解决问题不能完全适用,收集资料时易有遗漏。例如,调查所需的是分月商品销售额资料,而我们所掌握的是全年商品销售额资料,尽管可计算平均月销售额,但精确度会受到影响。

(3) 文案调研要求调查人员有较广的理论知识、较深的专业知识及技能,否则将感到无能为力。此外,由于文案调研所收集的次级资料的准确程度较难把握,有些资料是由专业水平较高的人员采用科学的方法收集和加工的,准确度较高;而有的资料只是估算和推测的,准确度较低。因此,应明确资料的来源并加以说明。

因此,在市场调查研究中,一般应从二手资料的收集开始市场研究,只有当二手资料不够用、不好用、不全面、不系统时,或者必须需要当前数据和情况时,再考虑原始资料的收集,以便节省时间、人力和经费。

5.1.2　文案调研法的途径

文案调研应围绕调查目的,收集一切可以利用的现有资料。从一般线索到特殊,这是每个调查人员收集情报的必由之路。当着手正式调查时,调查人员寻找的第一类资料是向他提供总体概况的那类资料,包括基本特征、一般结构、发展趋势等。随着调研的深入,资料的选择性和详细程度会越来越细,这个原则也适用于寻找具体事实的调研活动。

1. 内部资料的收集

内部资料主要是收集调查对象活动的各种记录,包括以下几种。

(1) 业务资料。包括与企业业务经济活动有关的各种资料,如订货单、进货单、发货单、合同文本、发票、销售记录、业务员访问报告等。

(2) 统计资料。包括各类统计报表,企业生产、销售、库存等各种数据资料,各类统计分析资料等。

(3) 财务资料。财务资料反映了企业活劳动以及物化管理占用和消耗情况与所取得的经济效益,通过对这些资料的研究,可以确定企业的发展前景,考核企业经济时效。

(4) 企业积累的其他资料。如平时的剪报、各种调研报告、经验总结、顾客意见和建议、同业卷宗及有关照片和录像等。例如,根据顾客对企业经营商品质量和售后服务的意见,就可以对如何改进商品加以研究。

2. 外部资料的收集

对于企业外部资料,可从以下几个主要渠道加以收集。

(1) 统计部门与各级各类政府主管部门公布的有关资料。国家统计局和各地方统计局都定期发布统计公报等信息,并定期出版各类统计年鉴,内容包括全国人口总数、国民收入、居民购买力水平等,这些均是很有权威和价值的信息。这些信息都具有综合性强、辐射面广的特点。

（2）各种经济信息中心、专业信息咨询机构、各行业协会和联合会提供的市场信息和有关行业情报。这些机构的信息系统资料齐全,信息灵敏度高,为了满足各类用户的需要,它们通常还提供资料的代购、咨询、检索和定向服务,是获取资料的重要来源。

（3）国内外有关的书籍、报纸、杂志所提供的文献资料,包括各种统计资料、广告资料、市场行情和预测等。

（4）有关生产和经营机构提供的商品目录、广告说明书、专利资料及商品价目表等。

（5）各地电台、电视台提供的有关市场信息。近年来全国各地的电台和电视台为适应市场经营形势发展的需要,都相继开设了市场信息、经济博览等以传播经济、市场信息为主导的专题节目及各类广告。

（6）各种国际组织、外国使馆、商会所提供的国际市场信息。

（7）国内外各种博览会、展销会、交易会、订货会等促销会议以及专业性、学术性经验交流会议上所发放的文件和材料。

（8）各种国际组织、外国使馆、驻外使馆、办事处等提供的各种国际市场资料。

3. 互联网资料的收集

互联网是将世界各地的计算机联系在一起的网络,它是获取信息的最新工具,对任何调查而言,互联网都是最重要的信息来源。互联网上的原始电子信息比其他任何形式存在的信息都更多。在这些电子信息内,有很多内容是调查所需要的情报。

互联网的发展使信息收集变得容易,从而大大推动了调查的发展。过去,要收集所需情报需要耗费大量的时间,奔走很多地方。今天,文案调研人员坐在计算机前便能轻松地获得大量信息,只要在正确的地方查询就可能找到,许多宝贵的信息都是免费的。比如,及时了解政府规章的变化是调查的一项重要内容,从网上可以得到有关法律和规章的全文。从网上获取这些资料比上图书馆查找方便得多。如果想要了解某些信息的具体细节,在图书馆中查找效率很低。如果利用搜索引擎查找,打入需要查询的关键字,计算机就自动帮助人们寻找出来,可以获得包含该条文的原始文件的全文。

5.1.3　文案调研的基本要求

文案调研的特点和功能,决定了调查人员在进行文案调研时,应满足以下几个方面的要求。

1. 广泛性

文案调研对现有资料的收集必须周详,要通过各种信息渠道、利用各种机会、采取各种方式大量收集各方面有价值的资料。一般来说,既要有宏观资料,又要有微观资料;既要有历史资料,又要有现实资料;既要有综合资料,又要有典型资料。

2. 针对性

要着重收集与调查主题紧密相关的资料,善于对一般性资料进行摘录、整理、传递和选择,以得到有参考价值的信息。

3. 时效性

要考虑所收集的资料在时效性上是否能保证调查的需要。随着知识更新速度的加快,调查活动的节奏也越来越快,资料适用的时间在缩短。因此,只有反映最新情况的资料才是价值最高的资料。

4. 连续性

要注意所收集的资料在时间上是否连续。只有连续性的资料才便于动态比较,便于掌握事物发展变化的特点和规律。

5.1.4　文案调研的方式

在文案调研中,对于企业内部资料的收集相对比较容易,调查费用低,调查的各种障碍少,能够正确把握资料的来源和收集过程。因此,应尽量利用企业的内部资料。对于企业外部资料的收集,可以依不同情况,采取不同的方式。

(1) 具有宣传广告性质的许多资料,如产品目录、使用说明书、图册、会议资料等,是企事业单位为扩大影响、推销产品、争取客户而免费面向社会提供的,可以无偿取得;而对于需要采取经济手段获得的资料,只能通过有偿方式获得,有偿方式取得的资料构成了调查成本。因此,要对其可能产生的各种效益加以考虑。

(2) 对于公开出版、发行的资料,一般可通过订购、邮购、交换、索取等方式直接获得,而对于对使用者有一定限制或具有保密性质的资料,则需要通过间接的方式获取。随着国内外市场竞争的日益加剧,获取竞争对手的商业秘密已成为市场调查的一个重要内容。

5.1.5　文案调研的方法

1. 参考文献查找法

参考文献查找法是利用有关著作、论文的末尾所开列的参考文献目录,或者是文中所提到的某些文献资料,以此为线索追踪、查找有关文献资料的方法。采用此方法,可以提高查找效率。

2. 检索工具查找法

检索工具查找法是利用已有的检索工具查找文献资料的方法。依检索工具不同,检索方法主要有手工检索和计算机检索两种。

1) 手工检索

进行手工检索的前提是要有检索工具。因收录范围不同、著录形式不同、出版形式不同,又有多种多样的检索工具。以著录方式来分类的主要检查工具有三种:一是目录,它是根据信息资料的题名进行编制的,常见的目录有产品目录、企业目录、行业目录等;二是索引,它是将信息资料的内容特征和表象特征录出,标明出处,按一定的排检方法组织排列,如按人名、地名、符号等特征进行排列;三是文摘,它是对资料主要内容所做的一种简要介绍,能使人们用较少的时间获得较多的信息。

2）计算机检索

与手工检索相比，计算机检索不仅具有检索速度快、效率高、内容新、范围广、数量大等优点，而且可打破获取信息资料的地理障碍和时间约束，能向各类用户提供完善的、可靠的信息，在市场调查计算机化程度提高之后，将主要依靠计算机来检索信息。文案调研所收集的次级资料，有些十分真实、清楚、明了，可直接加以利用；而有些则杂乱无章且有失真情况发生，对此还应该经过加工和筛选，才能最终得出结论。

随着网络技术的发展，利用互联网搜索或借助各类专业的文献数据库检索平台，能获得大量宝贵的学术资源及专业最新的学术成果。网络已成为最重要的文献资料来源。因此，掌握运用互联网进行文献检索的方法和技术尤为重要。

目前，中国知网、万方数据知识服务平台和维普网是国内最大的、利用率最高的三大中文文献检索平台。三大平台体现了我国文献数据库的建设水平，是中文期刊数据库的代表，为我国科研单位、高等院校、情报研究机构、公共文化单位及个人提供专业、全面的学术文献资源的数字化服务，使用率高，应用广泛，国内影响力较大。三大平台在数据库资源、收录时间、收录期刊种类、检索类型、检索方式、检索字段、学科分类等方面有所不同。

（1）中国知网（https://www.cnki.net/）是目前国内最大型的学术期刊数据库，数据库期刊收录时间为自1915年至今出版的期刊，部分期刊回溯至创刊。收录期刊8000余种，全文文献总量5300万篇。包括学术期刊、博硕、会议、报纸、年鉴、专利、标准、成果、图书、古籍、法律法规、政府文件、企业标准、科技报告、政府采购15个资源库。检索类型有文献检索、知识元检索和引文检索三类，其中文献检索方式有高级检索、专业检索、作者发文检索、句子检索、一框式检索，文献学科分类有10大类。

（2）万方数据知识服务平台（http://www.wanfangdata.com.cn）整合数亿条全球优质知识资源，集成期刊、学位、会议、科技报告、专利、标准、科技成果、法规、地方志、视频等十余种知识资源类型，覆盖自然科学、工程技术、医药卫生、农业科学、哲学政法、社会科学、科教文艺7大学科领域。期刊资源包括国内期刊和国外期刊，其中国内期刊共8000余种；国外期刊共包含40000余种世界各国出版的重要学术期刊，主要来源于NSTL外文文献数据库以及数十家著名学术出版机构，以及DOAJ、PubMed等知名开放获取平台。检索方式有高级检索、专业检索和作者发文检索。

（3）维普网，原名维普资讯网（http://www.cqvip.com），前身是中文科技期刊数据库，它是中国第一个中文期刊文献数据库。期刊收录1989年至今，收录期刊14000余种，现刊9000余种，文献总量6000余万篇。检索类型有期刊导航、期刊评价报告、期刊开放获取，检索方式有高级检索、检索式检索。文献分类有医药卫生、工程技术、自然科学、农林牧渔和人文社科5大类，期刊大全共35大类。

三大检索平台各具特点，在实际运用中可以配合使用，使检索的文献更全面、更准确，检索效率更高。运用文献检索平台进行文献检索时要注意以下几点。

（1）找准关键词。使用网络检索工具进行信息检索时，最主要的是确定关键词。在进行检索前，应首先把检索内容分解成一系列的基本概念，再为每个概念确定一个合适的关键词。如某学生准备检索"互联网时代下的电子商务企业营销策略"，其第一检索词是营销策略，第二检索词为企业营销策略，第三检索词是电子商务或电子商务企业。

（2）反复尝试不同检索方式。文献检索需要不断更换关键词和检索方式，在不同的数据库中进行反复尝试,以期获得最全的文献信息。

（3）利用检索功能,提升检索效率。如中国知网上的每一篇论文都提供了节点文献示意图,可以通过图中呈现的参考文献、二次参考文献、引证文献、二次引证文献等信息,直接查看与检索论文主题相关的文献资料。

（4）扩大或缩小检索范围。如果使用某一检索方式所获得的检索结果太少,可以考虑增加同义词或近义词以扩大检索范围。如市场调研又被称为市场调查、市场研究,如果只是用"市场调研"一词进行检索,许多市场调查和市场研究的文献无法被检索出来。如果检索结果内容太多,则可以使用逻辑符"并含(and)"的方式,缩小检索范围。

（5）避免用专项名称作为检索第一主题词。如检索"电子商务企业营销策略",其第一关键词应该是"营销策略"而非"电子商务"。因为,电子商务企业运营中有采购、销售、物流、客服等,需要在"营销策略"的检索结果中进行选择,其他企业或行业的营销策略研究成果与方法也会给检索者其他视角的启发。

（6）拓宽检索主题所属领域。许多市场营销专业的学生在文献检索时,常常将学科范围限定在市场营销里。实际上,市场营销是管理学的子学科,在国外被称为"营销管理",许多主题在市场营销领域的研究起步晚、积累少,学术成熟度较低。这就需要检索者要将目光投到母学科或其他相关学科中,如管理学、社会学、经济学等。拓宽检索主题所属领域才能检索到更全面的信息。

3. 情报联络网法

情报联络网法是指企业在一定范围内设立情报联络网,使资料收集工作可延伸至企业想要涉及的地区。尤其是互联网的普及,可使此种方法成为文案调研的有效方法。对于市场调研者来说,通过国际互联网和在线数据库可收集存放在世界各地服务器上的数据、文章、报告和相关资料,对于特定的市场调研课题来说,可以获得许多重要的信息资源。

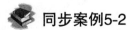 同步案例5-2

中国知网——国内文献检索的权威平台

中国知网 CNKI(China National Knowledge Infrastructure),是国家知识基础设施的概念,由世界银行于 1998 年提出。CNKI 工程是以实现全社会知识资源传播共享与增值利用为目标的信息化建设项目。由清华大学、清华同方发起,始建于 1999 年 6 月。CNKI 工程集团经过多年努力,采用自主开发并具有国际领先水平的数字图书馆技术,建成了世界上全文信息量规模最大的"CNKI 数字图书馆",并正式启动建设中国知识资源总库及 CNKI 网络资源共享平台,通过产业化运作,为全社会知识资源高效共享提供最丰富的知识信息资源和最有效的知识传播与数字化学习平台。

中国知网的服务内容主要包括以下几个方面。

1. 中国知识资源总库

中国知识资源总库提供 CNKI 源数据库、外文类、工业类、农业类、医药卫生类、经济类和教育类多种数据库。其中综合性数据库为中国期刊全文数据库、中国博士学位论文数据库、中国优秀硕士学位论文全文数据库、中国重要报纸全文数据库和中国重要会议论文全文数据库。每个数据库都提供初级检索、高级检索和专业检索三种检索功能。高级检索功能最常用。

2. 数字出版平台

数字出版平台是国家"十一五"重点出版工程。数字出版平台提供学科专业数字图书馆和行业图书馆。个性化服务平台有个人数字图书馆、机构数字图书馆、数字化学习平台等。

3. 文献数据评价

2010 年推出的《中国学术期刊影响因子年报》在全面研究学术期刊、博硕士学位论文、会议论文等各类文献对学术期刊文献的引证规律基础上，研制者首次提出了一套全新的期刊影响因子指标体系，并制定了我国第一个公开的期刊评价指标统计标准——《〈中国学术期刊影响因子年报〉数据统计规范》。

4. 知识检索

知识检索主要包括文献搜索、数字搜索、翻译助手、图形搜索、专业主题、学术资源、学术统计分析等。

（资料来源：百度百科.https://baike.baidu.com/item/）

讨论：在中国知网上收集资料属于哪种调研方法？

提示：属于文献调研法。中国知网上提供了中国知识资源总库及 CNKI 网络资源共享平台，在该平台上可以快捷地查阅到所需要的文献资料。当然，在文献检索和使用时需要考虑文献资料的时效性、准确性和适用性。

5.1.6　文案调研法的工作程序

文案调研的一般流程包括确定信息需求、确定收集内容、评审内部资料、确定外部渠道、确定收集方法、实施与评审、综合与汇集，如图 5-1 所示。

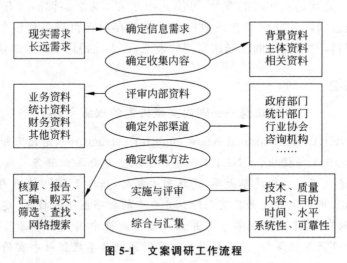

图 5-1　文案调研工作流程

5.1.7　文案调研法实施的主要步骤

1. 资料筛选

筛选就是根据研究目的选择有用的文献类型与文献篇目。

（1）对有可能得到的文献（按外在形式、内容等）进行分类，从中选择适合研究使用的一种或几种文献类型。

（2）在选出的文献类型中浏览文献目录（如没有现成的文献目录，则需要研究者自己制作目录）。目录是查找文献的向导，一般有卡片式的分类目录、书名目录、著者目录、主题目录等。

（3）把全部目录区分为使用价值高、较高、低以及没有价值四种类型。

2. 编排标记

做标记时，最好使用与文献不同颜色的笔迹，这样比较醒目。采用的符号可以多种多样，可用不同的符号标出程度不同的内容。

3. 文字摘录

从文献中抄录或浓缩有关内容叫摘录。摘录主要有两种形式。一是指示性文摘，即对题目、作者、出处、主题等进行概括。二是报道性文摘，即对文献的主要内容、主要观点、主要材料、主要数据等进行叙述。

摘录要注意不要打乱原文的结构、顺序和曲解原意。不管何种摘录方式，摘录时都必须附有原文出处，其作用一是备查，二是将来引用时可注明出处。

4. 分析鉴别

对于准备使用的文献进行真伪、可靠程度的判定，即鉴别。一般通过对同类、同年代文献的相互比较，对文献做出鉴别。

5. 分类登记

根据研究目的对文献资料进行分类。记录就是通过阅读找到有价值的资料，并将其记下来或复印出来，以供进一步分析和研究问题时使用。

6. 撰写文案调研报告

文案调研报告可以是书面报告，也可以是口头报告。其重点是：一是客观、准确地提出调查结论和对未来事态发展的建议；二是必须按重要程度排列调查结论；三是报告主题明确、内容简明；四是保证全部信息的准确性和及时性。书面报告一般包括扉页、调查目的、调查结论和附录四部分。

任务实施

各公司分工明确，开始实施该课题的文案调研，注意综合运用文案调研的多种方法和技术，以确保信息质量。

汇报交流

各公司推荐一名代表发言，汇报本公司文献调研实施情况，并上交一份该课题的文献资料汇编。

总结拓展

文案调研所收集的次级资料，有些十分真实、清楚、明了，可直接加以利用；而有些则杂乱无章且有失真情况发生，对此还应该经过甄别、筛选和加工，才能获得有价值的信息。

在运用文案调研资料进行分析研究时，应注意首先提出问题并对其质量进行评估。应当提出以下问题。

（1）内容：资料是否可靠、全面、精确地包括课题的要求。

（2）水平：资料的专业水平是否合格。

（3）重点：资料是否针对与课题最有关的各个方面。

（4）时间：资料的时效性是否适当，有没有时过境迁。

（5）准确：资料是否可信，与第一手资料的接近程度如何。

（6）方便：资料是否能够既迅速又经济地获得。

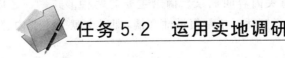

任务5.2　运用实地调研法

 任务引入

各公司结合所选课题，选择适当的实地调研方法，并做好实地调研记录。

- 问题1：围绕所选调研课题，需要收集哪些一手资料？
- 问题2：如何收集这些一手资料？需要采用哪些实地调研方法？

 知识铺垫

实地调研是应用客观的态度和科学的方法，对某种社会现象，在确定的范围内进行实地考察，并收集大量资料以统计分析，从而探讨社会现象。实地调研的目的不仅在于发现事实，还在于将调查经过系统设计和理论探讨，并形成假设，再利用科学方法到实地验证，最终形成新的推论或假说。实地调研法主要包括访问调查法、观察调查法和实验调查法三种。

5.2.1　访问调查法

1. 访问调查法的概念和类型

访问调查法又称访问法（询问法），是调查人员采用访谈询问的方式向被调查者了解市场情况的一种方法，它是市场调查中最常用的、最基本的调查方法。访问调查法主要的类型有以下几种。

（1）按访问方式分类可分为直接访问和间接访问。

（2）按访问内容分类可分为标准化访问和非标准化访问。

（3）按访问内容传递方式分类可分为面谈调查、电话调查、邮寄调查、留置问卷调查和日记调查等。

2. 几种主要的访问调查方法

1）面谈调查法

面谈调查法是调查者根据调查提纲直接访问被调查者，当面询问有关问题，既可以是个别面谈,主要通过口头询问;也可以是群体面谈,可通过座谈会等形式进行调查。

(1)面谈调查法的优点:回答率高;可通过调查人员的解释和启发帮助被调查者完成调查任务;可以根据被调查者性格特征、心理变化、对访问的态度及各种非语言信息,扩大或缩小调查范围,具有较强的灵活性;可对调查的环境和调查背景进行了解。

(2)面谈调查法的缺点:人力、物力耗费较大;要求调查人员具有较高的素质;对调查人员的管理较困难;可能会受到一些单位和家庭拒绝,无法完成。

2)电话调查法

电话调查法是由调查人员通过电话向被调查者询问了解有关问题的一种调查方法。

(1)电话调查法的优点:取得市场信息的速度较快;节省调查费用和时间;调查的覆盖面较广;可以访问到一些不易见到面的被调查者,如某些名人等。

(2)电话调查法的缺点:被调查者只限于有电话的地区和个人;电话提问受到时间的限制;被调查者可能因不了解调查的详尽、确切的意图而无法回答或无法正确回答;对于某些专业性较强的问题无法获得所需的调查资料;无法针对被调查者的性格特点控制其情绪。

3)邮寄调查法

邮寄调查法是将调查问卷邮寄给被调查者,由被调查者根据调查问卷的填写要求填写好后寄回的一种调查方法。

(1)邮寄调查法的优点:可扩大调查区域;调查成本较低;被调查者有充分的答卷时间;可让被调查者以匿名的方式回答一些个人隐私问题;无须对调查人员进行培训和管理。

(2)邮寄调查法的缺点:征询回收率较低;时间较长;无法判断被调查者的性格特征和其回答的可靠程度;要求被调查者应具有一定的文字理解能力和表达能力,对文化程度较低的人不适用。

4)留置问卷调查法

留置问卷调查法是当面将调查表交给被调查者,说明调查意图和要求,由被调查者自行填写回答,再由调查者按约定日期收回的一种调查方法。

5)日记调查法

日记调查法是指对固定样本连续调查的单位发放登记簿或账本,由被调查者逐日逐项记录,再由调查人员定期加以整理汇总的一种调查方法。

3. 访问调查法的选择

访问调查法较多,在选择具体方法时,需要根据调研课题的实际需要,同时综合考虑每种方法的特点,具体见表5-1。

表 5-1 五种访问调查法优缺点比较

比较项目	面谈调查法	电话调查法	邮寄调查法	留置问卷调查法	日记调查法
调查范围	较窄	较窄	广	较广	较广
调查对象	可控可选	可控可选	一般	可控可选	可控可选
影响回答的因素	能了解、控制和判断	无法了解、控制和判断	难以了解、控制和判断	能了解、控制和判断	能了解、控制和判断
回收率	高	较高	较低	较高	较高

续表

比较项目	面谈调查法	电话调查法	邮寄调查法	留置问卷调查法	日记调查法
回答速度	可快可慢	最快	慢	较慢	慢
回答质量	较高	高	较低	较高	较高
平均费用	最高	低	较低	一般	一般

4. 访问过程与访问技巧

（1）访问开始阶段。要做好准备工作，准备接近被调查者。采用开门见山或侧面接近的方式接近被调查者。

（2）访问主要阶段。按照事先拟定的访问提纲逐个进行访问，防止偏离访问提纲。如采用问卷调查，则可以按照问卷所列的问题的先后顺序回答。在访问过程中，对需要引导和追问的问题，调查人员要做不断的引导和追问。在访问开始和访问过程中，如果涉及被调查者的隐私问题，应加强保密。在必要和时间允许的条件下，可先从被调查者关心的话题开始，逐渐缩小访问范围，最后问及所要提问的问题。在访问过程中，调查人员应该始终保持公平、中立的立场。

（3）访问结束阶段。在访问结束阶段要注意两个问题：一是每次访问时间不宜过长，二是访问必须在良好的气氛中进行。最后要善始善终，对被调查者表示感谢，积极建立友谊，为今后拜访做好铺垫。

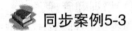 同步案例5-3

楚汉大酒店的访问调查

楚汉大酒店坐落在南方某个省会城市的繁华地段，是一家投资几千万元的新建大酒店，开业初期生意很不景气。公司经理为了寻找问题的症结，分别从大中型企业、大专院校、机关团体、街道居民邀请代表参加座谈会，并亲自走访了东西南北四区的部分居民，还在旅游景点拦截了一些外地游客进行调查。结果发现，本酒店没有停车场，顾客来往很不方便；本市居民及外地游客对本酒店的知晓率很低，更谈不上满意度；本酒店与其他酒店相比，经营特色是什么，大部分居民也不清楚。为此，酒店做出了兴建停车场、在电视上做广告、开展公益及社区赞助活动并突出经营特色、开展多样化服务等决策。决策实施后，酒店的生意日渐红火。

讨论：案例中采用了哪种调查方法？有何启示？

提示：楚汉大酒店采用了访问调查法，通过座谈会、走访居民、拦截游客实地访问等多种形式广泛调研，发现了酒店经营中存在的问题，并采取相应的对策逐一解决，最终酒店的生意日渐红火。该案例说明，当企业遇到一些现实问题时，只有进行广泛的实地调研，了解顾客的真实需求，才能破解经营难题。

5.2.2 观察调查法

1. 观察调查法的含义及特点

观察调查法简称观察法，是调查员凭借自己的感官和各种记录工具，深入调查现场，在被调查者未察觉的情况下,直接观察和记录被调查者的行为,以收集市场信息的一种方法。

观察法不直接向被调查者提问,而是从旁观察被调查者的行动、反应和感受。其主要特点如下。

(1) 观察法所观察的内容是经过周密考虑的,不同于人们日常生活中的出门看天气、到公园观赏风景等个人的兴趣行为,而是观察者根据某种需要,有目的、有计划地收集市场资料、研究市场问题的过程。

(2) 观察法要求对观察对象进行系统、全面的观察。在实地观察前,应根据调查目的对观察项目和观察方式设计出具体的方案,尽可能地避免或减少观察误差,防止以偏概全,提高调查资料的可靠性。因此,观察法对观察人员有严格的要求。

(3) 观察法要求观察人员在充分利用自己的感觉器官的同时,还要尽量运用科学的观察工具。人的感觉器官特别是眼睛,在实地观察中能获取大量的信息。而照相机、摄像机、望远镜、显微镜、探测器等观察工具,不仅能提高人的观察能力,还能将观察结果记载下来,增强了资料的翔实性。

(4) 观察法的观察结果是当时正在发生的、处于自然状态下的市场现象。市场现象的自然状态是各种因素综合影响的结果,没有人为制造的假象。在这样的条件下取得的观察结果,可以客观、真实地反映实际情况。

观察法的优点:①直观可靠;②简便易行;③可发现新情况新问题;④可克服语言交流带来的干扰。

观察法的缺点:①时间长,费用高,受时间、空间和费用限制;②只能观察表象而不能观察内在原因;③对观察人员素质要求高,观察者素质不同,观察的结果也不同,易产生观察者误差。

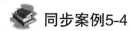 **同步案例5-4**

观察的效力

《美国文摘》曾经报道,恩维罗塞尔市场调查公司有个叫帕科·昂得希尔的人,是著名的商业密探。在进行调查时,他一般会坐在商店的对面,静静地观察来来往往的行人。与此同时,他的同事也正在商店里进行着调查工作,他们负责跟踪在商品架前徘徊的顾客。其主要的调查目的是要找出商店生意好坏的原因,了解顾客走出商店以后如何行动,以及为什么许多顾客在对商品进行长时间挑选后还是失望地离开。通过他们细致的工作,许多商店在日常经营过程中做出了多项实际的改进。

有一家音像商店由于地处学校附近,大量青少年经常光顾。通过恩维罗塞尔市场调查公司调查才发现,这家商店磁带放置过高,身材矮小的孩子们往往拿不到,从而影响了销售。昂得希尔指出应把商品降低18英寸放置,结果销售量大大增加。

还有家伍尔沃思公司,发现商店的后半部分的销售额远远低于其他部分,昂得希尔通过观察并拍摄现场状况揭开了这个谜:在销售高峰期,现金收款机前顾客排着长长的队伍,一直延伸到商店的另一端,妨碍了顾客从商店的前面走到后面。针对这一情况,商店专门安排了结账区,结果使商店后半部分的销售额迅速增长。

讨论:案例中采用了哪种调查方法?有何启示?

提示:该案例采用了观察调查法,通过暗中观察顾客在店中的行动,发现管理中的一些现实问题,并帮助店铺快速解决。当然,观察调查法不仅局限于肉眼观察,也可以通过一些观察工具和设备进行观察和记录,如摄像机等。

2. 观察调查法的基本类型

观察调查法有直接观察和测量观察两种基本类型。

(1) 直接观察。直接观察就是观察人员直接到商店、家庭、街道等处进行实地观察。一般是只看不问,不使被调查者感觉到在接受调查。这样的调查比较自然,容易得到真实情况。这种方法可观察顾客选购商品时的表现,有助于研究购买者行为。

(2) 测量观察。测量观察就是运用电子仪器或机械工具进行记录和测量。例如,某广告公司想了解电视广告的效果,选择了一些家庭做调查样本,把一种特殊设计的"测录器"装在这些家庭的电视机上,自动记录所收看的节目。经过一定时间,就可了解到哪些节目收看的人最多,在以后的工作中根据调查结果合理安排电视广告的播出时间,收到很好的效果。

3. 常用的观察技术

观察技术是指观察人员实施观察时所运用的一些技能手段,主要包括调查卡片、符号、速记、记忆和机械记录等。适当的观察技术对提高调查工作的质量有很大的帮助。

(1) 调查卡片。调查卡片是一种标准化的记录工具,其记录结果即形成观察的最终资料。制作卡片时,应先列出所有观察项目,经筛选后保留重要项目,再将项目根据可能出现的各种情况进行合理的编排。表 5-2 是某商场为观察购买者的行为而制作的顾客流量及购物调查卡片。使用时,在商场的进出口处由几名调查员配合进行记录,每小时使用一张或每半小时使用一张调查卡片,可将该时间内出入的顾客及其购买情况详细地记录下来。

表 5-2　顾客流量及购物调查卡片

观察时间：____年____月____日____时至____时　　　观察地点：_____　观察员：_____

观察项目	
人数	
性别	
购物品种	

(2) 符号和速记。符号和速记是为了提高记录工作的效率,用一套简便易写的线段、圈点等符号系统来代替文字,迅速地记录观察中遇到的各种情况。

(3) 记忆。记忆是采取事后追忆的方式进行记录的方法,通常用于调查时间紧迫或不宜现场记录的情况。

(4) 机械记录。机械记录是指在观察调查中运用录音、录像、照相和各种专用仪器等手段进行的记录。

4. 观察的主要内容

(1) 观察顾客的行为。了解顾客行为,可促使企业有针对性地采取恰当的促销方式。所以,调查者要经常观察或者摄录顾客在商场、销售大厅内的活动情况,如顾客在购买商品之前,主要观察什么,是商品价格、商品质量还是商品款式等,以及顾客对商场的服务态度有何议论等。

（2）观察顾客流量。观察顾客流量对商场改善经营、提高服务质量有很大好处。例如，观察一天内各个时间进出商店的顾客数量，可以合理地安排营业员工作的时间，更好地为顾客服务；又如，为新商店选择地址或研究市区商业网点的布局，也需要对客流量进行观察。

（3）观察产品使用现场。调查人员到产品用户使用地观察调查，了解产品质量、性能及用户反映等情况，实地了解使用产品的条件和技术要求，从中发现产品更新换代的前景和趋势。

（4）观察商店柜台及橱窗布置。为了提高服务质量，调查人员要观察商店内柜台布局是否合理，顾客选购、付款是否方便，柜台商品是否丰富，顾客到台率与成交率以及营业员的服务态度如何等。

5. 观察调查法的运用

观察调查法的运用是观察人员的主观活动过程。为使观察结果符合客观实际，要求观察人员必须遵循以下原则。

（1）客观性原则。即观察者必须持客观的态度对市场现象进行记录，切不可按其主观倾向或个人好恶，歪曲事实或编造情况。

（2）全面性原则。即必须从不同层次、不同角度进行全面观察，避免出现对市场片面或错误的认识。

（3）持久性原则。市场现象极为复杂，且随着时间、地点、条件的变化而不断地变化。市场现象的规律性必须在较长时间的观察中才能被发现。

另外，还要注意遵守社会公德，不得侵害公民的各种权利，不得强迫被调查者做不愿做的事，不得违背其意愿观察被调查者的某些市场活动，并且应为其保密。

6. 观察调查法的工作程序

（1）制订观察计划，拟定观察提纲。可以制成观察表、卡片等。

（2）确定观察目标。选择符合调查目的并便于观察的单位作为观察对象。

（3）确定最佳的观察时间和地点。要求保持被观察者的自然状态，尽可能地减少观察活动对被观察者的干扰。遇到特殊情况，灵活地安排观察顺序。

（4）认真做好观察记录。记录形式多样，尽可能利用先进设备进行观察，记录方法有填写观察表、利用音像设备、笔记等。

（5）分类整理、登记、存放观察记录。

（6）分析观察资料，完成观察报告。

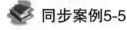 同步案例5-5

奇怪的客人

一次，一个美国家庭住进了一位日本客人。奇怪的是，这位日本人每天都在做笔记，记录美国人居家生活的各种细节，包括吃什么食物、看什么电视节目等。一个月后，日本人走了。不久，丰田公司推出了针对当今美国家庭需求而设计的物美价廉的旅行车。如美国男士喜欢喝玻璃瓶装的饮料而非纸盒装的饮料，日本设计师就专门在车内设计了能冷藏并能防止玻璃瓶破碎的柜子。直到此时，丰田公司才在报纸上刊登了他们对美国家庭的研究报告，同时向收留日本人的家庭表示感谢。

讨论：案例中奇怪的客人采用了哪种调查方法？效果如何？

提示：采用了观察调查法，即调研人员细心观察并记录美国人居家生活的各种细节，了解美国家庭的汽车需求，为推出针对美国家庭需求的旅行车提供了宝贵的资料和线索。该案例说明只有认真、仔细地观察，才能发现顾客的真实需求，为新产品的研发提供新思路。

5.2.3 实验调查法

1. 实验调查法的含义

实验调查法是指市场调研者有目的、有意识地改变一个或几个影响因素，来观察市场现象在这些因素影响下的变动情况，以认识市场现象的本质特征和发展规律。实验调查既是一种实践过程，又是一种认识过程，并将实践与认识统一为调查研究过程。企业的经营活动中经常运用这种方法，如开展一些小规模的包装实验、价格实验、广告实验、新产品销售实验等，来测验这些措施在市场上的反应，以实现对市场总体的推断。

实验调查法按照实验场所可分为实验室实验和现场实验。实验室实验是指在人造的环境中进行实验，研究人员可以进行严格的实验控制，比较容易操作，时间短，费用低。现场实验是指在实际的环境中进行实验，其实验结果一般具有较大的实用意义。

实验调查法的一般步骤：根据市场调查的课题提出研究假设；进行实验设计，确定实验方法；选择实验对象；进行实验；分析、整理实验资料并做实验检测；得出实验结论。实验调查只有按这种科学的步骤开展，才能迅速取得满意的实验效果。

2. 实验设计

实验设计是调查者进行实验活动、控制实验环境和实验对象的规划方案。它是实验调查各步骤的中心环节，决定着研究假设能否被确认，也决定着实验对象的选择和实验活动的开展，最终还影响实验结论。

根据是否设置对照组或对照组的多少，可以设计出多种实验方案。基本的、常用的实验方案如下。

1）单一实验组前后对比实验

单一实验组前后对比实验设计，是最简单也是最基本的实验调查设计。以若干实验对象作为实验组，将实验对象在实验活动前后的情况进行对比，得出实验结论。在市场调查中，经常采用这种简便的实验调查。例如，某食品厂为了提高糖果的销售量，认为应改变原有的陈旧包装，并为此设计了新的包装图案。为了检验新包装的效果，以决定是否在未来推广新包装，厂家选取 A、B、C、D、E 五种糖果作为实验对象，对这五种糖果在改变包装的前一个月和后一个月的销售量进行了检测，得到的实验结果如表 5-3 所示。

表 5-3 单一实验组前后对比　　　　　　　　　　　　　　　单位：千克

糖果品种	实验前售量 Y_0	实验后销量 Y_n	实验结果 $Y_n - Y_0$
A	300	340	40
B	280	300	20

续表

糖果品种	实验前售量 Y_0	实验后销量 Y_n	实验结果 $Y_n - Y_0$
C	380	410	30
D	440	490	50
E	340	380	40
合计	1740	1920	180

实验说明改变包装比不改变包装销售量大,说明顾客不仅注意糖果的质量,也对其包装有所要求。因此断定,改变糖果包装,以促进其销售量增加的研究假设是合理的,厂家可以推广新包装。但应注意,市场现象可能受许多因素的影响,180千克的销售增加量,不一定只是改变包装引起的。

因此,只有在实验者能有效排除非实验变量的影响,或者是非实验变量的影响可忽略不计的情况下,单一实验组前后对比实验的结果才能充分成立。

2) 实验组与对照组对比实验

此实验应选择若干实验对象为实验组,同时选择若干与实验对象相同或相似的调查对象为对照组,并使实验组与对照组处于相同的实验环境中。例如,某食品厂为了解面包配方改变后消费者有什么反应,选择了A、B、C三个商店为实验组,再选择与之条件相似的D、E、F三个商店为对照组进行观察。观察一周后,将两组对调再观察一周,其检测结果如表5-4所示。

表 5-4 实验组与对照组对比　　　　　　　　　　　　　单位:百袋

实验组	原配方销售量		新配方销售量	
	第一周	第二周	第一周	第二周
A		37	43	
B		44	51	
C		49	56	
D	35			41
E	40			47
F	45			52
合计	120	130	150	140

从表5-4中可知,两周内原配方面包共销售了$120+130=250$(百袋),新配方面包共销售了$150+140=290$(百袋)。这说明改变配方后增加了40百袋的销售量,对企业很有利。

实验组与对照组对比实验,必须注意二者具有可比性,即二者的规模、类型、地理位置、管理水平、营销渠道等各种条件应大致相同。只有这样,实验结果才具有较高的准确性。但是,这种方法对实验组和对照组都是采取实验后检测,无法反映实验前后非实验变量对实验对象的影响。为弥补这一点,可将上述两种实验进行综合设计。

3) 实验组与对照组前后对比实验

这是对实验组和对照组都进行实验前后对比,再将实验组与对照组进行对比的一种双重对比的实验法。它吸收了前两种方法的优点,也弥补了前两种方法的不足。例如,某公司在调整商品配方前进行实验调查,分别选择了三个企业组成实验组和对照组,对其月销售额进行实验前后对比,并综合检测出了实际效果,如表 5-5 所示。

表 5-5　双组前后对比　　　　　　　　　　单位:百元

实验单位	前检测	后检测	前后对比	实验效果
实验组	$Y_0 = 2000$	$Y_n = 3000$	$Y_n - Y_0 = 1000$	$(Y_n - Y_0) - (X_n - X_0)$
对照组	$X_0 = 2000$	$X_n = 2400$	$X_n - X_0 = 400$	$= 1000 - 400$

从表 5-5 中的检测结果可知,实验组的变动量 1000 百元,包含实验变量即调整配方的影响,也包含其他非实验变量的影响;对照组的变动量 400 百元,不包含实验变量的影响,只有非实验变量的影响,因为对照组的商品配方未改变。实验效果是从实验变量和非实验变量共同影响的销售额变动量中,减去由非实验变量影响的销售额变动量,反映调整配方这种实验变量对销售额的影响作用。由此可见,实验组与对照组前后对比实验,是一种更为先进的实验调查方法。

3. 实验调查法的优缺点

实验调查法通过实验活动提供市场发展变化的资料,不是等待某种市场现象发生了再去调查,而是积极主动地改变某种条件,来揭示或确立市场现象之间的相互关联。它不但可以说明"是什么",而且可以说明"为什么",还具有可重复性,因此其结论的说服力较强。实验调查法对检验宏观管理的方针政策与微观管理的措施办法的正确性,都是一种有效的方法。

实验调查法在进行市场实验时,由于不可控因素较多,很难选择到有充分代表性的实验对象和实验环境。因此,实验结论往往带有一定的特殊性,实验结果的推广会受到一定的影响。实验调查法还有花费时间较多、费用较高、实验过程不易控制、实验情况不易保密、竞争对手可能会有意干扰现场实验的结果等缺点。这些缺点使实验调查法的应用有一些局限,市场调查人员对此应给予充分注意。

4. 实验调查法的应用

进行实验调查,一是要有实验活动的主体,即实验者;二是要有实验调查所要了解的对象;三是要营造出实验对象所处的市场环境;四是要有改变市场环境的实践活动;五是要在实验过程中对实验对象进行检验和测定。

实验调查是一种探索性、开拓性的调查工作,实验者必须思想解放,有求实精神,敢于探索新途径,能灵活应用各种调查方法,才能取得成功。正确选择实验对象和实验环境,对实验调查的成败也有重要作用。如果所选的市场实验对象没有高度的代表性,其实验结论就没有推广的可能性。此外,由于实验活动要延续相当长的时间,还要能有效地控制实验过程,应让实验活动严格按实验设计方案进行。

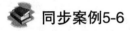 **同步案例5-6**

荷兰食品工业公司的新产品测试调研

荷兰食品工业公司以生产色拉调料,而在世界食品工业独树一帜。公司每推出一个新产品均受到消费者的普遍欢迎,产品供不应求。该公司的成功主要得益于不同寻常的产品征求意见的市场调查。以"色拉米斯"为例,在推出该产品之前,公司选择700名消费者作为调查对象,询问消费者是喜欢公司的"色拉色斯"原有产品,还是喜欢新的色拉调料,以征询消费者对新产品提出的各种期望,公司综合消费者的要求,几个月后一种新的色拉调料便研制出来。当向被调查者征求新产品的名字时,有人提出一个短语:"混合色拉调料。"公司则拿出预先选好的名字:"色拉米斯"和"斯匹克杰色斯"供大家挑选。80%的人认为"色拉米斯"是个很好的名字。这样,"色拉米斯"便被选定为这次产品的名字。不久公司在解决了"色拉米斯"变色问题,在产品销售前又进行最后一次消费试验。公司将白色和粉色两种颜色的产品提供给被调查者,根据消费者的反应,以确定产品颜色,同时还调查消费者愿意花多少钱来购买它,以此确定产品的销售价格。经过反复地征求意见,并根据消费者的意见,对产品做了改进,使"色拉米斯"一举成功。

讨论:"色拉米斯"一举成功的原因是什么?

提示:采用了实验调查法。荷兰食品工业公司的新产品测试都是经过反复地征求消费者意见,并根据消费者意见进行改进,最终获得了市场成功。该案例说明"实践是检验真理的唯一标准"。通过实验调查法,测试了顾客对新产品的真实反应,为公司的营销决策提供了科学、可靠的信息。

任务实施

结合所选调研课题,各公司讨论该课题适用哪些实地调查法,并完成相应的实地调查记录。

汇报交流

每公司推荐一名代表发言,汇报本公司的实地调查计划,并上交相应的实地调查记录。

总结拓展

通过以上三种实地调查方法的学习,我们了解了每种调查方法的概念、特点及运用条件;掌握了以每种调查方法进行实地调研的方法。在实际调研中,需要根据调研课题信息收集的需要,灵活组合运用这三种方法。下面补充介绍一种国内外非常流行的调研方法——神秘顾客法。

1. 什么是神秘顾客

神秘顾客是由经过严格培训的调查员,在规定或指定的时间里扮演成顾客,对事先设计的一系列问题逐一进行评估或评定的一种调查方式。由于被检查或需要被评定的对象,事先无法识别或确认"神秘顾客"的身份,故该调查方式能真实、准确地反映客观存在的实际问题。

2. 神秘顾客法的由来

神秘顾客的监督方法最早是由肯德基、罗杰斯、诺基亚、飞利浦等一批跨国公司,引进国内为其连锁分部服务的。在中国,大家都认为"将大象装进冰箱里要分几步"这样的故事可笑，但西方人的做事标准就是如此：把自己当成"笨蛋"，不论看似简单或者复杂的事情，都会分成若干步骤逐一完成。有了严谨的标准即制度，就需要客观的检查。麦当劳就表态，它们在全世界主要的市场都有被称为神秘顾客的项目，即影子顾客，中国也同样有相同的项目正在进行中。

这项活动旨在从普通顾客的角度来考核麦当劳餐厅的食品品质、清洁度以及服务素质的整体表现。麦当劳还表示，神秘顾客项目可帮助麦当劳管理者和餐厅经理设立对表现杰出员工的鼓励及奖励机制。一些市场的反馈显示，这些奖励机制对鼓舞员工的士气及提高员工的工作积极性都非常有益。由于影子顾客来无影、去无踪，而且在时间上没有规律，这就使连锁卖场的经理、雇员时时感受到某种压力，不敢有丝毫懈怠，从而时刻保持饱满的精神状态，提高了员工的责任心和服务质量。

肯德基的神秘顾客并不是随意由人员扮演的，而是必须经过肯德基培训，熟知各个环节的标准制度，按照拟订的"消费计划"进行检查。对检查的情况按照标准进行客观的分值评述，最后各店根据评比的经过进行比较检讨。

3. 神秘顾客的优缺点

神秘顾客的优点：可以对窗口行业中的各项服务项目进行质量控制；被调查者没有意识到正在被调查，故反映的情况的准确性、真实性较高。

神秘顾客的缺点：调查员的心理状态、综合素质以及对考核指标的理解等往往存在一定差异，可能会对考核结果产生一定的反面影响；在调查的同时无法做记录，难免有遗漏；无法观察到内在因素，有时需做长时间的观察。这样，经验不足或者组织流程不严密紧凑时，会导致考核结果失偏，缺乏公正性和准确性。

4. 神秘顾客的适用范围

神秘顾客可帮助了解各种类型窗口行业营业或服务的环境以及服务人员的服务态度、业务素质和技能等情况，可广泛应用到如电信、银行、超市、连锁店、医院等窗口服务性行业。

作为对竞争对手调查的手段，可了解竞争对手商铺的销售商品的种类、品牌、价格、摆放情况等信息。

5. 神秘顾客的运作方法

神秘顾客的运作方法有如下几种。

（1）观察法：调查者对被调查者的情况直接观察、记录，以取得必要的信息。

（2）问卷法：用事先准备好的调查表和询问提纲对接触过被调查者的人群进行询问，得到相应的评价。

（3）询问法：调查者根据调查的要求对被调查者，有目的地提出问题进行询问。

在实际的现场操作中，各种方法是相互穿插运用的，其作用也是相辅相成的。

6. 神秘顾客的作用

第一个把快餐带进中国的罗杰斯快餐店总经理王大东先生认为，罗杰斯设"神秘顾客"的原因是为了让他们客观地评价餐饮和服务做得是否好，要他们给员工打分，而他们打出的分数与餐厅员工的奖金等直接挂钩。之所以叫"神秘顾客"，是因为员工们都不知道哪位是

"神秘顾客"。中国电信下属许多分公司都聘请在校学生、下岗职工、政府工作人员和企事业单位职工作为"神秘顾客",监督窗口服务。方式为询问营业员简短问题,用半小时观察营业员的整体表现,然后填写有关监测问卷,按月度整理后反馈给有关部门。有关部门据此对营业员进行考核,决定是否继续予以聘任。短时间内营业人员的服务态度和服务热情有了极大的改观,杜绝了过去应付检查的现象。

"神秘顾客"暗访这种方式之所以能被企业的管理者所采用,原因就是"神秘顾客"以中立者的身份,在购买商品和消费的同时,又以顾客和管理者的两种眼光观察服务人员的表现,所观察到的是服务人员无意识的表现。从心理和行为学角度,人在无意识时的表现是最真实的。"神秘顾客"在消费的同时,也和其他消费者一样,对商品和服务进行评价,发现的问题与其他消费者有同样的感受。根据"神秘顾客"直接的观察、感受和反馈,弥补了企业内部管理过程中的不足。

(1)"神秘顾客"的暗访监督,在与奖罚制度结合以后,带给服务人员无形的压力,引发他们主动提高自身的业务素质、服务技能和服务态度,促使其为顾客提供优质的服务,而且持续的时间较长。

(2)"神秘顾客"可以从顾客的角度,及时发现、改正商品和服务中的不足之处,提高客户满意度,留住老顾客,发展新顾客。

(3)"神秘顾客"的监督可以加大企业的监督管理机制,改进服务人员的服务态度,加强内部管理。

(4)"神秘顾客"在与服务人员的接触过程中,可以听到员工对企业和管理者"不满的声音",帮助管理者查找管理中的不足,改善员工的工作环境和条件,拉近员工与企业和管理者之间的距离,增强企业的凝聚力。

(5)根据"神秘顾客"发现的问题,系统地分析深层次的原因,能够改进管理方法,完善管理制度,从而增强企业竞争力。

(资料来源:神秘顾客-MBA智库百科.http://wiki.mbalib.com)

任务5.3 运用网络调研法

任务引入

各公司结合所选调研课题,运用网络调查法收集所需资料。

- 问题1:围绕所选调研课题,需要收集哪些网络调研资料?
- 问题2:如何收集这些网络调研资料?

知识铺垫

随着信息技术的发展,网络在人们的生活中占据了越来越重要的地位。于是在传统市场调查基础上又产生了网络调查。网络调查极大地扩大了市场调查的人群数及地域范围,让更多的人能够参与到市场调查活动中,这样既节省了人力、物力和财力,还能够使调查数据更符合当下的市场状况。网络调查的适用范围很广，除了企业开展网络市场调查以外，政府机构、科研院校、社会团体等也可以开展非赢利性的网络调查研究项目，包括统计调查、市场调查、民意调查和研究项目调查等。网络调查既适合于个案调查，也适合于统计调查。网络调查已成为 21 世纪应用领域最广泛的主流调查方法之一，随着互联网技术的飞速发展，网络调查的应用将会越来越广泛。

5.3.1　网络调查的含义及特点

网络调查又称网上调查或网络调研，是指企业利用互联网收集和掌握市场信息的一种调查方法。

微课堂：网络
调查法

1. 主要优点

（1）网络调查具有及时性、客观可靠性、共享性。

（2）网络调查具有便捷性和经济性。

（3）网络调查具有交互性和充分性。

（4）网络调查具有较高的效率。

（5）网络调查可快速获得答复，具有可检验性和可控制性。

（6）网络调查可瞬间到达被调查者，无时空、地域限制。

（7）网络调查可进行定制调研。

网络调查作为一种新兴的调研方法，与传统调研相比，有很强的优越性，如表 5-6 所示。

表 5-6　网络调查与传统调查的比较

比较项目	网 络 调 查	传 统 调 查
调研费用	较低，主要是设计费和数据处理费。每份问卷所要支付的费用几乎是零	昂贵，要支付包括问卷设计、印刷、发放、回收、聘请和培训访问员、录入调查结果、由专业市场研究公司对问卷进行统计和分析等多方面费用
调查范围	全国乃至全世界，样本数量庞大	受成本限制，调查地区和样本均有限制
运作速度	很快，只需搭建平台，数据库可自动生成，几天就可能得出有意义的结论	慢，需要 2～6 个月才能得出结论
时效性	全天候进行	可对不同的被访问者进行访问的时间不同
被访问者的便利性	非常便利，被访问者可自行决定时间、地点回答问卷	不方便，要跨越空间障碍，到达访问地点
调查结果的可信性	相对真实、可信	一般有督导对问卷进行审核，措施严格，可信度高
实用性	适合长期的大样本调查，适合要迅速得出结论的情况	适合面对面地深度访谈，食品类商品等需要对访问者进行感观测试

2. 不足之处

（1）网络调查只反映了网络用户的意见。

（2）E-mail 地址缺乏。

（3）被调查者具有自由选择性。

（4）被调查者上网匿名。

（5）被调查者背景多元化。

（6）被调查者在线注意时间较短。

（7）网络调查人际之间情感交流缺乏。

（8）多重选择答案的可信度不高。

5.3.2 网络调查的常用方式和方法

与传统市场调查一样，利用互联网进行市场调查的方式主要有两大类：一种是网络直接调查，即利用互联网直接进行问卷调查等方式收集一手资料；另一种是网络间接调查，即利用互联网的媒体功能，从互联网收集二手资料。此外，企业还可以委托专业市场调查机构调查，或者企业与其他机构合作调查等。

1. 网络直接调查

网络直接调查是指利用互联网技术，通过网上问卷等形式调查网络消费者行为及其意向的一种市场调研类型。网络直接调查方法可以按照不同标准进行分类。

1）按调研的思路不同分类

（1）网上问卷调研法。网上问卷调研是将问卷在网上发布，被调研的对象通过网络完成问卷调研。在实际操作中有两种网上问卷调研途径：一是通过一些专业网站发布和回收问卷。将问卷放置在专业的调研网站上，等待访问者访问时填写问卷，如 CNNIC 每半年进行一次"中国互联网络发展状况调研"就是采用这种方式。这种方式的优点是采取自愿填写，缺点是无法核实问卷填写者的真实情况。为达到一定问卷数量，站点还必须进行适当宣传，以吸引大量访问者。二是通过电子邮件发送和回收问卷。通过 E-mail 方式将问卷发送给被调研者，被调研者完成后结果通过 E-mail 返回。这种方式的优点是可以有选择地控制被调研者，缺点是遭到被调查者的反感。用这种方式时首先应争取被访问者的同意，并向其发送小礼物。

（2）网上论坛调研法。网上论坛调研指通过 BBS 和新闻组对企业的产品进行网上调研。尽管问卷调研方法有比较客观直接的优点，但也存在不能对某些问题进行深入的调研和分析原因的缺点。为了弥补网上问卷调研的不足，许多企业设立 BBS 以供访问者对企业产品进行讨论，或者与某些专题的新闻组进行讨论，以深入调研获取有关资料。及时跟踪和参与新闻组和公告栏，有助于企业获取一些问卷调研无法发现的问题。因为问卷调研是从企业角度出发考虑问题，而新闻组和公告栏是用户自发的感受和体会，他们传达的信息也往往比较客观，网上论坛调研的缺点是信息不够规范，需要专业人员进行整理和挖掘。

2）按组织调研样本的行为不同分类

按照行为不同可以分为主动调研法和被动调研法。主动调研法即调研者主动组织调研样本，完成统计调研的方法。被动调研法，即调研者被动地等待调研样本造访，完成统计调研的方法，被动调研法的出现是统计调研的一种新情况。

3）按采用的调研技术不同分类

（1）站点法。它是将调研问卷的 Html 文件附加在一个或几个网络站点上，由浏览这些站点的网上用户回答调研问题的调研方法。站点法属于被动调研法，这是网上调研的基本方法。

（2）电子邮件法。它是通过给被调研者发送电子邮件的形式将调研问卷发送给一些特定的用户，由用户填写后以电子邮件的形式再反馈给调研者的调研方法。电子邮件法属于主动调研法，优点是大大提高时效性。

（3）随机 IP 法。它是以产生一批随机 IP 地址作为抽样样本的调研方法。随机 IP 法属于主动调研法，其理论基础是随机抽样。

（4）视频会议法。它是基于 Web 的计算机辅助访问的调研方法，是将分散在不同地域的被调研者通过互联网视频会议功能虚拟地组织起来，在主持人的引导下讨论调研问题的调研方法。

2. 网络间接调查

网络间接调研主要是利用互联网收集与企业营销相关的市场、竞争者、消费者以及宏观环境等方面的信息。网络间接调研方法，一般通过搜索引擎搜索有关站点的网址，然后访问所想查找信息的网站或网页。

1）收集市场行情信息的方法

企业所收集的市场行情资料主要是指产品价格变动，供求变化方面的信息。收集市场行情信息，首先要了解可能用来收集市场行情信息的站点。这一类站点数目较多，大致有三种。

（1）实时行情信息网，如股票和期货市场。

（2）专业产品商情信息网，如蔬菜商情网、中国钢材网、酒店餐饮商情网等。

（3）综合类信息网。一般来讲，不同商情信息网侧重点不同，最好是能同时访问若干家相关但不完全相同的站点，以求找出最新的、最全面的市场行情。

2）收集竞争者信息的方法

（1）利用搜索引擎进行检索。利用所有的相关关键词和喜爱的搜索引擎进行一系列的互联网检索是搜索竞争者信息的首选方法。寻找全球性竞争对手信息的最好方法是用全球知名的搜索引擎查找。例如，国外的 Google、Bing、Yahoo、Ask 等，国内的百度、搜狗、神马、360 等。它们都能提供有关市场信息，阅读分析存储的大量资料。

（2）访问竞争者的网站。竞争者的网站会透露竞争企业的当前及未来的营销策略。应该认真浏览竞争者网站风格、内容和主要特色。虽然调研者在网站上可能发现不了什么内幕消息，但浏览竞争者的网站是获得大量信息的开端。

（3）收集竞争者网上发布的信息。在互联网上日益增多的信息中，商业信息的增长速度是最快的。调研者在考虑这些信息对企业的时效性时，还要注意它们的准确性。

（4）从其他网上媒体获取竞争者的信息。如果企业没有自己收集竞争者信息的资源或技术，就只能外购竞争者的信息。外购信息的优点是外部的咨询人员是客观的，他们具有丰富的专业经验，可以更快地完成报告，他们可以定期更新信息。外购信息的缺点是成本高，包括初始成本和更新信息的成本。

（5）从有关新闻组和 BBS 中获取竞争者的信息。在网上有许多关于竞争者信息的讨论组，参加其中的任何一个都会获得一些有用信息。

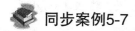 **同步案例5-7**

2019 年全球十大搜索引擎排名

搜索引擎是指根据一定的策略、运用特定的计算机程序从互联网上采集信息，在对信息进行组织和处理后，为用户提供检索服务，将检索的相关信息展示给用户的系统。搜索引擎是工作于互联网上的一门检索技术，它旨在提高人们获取搜集信息的速度，为人们提供更好的网络使用环境。搜索引擎发展到今天，基础架构和算法在技术上都已经基本成型和成熟。在国内百度始终处于霸主地位，全球又有哪些知名的搜索引擎呢？以下是 2019 年全球十大搜索引擎排名。

1. Google（78.23%）

Google 搜索引擎诞生于 1996 年，由谢尔盖·布林和拉里·佩奇创立，Google 在全球搜索引擎中的地位毫无疑问，排名第一。目前 Google 在全球搜索引擎份额更是达到了 78.23%，这无疑是一个相当惊人的数据。

2. Bing（8.04%）

Bing 是微软旗下开发的搜索引擎，它的份额虽然不及 Google，但在许多国家都占据着搜索引擎排名第二的位置。现如今，Bing 搜索引擎在全球的份额为 8.04%，每个月都会有 13 亿人通过 Bing 进行搜索。

3. 百度（7.34%）

百度占据着全球搜索引擎份额的 7.34%，百度是中国最大的搜索引擎。截至 2019 年 2 月百度在中国占据了 74.73% 的市场份额，Google 在中国的市场份额却仅有 2%。

4. Yahoo（3.39%）

Yahoo 成立于 1994 年，曾经也是风光无限，旗下的各种业务更是遍地开花。但现在与 Google 的各种竞争始终处于下风，其在全球的搜索份额仅占据了 3.39%。

5. Yandex（1.53%）

Yandex 是俄罗斯最流行的搜索引擎，在俄罗斯的份额属于第一位，占俄罗斯国内市场的 55%，在乌克兰、白俄罗斯、哈萨克斯坦、乌兹别克斯坦和土耳其都能看到它的身影。不过，Yandex 在全球的搜索份额仅占 1.53%。

6. Ask（0.72%）

Ask 成立于 1996 年，最初命名为 Ask Jeeves，2006 年改名为 Ask。2010 年因为在搜索上实在不敌 Google，最终放弃了搜索引擎的市场份额，所以现在实际上是由 Google 给 Ask 提供搜索结果支持。Ask 在全球搜索所占份额为 0.72%，虽然份额小，但流量惊人。Ask 采用的是 Google 的搜索算法，因此搜索结果基本与 Google 类似。Ask 实际是 Google 的一家搜索合作伙伴。

7. DuckduckGo（0.39%）

DuckduckGo 的全球搜索份额虽然仅占 0.39%，但它却是全世界最安全的搜索引擎。DuckduckGo 非常注重隐私，它的口号就是"隐私，简化"（privacy, simplified），它不会储存任何个人信息，也没有任何广告轰炸。如今每天都会有 3000 万人在它上面搜索，并且这个数据还在增长中。

8. Naver(0.13%)

Naver 是韩国最大的搜索引擎，占据韩国 75% 的市场份额，被誉为"韩版 Google"。Naver 占全球搜索引擎 0.13% 的份额。

9. AOL(0.06%)

AOL 是"America Online"的缩写，是美国的一家搜索公司，成立于 1985 年。面对 Google 在搜索领域的攻势，AOL 转而专注互联网媒体，但搜索业务仍存在。AOL 占据全球 0.06% 的搜索份额。

10. Seznam(0.05%)

Seznam 占据全球 0.05% 的搜索市场份额，它曾经是捷克最大的搜索引擎，但随着 Google 的加入，导致它的市场份额不断缩小，如今在捷克也只占据了 12.27% 的搜索份额。

（资料来源：南方财富.http://www.southmoney.com/paihangbang/201911/4367940.html）

讨论：搜索引擎是什么？如何运用搜索引擎快速查阅资料？

提示：搜索引擎是工作于互联网上的一门检索技术，它能够帮助人们在网络上快速抓取信息。在查找资料时首先要选择国内外知名搜索引擎，然后利用关键词、高级语法等检索方式快速捕捉到相关度极高的匹配信息。在运用搜索引擎搜索信息时还要注意网页的时效性、信息的储存和信息的可靠性等问题。

3) 收集消费者信息的方法

消费者信息是指消费者的需要、偏好、意见、趋势、态度、信仰、兴趣、文化和行为等方面的信息。通过互联网了解消费者的偏好，可以通过网上调研的方法实现。了解消费者的偏好也就是收集消费者的个性特征，为企业细分市场和寻找市场机会提供基础。

（1）利用 Cookie 技术收集消费者信息。Cookie 是用户硬盘里的一个小的文本文件，它可以把用户的上网信息储存在浏览器的存储器中。一旦用户浏览某个使用 Cookie 技术的网站超过一定时间，网站就会把相关的信息下载到用户的浏览器上并存储起来。利用 Cookie 技术，企业可以更详细地了解消费者的上网特征甚至购买行为。Cookie 是收集消费者信息的优秀工具。将 Cookie 与电子问卷调研等手段收集的信息结合在一起，调研者就可以了解用户的上网特征，包括用户人口统计数据，消费心理统计数据等。收集这些重要的消费者信息可以帮助调研者实施更有效的一对一营销。

（2）通过二手资料获取消费者信息。互联网可以让调研者迅速收集到遍布全球的二手消费者信息。有大量组织机构提供内容广泛的消费者信息，调研者可以在互联网上找到各种商业报告、贸易杂志、数据库和政府的人口普查数据。有些服务是免费的，但很多是付费的，一般来讲，购买二手数据比收集一手数据更快、更便宜。

（3）利用专业统计软件和网上订单收集消费者信息。有的公司还通过网页统计方法了解消费者对企业站点的感兴趣内容，现在的统计软件可以如实记录每个访问页面的 IP 地址，如何找到该网页等信息。目前许多公司为了方便消费者，在公司网站架设 BBS，允许消费者对公司的产品进行评述和提意见。有的公司允许消费者直接通过网络下订单，提出自己的个性化需要，公司因此可以获取消费者直接的第一手资料。

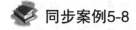

同步案例5-8

2019中国网民智能手机用户画像：男性选小米，女性选OV

腾讯旗下企鹅智库于2019年1月进行网民调研，了解网民2019年智能手机、智能硬件购买意愿。企鹅智库联合腾讯新闻4月发布《2019中国网民智能手机购机用户画像分析》报告，并给出用户画像调研结果，包括手机品牌的用户画像、用户所在城市特性、用户特性。

调查发现，在一线手机品牌存量用户的性别对比中，OPPO和vivo的女性比例均为60%左右，苹果女性占比略高于男性。华为手机的男女比例基本相当，小米的男性用户则超过六成。年龄方面，华为手机中老年用户占比更高，苹果和小米则中青年用户更多，OPPO和vivo的用户更多的是在20～29岁。学历方面，苹果拥有比例更高的是大学以上用户，华为和小米高学历用户略低于苹果，OPPO和vivo的初中以下学历用户均超过六成。

1. 一线手机品牌的用户画像

（1）苹果用户画像：一线城市用户占比最高；月收入超过8000元占比15.7%，为所有品牌最高；女性用户比例略超男性。

（2）小米用户画像：一二线城市用户占比超50%；一线城市用户占比超过三星、华为；理性的男性居多，用户收入水平与华为相当。年龄分布平均，中青年用户占比突出。

（3）华为用户画像：中老年用户占比最高，30岁以上用户占比60.9%，40岁以上用户占比高达33%。一二线城市用户占比低于小米，三四线城市用户高于小米。

（4）OPPO、vivo用户画像：两个品牌用户画像接近；女性用户占比60%左右；主要用户分布在三四线城市，占比接近65%；初中及以下学历用户66.3%选择OPPO，64.8%选择vivo。用户月收入3000元以内，OPPO占比59.7%，vivo占比58.4%。

2. 用户所在城市特性：一二线城市用户偏爱苹果、小米、华为，三四线城市用户65%选OPPO、vivo

（1）一二线城市用户最爱苹果、小米、三星、华为，用户占比超50%

（2）一线城市选择苹果的用户比例最高，占比31.4%；小米排名第二，占比25.4%，超过三星的24.6%、华为的22.6%，12.9%的用户选择OPPO，11.2%的用户选择vivo。

（3）三四线城市用户最爱OPPO、vivo，占比接近65%。

3. 用户特性：男性用户最爱小米，中老年用户喜欢华为，60%女性用户选OPPO、vivo

（1）性别：小米的用户理性的男性用户居多，占比61.8%。女性用户更多关注OPPO、vivo，占比近60%。

（2）年龄：中老年用户喜欢华为，30岁以上用户占比60.9%，40岁以上用户占比最高，高达33%；苹果和小米用户在中青年中更为突出，OPPO、vivo用户更偏重在20～29岁。

（3）学历：苹果、三星、小米、华为用户学历比例相当，初中及以下学历用户66.3%选择OPPO，64.8%选择vivo。

（4）收入：苹果用户收入最高，月收入超过8000元的占比15.7%，小米和华为占比均超过10%；用户月收入3000元以内的，OPPO占比59.7%，vivo占比58.4%。

（资料来源：it之家.https://www.ithome.com/0/419/583.htm）

讨论：中国网民智能手机用户画像采用的哪种调查方法？调研结论是否可靠？

提示：采用了网络问卷调查法。企鹅智库通过对中国网民智能手机购机用户所在城市、性别、年龄、收入、学历等方面设计问题，收集各品牌智能手机的网民用户特征。当然，以上结论的取得完全依据于企鹅智库公布的《2019 中国网民智能手机购机用户画像分析》报告，难免有些片面性，还需要配合其他调研方法获取更多、更全面的信息。

4）收集宏观环境信息的方法

环境信息是指与企业营销战略有关的宏观环境变量的总和。宏观环境主要是指直接或间接影响企业的生存与发展的社会、技术、经济和政治因素。环境信息调研应该看成是对主要的环境变量信息进行收集、评价并把它们与企业的日常决策和长期战略计划结合在一起的过程。在当今全球一体化趋势下，任何地方发生的事情或出现的问题都可以对企业实现其短期和长期目标的能力产生影响。企业可以通过搜索引擎、相关网站和相关数据库等收集环境信息。

3. 委托市场调查机构调查

企业委托市场调查机构开展市场调查，主要是针对企业及其产品的调查。调查内容通常包括：网络浏览者对企业的了解情况；网络浏览者对企业产品的款式、性能、质量、价格等的满意程度；网络浏览者对企业的售后服务的满意程度；网络浏览者对企业产品的意见和建议等。国内外知名的专业调查公司很多，例如，AC 尼尔森、益普索市场研究有限公司、盖洛特市场研究有限公司、数字 100 市场研究公司等。

4. 合作方式的网络市场调查

合作调查一般是由企业和媒体、调研公司、其他组织等合作开展调查，共同完成某项调查课题。例如，中国经济生活大调查就是由中央电视台携手国家统计局、中国邮政集团公司，推出的迄今为止国内规模最大的民间问卷调查和媒体调查活动。该调查就是以合作方式开展的全国家庭调查。中央电视台从 2006 年起每年对中国百姓的经济主张进行系统性调查。每年发放 10 万张明信片问卷，覆盖全国 31 个省市自治区、104 个城市和 300 个县，每年调查 10 万户中国家庭生活感受、经济状况、消费投资预期、民生困难和幸福感等。大调查将为政府决策、企业决策提供借鉴和参考，为百姓真实了解当前经济形势、找准生活平衡点、做好投资消费理财决策提供支持和帮助。

总之，网络调查的方法较多，其常用方法的比较如表 5-7 所示。

表 5-7　网络调查常用方法的比较

调查方法	具 体 内 容
利用自己的网站	网站本身就是宣传媒体，如果企业网站已经拥有固定的访问者，完全可以利用自己的网站开展网上调查
利用别人的网站	如果企业自己的网站还没有建好，可以利用别人的网站进行调查
混合型	如果企业网站已经建好但还没有固定的访问者，可以在自己的网站调查，但同时与其他一些著名的 ISP/ICP 网站建立广告链接，以吸引访问者参与调查
E-mail 型	直接向潜在顾客发送问卷
讨论组型	在相应的讨论组中发布问卷信息，或者发布调查题目，这种方式与 E-mail 型一样，成本费用比较低廉而且是主动调查

5.3.3　网络调查的基本步骤

网络调查主要分为网络直接调查和网络间接调查两大类,以下分别介绍其基本步骤。

1. 网络直接调查的基本步骤

(1) 确定目标。Internet作为企业与顾客有效的沟通渠道,企业可以充分利用该渠道直接与顾客进行沟通,了解企业的产品和服务是否满足顾客的需求,同时了解顾客对企业潜在的期望和改进的建议。在确定网上直接调查目标时,需要考虑的是被调查对象是否上网,网民中是否存在着被调查群体,规模有多大。只有网民中的有效调查对象足够多时,网上调查才可能得出有效结论。

(2) 设计网上调查问卷。网上直接调查方法主要是问卷调查法,因此设计网上调查问卷是网上直接调查的关键。由于因特网交互机制的特点,网上调查可以采用调查问卷分层设计。这种方式适合过滤性的调查活动,因为有些特定问题只限于一部分调查者,所以可以借助层次的过滤寻找适合的回答者。

(3) 选择吸引被调查者参与的方式。网上直接调查采取较多的方法是被动调查方法,将调查问卷放到网站等待被调查对象自行访问和接受调查。因此,吸引访问者参与调查是关键,为提高受众参与的积极性可提供免费礼品、抽奖等。另外,必须向被调查者承诺并且做到有关个人隐私的任何信息不会被泄露和传播。

(4) 分析结果。这一步骤是市场调查能否发挥作用的关键,与传统调查的结果分析类似,也要尽量排除不合格的问卷,这就需要对大量回收的问卷进行综合分析和论证。

(5) 撰写调查报告。撰写调查报告是网上调查的最后一步,也是网上调查成果的体现。撰写调查报告主要是在分析调查结果的基础上对调查的数据和结论进行系统的说明,并对有关结论提出合理化建议。

2. 网络间接调查的基本步骤

(1) 选择合适的搜索引擎。

(2) 确定调研对象,如企业产品的消费者、企业的竞争者等。

(3) 查询相关调研对象。

(4) 确定适用的信息服务。

(5) 信息的加工、整理、分析和运用。

(6) 撰写调查报告。

5.3.4　网络调查的应用

网络调查主要是利用企业的网站和公共网站进行市场调查研究,有些大型的公共网站建有网络调研服务系统,该系统往往拥有数十万条记录的有关企业和消费者的数据库,利用这些完整、详细的会员资料,数据库可自动筛选受访样本,为网络调查提供服务平台。

网络调研的应用领域十分广泛,主要集中在产品消费、广告效果、生活形态、社情民意、统计网上直报、产品市场供求调研等方面的市场调查研究。

同步案例5-9

澳大利亚某出版公司的网络问路

澳大利亚某出版公司计划向亚洲推出一本畅销书，但是不能确定用哪一种语言、在哪一个国家推出。后来决定在一家著名的网站做市场调查。方法是请人将这本书的精彩章节和片段翻译成多种亚洲语言，然后刊载在网上，看一看究竟用哪一种语言翻译的摘要内容最受欢迎。过了一段时间，他们发现，网络用户访问最多的网页是使用中文简体汉字和韩国文字翻译的摘要内容。于是他们跟踪一些留有电子邮件地址的网络用户，请他们谈谈对这本书的摘要的反馈意见，结果大受称赞。于是该出版公司决定在中国和韩国推出这本书。书出版后，受到了读者普遍欢迎，并且获得了可观的经济效益。

讨论：该公司如何运用网络调查？有何效果？

提示：该公司在一家著名的网站做市场调查。通过在该网站发布信息，并跟踪一些留有电子邮件地址的网络用户，收集他们的反馈意见。由于该公司认真做了网络调查，收集了许多读者的真实信息，结果书出版后，受到读者普遍欢迎，效果显著。

任务实施

结合所选课题，各公司讨论该课题如何进行网络调查，并完成网络调查资料的收集。

汇报交流

各公司推荐一名代表发言，汇报该公司网络调查实施情况，并上交网络调查收集到的资料。

总结拓展

尽管利用互联网进行调查具有很多优点，比如快速、方便、费用低、不受时间和地理区域限制等，但也存在一定的局限，在进行网络调查时要注意以下问题。

1. 在线调查表设计要考虑参与者特点

无论采取什么调查方法，设计相应的调查表并预先进行测试，在大多数情况下是必不可少的，而且调查表设计水平的高低直接关系调查结果的质量。由于在线调查占用被访问者的上网时间，因此在设计上应简洁明了，尽可能少占用填写表单的时间和上网费用，避免被访问者产生抵触情绪而拒绝填写或者敷衍了事。

2. 样本数量要足够

样本数量难以保证也许是在线调查最大的局限之一。如果没有足够的样本数量，调查结果就不能反映总体的实际状况，也就没有实际价值，足够的访问量是一个网站进行在线调查的必要条件之一。另外，应想办法尽可能地吸引网民参与调查，如提供物质奖励或非物质奖励、寻找大家最感兴趣的话题等。

3. 样本质量控制

由于网上调查的对象仅限于上网的用户，从网民中随机抽样取得的调查结果可能与消费者总体之间有误差。另外,用户地理分布的差别和不同网站拥有特定的用户群体也是影响调查结果不可忽视的原因。

4. 个人信息保护

应尊重个人隐私,自愿参加调研。尽量在人们不反感的情况下获取足够的信息,在线调查应尽可能避免调查敏感的资料,如住址、家庭电话、身份证号码等。

5. 被调查者提供信息可靠性的甄别

被调查者提供信息的真实性直接影响在线调查结果的准确性。所以,对于网上被调查者的某些信息(尤其是个人信息)的真实性和准确度要大打折扣。

6. 建立信息分析处理体系

信息收集后必须能有效地处理。最好是由专人完成信息收集与处理的工作,用数据库将信息组织管理,以备将来查询。在调查过程中,经常会收到很多垃圾邮件,在网上查到的资讯有些不是很准确,所以一个高效的信息分析处理系统非常重要。

在实践中,不同的市场调查侧重点不同,选用的调查方法也有所不同,可以根据市场调查的任务和运用科学的方法,有计划、有组织地收集市场调查资料。另外,也可以将各种调查方法组合运用以达到更好的调查效果。

知识图解

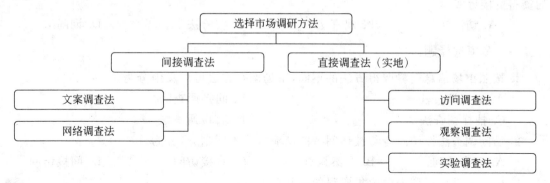

知识检测

一、名词解释

文案调查法　访问调查法　观察调查法　实验调查法　网络调查法

二、单项选择题

1. 观察法的局限性表现在(　　)。

　　A. 可靠性低　　　　B. 适用性不强　　　　C. 明显受时空限制　　　D. 成本低

2. 非标准化访问一般不宜用于(　　)。

　　A. 重点调查　　　　B. 全面调查　　　　C. 典型调查　　　　　　D. 抽样调查

3. 下列有关信息,可通过实验调查法获得的是(　　)。

　　A. 国民收入的变动对消费的影响

B. 物价指数的变动对消费行为的影响

C. 股价对房价的影响

D. 改变包装对消费行为的影响

4. 在访问调查法中，获得的信息量最大的方法是（　　）。

　A. 面谈调查　　　　　B. 邮寄调查　　　　　C. 电话调查　　　　　D. 留置调查

5. "你穿什么牌号的旅游鞋？为什么？它的优点是什么？"这种个人面谈方式称为（　　）。

　A. 倾向偏差询问　　　B. 强制选择　　　　　C. 非强制选择　　　　D. 自由回答

6. 坚持（　　）原则是观察法首要的和最起码的要求。

　A. 深入持久性　　　　　　　　　　　　B. 全面性

　C. 客观性　　　　　　　　　　　　　　D. 主观性

7. 在大规模市场询问调查前，往往要做一点必不可少的间接调查，称为（　　）。

　A. 专家调查　　　　　B. 试调查　　　　　C. 案头工作　　　　　D. 资料筹备

8. 电话调查是一种非常省力、省时的直接调查方法，但它的问题是（　　）。

　A. 代表性差　　　　　B. 访问量少　　　　　C. 费用太大　　　　　D. 沟通不畅

9. "神秘顾客"是一套规范的亲身经历的观察方法，主要用来检验（　　）。

　A. 价格问题　　　　　B. 信息质量　　　　　C. 服务质量　　　　　D. 产品质量

10. 由于被调查者的活动不受外在因素的干扰，处于自然的活动状态，因而（　　）取得的资料更接近实际。

　A. 访问法　　　　　　B. 观察法　　　　　C. 实验法　　　　　D. 询问法

三、多项选择题

1. 按照市场信息资料取得方法的不同，市场调查方法可广义地分为（　　）。

　A. 文案调查法　　　　　　　　　　　　B. 间接调查法

　C. 抽样调查法　　　　　　　　　　　　D. 直接调查法

2. 访问调查法按访问者与被访问者的交流方式不同划分，分为（　　）。

　A. 问卷访问　　　　　B. 个案调查　　　　　C. 直接访问　　　　　D. 间接访问

3. （　　）是市场调查中收集资料的最常用方法。

　A. 抽样调查　　　　　B. 问卷调查　　　　　C. 访问调查　　　　　D. 实验调查

4. 根据访问对象特点的不同，访问法可分为（　　）。

　A. 一般性访问　　　　B. 参与访问　　　　　C. 特殊访问　　　　　D. 个案访问

5. 观察法的优点有（　　）。

　A. 时效性强　　　　　　　　　　　　　B. 适用性强

　C. 直接性和可靠性　　　　　　　　　　D. 简便灵活

四、简答题

1. 简述文案调查法的含义和基本要求。

2. 访问法的主要形式有哪些？

3. 简述观察法的分类。

4. 实验法的优缺点是什么？

5. 网络调查的方式有哪些？

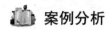 **案例分析**

××大学对真维斯专卖店的暗访调查

真维斯在武汉市区开设了 20 多家专卖店,为了督促各专卖店提高服务质量,真维斯经常派出调查员对各专卖店进行暗访调查,作为评比依据。以下是××大学对真维斯专卖店设计的暗访调查,见表 5-8。

表 5-8　神秘顾客暗访调查

店铺地址：　　　　　　　　　　店铺编号：
访问日期：　　　　　　　　　　进店时间：　　　　　　　店内顾客人数：
访问员：　　　　　　　　　　　调查表编号：　　　　　　总得分：

调查项目	等级	评分标准
1. 营业员的礼貌		
① 顾客进店时,有营业员立即面对顾客打招呼	优	有营业员立即面对顾客热情自然地打招呼
	良	有营业员面对顾客打招呼,但不自然、热情
	中	有营业员打招呼,但不面对顾客
	差	不打招呼
② 营业员衣着统一、佩戴胸卡、发饰整洁、化妆自然	优	衣着统一,佩戴胸卡,发饰整洁,化妆自然
	良	四项中有一项欠缺
	中	四项中有两项欠缺
	差	四项中有三项以上欠缺或其中一项严重欠缺
③ 营业员各就各位,无倚靠、聊天、干私事现象	优	营业员各就各位,无倚靠、聊天、干私事现象
	良	四项中有一项欠缺
	中	四项中有两项欠缺
	差	四项中有三项以上欠缺或其中一项严重欠缺
④ 能用普通话接待顾客,使用礼貌用语,面带笑容	优	使用礼貌用语,面带笑容(顾客讲普通话时,营业员也讲普通话)
	良	四项中有一项欠缺
	中	四项中有两项欠缺
	差	四项中有三项以上欠缺或其中一项严重欠缺
⑤ 当顾客只想看看时,营业员没有板起面孔的现象	优	营业员态度热情,并适当为顾客推荐一些特色商品
	良	营业员态度热情,但未推荐商品
	中	营业员态度有较大变化,也未推荐商品
	差	营业员板起面孔

续表

调 查 项 目	等级	评 分 标 准
⑥ 收银员态度和蔼,唱收唱付,并说"谢谢"	优	态度亲切、和蔼,唱收唱付,并说"谢谢"
	良	态度一般,并说"谢谢"
	中	态度一般,不说"谢谢"
	差	态度差
2. 营业员的推销技巧		
⑦ 同停留在货架前挑选货品的顾客主动打招呼并询问其需求	优	店员主动过来打招呼并询问需求
	良	店员主动过来打招呼但不询问需求
	中	店员未主动打招呼,但顾客招呼时,能迅速过来
	差	店员未主动打招呼,当顾客招呼一遍以上时才过来
⑧ 主动、热情地介绍商品的特性、面料及洗涤方式	优	全面、详细地介绍商品的特性、面料及洗涤方式
	良	顾客询问后,一问两答或以上
	中	顾客询问后,被动解答,一问一答
	差	顾客询问后,因反感而不答
⑨ 鼓励顾客试穿,乐意陪顾客到试衣间,并将待试服装为顾客准备好	优	鼓励顾客试穿,陪同顾客到试衣室,并将待试的服装准备好
	良	鼓励顾客试穿,陪同顾客到试衣室,但未将待试服装准备好
	中	不鼓励顾客试穿,顾客提出试穿后同意顾客试穿,但不陪同顾客到试衣室
	差	不鼓励顾客试穿,也不同意顾客试穿
⑩ 告诉顾客售后服务的内容,包括免费修改裤长、更换颜色、尺码等	优	主动告诉顾客全部售后服务的内容
	良	告诉顾客两项售后服务内容
	中	告诉顾客一项售后服务内容
	差	未告诉顾客售后服务内容
⑪ 如果服装不合适,则主动、热情地给顾客更换或介绍其他商品给顾客试穿	优	若顾客提出不合适,主动征询不合适的原因,并能提供相应的合适货品给顾客
	良	若顾客提出不合适,没有征询不合适的原因,就为其提供其他货品
	中	若顾客提出不合适,让顾客自己挑选其他货品
	差	若顾客提出不合适,收回货品,不予理睬,或强行推销该货品
⑫ 如试穿满意,顺便向顾客介绍、配搭其他商品和饰品	优	主动介绍并主动引导顾客配搭其他货品
	良	未主动为顾客配搭,当顾客提出配搭要求后,能热情地帮助其配搭
	中	顾客提出配搭要求后,不情愿地寻找相应货品
	差	顾客提出配搭要求后,没有反应
⑬ 服饰配搭恰到好处,令顾客满意	优	服饰配搭恰到好处,顾客非常满意
	良	服饰配搭水平较高,顾客比较满意
	中	服饰配搭水平一般,顾客可以接受
	差	服饰配搭水平太差,顾客不能接受

续表

调查项目	等级	评 分 标 准
⑭ 在不需同时接待其他顾客时,陪同顾客到收银处付款,并说致谢语	优	陪同顾客付款,并说致谢语
	良	陪同顾客付款,不说致谢语
	中	让顾客自己去付款,说致谢语
	差	让顾客自己去付款,不说致谢语
⑮ 顾客离店时,有营业员能立即主动地对每位离店顾客说送别语	优	顾客离店时,营业员热情、自然地招呼
	良	顾客离店时,营业员打招呼,但不热情
	中	有营业员偶尔对个别离店顾客打招呼
	差	不打招呼
3. 购物环境		
⑯ 在收银台附近,整洁地摆放或张贴着"顾客服务热线"的标牌	优	店内收银台附近有标牌,且很整洁
	良	店内收银台附近有标牌,但不够整洁
	中	店内收银台附近有标牌,但很脏
	差	无标牌
⑰ 店内货架、橱窗、门面招牌、地面整洁	优	店内货架、橱窗、门面招牌、地面整洁
	良	一项欠缺
	中	两项欠缺
	差	三项或四项欠缺,或有一项严重损害商店形象
⑱ 货品摆放整齐,货架不空置,货品及模特无污渍、无损坏	优	货品摆放有条不紊,分门别类,货架不空置,货品及模特无污渍、无损坏
	良	有一个货架(或货品、模特)未达到要求
	中	有两个货架(或货品、模特)未达到要求
	差	货品乱放,或三个以上货品及模特有污渍、有损坏
⑲ 试衣间整洁、门锁安全、设施齐全(配备衣钩、拖鞋)	优	试衣间整洁、门锁安全、设施齐全
	良	三项中有一项欠缺
	中	三项中有两项欠缺
	差	三项均有欠缺或其中一项以上严重欠缺
⑳ 灯光明亮、音响适中、温度适宜、走道通畅(无杂物堆放)	优	灯光充足、音响适中、温度适宜、走道畅通(无杂物堆放)
	良	四项中有一项有欠缺
	中	四项中有两项有欠缺
	差	四项中有三项或四项有欠缺,或有一项以上严重欠缺

说明:1. 对每项调查内容,优得5分、良得4分、中得3分、差得1分,满分100分。

2. 为使调查顺利、有效地进行,××大学还设计出操作流程图,见图5-2。

真维斯委派调查员装作普通顾客对各专卖店进行调查评分,根据评分结果给予奖惩,有力地促进了各专卖店服务水平的提高。

(资料来源:百度文库.http://wenku.baidu.com)

问题:

1. 案例中采用了哪种调查方法? 它是如何实施的?

2. 如何评价案例中设计的神秘顾客暗访调查表和暗访调查操作流程图。

要求: 小组讨论,回答案例中的问题;全班交流分享,教师对各小组的回答进行点评。

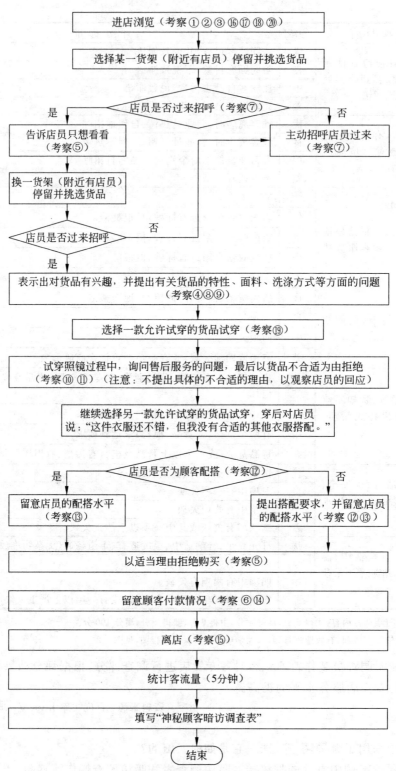

图 5-2 暗访调查操作流程图

技能训练

1. 各公司结合所选调研课题,讨论拟采用哪些调查方法,完成调查方法的选择设计。

2. 各公司推荐一名代表进行汇报交流,介绍该课题调研方法的选择方案。

3. 实训考核:采用过程性考核和成果性考核相结合的考核方法。

(1)过程性考核:参考表 5-9,根据每位学生参与实训的全过程表现,评出个人成绩。

表 5-9 过程性考核评价标准

姓名 \ 任务 标准	工作态度 (25%)	工作技能 (30%)	团队合作 (25%)	阶段性成果展示 (20%)	个人成绩
选择市场调查方法				调查方法设计	

注:每一阶段性成果都制定不同的评价标准,阶段性成果评价成绩计入过程性评价,分组给每人分别打分。

(2)成果性考核:参考表 5-10,根据各公司调查方法选择的完成情况和汇报情况,评出小组成绩。

表 5-10 市场调查方法选择评价标准

考核人员		被考评小组	
考评时间			
考评标准	考评具体内容	分值	实际得分
	调查方法选择的正确性	30	
	调查方法选择的可行性	30	
	调查方法选择的经济性	20	
	多种调查方法的组合使用	20	
	合　　计	100	
教师评语		签名: 日期	
学生意见反馈		签名: 日期	

项目 6

整理、分析调研资料

项目导言

调研人员通过各种市场调查方法收集到大量的零散资料，紧接着就需要对所收集的资料进行整理。市场调查资料整理是对市场调查所获资料进行初加工，主要包括资料的审核、分类、编码、汇总、列表、图示等一系列工作。整理好的资料将为分析研究做好准备。市场调查资料分析是对已整理的资料进行进一步研究，主要包括定性分析和定量分析，其目的在于从数据导向结论，从结论导向对策。

学习目标

- **能力目标**

1. 学会进行调研资料的审核、分组、汇总及显示，会制作统计表和统计图。

2. 学会进行调研资料的定性分析和定量分析。

- **知识目标**

1. 了解市场调查资料整理的基本内容；掌握调研资料整理的程序和方法；掌握市场调查资料显示的两种方法，即绘制统计图和统计表。

2. 掌握市场调查资料分析的基本知识和方法，并会总结、概括分析结论。

- **素质目标**

1. 培养学生团队合作精神。

2. 培养学生求真务实、严谨敬业的职业态度。

3. 培养学生独立分析问题和解决问题的能力。

4. 训练学生 Excel 软件操作技能和书面表达能力。

案例导入

智联招聘发布《2019 应届毕业生就业力调研报告》

日前，智联招聘面向全国开展应届毕业生就业力市场问卷调查，形成了《2019 应届毕业生就业力调研报告》，期望能准确把握当前大学生就业形势，发现就业市场核心规律，为政府、企业、高校和大学生在出台人才政策、制订招聘计划、开展就业指导及规划求职路径方面提供帮助和借鉴。

一、《2019 应届毕业生就业力调研报告》重要发现

基于《2019 应届生就业市场景气报告》的数据，企业校招岗位与应届生的数量都呈现上升趋势，且需求增长幅度高于供给增长幅度，从而导致 2019 年应届生的就业景气指数高于去年,从 1.78 升至 2.68。相比 2018 年,全国普通高校毕业生人数增加 13 万,再创历史新高,大学生求职面临挑战与机遇并存的情况。

（一）大学生就业压力有所增加,求职状态更加积极

2019 应届毕业生对就业压力的感知较 2018 年更加明显,认同就业形势有难度的比例为 88.10%,同比上升 5.30%。从就业行为数据来看,截至 2019 年 3 月底,近九成毕业生参加过面试,同时,超 3/4 的毕业生已经获取录用通知,虽然整体就业形势较往年严峻,但大学生们的求职仍然取得了不错的成绩。

（二）要高薪但更爱学习,"95 后"最看重职场进步空间

根据历年调研结果,大部分毕业生在求职过程中关注的首要因素并非薪资水平,而是着眼于知识获取、个人价值实现等方面的高层次追求。2019 应届毕业生最看重的是"能够学习新东西",其次是"待遇好,能挣钱"。结合前几年的调研结果可以发现,对于"95 后"求职者而言,"待遇好"固然重要,但他们并没有单纯为了高薪而工作,能够得到学习进步的空间,更好地实现个人的价值,才是他们理想中的工作状态。

（三）求职预期与现实仍有落差

受到物价上涨、人力成本上升等因素影响,2019 应届毕业生的期望月薪与实际月薪都比 2018 年上浮一档。调研结果显示,2019 应届毕业生期望月薪集中在 6000～7999 元,占比 32.39%;而从实际签约月薪数据来看,35.22% 的应届毕业生的签约薪酬为 4000～5999 元,低于求职预期。

从期望就业的企业性质来看,国有企业占比最高,随后分别是三资企业、民营企业、事业单位、国家机关。可见工作稳定、待遇较好的国有企业依然最受应届毕业生青睐。从签约单位性质来看,民营企业仍是人才消化大户,占据签约单位的近五成,国有企业占三成。

从期望的就业行业来看,排名最高的是 IT/通信/电子/互联网,占比 21.35%,从签约情况来看,IT/通信/电子/互联网签约人才数量仍居首位,所占比例为 18.51%,与大学生求职期望基本吻合。

（四）新一线城市就业吸引力热度不减,一线城市吸引力有所上升

2019 应届毕业生期望就业地占比最高的是新一线城市,实际签约数据中,新一线城市同样超越一线城市,位居毕业生实际签约地榜首。一线城市吸引力与 2018 年相比有所上升,这与 2019 年复杂的就业形势下,一线城市拥有更多的就业机会密切相关。

（五）就业心态更开放,创业型公司进入视野

调研结果显示,近一半的 2019 应届毕业生明确表示会接受创业公司的录用,明确拒绝的仅占 7.66%。由此可见,虽然创业型公司体量小,雇主品牌不占优势,但得益于整体数量较多、成长潜力较高、职场发展空间大等优势,得到了多数大学生求职者的认可。

二、毕业生求职认知（略）

三、毕业生求职行为（略）

四、毕业生求职结果（略）

五、期望与现实

（一）新一线城市吸引力维持首位,一线城市吸引力有所上升

本次调研结果显示,2019 应届毕业生期望就业地比例最高的依旧是新一线城市,占比为 44.18%,同比上升 4.00%,说明生活成本相对较低、就业机会相对较高的新一线城市,最

受毕业生青睐。一线城市吸引力小幅上升，占比为30.63%，同比上升3.27%，反映出在就业压力下，拥有较多工作机会和成长机会的一线城市，即便生活成本高一些，仍然能吸引不少应届毕业生。

此外，期望就业地是二线城市的占比为20.14%，三线及以下城市的占比是5.05%，同比均有所下降。在整体经济下行的背景下，相比体量较小的二三线城市，毕业生更愿意去一线及新一线城市闯一闯。

进一步对比2019应届毕业生实际就业所在地数据，发现实际签约地点比例最高的也是新一线城市，占比35.17%，一线城市签约占比为32.14%，说明吸纳大学生就业占比最高的依旧为新一线和一线城市，且占比均同比呈现增长态势。然而实际签约三线及以下城市的毕业生占比14.87%，表明毕业生虽想去大城市发展，但因为生活成本高，加之多地出台引才政策，使得实际签约三线城市的占比高于期望。

（二）国企依然最受毕业生青睐，民营企业实际吸纳近五成

从期望就业的单位性质来看，国有企业占比最高，有33.17%的应届毕业生期望在国有企业工作，随后分别是三资企业占比24.55%，民营企业占比21.23%，事业单位占比11.42%，国家机关占比6.65%。工作稳定、待遇较好的国有企业依然最受应届毕业生青睐。

从签约单位性质来看，民营企业占比47.25%，国有企业占比30.43%，三资企业占比13.04%，事业单位占比3.48%，国家机关占比3.48%。民营企业仍是吸纳就业的绝对主力，国有企业因为体量大、用工需求大，所以人才吸纳也较多。

（三）期望与现实部分不匹配，销售类岗位就业缺口明显

根据调研结果，应届毕业生期望从事的岗位排在前三的是技术、财务/审计/税务、运营，占比分别为17.95%、11.51%和11.04%；随后是行政/后勤/文秘占比9.85%，设计占比8.65%，研发占比8.53%，人力资源占比7.97%，市场/公关占比5.33%，采购/贸易占比3.92%，销售占比3.62%，产品占比3.24%，生产/加工占比1.02%，法务占比0.98%，客服占比0.72%。

从实际签约单位所属岗位先后顺序排名来看，第一位仍是技术岗，占比23.19%；其他依次是销售岗，占比14.72%；生产/加工岗占比8.06%；运营岗占比10.30%；研发岗占比9.30%；行政/后勤/文秘岗占比5.27%；财务/审计/税务岗占比5.25%；市场/公关岗占比4.35%；人力资源岗占比4.34%；客服岗占比3.77%；设计岗占比2.90%；产品岗占比2.61%；采购/贸易岗占比1.39%；法务岗占比0.47%。

通过对比岗位供需数据，发现大学生求职依旧存在较为明显的供需不匹配现象。数据显示，销售类岗位实际吸纳的人才量仅次于技术，但毕业生就业意愿明显低于实际就业比例，与之类似的还有生产/加工岗位和客服岗位，均呈现供不应求的状态。

行政/后勤/文秘、人力资源等偏向于企业职能类的岗位，在社会整体经济形势趋稳，以及企业内部岗位数量相对较少、人员流动性偏低的背景下，招聘需求低于求职供给，因此呈现较为明显的就业偏差。建议高校根据当前社会经济形势和就业现状，提前对相关专业的大学生进行求职辅导，做好职业生涯规划。

（资料来源：Useit知识库.https://www.useit.com.cn/thread-24179-1-1.html）

案例思考

1. 市场调查资料整理的重要意义是什么？

2. 如何进行市场调查资料的整理和分析？

通过以上案例可以得出：市场调研的本质就是市场信息的收集、整理和分析过程，为企业决策提供依据。调研人员要理解调研资料整理和分析的重要性，熟练掌握调研资料的整理和分析的技术，帮助企业做出科学的决策。

任务 6.1 整理市场调研资料

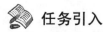 **任务引入**

各公司将收集到的所有资料(包括一手资料和二手资料)汇总，完成调研资料的整理工作。

- 问题 1：市场调查资料整理的内容包括哪些？
- 问题 2：如何整理市场调查资料？

知识铺垫

市场调查人员通过一定的调查方法向被调查者调查，收集到大量零散的原始信息资料，只有经过整理，使之系统化、条理化，才能揭示市场经济现象的内在联系和本质，为企业经营决策提供依据。

6.1.1 市场调查资料整理的重要意义

调查资料的整理，就是根据调查目的，运用科学方法，对调查所得的各种原始资料进行审查、检验和分类汇总，使之系统化和条理化，从而以集中、简明的方式反映调查对象总体情况的工作过程。调查资料整理具有重要意义。

1. 调查资料的整理是市场调查研究中十分重要的环节

通过调查取得的原始资料都是从各个烦琐的调查过程收集的、零散的、不系统的资料，只是表明各种不同资料的情况，反映事物的表面现象，不能说明被研究总体的全貌和内在联系，而且收集的资料难免出现虚假、差错、短缺、冗余等现象，只有经过加工整理，才能使调查资料统一化、条理化、简单化，确保调查资料的正确性和可靠性。

2. 调查资料的整理，可以大大提高调查资料的使用价值

调查资料的整理过程是一个去粗取精、消除误差、由表及里、综合提高的过程。它能有效提高信息资料的浓缩度、清晰度和准确度，从而大大提高调查资料的使用价值。

3. 调查资料的整理也是保存调查资料的客观要求

调查得到的原始信息资料，不仅是当时企业或研究者做出决策的客观依据，而且对今后研究同类活动或试验现象具有重要的参考价值。因此，每次调查后都应认真整理调查的原始信息资料，以便今后长期保存和研究。

调查资料的整理对调查人员来说，也是一个对表面现象认识、深化的过程。如果说，实地调查阶段就是认识现象的感性阶段，那么，整理资料阶段就是认识现象的理性阶段。只有经过对调查资料加以整理,才能发现现象内在的变化规律。

6.1.2　市场调查资料整理的步骤

调查资料整理需要经历以下几个步骤。

1. 设计整理方案

整理方案即对整理工作做一个整体设计和规定,一般包括整理的目的和要求、资料审核、整理内容、整理方式、汇总办法、人员安排、数据管理等方面的内容。

2. 资料的审核

资料的审核即对原始资料或二手资料进行审核,查找问题,采取补救措施,确保数据资料的质量。

3. 资料的分组

资料的分组即对问卷或调查表提供的原始数据进行分类,以便使调查资料更清晰地呈现问题。

4. 统计汇总

统计汇总即在资料分组的基础上,进行汇总整理。

5. 数据显示

数据显示即对加工整理后的资料用统计表、统计图、数据库、数据报告等形式表现出来。

6.1.3　市场调查资料的审核

调查资料的审核,是指对已经收集到的资料进行总体检验,检查其是否齐全、是否有差错,以决定是否采用此份调查资料的过程。

微课堂：调查
资料的审核

1. 审核的内容

调查资料审核的目的在于确保资料的真实性、完整性、准确性和时效性。因此,资料审核的内容主要集中在以下四个方面。

1) 资料真实性的审核

检查调查资料的来源是否客观、真实。要辨别资料的真伪,把那些违背常理、前后矛盾、不符合逻辑的资料舍去。

2) 资料完整性的审核

资料的完整性主要审查三个方面。

(1) 调查对象是否齐全,有没有被遗漏的调查对象。比如,事先规定的样本是 120 户居民,调查资料只有 80 户居民,这就是调查资料不完整。

(2) 调查的项目是否都有完整资料。比如问卷上的每一个问题,被调查者是否都回答了,有没有许多的遗漏。

(3) 调查资料详细程度是否符合要求。例如,对某商品销售额进行调查,预定收集该商品各品种、规格、花色、型号在各个地区的销售额的资料,而如果只收集了一个总销售额数字或只有一个地区的销售资料,就不太完整了。

3）资料准确性的审核

这方面主要审查调查资料是否有错误,计算是否正确。具体包括如下内容。①被调查者是否属于规定的样本范围。如事先规定抽样调查 100 户高收入居民家庭,而调查资料显示出来的是对低收入户居民家庭的调查,这就不符合样本的要求。②调查资料是否存在明显的错误。如某被调查者所填年龄为 13 岁,文化程度为大学毕业,这一资料就明显是错误的。③调查资料口径、计算方法、计量单位等是否统一。如调查职工月收入,有的人只按基本工资填写,有的人按基本工资、奖金和加班费的总和填写,这样的调查资料口径就不统一了。

4）资料时效性的审核

资料时效性的审核即检查各个调查单位的资料在时间上是否符合本次调查的要求,包括检查调查资料的时间是否延迟,填写的是否是最新资料等。

2. 审核的作业方式

实行一卷或一表从头审到尾,有利于贯彻审核的一致性原则和明确审核员的责任。而分段作业和分段审核,就不利于贯彻一致性原则,且容易产生责任不清的问题。

3. 审核的方法

(1) 逻辑审核。利用逻辑和经验判断的方法,检查问卷或调查表中的填答项目是否合理,项目之间有无相互矛盾的地方,有无不应有的空白,有无不合理的填答,有无泛兴填答、答非所问或部分项目不回答的现象等。

(2) 计算审核。计算审核主要是对数据进行计算性的检查,如分量相加是否等于小计,小计相加是否等于合计,数据之间该平衡的是否平衡,各项数据在计算方法、计算口径、计量单位、时间属性等方面是否有误等。

4. 审核后调查资料的处理

(1) 接受内容基本正确、符合要求的调查资料。
(2) 对存在问题较少的调查资料,由调查人员采取适当措施,进行补充、完善后再采用。
(3) 问题较多的调查资料作废。

6.1.4　市场调查资料的分组

调查资料分组是指根据市场调查的目的、要求,按照市场现象的一定标志,把调查的有关资料分为不同类型或性质的组。通过资料的分组,可以把不同类型、性质的事物和现象区分开,把相同的类型、性质的事物和现象归纳在一起,从而清楚地揭示事物、现象的本质和特征。

1. 选择恰当的分组标志

分组标志是指反映事物属性或特征的名称。恰当分组必须遵守以下原则。
(1) 根据调查研究的目的和任务选择分组标志。
(2) 选择能够反映研究对象本质的标志。
(3) 应从多角度选择分组标志,并不是从唯一的角度选择。

2. 选择分组形式

分组形式可以概括为以下几种。

1）简单分组处理

简单分组处理又称单变量分组处理，是指对总体各单位或样本各单位只按一个标志或标准进行分组处理。分组的标志或标准一般可以区分为品质属性、数量属性、时间属性、空间属性四类。

例如，某市组织了一次样本量为 2000 户的居民家庭空调满意度和购买行为的市场调查，设计的问项是 36 个，其中基本项目 9 项，主体项目 27 项，如表 6-1 所示。

（1）品质属性分布数列。它是以被调查者的职业、所属行业、性别、文化程度等品质属性作为分组标志而形成的简单品质数列，如表 6-2 所示。

表 6-1　某市居民家庭空调满意度和购买行为的市场调查

（一）基本项目	（二）空调拥有状况	（三）满意度项目	（四）需求项目
1. 性别	10. 拥有量	19. 制冷效果	28. 需求数量
2. 年龄	11. 品牌	20. 制热效果	29. 需求时间
3. 文化程度	12. 机型	21. 节电效果	30. 品牌选择
4. 职业	13. 功率	22. 噪声大小	31. 机型选择
5. 所属行业	14. 购买时间	23. 外观设计	32. 功率选择
6. 家庭人口	15. 购买地点	24. 配件质量	33. 价位选择
7. 就业人口	16. 购买因素	25. 产品价格	34. 购点选择
8. 年人均收入	17. 信息渠道	26. 送货安装	35. 关注要素
9. 居住城区	18. 价格	27. 维修服务	36. 由谁决定

表 6-2　某市居民家庭空调拥有量品牌分布

品牌 项目	A	B	C	D	E	F	G	合计
拥有量/台	369	665	775	444	406	261	230	3150
比重/%	11.7	21.1	24.6	14.1	12.9	8.3	7.3	100.0

（2）数量属性分布数列。它是以被调查者的年龄、收入、消费支出、家庭人口、就业人口等数量属性作为分组标志形成的变量数列。有如下两种形式。

① 单项式变量数列。适用于离散型变量（如家庭人口、就业人口、耐用品拥有量、需求量等）的分组处理，即直接以变量的不同取值作为分组的组别而编制的变量数列，如表 6-3 所示。

表 6-3　某市居民家庭空调拥有台数分布

拥有量 项目	0	1 台	2 台	3 台	4 台	5 台以上	合计
家庭数/户	300	708	646	274	52	20	2000
比重/%	15.0	35.4	32.3	13.7	2.6	1.0	100.0

② 组距式变量数列。适用于连续变量（如年龄、收入、消费支出等）的分组处理，即以变量的不同取值区间作为分组的组别而编制的变量数列，如表 6-4 所示。

表 6-4 某市居民家庭人均年收入分布

组 别	样本户数/户	比重/%
0.5 万元以下	180	9.0
0.5 万~1 万元	220	11.0
1 万~2 万元	320	16.0
2 万~3 万元	500	25.0
3 万~4 万元	360	18.0
4 万~5 万元	260	13.0
5 万元以上	160	8.0
合 计	2000	100.0

（3）时间属性分布数列。它是以调查问卷中的一些时间属性的调查项目(如购买时间、需求时间等)作为分组标志,对被调查者的时间选项进行分组而形成的时间数列,如表 6-5 所示。

表 6-5 某市居民家庭现有空调购买时间分布

项目＼购买年数	1 年	2 年	3 年	4 年	5 年	6 年	6 年以上	合计
空调数/台	652	592	551	513	479	310	53	3150
比重/%	20.7	18.8	17.5	16.3	15.2	9.8	1.7	100.0

（4）空间属性分布数列。它是以调查问卷中的某些具有空间属性的调查项目(如被调查者的居住区域、购买产品的场所等)作为分组标志而形成的空间数列,如表 6-6 所示。

表 6-6 某市居民家庭现有空调购买场所分布

项目＼购买场所	百货超市	空调专卖店	电器城	厂家直销	旧货市场	合计
家庭/户	547	554	534	48	17	1700
比重/%	32.2	32.6	31.4	2.8	1.0	100.0

2）平行分组处理

平行分组处理是对总体各单位或样本各单位同时采用两个或两个以上的标志或标准进行平行排列的分组,所编制的分组数列称为平行分组数列。

（1）两变量(项目)平行分组数列。它是将两个有联系的调查项目按相同选项分组的结果并列在一起而编制的平行分组数列,如表 6-7 所示。

表 6-7 某市居民家庭空调品牌分布

项目＼品牌	A	B	C	D	E	F	G	合计
1. 拥有量/台	369	665	775	444	406	261	230	3150
比重/%	11.7	21.1	24.6	14.1	12.9	8.3	7.3	100.0
2. 需求量/台	103	192	183	140	110	68	52	848
比重/%	12.1	22.6	21.6	16.5	13.0	8.0	6.2	100.0

（2）多变量(多项目)平行分组数列。它是将两个以上有联系的调查项目按相同选项分组的结果并列在一起而编制的平行分组数列。常用于产品或服务满意度测评、被调查者态度测量等原始资料的加工开发,如表 6-8 所示。

表 6-8　某市居民家庭空调满意度测评汇总　　　　　　　　单位：次

测评项目	很满意	满意	较满意	不满意	很不满意	次数合计
1. 制冷效果	261	328	686	340	85	1700
2. 制热效果	272	330	514	386	198	1700
3. 节电效果	272	330	514	386	198	1700
4. 噪声大小	115	230	680	365	310	1700
5. 外观设计	202	324	860	230	84	1700
6. 产品价格	212	396	726	285	81	1700
7. 配件质量	98	283	606	390	323	1700
8. 送货安装	120	286	698	324	272	1700
9. 维修服务	120	286	695	326	273	1700

3）交叉分组处理

交叉分组处理是对总体各单位或样本各单位采用两个或两个以上的标志或调查项目进行交叉分组，所编制的数列一般表现为相关分组数列或复合分组数列。

（1）基本项目之间的交叉分组处理。它是利用反映被调查者基本情况的基本调查项目之间的关联性进行交叉分组处理，如表 6-9 所示。

表 6-9　被调查者性别与文化程度分布　　　　　　　　单位：人

文化程度＼性别	男	女	合计
小学以下	6	4	10
初中	210	176	386
高中、高职	297	321	618
专科	248	265	513
大学本科	226	177	403
硕士、博士	48	22	70
合　计	1035	965	2000

（2）基本项目与主体项目之间的交叉分组处理。它是利用问卷中的基本项目与主体项目之间的关联性进行交叉分组处理，用以揭示不同性别、不同年龄、不同行业、不同职业、不同文化程度、不同居住区域、不同家庭人口的被调查者对所要研究的主体项目选项回答的差异性、相关性等深层次的问题。如表 6-10 所示的两变量交叉列表。

表 6-10　某市居民人均年收入与品牌需求交叉分组列表　　　　　单位：人

人均年收入＼品牌需求	A	B	C	D	E	F	G	合计
0.5 万元以下	—	10	15	8	10	24	18	85
0.5 万～1 万元	4	32	28	18	14	20	16	132
1 万～2 万元	6	60	56	28	18	16	8	192
2 万～3 万元	14	48	43	30	26	4	5	170
3 万～4 万元	26	36	30	25	16	2	3	138
4 万～5 万元	28	4	6	16	14	1	2	71
5 万元以上	25	2	5	15	12	1	—	60
合　计	103	192	183	140	110	68	52	848

（3）三变量交叉列表，如表 6-11 所示。

表 6-11　被调查者对空调维修服务满意度测评汇总表　　　单位：人

态度测评选项	男			女			合计
	大学以下	大学以上	小计	大学以下	大学以上	小计	
很满意	135	116	251	124	40	164	415
较满意	126	48	174	141	95	236	410
一般	124	52	176	136	46	182	358
不满意	196	46	242	170	13	183	425
很不满意	180	12	192	195	5	200	392
合计	761	274	1035	766	199	965	2000

4）开发式问题的分类归纳

"意见归纳处理"的基本思路和程序如下。

（1）集中所有同一个开放式问题的全部文字性答案，通过阅读、思考和分析，把握被调查者的思想认识。

（2）将被调查者的全部文字性答案，按照其思想认识不同归纳为若干类型，并计算各种类型出现的频数，制成全部答案分布表。

（3）对全部答案分布表中的答案进行挑选归并，确定可以接受的分组数。一般来说，应在符合调研项目的前提下，保留频数多的答案，然后把频数很少的答案尽可能归并到含义相近的组，应考虑调研的目的和答案类型的多少而确定，一般来说应控制在 10 组内。

（4）为确定的分组选择正式的描述词汇或短语。不同组别的描述词汇或短语应体现质的差别，力求中肯、精练、概括。

（5）根据分类归纳的结果，制成正式的答案分布表。

例如，在一项关于居民空调购买行为的调研中，问卷中设置了"你对'静音空调'这个产品概念有何看法"的开放式问项，被调查者的回答是多种多样的，通过分类归纳得到的答案分布表如表 6-12 所示。

表 6-12　被调查者对"静音空调"的看法分布

看 法 分 类	答案人数/人	比重/%
符合环保需求	325	16.25
符合发展趋势	286	14.30
符合消费需求	316	15.80
希望尽快推出	198	9.90
有可能实现	312	15.60
不可能实现	350	17.50
难以评价	213	10.65
合计	2000	100.00

6.1.5　市场调查资料的汇总

资料的汇总技术有如下两类。

1. 计算机汇总

1）选用或开发合适的数据处理软件

随着计算机技术的广泛应用，在市场调研中人们越来越多地使用计算机来处理市场调研资料。计算机软件 Excel、SPSS 等都有对数据进行分类汇总的功能。利用计算机汇总调查资料，需要事先对资料进行编码。

2）编码

资料的编码就是使用一个规定的数字或字符代表一个种类的回答。对资料进行编码是为了便于进行统计分析，可进一步方便计算机存储和分析。下面举例说明编码及处理方式。

例如，我们正在进行一项消费者对某种商品评价的调查，要求被调查者回答以下问题：①消费者的性别；②消费者的职业；③消费者的年龄；④消费者对此商品的综合评价（0～10）。

在资料的编码过程中可作如下处理。

（1）用数字 1 代表男性，2 代表女性。

（2）根据分析的需要，将消费者的职业分为工人、农民、军人、机关干部、学生、公司职员、教师和其他 8 大类，并分别用数字 1～8 代表。

（3）根据分析的需要，将消费者的年龄分为 18 岁以下、19～30 岁、31～45 岁、46 岁以上 4 组，并分别用数字 1～4 代表。

（4）根据分析需要，用数字 1～10 分别代表消费者对商品的评价。

根据以上编码的含义，集中制作一份编码说明书，如表 6-13 所示。

表 6-13　编码说明书

问题序号及内容	数据所在列	编码及说明	
1. 性别	第 1 列	1. 男	2. 女
2. 职业	第 2 列	1. 工人 3. 军人 5. 学生 7. 教师	2. 农民 4. 机关干部 6. 公司职员 8. 其他
3. 年龄	第 5 列	1. 18 岁以下 2. 19～30 岁 3. 31～45 岁 4. 46 岁以上	
4. 评价	第 7～8 列	如 10	

根据编码说明书，就可以对全部的调查资料逐份编码，并获得一定格式的编码资料，见表 6-14。

表 6-14　编码资料

性　别	职　业	年　龄	评　价
第 1 列	第 3 列	第 5 列	第 7～8 列
1	2	3	10
2	6	2	8
⋮	⋮	⋮	⋮

举例说明：

消费者甲，男性，职业是农民，年龄为 36 岁，对商品评价为 10 分。其编码为 10203010。

消费者乙，女性，职业是公司职员，年龄为 25 岁，对商品评价为 8 分。其编码为 20602008。

在资料编码中，应把握好以下问题。

（1）正确掌握分类的尺度。对资料中的某个问题分类过细，会增加分析的复杂程度；分类过粗，会造成资料信息的流失，也会影响分析的深入程度。所以，根据实际分析的需要，设置合理的分类尺度是资料编码的首要问题。一般对于分类较细的资料可进一步转化为分类较粗的资料；而对分类较粗的资料，除非保留了原始资料，否则不能转化为分类较细的资料。

（2）为保证每一类回答都有类可归，又避免分类过细，可设置一个"其他"的分类。

（3）每一个问题中的分类应含义明确，避免与其他分类产生交叉。

（4）对错误或疏漏的回答可作为特殊的分类，并指定一个特殊的数字或字符代表，如用 0 或 −1 等，而不应将其归入其他类中。

以上只是一种编码过后的简单分析，在实际的应用中，要根据具体情况进行具体分析，如定性分析和定量分析等。

3）数据录入

一般是由数据录入员根据编码的规则（编码说明书）将数据从调查问卷上直接录入计算机数据软件系统中，系统会自动进行记录和存储。录入工作一定要耐心、细致，否则将影响调查结果。为了提高数据录入的质量，可采用"双录入"的方法，即两个录入人员分别录入相同的数据，然后借助计算机对照两人录入的结果，从而发现录入是否有错误。

4）数据检查

录入数据完成后，通常还要运用计算机对数据进行检查，以减少录入误差。检查的方法有两种。一种是逻辑检查，即运用事先设计的计算机逻辑错误检查程序进行检查，以防止录入时产生逻辑错误。一种是幅度检查，即根据编码的取值范围进行检查。我们给每个问题规定的编码范围都是一定的，如果哪个问题的编码超出了规定范围，那一定有错误。例如，我们给性别这个问题规定的编码范围是 1～2，1 代表男性，2 代表女性。假定录入了一个被调查者的性别编码为"3"，那就一定发生了错误，这时需要检查是哪一步骤出现了错误并加以纠正。

5）汇总制表

利用设定的计算机汇总与制表程序，自动生成各种分组表。

2. 手工汇总

手工汇总的常用方法如下。

（1）问卷分类法。将全部问卷按照问项设计的顺序和分组处理的要求，依次对问项答案进行问卷分类，分别清点有关问卷的份数，就可得到各个问题答案的选答次数。

（2）折叠法。将全部调查问卷中的同一问项及答案折叠起来，并一张一张地叠在一起，用别针或回形针别好，然后点计各个答案选择的次数，填入事先设计的分组表内。

（3）划记法。事先设计好空白的分组统计表，然后对所有问卷中的相同问项的不同答案一份一份地进行查看，并用划记法划记（常用"正"字法），全部问卷查看与划记完毕，即可统计出相同问项下的不同答案的次数，最后过录到正式的分组统计表上。

（4）卡片法。利用摘录卡作为记录工具，对开放式问题的回答或深层访谈的回答进行过录或记录，然后再依据这些卡片进行"意见归纳处理"。

6.1.6　市场调查资料的显示

资料的显示又称为数据陈示，即对加工整理后的资料用统计表、统计图、数据库、数据报告等形式表现出来。其中绘制统计图表是数据显示的常用形式。

微课堂：常见的统计图表

1. 统计表

统计表是以纵横交叉的线条所绘制的表格来显示数据的一种形式。用统计表陈示数据资料有两大优点：一是能有条理、系统地排列数据，使人们阅读时一目了然，印象深刻；二是能合理、科学地组织数据，便于人们阅读时对照比较。

1）统计表的构成

从形式上看，统计表是由总标题、横行标题、纵栏标题、指标数值四个部分构成。如表 6-15 所示。

表 6-15　婚姻、性别与时装购买选择分布表　　　　　　　单位：人

时装购买选择	男　　性			女　　性		
	小计	已婚	未婚	小计	已婚	未婚
高档时装	171	125	46	169	75	94
中档时装	219	164	55	203	135	68
低档时装	130	101	29	108	90	18
被调查者人数	520	390	130	480	300	180

（1）总标题：统计表的名称，概括统计表的内容，写在表的上端中部。

（2）横行标题：横行的名称，即各组的名称，写在表的左方。

（3）纵栏标题：纵栏的名称，即指标或变量的名称，写在表的上方。

（4）指标数值：列在横行标题和纵栏标题交叉对应处。

从内容上看，统计表由主词或宾词两大部分构成。主词是统计表所要说明的总体的各个构成部分或组别的名称，列在横行标题的位置。宾词是统计表所要说明的统计指标或变量的名称和数值，宾词中的指标名称列在纵栏标题的位置。有时为了编排的合理和使用的方便，主词和宾词的位置可以互换。此外，有的统计表还有补充资料，如注解、资料来源、填表单位、填表人等。

2）统计表制作的注意事项

统计表设计总的要求是科学、实用、简洁、美观和便于比较，具体要注意以下几点。

（1）标题设计。统计表的总标题，横行、纵栏标题应简明扼要，以简练而又准确的文字表述统计资料的内容、资料所属的空间和时间范围。表头一般应包含表号、总标题和表中数据的单位等内容。

（2）线条的绘制。通常情况下，统计表的左右两边不封口，用"开口式"。上下两条线要粗，中间其他线要细。列标题用竖线隔开，行标题之间一般不用横线隔开。表的上下端应以粗线绘制，表内纵横线以细线绘制。

（3）合计栏的设置。统计表各纵列若需合计时，一般应将合计列在最后一行，各横行若需要合计时，可将合计列在最前一栏或最后一栏。

（4）指标数值的填写。表中数字应该填写整齐，对准位数。当数字特别小可忽略不计时，可写上"0"；当缺某项数字资料时，可用符号"…"表示；不应有数字时用符号"—"表示。

（5）计量单位的注明。统计表必须注明数字资料的计量单位。当全表只有一种计量单位时，可在统计表的右上方标明。当同栏指标数值以同一计量单位计量，而各栏的计量单位不同时，应将计量单位标写在各纵栏标题的下方或右侧，如同行的统计资料以同一计量单位计量，而各行的计量单位不同时，则可在横行标题后添一列计量单位栏，用以标写各行的计量单位。

（6）注解或资料来源。为保证统计资料的科学性与严肃性，在统计表下，应注明资料来源，以便查考。必要时，在统计表下应加注解或说明。

2. 统计图

统计图是利用点、线、面、体等绘制成几何图形，以表示各种数量间的关系及其变动情况的工具，是表现统计数字大小和变动的各种图形的总称。用统计图陈示调研数据具有"一图抵千字"的表达效果，因为图形能给人以深刻而明确的印象，能揭示现象发展变化的结构、趋势、相互关系和变化规律，但统计图能包含的统计项目较少，且只能显示出调查数据的概数，故统计图常配合统计表、市场调研报告一并使用。

1）统计图的构成

（1）标题。统计图都应有标题，其要求与统计表的标题一致，所不同的是统计图的标题列在图的下边。

（2）图域。除圆图外，图域总是矩形，其长宽之比一般要求为 7∶5，以此比例绘制的图形较美观。

（3）标目。统计图的纵横两轴应有标目，即纵标目和横标目。纵标目放在图的左侧，横标目放在图的下边，并要注明度量单位或其他单位。

（4）尺度。纵轴尺度自下而上，横轴尺度自左至右，一律由小到大，同时标尺度要适中，不要过松或过密。

（5）图例表示两种或几种事物时，要用图例说明。图例一般放到图的下方。

2）统计图的类型

统计图的种类很多，常见的统计图主要有以下几种。

（1）柱形图。柱形图又称条形图、柱状图，是以宽度相等的条形高度或长度的差异来显示统计指标数值多少或大小的一种图形。柱形图简明、醒目，是一种常用的统计图形。柱形图用于显示一段时间内的数据变化特征和用于显示各项之间的比较情况，如图 6-1 所示。

（2）折线图。折线图是类别数据沿水平轴均匀分布，所有值数据沿垂直轴均匀分布的线状图形。折线图用于显示随时间（根据常用比例设置）而变化的连续数据，非常适用于显示在相等时间间隔下数据的趋势，如图 6-2 所示。

（3）饼图。饼图由一个圆或多个扇形组成，每个扇形显示不同颜色。每个扇形的角度大小可显示一个数据系列中各项的大小与各项总和的比例。饼图中的数据点显示为整个饼图的百分比。饼图直观显示各个组成部分所占比例，并能够标注具体比例值，如图 6-3 所示。

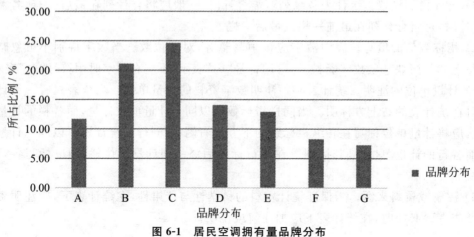

图 6-1　居民空调拥有量品牌分布

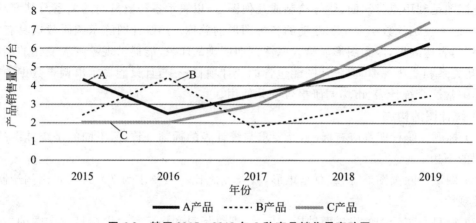

图 6-2　某厂 2015—2019 年 3 种产品销售量变动图

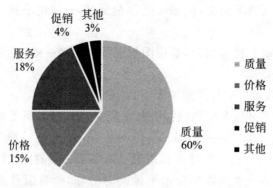

图 6-3　某市消费者购买空调时关注的因素

（4）散点图。散点图是用两组数据构成多个坐标点，考察坐标点的分布，判断两变量之间是否存在某种关联或总结坐标点的分布模式。散点图将序列显示为一组点。值由点在图表中的位置表示。类别由图表中的不同标记表示。散点图通常用于展示数据的分布关联趋势和聚合情况,如图 6-4 所示。

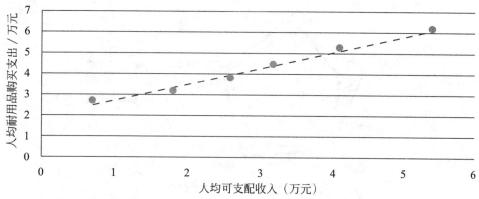

图6-4　某市人均可支配收入和耐用消费品购买支出相关图

（5）面积图。面积图又称区域图,强调数量随时间而变化的程度,也可用于引起人们对总值趋势的注意。堆积面积图和百分比堆积面积图还可以显示部分与整体的关系。例如,表示随时间而变化的利润的数据可以绘制到面积图中以强调总利润,如图 6-5 所示。

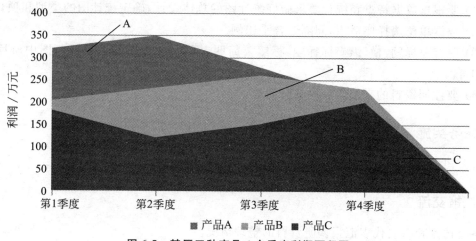

图6-5　某厂三种产品 4 个季度利润面积图

（6）雷达图。雷达图也称为网络图、蜘蛛图、星图、蜘蛛网图、不规则多边形、极坐标图或 Kiviat 图。雷达图是以从同一点开始的轴上表示的三个或更多个定量变量的二维图表的形式显示多变量数据的图形方法。轴的相对位置和角度通常是无信息的。它相当于平行坐标图,轴径向排列。雷达图对内部关联的各项指标进行可视对比,以了解各自所占比率或快速了解各项指标的变动情况。

雷达图的每个变量都有一个从中心向外发射的轴线,所有的轴之间的夹角相等,同时每个轴有相同的刻度,将轴到轴的刻度用网格线连接作为辅助元素,连接每个变量在其各自的轴线的数据点成一条多边形。

雷达图对于查看哪些变量具有相似的值、变量之间是否有异常值都很有用。雷达图也可用于查看哪些变量在数据集内得分较高或较低,因此非常适合显示性能。同样,雷达图也常用于排名、评估、评论等数据的展示,如图 6-6 所示。

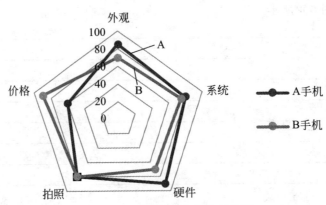

图 6-6　A、B 手机综合评价对比图

3）统计图制作的注意事项

随着计算机技术的快速发展，常见的办公软件如 Microsoft Office、WPS 等都可以自动生成各种常用的统计图，我们只需要录入数据，按照操作提示一步一步操作即可。另外，我们需要根据各种统计图的特点和适用情况灵活组合使用。制作统计图还要注意以下几点。

（1）要根据数据特点和统计要求做好统计图的总体设计，确定统计图的类型和项目。

（2）数据单位选择要适当，间隔要合乎比例。

（3）要有总标题，横、纵坐标标题，标题要简明、概括，总标题的题目要与图中所反映的内容相符。

（4）要注明资料的来源与制图的时间等。

任务实施

各公司根据所收集的调研资料，完成调研资料的整理工作。

汇报交流

各公司推荐一名代表汇报调研资料的整理情况。

总结拓展

调查资料整理的标准

调查资料整理的标准，简单地说就 6 个字："真""准""整""统""简""新"。

"真"指调查数据资料必须真实，不能弄虚作假，主观杜撰。对收集到的调查数据资料要根据实践经验和常识进行辨别，看其是否真实可靠地反映了调查对象的客观情况。一旦发现有疑问，就要再次根据事实进行核实，排除其中的虚假成分，保证调查数据资料的真实性。如果整理出来的调查数据资料不真实，那么，比没有调查数据资料更危险。因为没有调查数据资料，最多得不出结论；而资料不真实，就会得出错误的结论，这比得不出结论更有害。因此，"真"是整理资料时应遵循的首要标准。

"准"指调查数据资料必须准确，不能模棱两可、含混不清，更不能自相矛盾。如果某位被调查者在年龄栏内填写的是 30 岁,而在工作年限栏内填写的是 21 年,这显然是不合乎逻辑的,对类似的调查数据资料都应认真审核处理。同时,对收集的各种统计图表应重新计算复核,利用历史资料更要注意审查文献的可靠程度。

"整"指调查数据资料必须完整,不能残缺不全,更不能以偏概全。检查调查数据资料是否是按照调查提纲或统计表格的要求收集齐全或填报清楚,应该查询的问题和事项是否都已经查询无漏。如果调查数据资料残缺不全,就会降低甚至失去研究的价值。

"统"指调查数据资料必须统一。主要指调查指标解释、计量单位、计算公式的统一。检查各项调查资料是否是按规定要求收集的,是否能够说明问题,对所研究的问题是否起到应有的作用。在较大规模的调查中,对于需要相互比较的材料更要审查其所涉及的事实是不是具有可比性。如果调查数据资料没有统一标准,就无法进行比较研究。

"简"指调查数据资料必须简明,不能庞杂无序。经过整理所得的调查数据资料,要尽可能简单、明确,并使之系统化、条理化,以集中的方式反映调查对象总的情况。如果整理后的调查数据资料仍然臃肿、庞杂,使人难以形成完整的概念,那么,就会给以后的研究工作增加许多困难。

"新"指调查数据资料应尽可能新颖。在整理调查数据资料时,要尽可能从新的角度来审视调查数据资料、组合调查数据资料,尽量避免按照陈旧的思路考虑问题,更不能简单地重复别人的老路。只有从调查数据资料的新组合中发现新情况、新问题,才能为创造性研究打下良好的基础。

需要强调的是:在整理调查资料时要首先做到真实、准确、完整、统一、简明,最后才是新颖。

 任务 6.2　分析市场调研资料

 任务引入

各公司根据已整理好的调研资料,进行数据分析。
- 问题 1:市场调查资料分析的内容有哪些?
- 问题 2:如何进行市场调查资料分析?

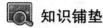 **知识铺垫**

市场调查资料分析是指根据市场调研的目的,运用多种分析方法对市场调查收集整理的各种资料进行对比研究,通过综合、提炼、归纳、概括得出调研结论,进行对策研究。市场调查资料分析的本质是:数据深加工,从数据导向结论,从结论导向对策。

6.2.1　市场调查资料分析的规则

对市场调查资料进行分析应遵循如下一些规则。

（1）从目的到研究：有针对性地选择分析的内容，以解决所定义的市场调研问题。

（2）从局部到整体：先从局部问题分析开始，再过渡到对整体的全面认识。

（3）从单项到多项：先认识单项指标的变化，再过渡到对多项指标的认识。

（4）从表层到里层：先描述现象表层的事实，再揭示现象的内在的本质特征。

（5）从静态到动态：将静态分析和动态分析相结合，使定量认识更全面。

（6）从结果到原因：从结果找内因和外因，以便更好地解释为什么。

（7）从过程到规律：分析事物发展变化的过程，去认识事物变化的规律。

（8）从规律到预测：只有先认识事物变化的规律，才能做出科学的预测。

（9）从问题到对策：只有先搞准问题及其性质，才能提出有针对性的可行的对策。

6.2.2　市场调查资料分析的内容

市场调查资料分析包括如下内容。

（1）背景分析：了解问题的来由和背景，把握分析研究的目的和方向。

（2）状态分析：描述和评价现象的各方面的数量表现，概括现象的各种特征。

（3）因果分析：找出影响事物变化的内因和外因，揭示问题出现的原因。

（4）对策研究：针对调查结论和启示、问题与原因，提出解决问题的对策。

6.2.3　市场调查资料分析的方法

1. 定性分析方法

定性分析方法是从事物的质的方面入手，利用经验判断、辩证思维、逻辑思维、创造性思维等思维方法对事物的本质属性进行判断和推理。定性分析主要是界定事物的大小、变化的方向、发展的快慢、事物的优劣、态度的好坏、问题的性质。定性分析方法主要有以下几种。

（1）辩证思维法。运用唯物辩证法来认识问题、分析问题和阐述问题。

（2）逻辑思维法。利用逻辑推理的方法对事物的本质属性进行判断、推理和论证。

（3）创新思维法。利用独立性思维、求异性思维、交叉性思维、联动性思维和多向性思维等创新思维的方式对市场调研问题进行分析和思考。

（4）经济理论分析法。利用经济学中所阐明的各种经济范畴、经济理论和经济规律，对市场调研的问题进行判断和推理。

（5）结构分析法。它是指利用分组资料，通过分析各组成分的性质和结构，进而判断和认识事物的本质属性和特征。

（6）比较判断法。它是把两个同类现象或有关联的现象进行比较，从而确定它们之间的相同点和不同点，或者它们之间的关联性，进而判别事物的本质属性。

2. 定量分析方法

定量分析方法是从事物的数量方面入手，运用一定的统计分析方法进行对比研究，从而挖掘事物的本质特征和规律性。即从数据对比中得出分析结论和启示。

1）按研究的目的不同

定量分析法按研究的目的不同，可分为描述性分析和解析性分析。

（1）描述性分析：着重于描述和评价现象的规模、水平、结构、比率、速度、离散程度等基本数量特征。

（2）解析性分析：着重于推断总体、解释数量关系、检验理论、挖掘数据中隐含的本质和规律性。

2）按涉及变量多少不同

定量分析法按涉及变量多少不同可分为单变量数据分析、双变量数据分析和多变量数据分析。

（1）单变量数据分析：一个统计指标或变量的对比研究。

（2）双变量数据分析：两个变量之间数量关系的分析研究。

（3）多变量数据分析：三个或三个以上变量之间的数量关系的分析研究。

6.2.4 单变量数据分析

单变量数据分析是市场调查资料分析中最常用的定量分析，主要用于描述和评价调研现象的单变量或单指标的数量特征和规律，如规模、水平、结构、集中趋势、离散程度、发展速度、发展趋势等。单变量数据分析的方法有很多，下面分别介绍有关的分析方法。

1. 结构性分析

结构性分析又称数列分布分析，主要通过数列的频数分布或频率分布来显示总体或样本分布的类型和特征，反映总体或样本的结构与特点。数列分布的类型主要有钟形分布（正态的、右偏的、左偏的）、U形分布、J形分布等形态。不同形态的变量数列说明的问题不同，形成的内在原因也不同，应根据具体情况做具体分析。

【例 6-1】 表 6-16 是某地调查的 1200 名农村消费者对彩电售后服务的满意状态的评价。从表中可看出，对彩电售后服务的满意率（包括很满意、较满意、一般）为 44.3%，不满意率为 55.7%。从分布类型（见图 6-7）来看，农村城镇消费者的满意状态呈左偏分布（左边大，右边小）。其深层次的原因可能是厂商比较注重城市彩电市场营销，农村因消费者居住分散，交通不便，售后服务存在较大的难度。

表 6-16 消费者对彩电售后服务的评价

项目 ＼ 满意状态	很满意	较满意	一般满意	不满意	很不满意	合计
人数／人	112	146	275	420	247	1200
频率／%	9.3	12.1	22.9	35.0	20.6	100.0

【例 6-2】 表 6-17 是某市被调查的 1000 户居民家庭现有住房面积的分布。从表中可看出，被调查的 1000 户居民家庭的住房面积在 $60m^2$ 以下的占 3.1%，在 $80m^2$ 以下的占 10.4%，在 $120m^2$ 以下的占 57.9%，在 $120m^2$ 以上的占 42.1%（累计频率分析）。从图 6-8 可以看出，样本户现有住房面积的频率分布是近似于正态分布的，即数列的两边小，中间大，基本上是对称分布的。由于随着居民收入的提高，居民住房面积和居住条件的改善是日益明显的，假定 $120m^2$ 以下的居民户的住房面积都提高到 $120m^2$ 及以上，则全市现有 57.9% 的居民家庭低于这一水平。因此，该市房地产投资和开发仍有较大的市场潜力。

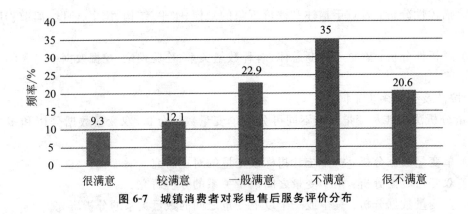

图 6-7 城镇消费者对彩电售后服务评价分布

表 6-17 样本户现有住房面积分布

住房面积/m²	户数/户	频率/%	累　　　计	
			户数/人	频率/%
40 以下	10	1.0	10	1.0
40～60	21	2.1	31	3.1
60～80	73	7.3	104	10.4
80～100	195	19.5	299	29.9
100～120	280	28.0	579	57.9
120～140	206	20.6	785	78.5
140～160	98	9.8	883	88.3
160～180	65	6.5	948	94.8
180 以上	52	5.2	1000	100.0
合　计	1000	100.0	—	—

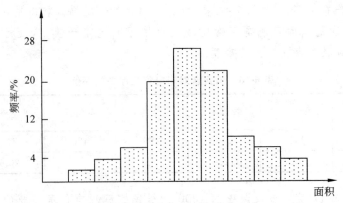

图 6-8 样本户现有住房面积分布

2. 集中度分析

集中度分析又称集中程度或集中趋势分析，其目的在于通过测定变量值的一般水平，来评价数据分布的中心值或一般水平，衡量事物变动的集中趋势。数据集中趋势分析的对象，包括数据的均值（各类平均数）、中位数和众数。

均值是数据偶然性和随机性的一个特征值,反映了一些数据必然性的特点。平均数一般包括算术平均数、调和平均数和几何平均数三种,其中算术平均数是最简单、最基本的形式,它又视资料分组与否而有简单算术平均和加权算术平均之分。利用均值,可以将处在不同地区、不同单位的某现象进行空间对比分析,以反映一般水平的变化趋势或规律;可以分析现象间的依存关系等,从而拓宽分析的范围。

中位数的确定可以以未分组资料为基础,也可由分组资料得到。它同样不受资料中少数极端值大小的影响。在某些情况下,用中位数反映现象的一般水平比算术平均数更具有代表性,尤其对于两极分化严重的数据更是如此。

众数是总体中出现次数最多的单位的标志值,也是测定数据集中趋势的一种方法,克服了平均数指标会受数据中极端值影响的缺陷。从分析的角度看,众数反映了数据中最大多数据的代表值,可以使我们在实际工作中抓住事物的主要矛盾,有针对性地解决问题,但若出现了双众数现象,则可能说明调查总体不具有同质性,资料可能来源于两个不同的总体。这类结果既可以用来检查方案设计中的总体一致性问题,也可以用来帮助验证数据可靠与否。

均值、众数和中位数都是反映总体一般水平的平均指标,彼此之间存在一定的关系,视其各自的含义不同的调查数据类型,采用不同的指标进行分析,以期能把被调查总体数据的集中趋势最准确地描述出来。

3. 差异性分析

差异性分析又称离散程度分析,其目的在于测定变量值之间的离散程度或差异程度,评价平均数代表性的大小,衡量事物变动的均衡性或稳定性,如极差、平均差、方差和标准差、离散系数等。

极差(也称全距)是数据中两个极端值,不能反映数据变化带来的影响,受极端值的影响较大。一般来说,极差越大,平均值的代表性越小。所以,极差可以一般性地检验平均值代表性的大小。

平均差是总体各单位标志值与其算术平均数离差绝对值的算术平均数。平均差与平均数代表性的关系,与极差基本一致。不同的是,平均差的计算由于涉及了总体中的全部数据,因而能更综合地反映总体数据的离散程度。

方差与标准差是幂的关系,前者是后者的平方。标准差的计算公式,也视资料的分组情况而分为简单平均式和加权平均式。这两个指标均是反映总体中所有单位标志值对平均数的离差关系,是测定数据离散程度最重要的指标,其数值的大小与平均数代表性的大小呈反方向变化。

离散系数是为两组数据间进行比较而设计的,是一组数据标准差与均值相比较而得的相对值。

在不同情况的两组数据间,直接用标准差进行离散程度的比较是不科学的,甚至还会得出相反的结论。

【例 6-3】 表 6-18 是某调查机构对甲、乙两市居民家用空调拥有量的调查分组资料(样本量均为 1000 户)。从表中的频率分布来看,两个样本均呈偏态分布,大部分家庭的空调拥有量为 1~2 台。为了更好地说明问题,可计算得到表 6-19 的分析指标。据此可得出如下几点结论。①乙市空调普及率比甲市高;拥有 1~2 台空调的家庭的频率,乙市也比甲市高。②甲、乙两市的样本平均数分别为 2.146 台/户和 2.224 台/户，乙市略高于甲市，众数和中位数均为 2 台/户。两个样本的分布均为右偏分布，即 2 台以下的频率大于 2 台以上的频率。③甲市样本的全距、标准差、标准差系数均比乙市大，说明甲市空调拥有量分布的离散程度比乙市要大。④甲市空调市场的潜力比乙市要大（普及率、户均拥有量均比乙市低）。

表 6-18   甲、乙两市居民家庭空调拥有量分布

空调拥有量/ (台/户)	甲市样本		乙市样本	
	户数/户	频率/%	户数/户	频率/%
0	57	5.7	—	—
1	218	21.8	228	22.8
2	435	43.5	486	48.6
3	156	15.6	165	16.5
4	80	8.0	76	7.6
5	54	5.4	45	4.5
合计	1000	100.0	1000	100.0

表 6-19   甲、乙两市居民家庭空调拥有量对比分析

分析指标	甲市样本	乙市样本
户普及率/%	94.3	100.0
1~2 台频率/%	64.3	71.4
平均数/(台/户)	2.146	2.224
众数/(台/户)	2.0	2.0
中位数/(台/户)	2.0	2.0
全距/(台/户)	5.0	4.0
标准差/(台/户)	1.18	1.03
标准差系数/%	55.0	46.3
集中程度/%	45	54.7

4. 增长性分析

增长性分析是分析现象在一定时期内增长变化的程度和快慢，主要分析指标有增长量和平均增长量、发展速度和增长速度、平均发展速度和平均增长速度。应注重增长过程和阶段性分析。

【例 6-4】 表 6-20 是某市 2012—2019 年城镇居民人均消费支出的动态分析。可以看出，近几年，人均消费支出的逐期增长量和环比增长率均呈加速增长的趋势，人均消费支出的平均增长量为 316.86 元，平均增长率为 7.04%。

表 6-20   某市城镇居民人均消费支出动态分析   单位：元/人

消费支出＼年份	2012	2013	2014	2015	2016	2017	2018	2019	平均
人均消费支出	3638	3886	4098	4317	4575	4880	5312	5856	—
逐期增长量	—	248	212	219	258	305	432	544	316.86
环比增长率/%	—	6.82	5.46	5.34	5.98	6.67	8.85	10.24	7.04

5. 趋势性分析

趋势性分析的重点在于认识和掌握现象在较长时期内发展变化的总趋势和规律,以便解释和描述现象的长期发展,预测未来的变化。长期趋势分析的方法有以下两类。

(1)图示分析法:常用动态曲线图识别长期趋势的类型。

(2)趋势方程法:用趋势方程描述现象长期发展变化的趋势,并据此进行外推预测。常用的有常数均值方程、直线方程、指数曲线方程、二次曲线方程等。

例如:由表 6-20 的数据,可求得人均消费支出(S)的趋势方程如下。

$$S = 3595.5714 + 72.3929t + 25.3690t^2$$

$$(R = 0.9977, SE = 59.35, 2006 \text{ 年 } t = 0)$$

以上趋势方程的相关系数(R)接近于 1,估计标准误差(SE)为 59.35 元,相对估计标准误差为 1.30%,说明方程描述的长期趋势是较为严格的,人均消费支出呈二次曲线增长趋势,如图 6-9 所示。

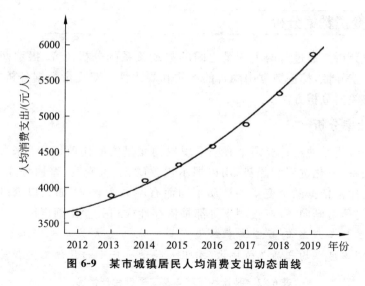

图 6-9 某市城镇居民人均消费支出动态曲线

6. 季节性分析

季节变动是指某些市场现象由于受自然气候、生产条件、生活习惯等因素的影响,在一定时间中随季节的变化而呈现出周期性的变化规律。如农副产品受自然气候影响,形成市场供应量的季节性变动;节日商品、礼品性商品受民间传统的影响,其销售量也具有明显的季节变动现象。对季节变动进行分析研究,掌握其变动规律,可以预测季节性时间数列的季节变动值。

【例 6-5】 表 6-21 是某地 2016—2019 年分季的消费品零售额。从平均季节比重来看,第一季度和第四季度为旺季,第二季度平淡,第三季度最淡。近四年消费品零售额大体呈直线变化趋势,用平均增长量可预测 2020 年消费品零售额为 392.5 亿元,用表中的平均季节比重可求得各季度的预测值分别为 99.62 亿元、95.85 亿元、91.41 亿元和 105.62 亿元。

表 6-21　某地消费品零售额季节变动分析　　　　　　单元：亿元

年份	一季度	二季度	三季度	四季度	全年
2016	70.6	68.8	66.6	78.6	284.6
2017	80.3	77.5	74.9	85.5	318.2
2018	89.4	85.6	78.6	90.4	344.0
2019	92.8	88.6	85.5	98.6	365.5
合计	333.1	320.6	305.6	353.1	1312.3
季节比重/%	25.38	24.42	23.29	26.91	100.00
季平均数	83.275	80.125	76.400	88.275	82.019
季节指数	101.53	97.69	93.15	107.63	400.00

若 2020 年上半年该地实际消费品零售额为 197.82 亿元，根据表中一、二季度的季节比重之和 49.8%，可预计年消费品零售额可达到 397.23 亿元，第三、四季度零售额则分别为 92.51 亿元和 106.89 亿元。

6.2.5　双变量数据分析

双变量数据分析是通过对两个变量之间的数量关系的分析研究，揭示两个变量之间的依存性、相关性、差异性，挖掘数据中隐含的本质和规律性。双变量数据分析的方法有很多，下面分别介绍有关的分析方法。

1. 双变量比率分析

双变量比率分析是通过计算两个有联系现象的变量值的比值（y/x）来分析现象间的相互联系的数量关系、变化过程和趋势，用以揭示现象的强度、密度、普遍程度、依存关系及其变化。所计算的比值依据两个变量的性质不同而有不同的含义，如人口密度、存货周转率、产品产销率、居民消费倾向、资产报酬率等都是依存性或相关性比例指标。

【例 6-6】　某饮料厂某年第二季度单位产品成本和工人劳动生产率资料如表 6-22 所示，要求计算第二季度平均产品单位成本、季工人劳动生产率和月均工人劳动生产率。

表 6-22　某饮料厂某年第二季度生产情况

项目　　　　月份	4 月	5 月	6 月	第二季度	月平均
总成本/万元	15.20	18.32	23.94	57.46	19.15
总产量/万瓶	76.0	94.0	126.0	296.0	98.67
单位产品成本/(元/瓶)	0.200	0.195	0.190	0.1941	0.1941
平均工人数/人	13	15	18	15.333	15.333
劳动生产率/(万瓶/人)	5.846	6.267	7.000	19.305	6.435

2. 边际效应分析

边际效应分析是指通过计算两个变量的增减量的比值，考察两个有关联现象间的数量关系、变化特征和规律。边际效应又称边际水平、边际倾向、增量系数等，它是因变量 y 的增减量 Δy 与自变量 x 的增减量 Δx 的比例值，用以说明自变量每增加一个单位能引起因变量 y 能增加多少个单位。

【例 6-7】　某地 2012—2019 年的 GDP、消费品零售额如表 6-23 所示。据此计算的消费品零售额占 GDP 的比率、逐期边际系数和逐期弹性系数均呈下降的趋势,并具有一定的周期波动性。这种变动的趋向性和周期波动性是居民消费倾向和储蓄倾向变动、商品消费与非商品消费结构变动、商品零售市场周期波动的综合反映。

表 6-23　某地 2012—2019 年 GDP 和消费品零售额

年份 项目	2012	2013	2014	2015	2016	2017	2018	2019
GDP/亿元	844.0	896.8	992.1	1097.6	1203.3	1358.2	1598.2	1830.9
消费品零售额/元	333.8	356.5	391.1	430.6	481.4	525.2	595.0	671.8
比率 y/x/%	39.54	39.75	39.42	39.23	40.01	38.67	37.23	36.69
逐期边际系数	—	0.430	0.363	0.374	0.481	0.283	0.291	0.330
逐期弹性系数	—	1.087	0.913	0.950	1.225	0.707	0.752	0.887

3. 弹性系数分析

弹性系数分析是指通过计算两个变量的增减率的比值,考察两个有关联现象间的数量关系、变化特征和规律。弹性系数是指因变量 y 的增减率与自变量 x 的增减率之比,用 E 表示。它能说明自变量 x 每变化百分之一,因变量 y 能相应地变化百分之几。弹性可按数值大小、取值正负、衡量对象不同进行分类。

【例 6-8】　某市城镇居民 2014—2019 年人均可支配收入与人均消费支出如表 6-24 所示。据此用几何法求得各类商品消费的平均收入弹性如表 6-24 所示,其中消费的收入弹性为 0.8472,说明收入每增长 1%,消费支出可增长 0.8472%,消费的增长略慢于收入的增长,说明居民的储蓄倾向增大。在各类商品消费的收入弹性中,食品、家庭设备用品、杂项商品与服务的弹性较弱,而衣着、医疗保健、交通通信、娱乐教育及文化服务、居住均呈现高效应弹性。这说明 2014—2019 年,该市城镇居民随着收入的增长,消费结构发生了显著变化,人们的温饱问题解决后,更加注重衣着、医疗保健、交通通信、娱乐教育及文化服务、居住等方面的消费。

表 6-24　2014—2019 年某市城镇居民消费的收入弹性

项　　目	2014 年	2019 年	年均增长量	年均增长率/%	边际 M	弹性 E
人均可支配收入/元	6218.7	9524.0	661.06	8.90	1.0000	1.0000
人均消费性支出/元	5218.8	7505.9	457.42	7.54	0.6919	0.8472
1. 食品	1943.7	2289.4	69.14	3.33	0.1046	0.3742
2. 衣着	495.2	790.7	59.10	9.81	0.0894	1.1022
3. 家庭设备用品	544.5	451.0	−18.70	−3.70	−0.0283	−0.4157
4. 医疗保健	270.2	601.3	66.22	17.35	0.1002	1.9494
5. 交通通信	395.6	801.3	81.14	15.16	0.1227	1.7034
6. 娱乐教育及文化服务	753.8	1338.7	116.98	12.17	0.1770	1.3674
7. 居住	576.7	971.5	78.96	10.99	0.1194	1.2348
8. 杂项商品与服务	239.1	261.2	4.42	1.78	0.0067	0.2000

4. 双变量动态分析

双变量动态分析是将两个有关联的变量的动态数据联系起来,考察二者之间的增长是否具有同步性；或者考察两变量发展变化的长期趋势是否具有一致性，发展变化的动态过程是否具有协调性；也可考察两变量的动态数据的波动是否具有某种循环变动的规律性。分析的方法主要有增长率比较法、复式动态曲线图示法、趋势方程比较法等。

6.2.6 多变量数据分析

多变量数据分析是通过对三个或三个以上变量之间的数量关系的分析研究，揭示多个变量之间的依存性、相关性、差异性，挖掘数据中隐含的本质和规律性。多变量数据分析的方法有很多，下面分别介绍有关的分析方法。

1. 多变量比较分析

多变量比较分析是将有联系的多个变量或指标联系起来，通过计算有关的比例、弹性系数、边际效应等分析指标，揭示现象之间的依存性、差异性和协调性。也可利用增长率比较法、复式动态曲线图示法、趋势方程比较法等方法，考察多变量之间的增长是否具有同步性；或者考察多变量发展变化的长期趋势是否具有一致性，发展变化的动态过程是否具有协调性或循环变动的规律性。

【例 6-9】 某地城镇居民和农村居民人均收入、人均消费和人均 GDP 如表 6-25 所示。根据表中的分析指标可得出如下结论：①城乡居民人均收入都低于人均 GDP 的年增长率，其协调性不高，其原因是 GDP 使用中积累与消费的比例不合理；②城乡居民人均收入、人均消费存在较大的差异性，2008—2011 年城乡居民人均收入差距呈缩小的趋势，但 2012—2019 年则呈扩大的趋势，人均消费也是如此；③城乡居民的消费倾向均呈不断下降的趋势，即储蓄倾向不断提高；④农村居民的消费倾向高于城镇居民，其原因是农村居民人均收入低于城镇居民。

表 6-25 某地城乡居民人均收入、人均消费比较分析　　　　　　单位：元

年份	人均GDP	城镇居民			农村居民			城镇/农村	
		人均收入	人均消费	消费倾向	人均收入	人均消费	消费倾向	收入比值	消费比值
2008	2630	3888	3138	80.71	1155	1088	94.20	3.37	2.88
2009	3359	4699	3886	82.70	1425	1367	95.93	3.30	2.84
2010	3963	5052	4098	81.12	1792	1737	96.93	2.82	2.36
2011	4420	5210	4317	82.86	2037	1816	89.15	2.56	2.38
2012	4667	5434	4371	80.44	2064	1889	91.52	2.63	2.31
2013	4933	5815	4801	82.56	2147	1920	89.43	2.71	2.50
2014	5425	6218	5219	83.93	2197	1942	88.39	2.83	2.69
2015	6120	6781	5546	81.79	2299	1990	86.56	2.95	2.79
2016	6734	6959	5575	80.11	2398	2069	86.28	2.90	2.69
2017	7589	7674	6083	79.27	2532	2139	84.48	3.03	2.84
2018	9165	8618	6885	79.89	2838	2472	87.10	3.04	2.79
2019	10426	9524	7505	78.80	3118	2756	88.39	3.05	2.72

2. 多变量平衡性分析

多变量平衡性或协调性分析有不同的方法，最常见的是利用依据收支平衡关系编制的

平衡表进行平衡状态分析、平衡结构分析、平衡比例关系分析等,用以揭示现象之间的相互联系的数量关系及其发展变化的协调性和均衡性。

【例6-10】　表6-26是某啤酒厂某年啤酒产销存分析。从全部产品来看,生产量大于销售量,产品销售率只有95.2%,导致年末存货比年初增加1倍多。从产销结构来看,生产结构与销售结构相比存在不相适应的地方,如干啤、散装啤酒的生产量过大,导致产品销售率较低,存货成倍增加。因此,该厂啤酒产大于销的状态主要是由这两类啤酒产大于销所引起的。

表6-26　某啤酒厂啤酒产销存分析

产品类别	年初存量	生产量		销售量		产销率/%	年末存量
		数量	比重/%	数量	比重/%		
总计	12	229	100.0	218	100.0	95.2	23
其中:扎啤	1	35	15.28	32	14.68	91.4	4
冰啤	5	128	55.90	128	58.72	100.0	5
干啤	6	66	28.82	58	26.60	87.88	14
其中:瓶装	2	138	60.26	136	62.39	98.60	4
罐装	3	78	34.06	76	34.86	97.44	5
散装	7	13	5.68	6	2.75	46.15	14

3. 多变量综合评价

多变量综合评价即统计综合评价,是运用反映测评对象总体特征的多个变量或指标体系,借助一定的综合评价方法,通过数量对比,求得综合评价值,对测评对象做出明确的评定和排序的一种综合分析方法,综合测评的结果可衡量测评对象工作的优劣、质量的好坏、效益的高低,并能排出名次、做出评价结论,提出解决问题的对策或建议。综合评价的方法有很多,如综合等级评价法、综合评分评价法和综合评价指数法。

【例6-11】　某评价机构组织专家对6种品牌空调的质量、功能、包装、外观、噪声五个项目进行等级排序,排序结果见表6-27。表中的平均等级是用简单平均法计算的,综合评价的结果,F品牌为第一名,E品牌为第二名,C品牌为第三名,D品牌为第四名,B品牌为第五名,A品牌为最后一名。

表6-27　6种空调等级排序测评汇总表

品牌	质量	功能	包装	外观	噪声	等级和T_i	平均等级	名次
A	6	6	5	6	5	28	5.6	6
B	6	6	6	4	5	25	5.0	5
C	1	3	2	3	3	12	2.4	3
D	4	5	4	4	3	22	4.4	4
E	2	2	1	2	3	10	2.0	2
F	2	1	3	1	1	8	1.6	1

【例6-12】　某评价机构用问卷调查的形式请消费者对A品牌的电视机的清晰度、音响效果、外观设计、功能、耗电量五个项目进行打分评价,打分标准为:很满意为100分,较满意为80分,基本满意为60分,不满意为40分,很不满意为20分。回收有效问卷1000份。A品牌电视机综合质量评分汇总如表6-28所示。表6-28中各评价项目的平均得分是用所

得票数（频数）作权数，用加权平均法求得的。A 品牌电视机的综合平均分可根据各评价项目的平均得分和权数，用加权平均法求得，即

A 品牌综合平均分＝$81 \times 0.3 + 77 \times 0.2 + 68 \times 0.1 + 72 \times 0.3 + 75.8 \times 0.1 = 75.68$（分）

表 6-28　A 品牌电视机综合质量评分汇总表

评价项目	权数	得 票 数					平均得分
		100 分	80 分	60 分	40 分	20 分	
清晰度	0.3	500	200	200	50	50	81.0
音响效果	0.2	400	250	200	100	50	77.0
外观设计	0.1	100	500	200	100	100	68.0
功能	0.3	150	500	200	100	50	72.0
耗电量	0.1	250	470	150	80	50	75.8

任务实施

各公司根据所整理的调研资料，完成调研资料的分析工作。

汇报交流

各公司推荐一名代表汇报调研资料的分析情况。

总结拓展

统计分析软件 SPSS 简介

SPSS 软件全称最初为社会科学统计软件包（Solutions Statistical Package for the Social Sciences），它和 SAS、BMDP 并称为国际上最有影响的三大统计软件。随着 SPSS 产品服务领域的扩大和服务深度的增加，SPSS 公司已于 2000 年正式将英文全称更改为"统计产品与服务解决方案"（Statistical Product and Service Solutions），标志着 SPSS 的战略方向正在做出重大调整。SPSS 为 IBM 公司推出的一系列用于统计学分析运算、数据挖掘、预测分析和决策支持任务的软件产品及相关服务的总称，有 Windows 和 Mac OS X 等版本。

SPSS 是世界上最早的统计分析软件，由美国斯坦福大学的三位研究生研究开发成功，同时成立了 SPSS 公司，并于 1975 年成立法人组织，在芝加哥组建了 SPSS 总部。1984 年 SPSS 总部首先推出了世界上第一个统计分析软件微机版本 SPSS/PC＋，开创了 SPSS 微机系列产品的开发方向，极大地扩充了它的应用范围，并使其很快地应用于自然科学、技术科学、社会科学的各个领域。世界上许多有影响的报纸杂志纷纷就 SPSS 的自动统计绘图、数据的深入分析、使用方便、功能齐全等方面给予了高度评价。2009 年 7 月 28 日，IBM 公司宣布将用 12 亿美元现金收购统计分析软件提供商 SPSS 公司。如今 SPSS 版本已出至 26.0，而且更名为 IBM SPSS。从被 IBM 收购之后，SPSS 更新都是一年一个版本。

SPSS 的基本功能包括数据管理、统计分析、图表分析、输出管理等。SPSS 统计分析过程包括描述性统计、均值比较、一般线性模型、相关分析、回归分析、对数线性模型、聚类分析、数据简化、生存分析、时间序列分析、多重响应等几大类，每类中又分多个统计过程，比如回归分析中又分线性回归分析、曲线估计、Logistic 回归、Probit 回归、加权估计、两阶段最小

二乘法、非线性回归等多个统计过程，而且每个过程中又允许用户选择不同的方法及参数。SPSS 也有专门的绘图系统，可以根据数据绘制各种图形。

SPSS 是世界上最早采用图形菜单驱动界面的统计软件，它最突出的特点就是操作界面极为友好，输出结果美观漂亮。它将几乎所有的功能都以统一、规范的界面展现出来，使用 Windows 的窗口方式展示各种管理和分析数据方法的功能，对话框展示出各种功能选择项。用户只要掌握一定的 Windows 操作技能，精通统计分析原理，就可以使用该软件为特定的科研工作服务。SPSS 采用类似 Excel 表格的方式输入与管理数据，数据接口较为通用，能方便地从其他数据库中读入数据。其统计过程包括常用的、较为成熟的统计过程，完全可以满足非统计专业人士的工作需要。输出结果十分美观，存储时则是专用的 SPO 格式，可以转存为 HTML 格式和文本格式。对于熟悉老版本编程运行方式的用户，SPSS 还特别设计了语法生成窗口，用户只需在菜单中选好各个选项，然后按"粘贴"按钮就可以自动生成标准的 SPSS 程序，极大地方便了中、高级用户。

SPSS for Windows 的分析结果清晰、直观、易学易用，而且可以直接读取 Excel 及 DBF 数据文件，现已推广到各种操作系统的计算机上，它和 SAS、BMDP 并称为国际上最有影响的三大统计软件。在国际学术界有条不成文的规定，即在国际学术交流中，凡是用 SPSS 软件完成的计算和统计分析，可以不必说明算法，由此可见其影响之大和信誉之高。

随着自身产品线的不断拓展，SPSS 公司的产品体系已经日益完善，而不同产品间的互补和兼容性也在不断加以改进。在 13 版中，SPSS 软件已经可以和其他一些最新的产品很好地整合在一起，形成更为完整的解决方案。例如，SPSS、SPSS Data Entry 和新发布的 SPSS Text Analysis for Surveys 一起就形成了对调查研究的完整解决方案。而新增的 SPSS Classification Trees 模块将使得 SPSS 软件本身就能够针对市场细分工作提供更为完整的方法体系。

SPSS for Windows 由于其操作简单，已经在我国的社会科学、自然科学的各个领域发挥了巨大作用。该软件还可以应用于经济学、数学、统计学、物流管理、生物学、心理学、地理学、医疗卫生、体育、农业、林业、商业等各个领域。

（资料来源：SPSS_百度百科.https://baike.baidu.com/item/spss/2351375?fr＝ala）

知识图解

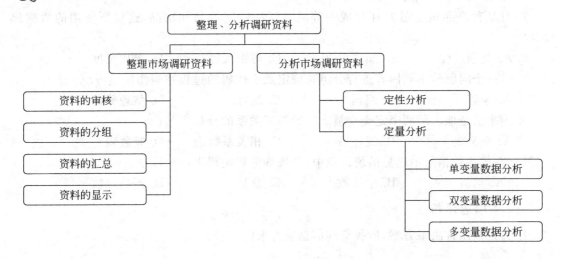

🔍 **知识检测**

一、名词解释

审核　分组　编码　多变量综合评价

二、单项选择题

1. 在正式的市场调研中,收集、整理和分析与市场营销有关的资料和数据的方式,必须是系统的和（　　）。

　　A. 详细的　　　　　　B. 定量的　　　　　　C. 集中的　　　　　　D. 客观的

2. 市场调查人员开始调查时（　　）。

　　A. 总是先收集第二手资料,再决定是否需要收集第一手资料

　　B. 总是先收集第一手资料,再决定是否需要收集第二手资料

　　C. 有时是先收集第二手资料,有时先收集第一手资料

　　D. 只是收集第一手资料

3. 概括反映分布状况的两个基本指标是（　　）。

　　A. 平均数和标准差　　　　　　　　B. 平均数和比例

　　C. 比例和标准差　　　　　　　　　D. 比例和加总

4. 调查人员在利用二手资料时,发现有些资料已经是 5 年前发表的,便摒弃不用了,这表明调查人员在进行市场调研时应遵循（　　）。

　　A. 相关性原则　　　B. 时效性原则　　　C. 真实性原则　　　D. 经济性原则

5. 饼状图主要适合于显示（　　）。

　　A. 变量值在不同空间点上的差异　　B. 变量值在不同时间点上的差异

　　C. 单元不太多的结构分布　　　　　D. 不同样本间分布差异的比较

6. 在对实际问题的分析中,标准差比方差用得更多,因为（　　）。

　　A. 标准差的计算比较简单

　　B. 标准差比方差更为准确

　　C. 标准差与变量值有相同的计量单位,实际意义更清楚

　　D. 标准差没有计量单位

7. 对某种产品按质量好坏分成一等品、二等品、三等品和次品,这里所使用的数据尺度是（　　）。

　　A. 类别尺度　　　B. 顺序尺度　　　C. 等距尺度　　　D. 等比尺度

8. 对一个问题的不同回答进行分组和确定数字代码的过程被叫作（　　）。

　　A. 编码　　　　　B. 编辑　　　　　C. 统计　　　　　D. 整理分析

9. 用来清楚地表示两个定类变量之间的相互关系的分析表是（　　）。

　　A. 交叉表　　　　B. 统计表　　　　C. 相关系数表　　　D. 频数表

10. 在描述数据集中趋势的统计量中,受极端值影响很大的统计量是（　　）。

　　A. 均值　　　　　B. 中位数　　　　C. 众数　　　　　D. 四分位数

三、多项选择题

1. 为正确制订决策方案,所收集的信息应力求（　　）。

    A. 系统　　　　　　B. 完整　　　　　　C. 全面　　　　　　D. 及时

  2. 为确保市场调研资料的可靠性,在现场实施中除访问员外还需要(　　)。

    A. 督导员　　　　　B. 设计员　　　　　C. 复核员　　　　　D. 统计员

  3. 社会科学用统计软件包特别适用于(　　)。

    A. 物理学　　　　　B. 心理学　　　　　C. 市场调研　　　　D. 人口学

  4. 市场直接调查人员应当(　　)。

    A. 耐心细致　　　　B. 性格开放　　　　C. 没有偏见　　　　D. 时尚漂亮

  5. 一般来说,信息意识的具体表现是(　　)。

    A. 有没有信息手段　　　　　　　　　　B. 要不要信息

    C. 用不用信息　　　　　　　　　　　　D. 理解不理解信息

四、简答题

  1. 市场调查资料整理在市场调研中的意义有哪些?

  2. 市场调查资料审核的基本要求是什么?

  3. 说明市场调查资料整理的一般程序。

案例分析

麦可思发布《2019 年中国大学生就业报告》

  2019 年 6 月 10 日,第三方社会调查机构麦可思研究院发布了《2019 年中国大学生就业报告(就业蓝皮书)》(以下简称《报告》),针对大学生就业率、就业趋势、薪酬情况等,回应公众关切的问题。

  1. 本科就业率持续缓慢下降,深造比例持续上升

  本科就业率怎么样,就业环境如何? 报告给出的答案是,2018 届大学毕业生的就业率为 91.5%。其中,本科毕业生就业率(91.0%)持续缓慢下降,较 2014 届(92.6%)下降 1.6 个百分点;高职高专毕业生就业率为 92.0%,较 2014 届(91.5%)上升 0.5 个百分点。近两届高职高专毕业生就业率高于同届本科。

  《报告》显示,2018 届本科毕业生“受雇工作”的比例为 73.6%,连续五届持续下降;“自主创业”的比例(1.8%)较 2014 届(2.0%)略有下降;“正在读研”(16.8%)及“准备考研”(3.3%)的比例较 2014 届分别增长 3.2 个、1.4 个百分点。

  2018 届高职高专毕业生“受雇工作”的比例为 82.0%,较 2014 届下降 1.5 个百分点;“自主创业”的比例(3.6%)较 2014 届(3.8%)略有下降;“读本科”的比例(6.3%)连续五届上升,较 2014 届增长 2.1 个百分点。

  《报告》由此得出结论,由于深造的分流,毕业生待就业压力没有明显增加。2018 届本科毕业生待就业比例为 4.2%,较 2014 届(4.5%)略有下降;2018 届高职高专毕业生待就业比例为 7.5%,较 2014 届(8.1%)降低 0.6 个百分点。

  2. 应届大学毕业生月收入呈现上升趋势,2018 届平均月薪 4624 元

  月薪是衡量一个专业就业前景的重要指标。对于学生来说,每个月能赚多少钱,往往比就业率更加实在、重要。

《报告》显示,2018届大学毕业生的月收入(4624元)比2017届(4317元)增长了307元,比2016届(3988元)增长了636元。其中,2018届本科毕业生的月收入(5135元)比2017届(4774元)增长了361元,比2016届(4376元)增长了759元;2018届高职高专毕业生的月收入(4112元)比2017届(3860元)增长了252元,比2016届(3599元)增长了513元。

《报告》称,从近三届的趋势可以看出,应届大学毕业生月收入呈现上升趋势。2018届大学毕业生月收入高于城镇居民2018年月均可支配收入(3271元)。

2018届毕业后在一线城市就业的本科生月收入为6525元,比在"新一线"城市就业的本科毕业生月收入(5117元)高1408元;2018届毕业后在一线城市就业的高职高专生月收入为5121元,高于在"新一线"城市就业的高职高专毕业生月收入(4221元)900元。

其中,2018届本科毕业生月收入最高的学科门类是工学(5485元),最低的是历史学(4348元)。在本科主要专业中,2018届毕业生月收入较高的是信息安全(6972元)、软件工程(6733元)、网络工程(6597元)。

3. 本科工学、管理学毕业生就业率最高

高考志愿填报的关键节点,哪些专业就业势头好,哪些专业受到"职场冷遇",自然是考生和家长最关心的问题之一。

《报告》指出,2018届本科毕业生就业率最高的学科门类是工学(93.1%),其次是管理学(92.7%);最低的是法学(85.1%)。2018届本科毕业生就业率最高的专业类是电气类(95.5%)。2018届本科毕业生就业率排前三位的专业是软件工程(96.8%)、能源与动力工程(96.8%)、工程管理(95.8%)。

2018届高职高专毕业生就业率最高的专业大类是生化与药品大类(93.7%),其次是公共事业大类、材料与能源大类(均为93.3%)。2018届高职高专毕业生就业率最高的专业类是食品药品管理类(94.5%)。2018届高职高专毕业生就业率排前三位的专业是高压输配电线路施工运行与维护(97.1%)、电气化铁道技术(95.9%)、电力系统自动化技术(95.5%)。

麦可思有关负责人通过与以往数据比较发现,本科学科门类中的艺术学、经济学、理学毕业生就业率下降较多。高职高专专业大类中的资源开发与测绘大类、医药卫生大类、土建大类毕业生就业率上升较多。

此外,《报告》还发布了就业"绿牌红牌"专业目录。目录显示,2019年本科就业绿牌专业包括:信息安全、软件工程、网络工程、物联网工程、数字媒体技术、通信工程、数字媒体艺术。其中,信息安全、软件工程、网络工程、通信工程、数字媒体艺术连续三届绿牌。

据介绍,绿牌专业指的是失业量较小,就业率、薪资和就业满意度综合较高的专业,为需求增长型专业。行业需求增长是造就绿牌专业的主要因素。

而绘画、历史学、应用心理学、音乐表演、化学、法学成为2019年本科就业红牌专业。其中,历史学、音乐表演、法学连续三届"亮红牌"。"红牌专业指的是失业量较大,就业率、薪资和就业满意度综合较低的专业。红绿牌专业反映的是全国总体情况,各省区、各高校情况可能会有差别。这与相关专业毕业生供需矛盾有关。"这位负责人说。

4. 大学生自主创业成功率低但收入涨幅高

《报告》称,2018届大学毕业生自主创业比例为2.7%,较2014届(2.9%)略有下降。其

中,高职高专毕业生自主创业的比例(3.6%)高于本科毕业生(1.8%)。此外,有 6.2% 的 2015 届大学毕业生三年内自主创业。2015 届毕业即自主创业的大学毕业生中,三年后有 44.8% 的人仍坚持自主创业,比 2014 届(46.2%)低 1.4 个百分点。2015 届本科毕业生三年内自主创业主要集中在教育行业(19.8%)。2015 届高职高专毕业生三年内自主创业主要集中在零售业(14.8%)。

创业艰辛,但它带来的收益明显更高。《报告》显示,大学毕业生自主创业人群月收入优势明显。2015 届本科毕业生半年后自主创业人群的月收入为 5131 元,三年后为 11882 元,涨幅为 132%,明显高于 2015 届本科毕业生平均水平(半年后为 4042 元,三年后为 7441 元,涨幅为 84%)。2015 届高职高专毕业生半年后自主创业人群的月收入为 4601 元,三年后为 9726 元,涨幅为 111%,明显高于 2015 届高职高专毕业生平均水平(半年后为 3409 元,三年后为 6005 元,涨幅为 76%)。

(资料来源:中国社会科学网.http://www.cssn.cn/gx/gx_zsjy/201906/t20190611_4915828.shtml?COLLCC=1552537579&.)

问题:

1. 本案例中主要采用了哪种市场调查资料的分析方法?

2. 结合本案例,谈谈应如何进行调查资料分析?

要求:小组讨论,回答案例中的问题;全班交流分享,教师对各小组的回答进行点评。

技能训练

1. 各公司结合所收集的调研资料,完成所有调研资料的整理和分析工作。

2. 各公司推荐一名代表(每次汇报人尽量不重复,要求全员参与)汇报并展示本公司调研资料的整理和分析成果,全班评议。

3. 实训考核:采用过程性考核和成果性考核相结合的考核方式。

(1) 过程性考核:根据每位学生参与实训的全过程表现,评出个人成绩。过程性考核的评价标准见表 6-29。

表 6-29 过程性考核评价标准

姓名 \ 任务 \ 标准	工作态度 (25%)	工作技能 (30%)	团队合作 (25%)	阶段性成果展示 (20%)	个人成绩
整理调研资料 分析调研资料				调查资料整理 和分析报告	

注:每一阶段性成果都制定不同的评价标准,阶段成果评价成绩计入过程性评价,分组给每人分别打分。

(2) 成果性考核:根据各公司资料整理和分析的完成情况和汇报情况,评出小组成绩。资料整理、分析评价标准如表 6-30 所示。

表 6-30　资料整理、分析评价标准

考核人员		被考评小组	
考评时间			
考评标准	考评具体内容	分值	实际得分
	资料的审核	20	
	资料的分组	10	
	资料的汇总	10	
	绘制统计图表	20	
	定性分析	20	
	定量分析	20	
	合　　计	100	
教师评语		签名： 日期	
学生意见反馈		签名： 日期	

市 场 预 测

项目导言

　　预测，是针对某一目前还不明确的事物，根据其过去和现在的已知情况，估计和推测未来可能出现的趋势。这种估计和推测，应该是在正确的理论指导下，通过广泛调查取得第一手资料或第二手资料，再运用定性分析和定量分析的方法，对市场今后的发展变化做出质的描述和量的估计。

　　市场预测与市场调查的区别在于，前者是人们对市场的未来的认识，后者是人们对市场的过去和现在的认识。市场预测能帮助经营者制定适应市场状况的行动方案，使自己在市场竞争中处于主动地位。

学习目标

- **能力目标**

能够选择适当的预测方法进行简单的市场预测。

- **知识目标**

1. 了解市场预测的基本含义和程序；掌握市场预测的基本原理。
2. 掌握市场预测的基本内容和方法。

- **素质目标**

1. 培养学生独立分析问题和解决问题的能力。
2. 培养学生团队合作精神。

案例导入

上海小牛科技通过大数据智能预测企业运营生产

　　上海浦东小牛科技是上海宏鹿信息技术服务有限公司旗下的子公司，简称"小牛科技"，是国内一家把云计算、大数据技术、人工智能、SaaS 模式运用到互联网信息服务、文本大数据服务领域的大数据公司。公司位于上海浦东新区申江路 5005 弄星创科技 1 号楼 9 楼。公司形成了集标准化应用产品、数据服务、大数据报告、行业应用解决方案于一体的多维业务体系，逐步建立大数据行业生态圈，实现信息时代有效对称和数据价值最大化。

　　过去，企业的生产受到订单的限制，同时根据个人经验分出淡季和旺季，旺季加产量，淡季减产量，而智能大数据会更有利于制造业掌控自身产量，更好地预测，从而在最有价值的生产条件下进行生产。

　　同时，大数据也能带来生产过程中的信息。例如，可以跟踪不同供应商的产品数据，从而判断供应商的产品供应质量，以便预测更好的供应商。同理可以通过大数据预测客户需求，更理性地做出生产计划来应对客户需求。

企业可以实现自定义和个性化定制是大数据智能的魅力所在。传统企业的流水线工作难以实现客户的自定义和个性化定制，而通过智能大数据的流程能够实现实时控制，根据客户需求调整，从而制造自定义和个性化的产品更为容易。智能制造的自定义和个性化能够利用大数据整理生产经验，带来的自定义和个性化也可以批量化，为熟悉的问题提出新的解决方案。

重视大数据建设，加强大数据的运用，才能在不可预测的市场风浪中有机会生存下来，才是现代化企业经久不衰的好方法。因此现代化企业应该抓住大数据的发展时机，计划性地进行大数据建设，才能迎难而上，走向繁荣。

（资料来源：站长之家.https://www.chinaz.com/news/mt/2019/0428/1012718.shtml）

案例思考

1. 小牛科技为什么能够帮助企业预测运营生产？
2. 从小牛科技可以看出市场预测的趋势如何？

通过以上案例可以得出：市场预测是企业制定经营战略的重要依据，但首先要有科学的市场预测背景，其次要选择正确的市场预测方法，而且必须依靠准确、充实的市场信息资料提供保障。运用大数据进行预测已成为大趋势。

任务 7.1　认知定性预测法

 任务引入

各公司根据所有已整理和分析的调研数据，进行定性预测。

- 问题 1：什么是定性预测？
- 问题 2：如何进行定性预测？

 知识铺垫

7.1.1　认知市场预测

1. 市场预测的含义和作用

市场预测是在对影响市场供求变化的诸因素进行调查研究的基础上，运用科学的方法，对未来市场商品供应和需求的发展趋势以及有关的各种因素的变化，进行分析、估计和判断。预测的目的在于最大限度地减少不确定性对预测对象的影响，为科学决策提供依据。

微课堂：市场
预测认知

2. 市场预测的基本原理

市场之所以可以被预测,是因为人们通过长期的认识,积累丰富的经验和知识,可以逐步了解市场变化规律;然后,凭借各种先进的科学手段,根据市场发展历史和现状,推演市场发展的趋势,做出相应的估计和推测。具体而言,市场预测需要以下几条原理做指导。

1) 惯性原理

任何事物的发展在时间上都具有连续性,表现为特有的过去、现在和未来这样一个过程。没有一种事物的发展与其过去的行为没有联系,过去的行为不仅影响到现在,还会影响到未来。因此,可以从事物的历史和现状推演出事物的未来。市场的发展也有一个过程,在时间上也表现为一定的连续性。尽管市场瞬息万变,但这种发展变化在长期的过程中也存在一些规律(如竞争规律、价值规律等),可以被人们所认识。惯性原理是时间序列分析法的主要依据。

2) 因果原理

任何事物都不可能孤立存在,都是与周围的各种事物相互制约、相互促进的;一个事物的发展变化,必然影响到其他有关事物的发展变化。比如,一个国家在一定时期内采用某种特定的经济政策,势必对市场发展产生某种影响。这时的政策是因,市场变化情况是果。一段时间后,国家根据市场发展变化的新情况,制定新的经济政策来刺激市场,或是稳定市场、限制市场,甚至改变市场发展方向等。市场情况成为因,经济政策又变为果。当然,一因多果或一果多因的现象也经常出现,但有其因就必有其果,这是规律。因此,从已知某一事物的变化规律,推演与之相关的其他事物的发展变化趋势,是合理的,也是可能的。投入产出分析法就是对因果原理的最好运用。

3) 类推原理

许多事物相互之间在结构、模式、性质、发展趋势等方面客观存在相似之处。根据这种相似性,人们可以在已知某一事物的发展变化情况的基础上,通过类推的方法推演出相似事物未来可能的发展趋势。例如,彩色电视机的发展与黑白电视机的发展就有某些类似之处,我们可以利用黑白电视机的发展规律类推彩电的发展规律。类推原理在领先指标法中得到了很好的运用。

4) 概率原理

任何事物的发展都有一个被认识的过程。人们在充分认识事物前,只知道其中有些因素是确定的,有些因素是不确定的,即存在着偶然性因素。市场的发展过程中也存在必然性和偶然性,而且在偶然性中隐藏必然性。通过对市场发展偶然性的分析,揭示其内部隐藏的必然性,可以凭此推测市场发展的未来。从偶然性中发现必然性是通过概率论和数理统计方法,求出随机事件出现各种状态的概率,然后根据概率去推测和预测对象的未来状态。马尔柯夫预测法、交叉影响法等都需要运用概率原理。

3. 市场预测的基本要求

市场预测的准确度越高,预测效果就越好。然而,由于各种主客观原因,预测不可能没有误差。为了提高预测的准确程度,预测工作应该符合客观性、全面性、及时性、科学性、持续性和经济性等基本要求。

1）客观性

市场预测是一种客观的市场研究活动，但这种研究是通过人的主观活动完成的。因此，预测工作不能主观、随意地"想当然"，更不能弄虚作假。

2）全面性

影响市场活动的因素，除经济活动本身外，还有政治的、社会的、科学技术的因素。这些因素的作用使市场呈现纷繁复杂的局面。预测人员应具有广博的经验和知识，能从各个角度归纳和概括市场的变化，避免出现以偏概全的现象。当然，全面性也是相对的，无边无际的市场预测既不可能也无必要。

3）及时性

信息无处不在，无时不有，任何信息对经营者来说，既是机会又是风险。为了帮助企业经营者不失时机地做出决策，要求市场预测快速提供必要的信息。过时的信息是毫无价值的。信息越及时，不能预料的因素就越少，预测的误差就越小。

4）科学性

预测所采用的资料，须经过去粗取精、去伪存真的筛选过程，才能反映预测对象的客观规律。运用资料时，应遵循近期资料影响大、远期资料影响小的规则。预测模型也应精心挑选，必要时还须先进行试验，找出最能代表事物本质的模型，以减少预测误差。

5）持续性

市场的变化是连续不断的，不可能停留在某一个时点上。相应地，市场预测需不间断地持续进行。在实际工作中，一旦市场预测有了初步结果，就应当将预测结果与实际情况相比较，及时纠正预测误差，使市场预测保持较高的动态准确性。

6）经济性

市场预测是要耗费资源的。有些预测项目，由于预测所需时间长，预测的因素又较多，往往需要投入大量的人力、物力和财力，这就要求预测工作本身量力而行，讲求经济效益。如果耗费过大、效益不高，将使自身的市场预测声誉扫地。如果企业自己预测所需成本太高，可委托专门机构或咨询公司来进行预测。

4. 市场预测的内容

市场预测的内容非常广泛。不同的市场主体或不同的预测目的，决定了市场预测有不同的侧重点。企业所进行的预测，主要包括市场需求预测、市场资源预测和市场营销组合预测。

1）市场需求预测

市场需求是指特定的时间、特定的地域和特定的顾客群体，对某一商品现实和潜在的需要量。市场需求受很多因素的影响，有市场主体外部的因素，如政治、法律、文化、技术、消费心理和消费习惯等；也有市场主体内部的因素，如目标市场的选择、销售价格的制定与变动、促销手段的选择与实施、营销方法的确定等。市场需求预测正是全面考察这些因素后对市场需要量进行的估计和推测。它包含商品市场、金融市场、房地产市场、劳动力市场、产权市场、科技文化市场等诸多市场需求的预测。

市场需求预测的内容，主要包括以下几个方面。

（1）市场商品需求总量预测。商品需求总量是市场上有货币支付能力的商品需要量，包括人们的生活消费需求和生产消费需求。有支付能力的货币总量构成了社会商品购买力,包括现实购买力和潜在购买力两部分。影响购买力总量变化的因素主要有货币收入、银行储蓄、手持现金、流动购买力和非商品性支出等。

(2) 市场需求构成预测。市场需求构成,可分为消费品需求构成和生产资料需求构成两大类。这里主要是指消费品需求构成。消费品需求构成受消费品购买力水平的制约。一般来说,购买力水平越低,投向生活必需品的货币量相对越大,表现为购买力首先投向吃的方面;购买力水平越高,投向其他方面(如穿、用、住、行等)的货币量就会越大。另外,消费者的习俗、消费心理及商品价格等,也对消费品需求构成有很大的影响。

(3) 消费者购买行为的预测。主要是指通过对消费者购买的动机、方式和心理等方面的调查分析,预测商品需求的趋向。其中的关键是调查消费者的购买决策,即由谁来买、买什么、为什么买、如何买、何时买、多长时间买一次、家庭和社会对其购买心理有什么影响等。

2) 市场资源预测

市场需求和市场资源是构成市场活动的两个基本因素。满足市场需求,一方面要有充分的货币支付能力;另一方面要有充分的商品资源。否则,市场上就会出现商品购买力与商品可供量之间的不平衡,给企业的经营活动和国民经济的发展都带来不利的影响。通过市场资源预测,可以预见市场的供需趋势,为企业确定生产规模、发展速度和质量水平等提供依据。还可了解新产品开发和老产品更新换代的信息,帮助企业正确面对新产品对老产品的影响。在宏观方面,市场资源预测还能为调节供需平衡提供依据。

市场资源预测的内容主要包括对工业产品、农副产品和进口产品的预测。

(1) 工业产品预测。主要指设备与工艺变化的预测;企业开发新产品的数量、质量、成本、价格、包装、商标及其消费对象的预测;国际、国内市场的类似产品、相关产品或替代产品的发展动向预测;工业产品所需原材料的品种、规格、性能、数量、来源和运输方式等的预测;工业产品的成本预测和价格预测。

(2) 农副产品预测。主要指农副产品的生产量、商品率、上市季节等情况的预测。农副产品的生产量并不完全等于农副产品的商品量。农副产品的商品,是剔除了农民自己留用的、商业部门或消费者个人不能及时收购的那部分农副产品。因此,预测农副产品时,不能简单地把农副产品产量等同于农副产品的商品量。此外,农副产品资源还与气候变化、政府的经济政策密切相关。对农副产品资源的预测需要特别注意这些情况。

(3) 进口产品预测。进口产品包括原材料、设备和工艺、专有技术,以及直接进口的各种产成品、半成品、零部件等。除了要预测这些进口产品的数量、质量、规格、型号和价格外,还要预测来源国的政治、经济等情况和外国厂商的规模、实力、经营策略及其市场占有率等。

3) 市场营销组合预测

市场营销组合预测,是对企业的产品、价格、销售渠道和促销方式等营销因素所进行的预测。

(1) 产品预测。现代产品,不仅指产品的物质实体,还包含产品的商标、包装以及安装、维修、咨询等方面。产品组合是由产品线的不同宽(深)度和关联度所决定的生产策略。现代企业既要提高专业化程度,组织大批量生产,强化产品线的深度;又要实行多样化经营,适应市场变化的需要,扩大产品线的宽度。前者可以更加广泛地满足各种需要,甚至是特殊的消费需要,有利于占领更多的细分市场。后者有利于挖掘企业潜力,分散投资风险,不断占领新的市场。加强产品线的关联性,则可以增强企业的竞争地位,提高产品的市场占有率。

开展产品组合预测，有利于企业制定正确的产品组合策略，提高企业在行业中的优势。

产品的商标是现代整体产品的组成部分。人们购买某种商品，有时候是奔着这种商品的商标去的。因为他们认为该产品的质量信得过，价格也合理，还可以享受到良好的服务。产品的包装，除了能保护商品、方便运输外，还起着"无声的推销员"的作用。高质量的售后服务，能使用户得到更大的满足，促使其重复购买。对市场上将会受欢迎的商标、包装和售后服务进行预测，有利于合理运用营销手段，促进产品的销售。

（2）价格预测。价格是市场营销活动最重要的内容。每个企业不仅需要了解竞争企业或竞争产品的价格，而且必须注意到不同价格水平会导致不同的需求量，因此需要对竞争产品的成本和价格进行预测。企业产品的价格确定后，应当及时地调查价格是否偏高或偏低，是否对消费者与经营者都有利，与竞争对手相比是否具有优势或主动性等。有条件的企业，还应当进行产品需求曲线的预测。当产品需求曲线呈非弹性时，提高产品价格可以增加企业收入；如果产品需求曲线呈弹性时，降低价格则可以增加企业收入。企业掌握这些情况，对产品价格的及时调整很有帮助。

（3）销售渠道预测。销售渠道即商品流通渠道，是企业产品实现其价值的重要环节。它包括合理制定分销路线，选择与配置中间商，有效地安排运输与储存，适时地向用户提供适用的商品。如果企业销售渠道的数量多，商品流通的路线就广，市场占有率就高。消费品的销售渠道，可以在代理商、批发商和零售商等中间商中选择一个或几个层次；生产资料的销售渠道一般不需要零售中间商。生产者选择销售渠道时，应对自身的条件、产品的情况和所处的市场进行综合分析，如企业的资本、商誉、服务和管理能力等；产品的单价高低、体积大小、易毁或易腐、通用或专用等；市场上同类商品的多少、潜在顾客的数量、购买者的习惯等。企业开展销售渠道预测，就是要对这些影响因素的未来变化情况做出推测与判断，以确定相应的策略。

（4）促销方式预测。促销方式是企业通过一定的方法或手段向消费者传递信息，从而促进消费者对产品或企业进行了解，并影响消费者的购买行为。市场营销的实践表明，客户接受一种产品的前提，首先是接受消费这一产品的观念。通过多种媒介传递信息，说服客户，就能创造使用这种产品的社会氛围。促销方式主要有广告、人员推销、销售促进和公共关系四种具体形式。各种形式都有自身的特性，相互之间又存在着一定的替代性，营销部门在大多数情况下都必须配合使用。企业开展促销方式的预测，就是要估计不同产品最适合的信息传递途径，推测顾客在不同促销方式下消费观念的变化，测算企业在各种促销组合下的经济效益。

上述营销要素各自的单体优势不一定能形成整体优势，单体优势之间还有一个整体优化问题，因此必须结合起来进行整体研究。将企业的产品、价格、销售渠道和促销方式结合起来，进行综合性的预测，是市场营销组合预测的关键。

5. 市场预测的程序

市场预测的程序就是开展预测工作的步骤，它是提高预测工作的效率和质量的重要保证。完整的预测工作一般包含以下几个步骤。

1）确定预测目标

由于预测的目标、对象、期限、精度、成本和技术力量等不同，预测所采用的方法、资料数据收集也有所不同。明确预测的具体目标,是为了抓住重点,避免盲目性,提高预测工作的效率。例如,预测某种商品的需求量,就是一个具体的预测目标。确定了这个目标后,才能为收集市场商情资料、选择预测方案、配备技术力量和预算所需费用指明方向。只有根据企业经营活动的需要,制订预测工作计划,编制预算,调配力量,组织实施,才能以较少的费用取得满意的预测结果。

2) 收集资料

资料是预测的依据,有了充分的资料,才能为市场预测提供可靠的数据。收集有关资料是进行市场预测重要的基础工作,如果某些预测方法所需的资料无法收集或收集的成本过高,即便有理想的预测方法也无法应用。广泛收集影响预测对象的一切资料,注意资料的真实性和可靠性,剔除偶然性因素造成的不正常情况,是定量预测模型的基础条件。

3) 选择预测方法与建立预测模型

市场预测方法有很多,但并不是每个预测方法都适合所有被预测的问题。预测方法选用得是否得当,将直接影响预测的精确性和可靠性。根据预测的目的、费用、时间、设备和人员等条件选择合适的方法,是预测成功的关键。对同一个预测目标,一般应同时采用两种以上的预测方法,以资比较和鉴别预测结果的可信度。定量预测模型应该在满足预测要求的前提下,尽量简单、方便和实用。

4) 分析预测误差

预测是估计和推测,很难与实际情况百分之百地吻合。预测模型又是简化了的数学模型,不可能包罗影响预测对象的所有因素,出现误差是不可避免的。产生误差的原因,一种可能是收集的资料有遗漏和篡改或预测方法有缺陷;另一种可能是工作中的处理方法失当,受工作人员偏好的影响等。因此,每次预测实施后,要将利用数学模型计算出的理论预测值,与过去同期实际观察值相比较,计算出预测误差,估计其可信度。同时,还要分析各种数学模型所产生误差的大小,以便对各种预测模型做出改进或取舍。误差分析往往同选择预测方法结合进行。

以上几个预测步骤是相互密切联系的,在先后顺序上有时也可交叉进行。市场调研人员应当根据预测的目的要求和实际工作进程灵活掌握。

5) 编写预测报告

预测报告是对预测工作的总结,也是向使用者做出的汇报。预测结果出来之后,要及时编写预测报告。报告的内容,除了应列出预测结果外,一般还应包括资料的收集与处理过程、选用的预测模型及对预测模型的检验、对预测结果的评价(包括修正预测结果的理由和修正的方法),以及其他需要说明的问题等。预测报告的表述,应尽可能利用统计图表及数据,做到形象直观、准确可靠。

6. 市场预测的方法

无论预测什么内容,都要推导出一个结果。取得预测结果的技术手段便是预测方法。市场预测方法可以归纳为定性预测和定量预测两大类。将这两大类方法结合起来,并越来越多地吸收计算机技术,是预测方法发展的总趋势。

1) 定性预测方法

依靠预测者的专门知识和经验,来分析和判断事物未来发展的趋势,称为定性预测。它要求在充分利用已知信息的基础上,发挥预测者的主观判断力。定性预测适合预测那些模糊的、无法计量的社会经济现象,并通常由预测者集体进行。集体预测是定性预测的重要内容,能集中多数人的智慧,克服个人的主观片面性。

在实际工作中,影响市场发展的因素错综复杂,因而资料难以数量化,甚至根本不可能用数量指标表示。比如,一定时间内市场形势的发展变化情况,国家某项政策出台对消费倾向、市场前景的影响,我国加入世界贸易组织后对我国企业的利弊影响,等等。这些情况下的预测,一般只能采用定性预测方法。另外,企业经营活动中的分析经营环境、制定战略规划、技术开发或新产品研制等,往往也只能采用定性预测方法。定性预测要求预测者具有从事预测活动的经验,同时要善于收集信息、积累数据资料,尊重客观实际,避免主观臆断,才能取得良好的预测效果。

定性预测方法简便,易于掌握,而且时间快、费用省,因此得到广泛应用。特别是进行多因素综合分析时,采用定性预测方法,效果更加显著。但是,定性预测方法缺乏数量分析,主观因素的作用较大,预测的准确度难免受到影响。因此,在采用定性预测方法时,应尽可能地结合定量分析方法,使预测过程更科学、预测结果更准确。

定性预测方法,可分为主观估计法和技术分析法两类。主观估计法包括经验判断法、集体意见法和主观概率法等。技术分析法包括德尔菲法、历史类推法、形态分析法和系统分析法等。经常采用的方法有德尔菲法、主观概率法、经验判断法等,其内容将在后续详细介绍。

2) 定量预测方法

定量预测是指在数据资料充分的基础上,运用数学方法,有时还要结合计算机技术,对事物未来的发展趋势进行数量方面的估计与推测。定量预测方法有两个明显的特点:一是依靠实际观察数据,重视数据的作用和定量分析;二是建立数学模型作为定量预测的工具。随着统计方法、数学模型和计算机技术日益为更多的人所掌握,定量预测的运用会越来越广泛。

市场预测中的定量预测方法,是在分析影响市场供求变动因素的基础上,找出相关变量之间的因果关系,建立数学模型,通过运算来得到预测结果。例如,设某种商品价格稳定,该商品销售额便由销售量决定。这时,销售量是自变量,将之设为 x;销售额是因变量,将之设为 y,它们之间用函数式表示为:$y = f(x)$。这一函数式就描述了这种商品在价格确定条件下的销售额与销售量之间的相互关系及其变化规律。如果变量之间的关系能确定地描述,则称变量之间存在因果关系;如果变量之间的关系不能确定地描述,就称变量间为相关关系。不论变量之间存在的是因果关系还是相关关系,都可采用定量分析的方法进行预测。

定量预测方法的运用,要求有充分的历史资料;影响预测对象发展变化的因素相对稳定;能在预测对象的某一指标与其他相关指标的联系中找出规律性,并能以此作为依据建立数学模型。在实际工作中,由于社会经济现象错综复杂,不可能把所有变动因素都纳入数学模型;有些数据难以取得或取得数据成本过高,使定量预测方法的运用也存在一定的局限性。定量预测的具体方法将在后续内容中详细介绍。

7.1.2　定性预测法

定性预测法在社会经济生活中有广泛的应用,特别是在预测对象的影响因素难以分清主次,或其主要因素难以用数学表达式模拟时,预测者可以凭借自己的业务知识、经验和综合分析的能力,运用已掌握的历史资料和直观材料,对事物发展的趋势、方向和重大转折点做出估计与推测。定性预测的主要方法有意见综合预测法、因素分析预测法和直接推算预测法等。

1. 意见综合预测法

意见综合预测法是指对某一预测问题先由有关的专业人员和行家分别做出预测,然后综合全体成员所提供的预测信息得出最终的预测结论。意见综合预测法分为下列四种。

1)销售人员意见综合预测法

销售人员意见综合预测法指企业直接将从事商品销售的经验丰富的人员组织起来,先由预测组织者向他们介绍预测目标、内容、预测期的市场经济形势等情况,要求他们利用平时掌握的信息结合提供的情况,对市场商品销售前景提出预测意见和结果,最后综合得出最终的预测结论。运用时应注意下列几点。

(1)应从各部门选择经验丰富的有预测分析能力的人参与预测。

(2)应要求预测参与者经常收集市场信息,积累预测资料。

(3)预测组织者应定期将市场总形势和企业的经营情况提供给预测参与者。

(4)预测组织工作应经常化,并对预测成绩显著者给予表彰,以调动他们的积极性。

(5)对销售人员的估测结果,应进行审核、评估和综合。其综合预测值的计算,可采用简单算术平均法或加权算术平均法。

2)业务主管人员意见综合预测法

业务主管人员意见综合预测法是指预测组织者邀请本企业的经理人员和采购、销售、仓储、财务、统计、策划、市场研究等部门的负责人作为预测参与者,向他们提供有关预测的内容、市场环境、企业经营状况和其他预测资料,要求他们结合自己掌握的市场动态提出预测意见和结果,或者用会议的形式组织他们进行讨论,然后综合得出最终的预测结论。运用时应注意下列几点。

(1)应选择有关部门的业务主管人员参与预测。

(2)要求业务主管人员熟悉市场,有较强的预测分析能力。

(3)应定期将市场总形势和企业的经营情况提供给业务主管人员。

(4)对定性描述的预测结果,应进行综合分析和论证,以消除某些主观因素的影响。

(5)对定量描述的预测结果,一般可采用简单算术平均法或加权算术平均法求出综合预测值。

【例 7-1】 某啤酒厂为了搞好明年市场啤酒供应,预测组织者事先向各部门负责人提供了历年啤酒社会消费量、居民消费水平、本企业历年啤酒销售量、市场占有率及其资源情况,然后要求他们分别对本企业的销售量做出预测。预测结果见表 7-1。在三种销售量中,最可能的销售量的准确性最高,权数定为 0.5,而最低与最高销售量的准确性较低,权数分别为0.2 和 0.3。各人的加权平均预测数见表 7-1 中最后一栏。

表 7-1 某啤酒厂啤酒销售预测综合 单位:吨

预测者	最低销售量	最可能销售量	最高销售量	平均销售量
经理甲	8500	9500	11000	9800
经理乙	8200	9200	11500	9700

续表

预测者	最低销售量	最可能销售量	最高销售量	平均销售量
业务科长	8400	9500	11200	9800
财务科长	8300	9400	12000	10000
批发部主任甲	8600	9000	11500	9700
批发部主任乙	8200	9500	10500	9500
零售店经理甲	8400	9600	11800	10000
零售店经理乙	8300	9500	11500	9900
综合预测值	8400	9400	11400	9800

3) 专家会议综合预测法

专家会议综合预测法是由预测组织者召开专家会议,在广泛听取专家预测意见的基础上,综合专家们的预测意见做出最终预测结论。在此过程中应注意下列几点。

（1）应根据预测内容和任务选择专家。

（2）专家会议的规模要适中,一般以 10 人左右为宜。

（3）应向专家提供有关的预测资料,以及需要讨论研究的具体题目和要求。

（4）预测组织者不宜发表影响会议的倾向性意见,只是广泛听取意见,最后综合专家意见确定预测结果。

专家会议综合预测法的种类主要有以下几种。

（1）交锋式会议法。此法要求参加会议的专家通过各抒己见、互相争论来预测问题,以求达到一致或比较一致的预测意见。这种方法的局限性是"权威者"可能左右与会者的意见,或者"口才"好的人左右与会者的意见,有些人虽然意识到自己意见欠妥,但不愿收回原意见。因此,最后综合预测意见时难以完全反映与会者的全部正确意见。

（2）非交锋式会议法。此法要求与会者可以充分发表自己的预测意见,也可以针对原来提出的预测意见再提出修改或补充意见,但不能对别人的意见提出怀疑和批评。这种非交锋式会议法,国外称为"头脑风暴法"。它可以克服交锋式会议法的缺点,起到互相启发、开拓思路的作用,但最后处理和综合预测意见比较难。

（3）混合式会议法。此法是交锋式会议法与非交锋式会议法的结合,又称"质疑头脑风暴法"。一般分两阶段进行,第一阶段采用非交锋式会议法,即实行直接头脑风暴法;第二阶段实行质疑头脑风暴法,用交锋式会议法对第一阶段提出的预测意见进行质疑,在质疑过程中又提出新的预测意见或设想,经过不断讨论,最后取得比较一致的预测结论。

4) 德尔菲法

德尔菲法是为避免专家会议法之不足而采用的预测方法。这种方法的应用始于美国兰德公司,在国外颇为流行。它以匿名的方式通过几轮函询征求专家们的预测意见,预测组织者对每一轮意见都进行汇总整理,作为参考资料再寄发给每个专家,供他们分析判断,提出新的预测意见和结果。如此几次反复,专家们的预测意见渐趋一致,预测结论的可靠性越来越大。

微课堂:
德尔菲法

德尔菲法具有三大特点。①匿名性。专家用书面形式回答预测问题,不必写名字。②反馈性。通过多次轮回反馈沟通信息。③统计性,即对每次的反馈信息都要进行统计处理。

德尔菲法主要用于技术发展、重大工程项目、重要经济问题、长远规划、产业结构调整等问题的预测研究。预测的组织程序如下。

德尔菲法进行市场预测的步骤如下。

(1) 做好准备。确定预测课题和预测内容,并成立预测负责小组。准备好已收集到的有关资料,拟定向专家小组提出的问题,设计函询调查表,选择与预测领域有关的专家,一般10~50 人为宜。

(2) 请专家做出初步判断。在做好准备的基础上,邀请有关专家成立专家小组,将书面问题寄发各专家(如有其他资料,也随同寄发),请他们在互不通气的情况下,对所咨询的问题做出自己的初次书面分析判断,按规定期限寄回。

(3) 请专家修改初次判断。为使专家集思广益,对收到各专家寄回的第一次书面分析判断意见加以综合后,归纳出几种不同的判断,并请身份类似的专家予以文字说明和评论,再以书面形式寄发各专家,请他们以与第一次同样的方式,比较自己与别人的不同意见,修改第一次的判断,做出第二次分析判断,按期寄回。如此反复修改多次,直到各专家对自己的判断意见比较固定,不再修改时为止。在一般情形下,经过三次反馈,即经过初次判断和两次修改,就可以使判断意见趋于稳定。

(4) 确定预测值。即在专家小组比较稳定的判断意见的基础上,运用统计方法加以综合,最后得出市场预测结论。

2. 因素分析预测法

因素分析预测法是凭借经济理论与实践经验,通过分析影响预测目标的各种因素的作用大小与方向,对预测目标未来的发展变化做出推断。

1) 因素列举归纳法

因素列举归纳法是指将影响预测目标变动的因素逐一列举,区分各种因素的性质、作用大小和方向,然后加以综合、归纳,推断和预测目标未来的变化趋向。因素列举归纳法的基本程序如下。

(1) 列举能观察到的影响预测目标变化的各种主要因素,并收集有关资料。

(2) 区分各种因素的性质、作用大小、方向和程度。

(3) 推断和预测目标未来变化的趋向。当有利因素居主导地位时,则未来前景看好;若不利因素居主导地位时,则未来前景暗淡,或市场疲软。

例如,通过列举和分析本年粮食总产量、年末生猪存栏量和母猪存栏量、饲料供应与价格、生猪购销价格、猪肉市场需求、养猪成本与收益、生猪流通等因素的变动,可推断下一年生猪市场的行情变化:是出栏量增加,市场供应看好;还是出栏量下降,市场供应趋紧。

2) 相关因素推断法

相关因素推断法是根据经济现象间的相互联系和相互制约关系,由相关因素的变动方向判断和预测目标的变动趋向。

(1) 顺向关系判断法。顺向关系是指两个现象间的变动方向为同增同减的关系。据此可以由相关现象的增加或减少,推断和预测目标也会相应地增加或减少。

(2) 逆向关系判断法。逆向关系是指两个现象间的变动方向表现为此长彼消或一增一减的关系。据此可由相关现象的增加或减少，推断和预测目标会向相反的方向变动。

3）因素分解推断法

因素分解推断法是指将预测目标按照一定的联系形式分解为若干因素指标，然后分别研究各种因素未来变动的方向、程度和结果，最后综合各种因素变动的结果，求出预测目标的总变动趋向和结果。

【例 7-2】 某市本年年末人口为 124.582 万人，人口自然增长率为 3.5‰，社会人均消费量为 20.5 千克。由于牛羊肉、水产品、家禽、鲜蛋消费趋增，社会消费水平呈减少趋势，预测明年为 18.5 千克，而居民社会需求量占社会需求量的比重约为 85％。据此预测该市明年社会需求总量为

$$Q=\frac{18.5 \times 124.582 \times (1+3.5‰)}{85\%}=2721.0（万千克）$$

【例 7-3】 某市本年消费品零售额为 83.7 亿元，其中城市零售额占 55％，农村零售额占 45％。据预测明年城市零售将增长 15.8％，农村零售额将增长 13.6％，则明年消费品零售总额为

$$\hat{Y}_{t+1}=83.7 \times \left(1+\frac{15.8 \times 55+13.6 \times 45}{10000}\right)=96.1（亿元）$$

4）购买力区域指数法

购买力区域指数是衡量不同地区需求程度的综合性评价指标，又称市场潜在需求指数。购买力区域指数的综合计算有以下两种。

（1）比重法购买力区域指数。通常是以各地区的总户数、居民收入或国内生产总值、商品零售额的比重指标为基础，采用加权平均法合并为一个综合性的指数来作为购买力区域指数。权数一般为：总户数为 2，收入性指标为 5，商品零售额为 3。

（2）比较法购买力区域指数。通常选择若干反映购买力大小的因素指标，区分为质因素和量因素两大类，并以某典型地区的水平作为基准，通过计算比较相对数来构造综合性的购买力指数。其中质因素主要是一些平均指标，如人均国内生产总值、职工年均工资、农民年均收入、人均储蓄余额以及人均商品零售额等。量因素主要是反映消费规模的因素指标，如总人口或家庭总户数。

3. 直接推算预测法

1）进度判断预测法

进度判断预测法是根据生产经营的进度，通过分析今后的发展趋势、有利因素与不利因素，对今后和全时期的生产经营情况做出预测。

（1）增减趋势推算法。它是指在前段实际水平的基础上，综合分析后段各种变化因素，判断变化趋势以确定后段的增减率，进而预测后段和全期可能达到的总水平，并判断经营目标能否实现的一种预测方法。

【例 7-4】 某企业某年商品销售目标为 5100 万元，前三季度累计实现销售额为 3850 万元，其中第三季度为 1280 万元。预计第四季度商品销售处于旺季，将比第三季度增长 3％。据此判断全年销售目标的完成程度为

$$预计销售目标完成程度=\frac{3850+1280 \times (1+3\%)}{5100} \times 100\%=101.34\%$$

（2）序时平均法。它是指先计算前段时期的实际（日、月、季）平均数，然后分析后期各种变化因素的影响，在前期序时平均数的基础上预计后期可能达到的序时平均水平，根据剩余时间推算后期及全期可能达到的总水平的一种预测方法。

【例7-5】　某企业某月销售目标为800万元，全月30个营业日，1～20日累计销售额540万元，日平均销售额27万元。根据有关资料分析，现有商品存货不足，因运输问题商品采购又不能及时到货，下旬日销售将减少3万元。据此推算预计销售目标完成程度为

$$预计销售目标完成程度 = \frac{540 + (27 - 3) \times 10}{800} \times 100\% = 97.5\%$$

（3）季节比重推算法。它是指先计算本年内前期实际累计数，再根据历史资料分析以往同期累计数占以往全时期实际数的比重（季节比重），最后用前期实际累计数除以季节比重，即可预测全时期可能达到的总水平及经营目标的实现程度。

【例7-6】　某企业某年商品销售目标为8500万元，1～3季度累计销售额5985万元，据历史资料分析，1～3季度销售额约占全年的69.5%，因而可预计：

$$全年销售目标预计完成程度 = \frac{5985 \div 69.5\%}{8500} = 101.31\%$$

$$第四季度销售额 = \frac{5985}{69.5\%} - 5985 = 2626.5（万元）$$

2）比重推算法

在市场预测中，比重推算法主要应用于以下几个方面。

（1）需求构成预测。它是指在分析和判断未来需求构成变化趋向的基础上，根据预测期的社会消费品购买力推算各类商品购买力。

【例7-7】　某县预测期消费品购买力为30亿元。根据历史资料分析，预测期各类商品购买力的比重将分别为食品类55.0%、衣着类18.5%、用品类21.2%、燃料类2.1%、药品类3.2%。据此推算各类商品购买力分别为16.5亿元、5.55亿元、6.36亿元、0.63亿元和0.96亿元。

（2）市场占有率预测。市场占有率是指一个企业的商品销售额（量）在一定范围的市场销售中所占的比重。比重越大，企业的市场占有率越高，市场竞争力越强；反之，则不然。计算公式为

$$市场占有率 = \frac{本企业商品销售额（量）}{市场商品销售总额（量）} \times 100\%$$

首先根据历史资料分析本行业或本企业市场占有率的变化趋向，然后再结合预测期的市场竞争情况，确定合适的市场占有率用于预测推算。

【例7-8】　某市经测算明年社会消费品购买力为12.18亿元，而某综合零售商店的销售额一般占社会消费品购买力的2.8%。经分析该商店明年将扩大经营品种，改善购物环境，加大推销力度，市场占有率将上升到3.0%。因而推算该商店明年的商品销售额为

$$某商店明年商品销售额 = 12.18 \times 3.0\% = 0.3654（亿元）$$

又如，某市本年度社会消费品零售额为18.5亿元，预计明年将比本年增长12%。根据以往年度的数据分析，食品类零售额占55%，而市副食品公司销售额占食品类零售额的12%，某副食品商店的销售额占副食品公司销售额的18%。据此推算该副食品商店的销售

潜量为

　　某副食品商店销售潜量＝18.5×(1＋12%)×55%×12%×18%＝0.246154(亿元)

　　(3) 以销定进构成预测。它是指根据以销定进的原则,平时对某类商品或某种商品的销售量按品种、规格、牌号等标志进行分组统计,并计算其比重,然后根据既定的进货总量按销售构成推算各品种、规格、牌号等具体商品的进货数量。

　　(4) 结构演变趋向预测。结构变动具有此长彼消的统计规律,因而,可从历年比重的动态变化中,判断现象总体结构中各组成部分的此长彼消的变动趋向。

　　3) 比例推算法

　　比例推算法是指根据有关指标或有关现象之间的比例关系,由已知指标数值推算预测对象的数值。

　　(1) 结构性比例法。结构性比例法是利用总体中局部与局部之间的比例关系,由已知部分的数值推算其他部分及其总体数值的一种预测方法。

　　【例 7-9】　某企业预测明年本企业商品零售额为 1258 万元,而批发与零售的比例一般为 1.25∶1,因而预测批发销售额为 1573 万元,商品销售总额为 2831 万元。

　　(2) 相关性比例法。相关性比例法是利用有关现象之间的相关关系形成的比例,从已知现象数值推测另一现象数值的一种预测方法。

　　【例 7-10】　某市国内生产总值与社会商品零售额的关系很密切,二者的比例一般为 1∶0.33～1∶0.38,据预测明年国内生产总值可达 169.8 亿元。据此推算明年社会商品零售额为 56.03 亿～64.52 亿元。

　　又如,某地汽油、柴油、润滑油的销售比例一般为 1.5∶1∶0.12,而预测明年柴油销售量为 53180 吨,据此可推算:

$$汽油销售量＝53180×1.5＝79770(吨)$$

$$润滑油销售量＝53180×0.12＝6381.6(吨)$$

　　(3) 比例联测法。比例联测法是以某地市场需求观测为基础,运用比例法推算其他地区的市场需求量的一种预测方法。推算公式为

$$乙地需求量＝甲地需求量×\frac{乙地销售量}{甲地销售量}＝甲地需求量×乙地占甲地销售的比例$$

　　【例 7-11】　本年度甲地汽车销售量为 43880 辆,乙地销售量为 41379 辆,丙地销售量为 37520 辆。据预测明年甲地汽车销售量为 46250 辆,用比例联测法预测乙、丙两地明年汽车销售量为

$$乙地销售量＝46250×\frac{41379}{43880}＝43614(辆)$$

$$丙地销售量＝46250×\frac{37520}{43880}＝39546(辆)$$

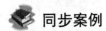 同步案例

IMF 预测：中国经济明年增长 8.2%

国际货币基金组织(IMF)6 月 24 日发布最新《世界经济展望》,对于新冠肺炎疫情影响

下全球经济走势如何、哪些国家经济会深度衰退、中国经济又会有怎样的表现等问题进行了预测。

2020 年全球经济预计萎缩 4.9%

IMF 继续下调了全球经济展望,2020 年全球增长率预计为−4.9%,比 2020 年 4 月《世界经济展望》的预测低 1.9 个百分点。

IMF 称,新冠肺炎疫情对 2020 年上半年经济活动的负面影响比此前预期更为严重,因此预计复苏将比此前预测更为缓慢。"预计所有地区 2020 年都将经历负增长,这种情况首次出现。"

"特别是,多数经济体的消费增长预测下调,反映了国内经济活动受到比预期更大的干扰。"IMF 指出,私人消费预计将减弱,原因是保持社交距离和封锁措施对总需求造成大规模不利冲击,以及预防性储蓄增加。此外,在高度不确定的环境下,企业推迟资本支出,因此,预计投资也将处于低迷状态。

IMF 援引国际劳工组织的数据显示,2020 年第二季度减少的工作时数可能相当于 3 亿多个全时工作。

《世界经济展望》
最新增长预测

(实际GDP，年百分比变化)	2019	预测 2020	预测 2021
世界产出	2.9	-4.9	5.4
发达经济体	1.7	-8.0	4.8
美国	2.3	-8.0	4.5
欧元区	1.3	-10.2	6.0
德国	0.6	-7.8	5.4
法国	1.5	-12.5	7.3
意大利	0.3	-12.8	6.3
西班牙	2.0	-12.8	6.3
日本	0.7	-5.8	2.4
英国	1.4	-10.2	6.3
加拿大	1.7	-8.4	4.9
其他发达经济体	1.7	-4.8	4.2
新兴市场和发展中经济体	3.7	-3.0	5.9
亚洲新兴市场和发展中经济体	5.5	-0.8	7.4
中国	6.1	1.0	8.2
印度	4.2	-4.5	6.0
东盟五国	4.9	-2.0	6.2
欧洲新兴市场和发展中经济体	2.1	-5.8	4.3
俄罗斯	1.3	-6.6	4.1
拉丁美洲和加勒比	0.1	-9.4	3.7
巴西	1.1	-9.1	3.6
墨西哥	-0.3	-10.5	3.3
中东和中亚	1.0	-4.7	3.3
沙特阿拉伯	0.3	-6.8	3.1
撒哈拉以南非洲	3.1	-3.2	3.4
尼日利亚	2.2	-5.4	2.6
南非	0.2	-8.0	3.5
低收入发展中国家	5.2	-1.0	5.2

来源：国际货币基金组织，世界经济展望最新预测，2020年6月。

注：对于印度，数据和预测按财政年度列示。2020/2021财年从2020年4月开始。印度2020年增长率预计为−4.9%，以日历年度为基础。

国际货币基金组织　　IMF.org

预计美国经济今年深度衰退 8%

按照最新展望，发达经济体 2020 年增长率预计为−8.0%，比 2020 年 4 月《世界经济展望》的预测低 1.9 个百分点。

IMF 称，2020 年上半年经济活动受到的冲击似乎比预期更为严重，甚至在实施封锁措施之前已经有迹象表明人们在自愿保持社交距离。这也表明下半年的复苏将更为缓慢，因为对传染的担心很可能持续存在。

其中，预计以下国家将出现同步的深度衰退：美国（−8.0%）、日本（−5.8%）、英国（−10.2%）、德国（−7.8%）、法国（−12.5%）、意大利和西班牙（−12.8%）。

疫情对经济造成干扰，并且石油出口国的可支配收入在燃料价格急剧下跌之后显著减少，因此，IMF 预计以下国家将出现严重衰退：俄罗斯（−6.6%）、沙特阿拉伯（−6.8%）、尼日利亚（−5.4%）和南非（−8.0%，其经济表现将受到卫生危机的严重影响）。

相比 4 月预计的情况，印度经历了更长时间的封锁，经济复苏更为缓慢，目前预测其经济将收缩 4.5%。

2021 年中国经济预计增长 8.2%

IMF 表示，全球经济活动预计将于 2020 年第二季度触底，此后开始回升，预计 2021 年增长率将上升至 5.4%，比 4 月预测低 0.4 个百分点。

对于中国经济的形势，IMF 指出，中国经济正在从第一季度的急剧收缩中恢复，2020 年增长率预计为 1.0%，在一定程度上将得益于政策刺激。

新兴市场和发展中经济体 2021 年增长率预计将升至 5.9%，其中，预计 2021 年中国经济增长将回升到 8.2%。

此外，预计 2021 年美国、欧元区和日本经济将分别增长 4.5%、6.0% 和 2.4%。

（资料来源：新浪网.https://news.sina.com.cn/o/2020-06-25/doc-iircuyvk0371400.shtml）

讨论：该案例主要采用了哪种预测方法？它有何特点？

提示：主要采用了定量预测方法，IMF 援引国际劳工组织的数据进行分析，运用数理方法进行计算并预测。定量预测计算复杂，工作量大，需要大量的数据和构建科学的数理模型，但预测结果相对准确、可靠。当然，定量预测的同时也离不开定性预测，即 IMF 多年的预测经验和判断。

任务实施

各公司根据所整理、分析的调研资料，选择恰当的方法进行定性预测。

汇报交流

各公司推荐一名代表汇报本课题的定性预测情况。

总结拓展

市场预测是一项复杂细致、涉及面很广的工作。为使市场预测能真正成为决策者科学决策的前提和依据，应注意以下几点要求，如图 7-1 所示。

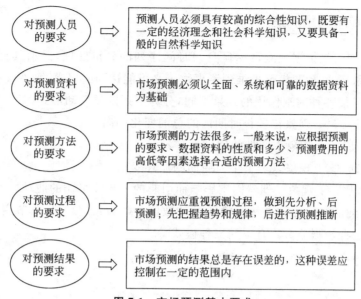

图 7-1 市场预测基本要求

 任务7.2 认知定量预测法

任务引入

各公司根据所有已整理、分析的调研数据,进行定量预测。

- 问题1:什么是定量预测?
- 问题2:如何进行定量预测?

知识铺垫

定量预测法是根据比较完备的历史和现状统计资料,运用数学方法对资料进行科学的分析、处理,找出预测目标与其他因素的规律性联系,对事物的发展变化进行量化推断的预测方法。

定量预测基本可分为两类。一类是时间序列预测法。它是以一个指标本身的历史数据的变化趋势,去寻找市场的演变规律,作为预测的依据,即把未来作为过去历史的延伸。时序预测法包括平均平滑法、趋势外推法、季节变动预测法和马尔柯夫时序预测法。另一类是因果分析法。它包括一元回归法、多元回归法和投入产出法。回归预测法是因果分析法中很重要的一种,它从一个指标与其他指标的历史和现实变化的相互关系中,探索它们之间的规律性联系,作为预测未来的依据。以下介绍几种常用的定量预测方法。

7.2.1　时间序列预测法

时间序列预测法是根据预测目标自身的时间序列的分析处理,揭示其自身发展变化的特征、趋势和规律,建立预测模型外推预测事物未来可能达到的规模、水平或速度。

时间序列(Y)按各种因素作用的效果不同,分为下列四类变动形式。

（1）长期趋势(T)：现象在较长时期内的总的变化趋向。

（2）季节变动(S)：现象季节性的周期性变动。

（3）循环变动(C)：现象以若干年为周期的循环变动。

（4）随机波动(I)：现象受偶然因素影响而引起的无规律可循的波动。

时间序列预测的基本原理是将原数列 Y 的数值分解为长期趋势、季节变动、循环变动和随机波动,然后进行预测分析。有下列三种模式。

乘法模式：$$Y = T \times S \times C \times I$$

加法模式：$$Y = T + S + C + I$$

混合模式：$$Y = T \times S + C \times I$$

下面主要介绍时间序列预测法中的趋势外推法和季节指数法。

1. 趋势外推法

大量的市场现象的发展都具有渐进性,或者说相对于时间具有一定的规律性。趋势外推法,就是根据时间数列呈现出的规律性趋势向外推导,从而确定预测对象未来值的预测方法。这种方法的准确度,建立在外推模型能正确反映预测对象的本质运动的基础上,并且向外推导的时间不宜过长。

趋势外推法可分为直接作图法、直线趋势外推法和曲线趋势外推法。直接作图法是根据历史数据的排列情况,直接在坐标图上描绘出时间数列的延伸趋势,并以此来判定预测值的方法。直线趋势外推法和曲线趋势外推法,是当时间数列的图形具有明显的直线或曲线趋势(即时间数列的某次阶差或比率接近一个常数)时,通过建立预测模型来进行预测的方法。这里只介绍直线趋势外推法。

直线趋势外推法是指对有线性变动趋势的时间数列,拟合成直线方程进行外推预测的方法。直线方程的一般形式为 $Y = a + bt$。式中,a、b 仍是模型参数,t 为自变量,表现为按自然数顺序编号的时间序数,当 t 发生变化时,Y 的变化如表 7-2 所示。

表 7-2　直线趋势外推法列表

时间序数 t	时间数列数值 Y	一次阶差 Δy
1	$a + b$	—
2	$a + 2b$	b
3	$a + 3b$	b
4	$a + 4b$	b
5	$a + 5b$	b
⋮	⋮	⋮

从表 7-2 中可看出，每当 t 增加 1，Y 值就相应地增加（或减少）一个 b 值，即一次阶差是一个常数。因此，具有直线趋势的时间数列，都可以采用直线方程来求出预测值。当然，时间数列中的实际数据与直线上的数据总可能有所偏差，但只要偏差较小，拟合的直线对时间数列就有较强的代表性。实际上，有时不必找到拟合直线的方程式，只要符合直线趋势外推法的原理，直接用一些简便的方法就能求出预测值。最简便的方法是增减量预测法和平均增减量预测法。

1）增减量预测法

增减量预测法是以上期实际值与上两期之间的增减量之和，作为本期预测值的一种预测方法。其公式为

$$Y_t = Y_{t-1} + (Y_{t-1} - Y_{t-2})$$

例如，某企业某产品 2019 年的销售量为 458 吨，2018 年的销售量为 424 吨，预测 2020 年的销售量为

$$Y_{2020} = 458 + (458 - 424) = 492（吨）$$

2）平均增减量预测法

平均增减量预测法是先计算出整个时间数列逐期增减量的平均数，再与上期实际数相加，从而确定预测值的方法。其公式为

$$Y_t = Y_{t-1} + [(Y_{t-1} - Y_{t-2}) + (Y_{t-2} - Y_{t-3}) + \cdots + (Y_{t-n} - Y_{t-(n+1)})]/n$$

假如，上例企业某产品 2017 年的销售量为 402 吨，2016 年的销售量为 376 吨，2015 年的销售量为 355 吨，则预测 2020 年的销售量为

$$Y_{2020} = 458 + [(458 - 424) + (424 - 402) + (402 - 376) + (376 - 355)]/4$$
$$= 458 + [34 + 22 + 26 + 21]/4 = 483.75（吨）$$

直线趋势外推法一般都是通过直线预测模型来计算预测值的。这就需要先估计出模型参数 a，b 的值。求取 a，b 的值的方法，与二次移动平均法、二次指数平滑法和回归分析中的最小二乘法相同。

3）直线趋势模型

如果现象的时间序列的各期数据大体呈直线趋势变化，即数列的逐期增量（一阶差分）大体相同，则时间数列是由直线趋势和剩余变动两部分构成，即

$$y_t = 直线趋势 + 剩余变动$$

式中，直线趋势用 $y_t = a + bt$ 来描述，剩余变动通常用剩余标准差、剩余标准差系数、可决系数来反映。标准差系数越小，可决系数越大，直线趋势形态越严格，剩余变动就越小。

直线趋势模型预测的程序如下。

（1）识别现象是否呈直线趋势形态。有两种识别方法，一是数量特征识别法，即数列逐期增减量（一阶差分）大体相同时，则数列的变化趋势为直线型；二是散点图识别法。

（2）估计参数、建立直线趋势模型。常用最小二乘法求得 a、b 参数：

$$\begin{cases} \sum y = Na + b\sum t \\ \sum ty = a\sum t + b\sum t^2 \end{cases}$$

（3）评价预测误差大小，衡量直线趋势模型拟合的优良度。主要评价指标有：

剩余标准差

$$s_y = \sqrt{\frac{\sum (y - \hat{y})^2}{N - 2}}$$

剩余标准系数

$$v_s = \frac{s_y}{\bar{y}}$$

可决系数

$$R^2 = 1 - \frac{\sum (y - \hat{y})^2}{\sum (y - \bar{y})^2}$$

（4）利用直线趋势模型外推预测。

【例 7-12】 某县 2010—2019 年生猪出栏量的统计数据如表 7-3 所示。现采用直线趋势模型预测 2020 年的生猪出栏量。根据表中计算的各项数据,用最小二乘法估计的直线趋势模型为

$$\hat{y} = 28.3403 \times 0.7636t$$

$$(s_y = 0.6638, \quad v_s = 0.0204, \quad r = 0.9653, \quad 2009 \text{ 年 } t = 0)$$

剩余标准差系数为 2.04%,说明拟合的直线趋势模型较优良。若预测 2020 年生猪出栏量,将 $t = 11$ 代入此模型,可求得预测值为 36.74 万头。

表 7-3　最小二乘法算例

年份	t	y_t	t^2	ty_t	y_t^2	$\hat{y}_t$	e_t
2010	1	29.4	1	29.4	864.36	29.1	0.3
2011	2	30.1	4	60.2	906.01	29.9	0.2
2012	3	29.9	9	89.7	894.01	30.6	−0.7
2013	4	30.7	16	122.8	942.49	31.4	−0.7
2014	5	33.1	25	165.5	1095.61	32.2	0.9
2015	6	33.7	36	202.2	1135.69	32.9	0.8
2016	7	32.8	49	229.6	1075.84	33.7	−0.9
2017	8	34.2	64	273.6	1169.64	34.4	−0.2
2018	9	35.3	81	317.7	1246.09	35.2	0.1
2019	10	36.2	100	362.0	1310.44	36.0	0.2
$\sum$	55	325.4	385	1852.7	10640.18	325.4	0

2. 季节指数法

季节变动是指某些市场现象由于受自然气候、生产条件、生活习惯等因素的影响,在一定时间中随季节的变化而呈现出周期性的变化规律。如农副产品受自然气候影响,形成市场供应量的季节性变动;节日商品、礼品性商品受民间传统的影响,其销售量也具有明显的季节变动现象。对季节变动进行分析研究,掌握其变动规律,可以预测季节型时间数列的季节变动值。

季节变动的主要特点是,每年都重复出现,各年同月（或季）具有相同的变动方向,变动幅度一般相差不大。因此,研究市场现象的季节变动,收集时间序列的资料一般应以月（或季）为单位,并且需要有 3 年或 3 年以上的市场现象各月（或季）的资料,才能观察到季节变

动的一般规律性。

季节指数法,就是根据预测目标各年按月(或季)编制的时间数列资料,以统计方法测定出反映季节变动规律的季节指数,并利用季节指数进行预测的预测方法。测定季节指数的方法大体有两类,一是不考虑长期趋势的影响,直接根据原时间数列计算季节指数;二是考虑长期趋势的存在,先将长期趋势消除,然后计算季节指数。

1) 无趋势变动的季节指数预测法

如果时间数列没有明显的长期变动趋势,就可以假设其不存在长期趋势,直接对时间数列中各年同月(或季)的实际值加以平均,再将各年同月(或季)的平均数与各年的总平均数进行比较,求出季节指数,或将各年同月(或季)的平均数与各年的总平均数相减,求出季节变差,最后通过季节指数或季节变差来计算出预测值。

【例 7-13】 表 7-4 是某商品销售量 5 年的分季资料,假设该资料无长期趋势。

(1) 设第六年第一季度的销售量为 10 吨,试预测第二季度的销售量。

(2) 设第六年上半年的销售量为 27 吨,试预测第三季度的销售量。

(3) 设第六年全年的计划销售量为 60 吨,试预测各季度的销售量。

表 7-4 某商品销售量 5 年的分季资料

5年分季度	第一年				第二年				第三年				第四年				第五年			
	一	二	三	四	一	二	三	四	一	二	三	四	一	二	三	四	一	二	三	四
销售/吨	—	—	13	18	5	8	14	18	6	10	16	22	8	12	19	25	15	17	23	30

预测计算过程如表 7-5 所示。

表 7-5 季节指数和季节变差计算

年份及指数	一季度	二季度	三季度	四季度	全年合计
第一年	—	—	13	18	31
第二年	5	8	14	18	45
第三年	6	10	16	22	54
第四年	8	12	19	25	64
第五年	15	17	—	—	32
同季合计	34	47	62	83	226
同季平均数	$34 \div 4 = 8.5$	$47 \div 4 = 11.75$	$62 \div 4 = 15.5$	$83 \div 4 = 20.75$	年平均数 $= 14.125$
季节指数/%	$8.5 \div 14.125$ $\times 100\%$ $= 60.18$	$11.75 \div 14.125$ $\times 100\%$ $= 83.19$	$15.5 \div 14.125$ $\times 100\%$ $= 109.73$	$20.75 \div 14.125$ $\times 100\%$ $= 146.90$	400
季节变差	$8.5 - 14.125$ $= -5.625$	$11.75 - 14.125$ $= -2.375$	$15.5 - 14.125$ $= 1.375$	$20.75 - 14.125$ $= 6.625$	

注意,计算季节指数时,若以月为周期,则 12 个月的季节指数之和应为 1200%;若以天为周期,则一周 7 天的季节指数之和应为 700%。如果计算时由于舍入误差,使季节指数之和不等于相应标准时,需用比例法将其调整为标准形态。同理,季节变差之和应等于 0,否则也应做调整。

（1）先根据已知的第一季度销售量和第一季度的季节指数，求出第六年的季平均数；再根据第六年的季平均数和第二季度的季节指数，求出第二季度的预测值。

$$第六年的季平均数＝10÷60.18\%＝16.62$$
$$第六年第二季度的销售量＝16.62×83.19\%＝13.83（吨）$$

用季节变差预测第二季度的销售量，则可直接计算：

$$第六年第二季度的销售量＝（10＋5.625）－2.375＝13.25（吨）$$

（2）先根据上半年的已知数和一、二季度的季节指数，求出第六年的季平均数；再根据第六年的季平均数和第三季度的季节指数，求出第三季度的预测值。

$$第六年的季平均数＝27÷（60.18\%＋83.19\%）＝18.83$$
$$第六年第三季度的销售量＝18.83×109.73\%＝20.66（吨）$$

也可用季节变差直接计算：

$$第六年第三季度的销售量＝1.375＋（27＋5.625＋2.375）/2＝18.875（吨）$$

（3）也需先求出第六年的季平均数，再根据第六年的季平均数和各季度的季节指数，求出各季度的预测值。

$$第六年的季平均数＝60÷4＝15$$
$$第六年第一季度的销售量＝15×60.18\%＝9.027（吨）$$
$$第六年第二季度的销售量＝15×83.19\%＝12.4785（吨）$$
$$第六年第三季度的销售量＝15×109.73\%＝16.4595（吨）$$
$$第六年第四季度的销售量＝15×146.90\%＝22.035（吨）$$

仍可用季节变差直接计算：

$$第六年第一季度的销售量＝15－5.625＝9.375（吨）$$
$$第六年第二季度的销售量＝15－2.375＝12.625（吨）$$
$$第六年第三季度的销售量＝15＋1.375＝16.375（吨）$$
$$第六年第四季度的销售量＝15＋6.625＝21.625（吨）$$

2）含趋势变动的季节指数预测法

市场现象时间数列的变动，大部分都是季节变动与长期趋势变动交织在一起的。在研究其季节变动的同时，还必须考虑其长期趋势变动，把季节和长期趋势两种变动规律综合起来进行预测。

对含有两种变动趋势的时间数列求季节指数，最简便的办法是利用移动平均法计算出各期的趋势值，再将各期的实际值与对应期的趋势值相比较，计算出季节比率；接着把各年相同季节的季节比率加以平均，必要时再做一点修正，即求得季节指数。得到季节指数后，再根据趋势值的平均变动情况，求出预测期的趋势值，将其与对应期的季节指数相乘，就能得到所要预测的值。

注意，由于移动跨越期是偶数，移动平均数对应的时间是中点，因此需要对相邻的两个移动平均数再进行一次移动平均，得出趋势值才能正好与同期实际值一一对应。计算出趋势值和平均趋势变动情况后，即可推测在长期变动趋势影响下各期的趋势值。如第四年第四季度的趋势值为18.375，第五年第三季度与之相隔3期，平均趋势变动情况为0.66，则第五年第三季度的趋势值为$18.375＋3×0.66＝20.355$。然后再与相应的季节指数相乘，便得到了该期的预测值。计算表见表7-6。

表 7-6 季节指数计算 单位：%

年份及指数	一季度	二季度	三季度	四季度	全年合计
第一年	—	—	—	—	
第二年	44.94	71.11	123.08	153.19	—
第三年	48.98	76.92	116.36	154.39	
第四年	53.78	76.80	112.59	136.05	
第五年	—	—	—	—	
同季合计	147.70	224.83	352.03	443.63	
同季平均数	147.7÷3=49.23	224.83÷3=74.94	352.03÷3=117.34	443.63÷3=147.88	389.39
修正系数	400/389.39=1.02725				
修正后的季节指数	49.23×1.02725 =50.57	74.94×1.02725 =76.98	117.34×1.02725 =120.54	147.88×1.02725 =151.91	400

根据上述已获得的资料，预测后续 6 个季度销售量的计算过程如下。

第五年第三季度预测值＝（18.375＋3×0.66）×120.54％＝24.54（吨）

第五年第四季度预测值＝（18.375＋4×0.66）×151.91％＝31.92（吨）

第六年第一季度预测值＝（18.375＋5×0.66）×50.57％＝10.96（吨）

第六年第二季度预测值＝（18.375＋6×0.66）×76.98％＝17.19（吨）

第六年第三季度预测值＝（18.375＋7×0.66）×120.54％＝27.72（吨）

第六年第四季度预测值＝（18.375＋8×0.66）×151.91％＝35.93（吨）

7.2.2 相关分析法

1. 相关关系的概念和特点

自然界和人类社会中存在的许多事物和现象，彼此之间都是相互联系、相互依赖、相互制约的。这种客观现象之间的相互联系，可以通过一定的数量关系反映出来，例如气温与降雨量之间、劳动生产率与产品成本之间、居民的货币收入与购买商品支出之间等，都存在一定的数量依存关系。通常将这些数量依存关系概括为两种不同类型，即函数关系和相关关系。

（1）函数关系。函数关系是指现象之间客观存在的、在数量变化上按一定法则严格确定的相互依存关系，可以用函数式 $y=f(x)$ 来表示 y 与 x 之间的关系。

（2）相关关系。相关关系的全称为统计相关关系，它是指变量之间的数量变化受随机因素影响而不能唯一确定的相互依存关系，可用数学表达式 $y=f(x)+\varepsilon$（ε 代表随机因素）表示。

相关关系的特点如下。

（1）现象之间确实存在数量上的相互依存关系。相关关系表现为数量上的相互依存关系，即一个变量发生数量上的变化时，另一个变量也会相应地发生数量上的变化。

（2）现象之间数量上的关系是不确定的。相关关系属于变量之间的一种不完全确定的关系，这意味着一个变量虽然受另一个（或一组）变量的影响，却并不由这一个（或一组）变量完全确定。

2. 相关分析的内容

对客观现象具有的相关关系进行分析研究所采用的统计方法称为相关分析法。运用相关分析法的目的在于对相关现象之间的密切程度和变化规律有一个具体的数量上的认识，以便做出某种判断，进行相关的推算和预测。相关分析的主要内容如下。

（1）判断现象之间有无相关关系。

（2）判断相关关系的表现形态和密切程度。

（3）确定相关关系的数学表达式。

（4）检验因变量估计值的误差。

3. 相关关系的判断和测定

1）定性分析

相关关系的判断，首先是利用定性分析进行。任何社会经济现象都有质的规定性，它表明了现象之间的区别与联系。对现象的这种质的规定性运用理论知识、专业知识、实际经验来进行判断和分析，就是定性分析。

2）相关表

（1）简单相关表。将一变量按其取值的大小排列，然后再将与其相关的另一变量的对应值平行排列，便可得到简单相关表。

（2）分组相关表。分组相关表是把简单相关表的资料适当并组后编制成的相关表，分为单变量分组相关表和双变量分组相关表。

3）相关图

相关图又称为散点图、散布图，是将具有相关关系的两个变量值描绘在坐标图上，以横轴表示自变量 x，纵轴表示因变量 y，按两变量的对应值标出坐标点（散布点），以表示其分布状况的图形。

4）相关系数

相关表和相关图只能大致反映现象间相关关系的一般情况。为了从数量上测量现象间相关关系的密切程度，需要计算相关系数。

（1）相关系数的含义。相关系数是指在直线相关的条件下，说明两个现象之间相关关系密切程度的统计分析指标，用 r 表示。

相关系数的计算方法有若干种，最容易理解的一种叫积差法，其基本公式为

$$r = \frac{\sigma_{xy}^2}{\sigma_x \sigma_y} = \frac{\frac{1}{n} \sum (x - \bar{x})(y - \bar{y})}{\sqrt{\frac{1}{n} \sum (y - \bar{y})^2} \cdot \sqrt{\frac{1}{n} \sum (x - \bar{x})^2}}$$

式中，$\sigma_{xy}^2 = \frac{1}{n} \sum (x - \bar{x})(y - \bar{y})$ 为变量 x 与 y 的协方差；$\sigma_x = \sqrt{\frac{1}{n} \sum (x - \bar{x})^2}$ 为自变量 x 数列的标准差；$\sigma_y = \sqrt{\frac{1}{n} \sum (y - \bar{y})^2}$ 为因变量 y 数列的标准差。

根据相关系数的定义公式可知相关系数的含义如下。

r 的取值范围为 $-1 \leqslant r \leqslant 1$。因为协方差的绝对值最小为 0，最大为 σ_x 与 σ_y 的乘积。

r 的绝对值越接近 1，表明相关关系越密切；越接近于 0，表明相关关系越不密切。

$r = 1$ 或 $r = -1$，表明两现象完全相关；$r = 0$ 表明两变量无直线相关关系。

$r > 0$，表明现象呈正直线相关关系；$r < 0$，表明现象呈负直线相关关系。

实际工作中，$|r| < 0.3$，为无相关；$0.3 \leqslant |r| < 0.5$，为低度相关；$0.5 \leqslant |r| < 0.8$，为显著相关；$0.8 \leqslant |r| < 1$，为高度相关。

（2）相关系数的计算。

① 按定义公式计算。根据定义公式列表将公式中所需要的基本数据依次计算，即需要列出五个计算栏：$(x-\bar{x})$，$(y-\bar{y})$，$(x-\bar{x})(y-\bar{y})$，$(x-\bar{x})^2$，$(y-\bar{y})^2$，然后代入计算公式求得相关系数。

② 用简单公式测定。变形后的简单计算公式为

$$r=\frac{n\sum xy-\sum x\sum y}{\sqrt{n\sum y^2-\left(\sum y\right)^2}\cdot\sqrt{n\sum x^2-\left(\sum x\right)^2}}$$

根据简洁公式计算相关系数，只需要列出 3 个计算栏 x^2、y^2、xy 即可，而且避免了平均数、离差以及标准差的直接计算，减少了中间环节，相关系数的准确性也会提高。

7.2.3　回归分析法

1. 回归分析的概念

回归分析（regression analysis）是确定两种或两种以上变量间相互依赖的定量关系的一种统计分析方法，运用十分广泛。回归分析按照涉及的因变量的多少，分为回归分析和多重回归分析；按照自变量的多少，可分为一元回归分析和多元回归分析；按照自变量和因变量之间的关系类型，可分为线性回归分析和非线性回归分析。如果在回归分析中，只包括一个自变量和一个因变量，且二者的关系可用一条直线近似地表示，这种回归分析称为一元线性回归分析。如果回归分析中包括两个或两个以上的自变量，且因变量和自变量之间是线性关系，则称为多元线性回归分析。

相关分析与回归分析既有区别又有密切联系。其联系在于，两者都是对客观事物数量依存关系的分析。两者的区别在于，两者的概念和作用不同，它们分别从不同角度来说明现象之间的依存关系。相关分析只能说明现象之间是否相关及其相关方向和紧密程度，但不能说明一个现象发生一定量的变化，另一个现象会对应发生多大量的变化，而回归分析通过建立适当的回归方程则能够预测出这种变化的量，它是进行测算和预测的重要依据之一。

2. 回归分析主要解决的问题

（1）确定变量之间是否存在相关关系，若存在，则找出数学表达式。

（2）根据一个或几个变量的值，预测或控制另一个或几个变量的值，且要估计这种控制或预测可以达到何种精确度。

3. 一元线性回归分析

一元线性回归分析的步骤如下。

（1）相关分析。

（2）建立一元线性回归模型。

这是回归分析的关键。其直线方程表达式为

$$\hat{y}=a+bx$$

式中，a、b 称为回归模型的待定参数，其中 b 又称为回归系数，它表示自变量 x 每增加一个单位时，因变量 y 的平均变动值，$b>0$ 为增量，$b<0$ 为减量。

（3）进行回归预测。

（4）估计标准误差。

其计算公式为

$$S_y = \sqrt{\frac{\sum (y - \hat{y})^2}{n}}$$

式中，S_y 为估计标准误差，y 为因变量实际值，$\hat{y}$ 为因变量估计值，n 为样本容量。

根据上面的定义公式计算估计标准误差十分烦琐，运算量较大，因为它需要计算出因变量 y 所有的估计值。实践中，在已知直线回归方程的情况下，通常用下面的简洁公式计算估计标准误差。

$$S_y = \sqrt{\frac{\sum y^2 - a \sum y - b \sum xy}{n}}$$

式中，a 为回归方程的参数值；b 为回归系数。

【例 7-14】 表 7-7 是某市近 15 年社会消费品零售额和人均 GDP 的数据。经分析，当年社会消费品零售额与当年人均 GDP 的相关系数为 0.9946，与上年人均 GDP 的相关系数为 0.9979，两种情形的线性相关关系都很高。为了预测方便，我们选择上年人均 GDP 作为自变量 x 来预测社会消费品零售额（y）。经计算，可求得如下回归模型。

表 7-7 某市社会消费品零售额和人均 GDP 数据

年序（T）	社会消费品零售额（y）/亿元	人均 GDP/（元/人）	上年人均 GDP/（元/人）
1	74.5	1356	1104
2	81.1	1513	1356
3	83.3	1634	1513
4	94.2	1880	1634
5	109.9	2286	1880
6	124.6	2930	2286
7	162.7	3923	2930
8	206.2	4854	3923
9	247.7	5576	4854
10	273.0	6054	5576
11	291.6	6308	6054
12	311.4	6552	6308
13	341.6	7086	6552
14	366.5	7654	7086
15	383.5	7988	7654

$$\hat{y} = 16.8628 + 0.0478 X_{t-1}$$

$$(4.264) \quad (56.082)$$

$$R^2 = 0.996, \quad F = 3145.23, \quad S_y = 7.51, \quad DW = 1.102$$

根据此模型提供的检验统计量，该回归模型的各项检验均能通过，表明模型的拟合程度较高，解释能力较强。此模型表明，上年人均 GDP 每增加 1 元，社会消费品零售额可增加 0.0478 亿元。将本年人均 GDP 7988 元代入模型中，可求得下年社会消费品零售额的预测值为

$$\hat{y}_{16} = 16.8628 + 0.0478 \times 7988 = 398.69（亿元）$$

4. 回归分析注意事项

应用回归分析时应首先确定变量之间是否存在相关关系。如果变量之间不存在相关关系,对这些变量应用回归预测法就会得出错误的结果。正确应用回归分析预测时应注意以下事项。

(1)用定性分析判断现象之间的依存关系。

(2)避免回归预测的任意外推。

(3)应用合适的数据资料。

(4)要考虑社会经济现象的复杂性。

(5)应注意对相关关系和回归方程的有效性进行检验。

任务实施

各公司根据所整理、分析的调研资料,选择适当的方法进行定量预测。

汇报交流

各公司推荐一名代表汇报本课题的定量预测情况。

总结拓展

定量预测的主要特点是利用统计资料和数学模型来进行预测。运用定量预测并不意味着定量方法完全排除主观因素。相反,主观判断在定量方法中仍起着重要作用,只不过与定性方法相比,各种主观因素所起的作用变小。

定量预测的优点:偏重于数量方面的分析,重视预测对象的变化程度,能做出变化程度在数量上的准确描述;它主要把历史统计数据和客观实际资料作为预测的依据,运用数学方法进行处理分析,受主观因素的影响较小;它可以利用现代化的计算方法,来进行大量的计算工作和数据处理。

定量预测的缺点:比较机械,不易灵活掌握,对信息资料质量要求较高;进行定量预测,通常需要积累和掌握历史统计数据。

定性预测和定量预测并不是相互排斥的,而是可以相互补充的,在实际预测过程中应该把两者正确地结合起来使用。

知识图解

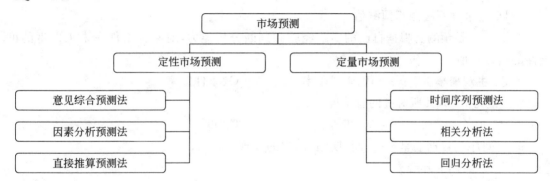

🔍 知识检测

一、名词解释

市场预测　定性预测　定量预测　德尔菲法　时间序列预测法　回归分析预测法

二、单项选择题

1. 市场预测程序是（　　　）。

　A. 明确目的、收集资料、分析、预测

　B. 收集资料、明确目的、分析、预测

　C. 分析、明确目的、收集资料、预测

　D. 明确目的、收集资料、预测、分析

2. 特别适用于缺少历史资料的市场现象的预测是（　　　）。

　A. 回归预测法　　　　　　　　　　　B. 定性预测法

　C. 时间序列预测法　　　　　　　　　D. 定量预测法

3. 下述市场预测方法，哪类应用起来更灵活方便？（　　　）

　A. 定性市场预测法

　B. 相关回归分析市场预测法

　C. 时间序列市场预测法

4. 下述市场因素，哪组相关程度更低？（　　　）

　A. 居民收入与人口数量

　B. 市场需求量与居民收入

　C. 市场需求量与商品价格

5. 以大量的历史观察值为主要依据，建立适当的数学模型，推断或估计市场未来的供给量和需求量是（　　　）的特点。

　A. 定性市场预测　　　　　　　　　　B. 定量市场预测

　C. 单项商品预测　　　　　　　　　　D. 商品总量预测

6. 定性预测法和定量预测法的主要区别是（　　　）。

　A. 定性预测只预测市场发展趋势，不测算预测值

　B. 定性预测法应用起来灵活方便

　C. 预测依据不同

　D. 定量预测法测算预测值

7. （　　　）是预测者根据自己的实践经验和判断分析能力，对某种事件在未来发生的可能性的估计数值。

　A. 主观概率　　　　　B. 客观概率　　　　　C. 条件概率

8. t 值为 2.58，其所对应的置信度为（　　　）。

　A. 90%　　　　　　　B. 95%　　　　　　　C. 99%

9. 时间序列数据会呈现一种长期趋势，它的表现（　　　）。

　A. 只能是上升趋势

  B. 只能是下降趋势

  C. 只能是水平趋势

  D. 可以是上升、下降或水平趋势

  10. 在定性预测中,以匿名的方式,逐轮征求专家各自的预测意见,最后由主持者进行综合分析,确定市场预测的方法是(　　)。

  A. 经验判断   B. 调研判断

  C. 主观概率法   D. 德尔菲法

三、多项选择题

  1. 下列属于定量预测法的有(　　)。

  A. 时间序列预测法   B. 回归分析预测法

  C. 德尔菲法   D. 季节指数法

  2. 市场需求预测的内容包括(　　)。

  A. 市场商品需求总量预测

  B. 市场需求构成预测

  C. 消费者购买行为预测

  D. 消费者购买心理调查

  E. 市场商品供应调查

  3. 专家预测法包括(　　)。

  A. 个人判断法   B. 集体判断法

  C. 德尔菲法   D. 移动平均法

  E. 季节指数法

  4. 按市场预测方法的不同,市场预测可以分为(　　)。

  A. 定性市场预测   B. 单项商品预测

  C. 商品总量预测   D. 定量市场预测

  5. 下面属于专家意见调查法的有(　　)。

  A. 专家会议法   B. 指标判断法

  C. 德尔菲法   D. 扩散指数法

  6. 进行市场预测必须遵循相应的一些基本原则,包括(　　)。

  A. 连续原则   B. 类推原则

  C. 因果原则   D. 系统性原则

四、简答题

  1. 什么是德尔菲法?其实施步骤有哪些?

  2. 简述市场预测的步骤。

五、计算题

  1. 已知某商店近5年某商品销售量统计资料如表7-8所示,试用直线趋势预测法预测该店2020年这种商品的销量。要求:若置信度为95%,求出预测误差及预测值置信区间。

表 7-8　某商店近 5 年某商品销售量统计　　　　　　　　单位：台

年度	2015	2016	2017	2018	2019
销售量	260	266	270	279	285

2. 某县某服装店的销售额与该县服装社会零售额历史统计资料如表 7-9 所示。已知该县 2020 年服装社会需求额预测值为 45 百万元，试采用直线回归方程，预测该店 2020 年销售额，并估计置信度为 95％的置信区间。

表 7-9　某县某服装店的销售额与该县服装社会零售额统计　　　单位：百万元

年　份	商店销售额	服装社会零售额
2015	2.4	26
2016	2.7	29
2017	3.0	32
2018	3.4	37
2019	3.8	41

案例分析

销售预测中定量与定性分析方法的比较与探究

商品的销售业务量是企业经营的主要目标之一。在现代市场经济条件下，企业应在研究市场的基础上，以销定产，按照需求确定销售量。销售预测对于企业进行长短期决策、成本预测和资金预测、安排销售计划、组织生产等都起着至关重要的作用。

销售预测的影响因素有很多，一般可分为内部因素和外部因素两大类。影响销售的外部因素主要有：当前市场环境、企业的市场占有率、经营发展趋势、竞争对手情况等。内部因素主要有：产品的单价、产品的功能与质量、企业提供的相关服务、企业的生产能力、企业的营销手段、推销产品的方法等。预测时要全面精准地分析这些因素，选用适当的方法进行预测。

销售预测的方法有很多，用于市场调查的分析方法有全面调查法、典型调查法、抽样调查法等。全面调查法的特点是内容详尽可靠，分析较为透彻，但耗费大量的人力和财力；抽样调查法虽然工作量较小，但样本无法准确归纳总体，准确性较差；典型调查法的特点介于上述两者之间。用于销售量预测的主要方法有判断分析法、趋势外推分析法、因果预测分析法和产品寿命周期推断法，其中判断分析法和产品寿命周期推断法属于定性分析法，趋势外推分析法和因果预测分析法属于定量分析法。预测分析的具体方法有很多，具体方法的选择受分析对象、目的、时间以及精确程度等因素的影响。但概括来说，可以分为两大类，即定性分析法与定量分析法。

一、定性分析法

定性分析法是指由相关方面的专业人员根据个人经验和知识，结合特点进行分析，对事物的未来状况和发展趋势做出推测的一类预测方法。它适用于缺乏完备历史资料或有关变量关系等条件下的预测。定性分析法主要有以下几种。

1. 推销员判断法

推销员判断法将各个顾客或各类顾客对特定预测对象的销售预测值填入卡片或表格，然后由销售部门经理对此进行综合分析以完成预测销售任务。采用此法进行销售预测所需的时间比较短、费用较低、比较实用。但这种方法是建立在销售人员都能如实反映真实销售情况的基础上，而市场形势错综复杂，销售人员的素质各有不同，他们对于市场形势的判断难免会添加主观色彩，未必得出准确的结论。

2. 综合判断法

综合判断法是由企业召集相关经营管理人员，根据多年实践经验和判断能力对特定产品未来销售量进行判断和预测。这种方法可以最大程度上达到集思广益、博采众长，但预测的结果往往会受到相关人员主观判断能力的影响。应在相关人员的预测基础上综合讨论、分析、权衡，最终做出结论。

3. 专家判断法

专家判断法是由见识渊博、知识丰富的经济相关领域专家根据多年工作经验和判断能力对特定产品的未来销售量进行分析和预测。这里的"专家"是指本行业或相关企业的最高负责人、销售部门领导层以及相关领域专家，不包括推销员与顾客。具体有三种形式：专家个人意见集合法、专家小组法和德尔菲法。

二、定量分析法

定量分析法，又称数量分析法，是指在完整掌握与预测对象有关的各种要素定量资料的基础上，运用现代数学方法进行数据处理，据以建立能够反映有关变量之间规律性联系的各类预测模型的方法体系。分为趋势外推分析法和因果预测分析法两类。

1. 趋势外推分析法

趋势外推分析法是指将时间作为制约预测对象变化的自变量，把未来作为延续，按照事物的自身发展趋势来进行预测的一类动态预测分析方法。企业的发展趋势在未来势必会延续下去，过去和现在的发展条件和情况同样适用于未来，按照时间的发展延续下去。因此，这种方法又称"时间序列分析法"。属于这种方法的有算术平均法、加权平均法、移动平均法、趋势平均法、平滑指数法和修正的时间序列回归分析法。

2. 因果预测分析法

因果预测分析法是指根据变量之间存在的因果函数关系，按预测因素的未来变动趋势来推测预测对象未来水平的一类相关预测方法。因果预测的分析方法有很多，最常用的就是时间序列回归法。这种方法是通过分析一段时间的销售量和时间的函数关系，来建立回归方程进行预测。由于时间自变量的值单调递增，形成等差数列，可以采用此法对时间值进行修正，简化回归系数的计算公式。

定性分析法与定量分析法在实际应用中相辅相成，相互补充。定量分析法虽然采用相关的数据资料，相对准确完整，但是还有很多非计量因素无法考虑。例如：国家的相关政策及方针，经济形势的变动，消费者的心理预期及消费理念，职工情绪的波动以及工厂的生产理念和文化。这些因素都是定量分析法无法考虑在内的因素。而定性分析法虽然可以将这些非计量因素考虑进去，但很大程度上取决于预测人员的实战经验和判断能力，估计的准确性难免会受到影响,这无法避免预测结果因人而异,带有一定的主观色彩。所以,在日常的生产销售过程中常常将二者结合起来使用,集百家之长,相互取长补短,集思广益,共同提高预测分析的准确性,使得出的结论更加详尽可靠。

三、销售预测方法的比较及案例

1. 定性分析方法的主要优缺点

（1）优点。匿名性：通过匿名函询的方式征询意见；反馈性：每一轮征询意见进行统计后都会反馈到各个专家手上；统计性：最终结果趋于一致。

（2）缺点。缺乏客观标准,预测过程是凭借专家的经验和主观判断,很难得出统一的结论；可靠性较差,适用于总额预测,区域、顾客群、产品大类等的预测可靠性较差。

2. 定量分析方法的主要优缺点

（1）优点。定量分析方法更具有科学性,通过准确的数据与计算形式,得出的结果更可靠,得出的结论也会让大家信服；定量分析方法的计算过程比较直观,可以让决策者和管理者一目了然地找到数据中的关键因素,从而得出结论。

（2）缺点。定量分析方法虽然科学,但需要高深的数学知识,需要掌握复杂的统计学原理、公式以及基本的逻辑推理能力；在数据资料不够充分或者分析者数学基础较为薄弱时很难运用此方法；定量分析方法会耗费大量的人力与时间,计算也比较烦琐。

综上所述,定性分析法与定量分析法是产品销售预测中不可或缺的方法,二者相辅相成、相互补充。实际上,现代的定性分析中也要采用一些数学方法,借用一些数学工具作为辅助手段进行计算。定性是定量的基础,而定量是定性的升华与提升。只有充分掌握两种方法的适用范围和特点,合理利用好两种方法,才能取得良好的效果,预测工作的结果才会更加准确无误。

（资料来源：李笑然,姜毅.管理会计[J].2017(3)：65-67）

问题：

1. 本案例中主要采用了哪些市场预测方法？

2. 结合本案例谈谈企业应如何进行销售预测？

要求：小组讨论,回答案例中的问题；全班交流分享,教师对各小组的回答进行点评。

技能训练

1. 各公司结合所整理、分析的调研资料,完成本课题的市场预测,并准备分组汇报交流。

2. 各公司推荐一名代表（每次汇报人尽量不重复,要求全员参与）汇报本课题的市场预测情况,全班评议。

3. 实训考核：采用过程性考核和成果性考核相结合的考核方式。

（1）过程性考核：根据每位学生参与实训的全过程表现,评出个人成绩。过程性考核的评价标准见表 7-10。

（2）成果性考核：根据各组市场预测的完成情况和汇报情况,评出小组成绩。市场预测评价标准如表 7-11 所示。

表 7-10　过程性考核评价标准

姓名　　任务	标准 工作态度（25%）	工作技能（30%）	团队合作（25%）	阶段性成果展示（20%）	个人成绩
市场预测				市场预测总结	

注：每一阶段性成果都制定不同的评价标准，阶段性成果评价成绩计入过程性评价，分组给每人分别打分。

表 7-11　市场预测评价标准

考核人员		被考评小组	
考评时间			
考评标准	考评具体内容	分值	实际得分
	市场预测程序规范、完整	20	
	市场预测内容全面	30	
	市场预测方法合理	30	
	市场预测结果科学	20	
	合　　计	100	
教师评语		签名：日期	
学生意见反馈		签名：日期	

项目 **8**

撰写市场调研报告

项目导言

市场调研报告是市场调查成果的集中体现,市场调研报告撰写得好坏将直接影响到整个市场调查研究工作的成果质量。一份好的市场调研报告,能给企业的市场经营活动提供有效的导向作用,能为企业的决策提供客观依据。市场调研报告既可以书面方式向管理者或用户报告调查的结果,也可作为口头汇报和沟通调查结果的依据。

学习目标

- **能力目标**

能撰写市场调研报告。

- **知识目标**

1. 了解市场调研报告写作应遵循的原则;熟悉市场调研报告的格式和要求。

2. 掌握市场调研报告的写作方法和技巧。

- **素质目标**

1. 培养学生团队合作精神。

2. 培养学生分析问题和解决问题的能力。

3. 培养学生书面表达能力。

案例导入

微商行业的现状调查报告

1. 前言

自 2014 年微商发展以来,发展速度倍增,微商从业人员在 5000 万人左右,微商行业市场规模 2018 年达到 7000 亿元人民币,估计 2019 年市场需求规模达到 1 万亿元人民币。同时,《电子商务法》在 2018 年 8 月 31 日第十三届全国人大常委会第五次会议通过,并于 2019 年 1 月 1 日正式实施,将微商纳入电商经营者范畴,标志着微商行业将有法可依,这增强了人们对微商的信心,并在一定程度上使微商市场有序化,促进微商行业健康有序发展。

微商,微电商,也称移动社交电商,是以移动互联网的各类平台为基础,以社交软件为工具,以社交营销为中心,人脉资源为纽带的新商业。即是指利用社会化媒体(微信、QQ、微博、抖音、小红书)等作为平台来开拓市场,开展销售活动以达到销售目的或进行分销的组织或个人。这些微商经营者在朋友圈不断推销各类产品,不断发展代理和下线,不断扩大产业链,给传统的电商行业带来一定的冲击,是对传统电商的一场革新,但同时也是电商行业的机会与挑战。微商发展的规模日渐庞大,大量人群不断涌入微商行业,但同时涌现了大量暴力刷屏问题、产品质量问题、售后服务问题等。

为深入了解微商行业,我们对使用微信平台推销产品的微商和购买过微商产品的客户,并针对微商经营者和非微商经营者设计了两份调查问卷,分别为微商行业经营情况调查(微商行业)和购买过微商产品的客户情况调查(非微商行业)。并对其中一位微商从业者以面对面的形式进行了访谈。本文的调查方式主要是借助在线调查系统"问卷星"来发放和回收网络问卷。问卷主要通过媒体工具发送给朋友圈里的微商和使用或购买过微商产品的客户填写。截至 2019 年 5 月 1 日,微商行业经营情况调查(微商行业)共发放 125 份问卷,其中 120 份为有效问卷。购买过微商产品的客户情况调查(非微商行业)共发放 129 份问卷,其中 105 份为有效问卷。

2. 调查结果与分析

根据微商从业者问卷调查的结果可知,微商的性别仍以女性为主,男性比例不高。微商职业涉及比较广泛,其中已就业人群占大多数。可以看出从事半年以内的微商人数最多,其次是从事半年以上一年以内的,这是由于微商是新兴行业,多数人抱着尝试的心态去经营,并打算从中学习一些做生意的技巧和经验。

由表 8-1 可知,在进货渠道方面,以直接代理为主,其次是在厂家购买后再销售;在经营产品种类方面,以销售化妆品类居多,其次是养生保健类和食品类;在客户方面,微商目前的主要客户是学生,占 46.67%,其次是家庭妇女,这是由于这些人群闲暇时间比较多,微信使用的频率比较高;同时,大部分微商回头客的数量并不多,集中在 5 人以内,这表明现有的微商经营方式还有待改善。

表 8-1 微商的经营状况

1. 您的主要进货渠道	购买原材料自己加工	在正规厂家直接购买	直接代理	其他	—	—
	13.33%	26.67%	53.33%	6.67%	—	—
2. 您主要经营什么	化妆品	服装	家电	养生保健品	日用品	婴儿用品
	46.67%	20%	6.67%	33.33%	6.67%	13.33%
	饰品	食品	其他	—	—	—
	13.33%	26.67%	6.67%	—	—	—
3. 购买您的产品的通常是什么人	学生	高收入人群	家庭妇女	宝妈	白领	其他
	46.67%	6.67%	26.67%	6.67%	13.33%	0%
4. 一般回头客有多少	≤5 人	5~15 人	15~20 人	≥25 人		
	60%	13.33%	13.33%	13.33%		

根据图 8-1 可知,微商目前面临的最大障碍是销售量低,占比 60%,其次是前期收入不稳定和产品质量参差不齐,占比都为 53.33%。当被问到是否有退货经历时,大部分回答都有被退货经历,而被退货的主要原因是运送过程中的快递损坏。也就是说,运输过程中的失误会使微商经营者蒙受一定的经济损失。

由图 8-2 可知,微商经营者选择用微信来经营的原因是销售对象更有针对性、运营成本

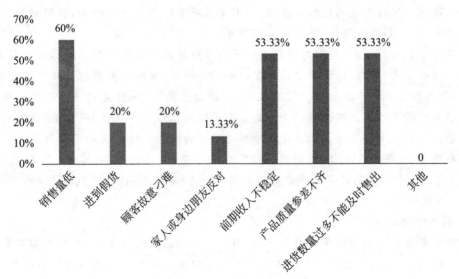

图 8-1 微商目前面临的困难

低和管理时间相对较少等,希望在未来的经营中有保障:一是充足的客源;二是稳定的收入;三是规范的行业规则;四是法律的保障。

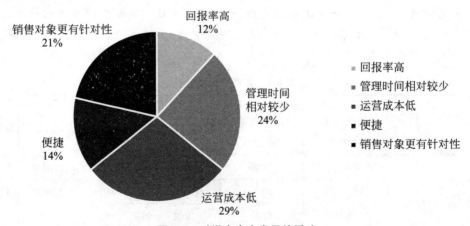

图 8-2 对微商未来发展的看法

根据购买过微商产品的客户问卷调查的结果可知,客户群体以女性为主,男性比例较低。微商客户职业涉及比较广泛,其中学生占大多数。而他们添加微商的方式,一般以朋友推荐为主,显示微商拓展客户群体的形式比较单一,有待改进。

在产品方面,首先化妆品的关注度最高,其次是对服装类的关注。也就是说,化妆品和服装类的微商对客户有更大的吸引力。

在购买欲望方面,只有 37.14% 有过购买经历,并有 49.52% 是在朋友推荐下购买的,而且 83.81% 的微商客户更注重微商产品的质量。

在退货原因方面,产品的质量和实际使用效果是客户退货的主要原因,分别占 70.48% 和 50.48%。

从表 8-2 可以看出,46.67% 的客户不会主动屏蔽微商,那些屏蔽微商的主要原因是过多地发朋友圈,其次是部分商家存在夸大产品效果的情况。

使用过微商产品的客户对微商行业的最大期望是商品质量有保证,占比89.52%,其次是诚信,占比84.76%,同时定期的优惠活动也是促进微商行业发展的关键。大多数人对微商的看法是比较正面的,对微商的认同度较高,微商未来的发展会有很大的提升空间。

表8-2 对微商的看法和观点

1. 你会屏蔽微商吗	不会	会	—	—	—
	46.67%	53.33%	—	—	—
2. 什么原因会导致你排斥微商	过多地发朋友圈	价格跟商品价值不符	夸大产品的效果	有被骗经历	与你所需不符
	85.71%	45.71%	65.71%	14.29%	40%
	受周边对微商的差评影响	其他			
	28.57%	0			
3. 你认为什么有利于微商发展	诚信	商品质量有保证	商品图吸引人	定期优惠活动	其他
	84.76%	89.52%	33.33%	60%	0.95%
4. 你眼中的微商	新型行业	让人们生活更便利	门槛低,回报高	投入时间少	销售伪劣产品
	48.57%	43.81%	45.71%	35.24%	25.71%
	与传销类似	售后维权难	其他	—	—
	31.43%	35.24%	0.95%	—	—

除进行问卷调查外,还对一位微商从业者进行了访谈。受访者是一位29岁在职工作女性,从事微商行业一年多。受访者主要销售加工后再销售的食物产品。刚开始时知名度低,主要销售平台是微信,销售对象大多是朋友和朋友推荐的客户。由于销售的商品是食品,一旦货物积压容易变坏,同时销售业绩不稳定,有淡季和旺季之分,常有亏损或者供不应求的状况。销售过程中也会遇到很多问题,如销售技巧、前期投入不稳定等,但也收获很多,如说话技巧和销售经验,这对以后的店面发展有一定帮助。

目前微商的经营,首先要做到诚信,主要的困难还是销售难,特别是新开始的微商,知名度低,朋友圈人数少,销售目标难以达到预期。而且销售对象单一,门路难以打开,部分产品还存在销售周期,有时生产赶不上销售预期,错失销售机会,这对于刚入行的微商来说无疑是一个沉重打击。

3. 总结

根据以上问卷调查结果分析可知,微商要抓住自己产品的特点,明确自己的客户群,有意识地主动添加目标客户群,可以通过一些送礼物的活动来扩大朋友圈范围。在宣传产品时,不要过多刷屏,暴力刷屏只会引发客户的抵触,在朋友圈推广产品时,要选择合适发布时机。同时,要选择有质量保证的产品销售。由此提出以下四点建议。

(1)找准目标客户,准确定位。要留住目标客户,首先是产品的质量有保证,要想持久地做好微商,必须有自己的货源,并且能够把控商品的品质。其次控制好发朋友圈的次数,由上述调查可知目标客户会屏蔽发朋友圈频繁的微商。

（2）选择发布朋友圈的合适时机。建议可以在以下三个时间段发布：一是早上8：00发布。这是因为早餐时间和上班途中大家会习惯性地打开朋友圈看一看，同时这个时间段发布的人比较少，因此可以获得比较好的宣传效果。二是中午11：30—14：00发布。午休这个时间段人们一般会习惯性看朋友圈，此时发布也可以获得不错的浏览量。三是18：00—22：00发布。这个时间段是大家玩微信的高峰时段，可以适当地多发布一些广告，但不要发一点人情味都没有的硬广告，这种广告人们一般不愿意去浏览。

（3）提供购物评价反馈信息。微商不像淘宝，买家可以通过产品参数、购买评价、问大家等途径来了解产品的好坏，这种做法大大降低了买到劣质产品的风险。微商可以参照淘宝的做法，当然也不能完全照搬，需要根据微信的特点加以改动和变通。比如微商可以提供商品基本的信息供顾客参考与选择，还可以在朋友圈发布客户使用产品后的体验，积极鼓励微信好友在朋友圈下方留言、评论，增进他们对产品质量的认同感，获得信任和支持，从而不断地促进销量的增加。

（4）加强平台监管，构建良好环境。微商平台并没有形成相对完善的体系监管产品质量，而且"三无"和假冒产品通过个人代购的渠道，监管比较困难。要解决这一问题，可利用第三方专业机构的力量进行信用的评估认证。可把各类平台接入征信系统，接入系统后，每一次的售假记录都会被系统记录下来，这些记录将会影响商家的信誉度，从而对销量产生影响。这会在一定程度上杜绝卖假货的行为。如果每一个平台都能接入征信系统，就可以从长远上解决假货问题。

尽管微商行业还存在很多问题，但还是有良好的发展前景。它不受地域、年龄、有无实体店的限制，只要找好自己的定位，不暴力刷屏，在合适的时机宣传产品，提供良好的售后服务和购物反馈信息，就能减少经营风险，优化市场环境。

（资料来源：陈雅芳，梁颖欣，蔡观秋，等.中国市场[J].2020(2)：192-194）

案例思考

1. 认真阅读案例，列出该报告所包含的内容。

2. 如何评价该市场调查报告。

通过以上案例，我们可以对市场调研报告有感性的认知，大体了解市场调研报告应包括的主要内容。市场调研报告是指用书面表达的方式反映市场调查过程和调查结果的一种分析报告，它是市场调查的最终成果，调研人员要掌握市场调研报告撰写的相关知识和技巧。

任务8.1　认知市场调研报告

任务引入

各公司收集一个专业的市场调研报告，并对其进行评析。

- 问题1：市场调研报告的一般构成包括哪些内容？
- 问题2：撰写市场调研报告的一般要求有哪些？

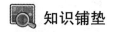 知识铺垫

8.1.1 市场调研报告的作用、类型和特点

1. 市场调研报告的作用

市场调研报告是市场调查人员以书面形式,反映市场调查内容及工作过程,并提供调查结论和建议的报告。它是市场调查成果的集中体现,具有十分重要的作用。

(1)市场调研报告是调查工作的最终成果。市场调查从制订调查方案,收集、整理和分析资料,到撰写和提交市场调研报告,是一个完整的工作程序,缺一不可。市场调研报告作为其中最后一个环节,集中体现了市场调查的最终成果。

(2)市场调研报告是用户评价调研活动的重要依据。调查报告是经过整理、归纳和汇总的调查资料,更便于用户阅读和理解。用户对调研活动及其价值的评价往往会依据调查报告。因此,市场调研报告是用户评价调研活动的重要依据。

(3)市场调研报告是企业市场决策的重要依据。企业决策人员虽不参与市场调查,但要充分利用市场调查结果。决策者们往往在反复阅读、深入研究调查报告的基础上,制定相应的市场决策。市场调查是企业走向市场的"第一步"。

2. 市场调研报告的类型

市场调研报告可以从不同角度进行分类。按其所涉及内容含量的多少,可以分为综合性市场调研报告和专题性市场调研报告;按调查对象的不同,可分为关于市场供求情况的市场调研报告、关于产品情况的市场调研报告、关于消费者情况的市场调研报告、关于销售情况的市场调研报告以及有关市场竞争情况的市场调研报告;按表述手法的不同,可分为陈述型市场调研报告和分析型市场调研报告。

3. 市场调研报告的特点

市场调研报告是对市场的全面情况,或某一侧面、某一问题进行调查研究之后撰写出来的报告,是针对市场状况进行的调查与分析,因而有着不同于其他报告的特点。

1)针对性

针对性主要包括两方面。

(1)调查报告必须明确调查目的。任何调查报告都是目的性很强的,是为了解决某一问题,或是说明某一问题,因而撰写报告时必须做到目的明确、有的放矢、围绕主题开展论述。

(2)调查报告必须明确阅读对象。阅读对象不同,他们的要求和所关心问题的侧重点也不同。

2)真实性

市场调研报告必须从实际出发,通过对真实材料的客观分析,才能得出正确的结论。

3)新颖性

市场调研报告应紧紧抓住市场活动的新动向、新问题,引用一些人们未知的通过调查研究得到的新发现,提出新观点,形成新结论。只有这样的调查报告,才有使用价值,达到指导

企业营销活动的目的。

4）时效性

要顺应瞬息万变的市场形势，调查报告必须讲究时间效益，做到及时反馈。只有及时到达使用者手中，使决策跟上市场形势的发展变化，才能发挥调查报告的作用。

8.1.2　市场调研报告的结构

市场调研报告一般由标题、目录、概要、正文、结论和建议、附件等几部分组成。但市场调研报告的结构不是固定不变的，根据调查课题、客户需求、调查公司的不同，调查报告也有不同的结构和风格。美国市场营销协会曾为典型的市场调研报告拟定一个标准大纲，其内容大体如下。

1. 导言
    1.1 标题扉页
    1.2 前言，包括
        1.2.1 报告的根据
        1.2.2 调研的目的与范围
        1.2.3 使用的调研方法
        1.2.4 致谢词
2. 报告主体
    2.1 详细的目的
    2.2 详细解释方法
    2.3 调查结果的描述与解释
    2.4 调查结果与结论的摘要
3. 附件
    3.1 样本的分配
    3.2 图表
    3.3 附录

为使繁忙的决策人员或读者能在短时间内对报告有一个完整、清晰的概念，市场调查人员通常在写完报告后，再写一个报告概要，置于完整报告之前，或作为个别报告送交决策人员阅读。此外，尚需准备一份口头报告，以便随时向决策者汇报。

8.1.3　市场调研报告的撰写要求与步骤

1. 撰写要求

1）调查报告力求客观真实、实事求是

调查报告必须符合客观实际，引用的材料、数据必须是真实可靠的。要反对弄虚作假，或迎合上级的意图撰写。市场调研报告作为调查研究的成果，最基本的特点就是尊重客观实际，用事实说话。只有深入调查研究，力求弄清事实、摸清原因，才能真实地反映事物的本来面目。

2）调查报告要做到调查资料和观点相统一

市场调研报告是以调查资料为依据的，即调查报告中所有观点、结论都以大量的调查资料为根据。在撰写过程中，要善于用资料说明观点，用观点概括资料，二者相互统一，切忌调查资料与观点相分离。

一篇好的市场调研报告，必须有数字，有现象，有分析，既要用资料说明观点，又要用观点统帅资料，二者应紧密结合、相互统一。通过定性分析与定量分析的有效结合，达到透过现象看本质的目的，从而洞察市场活动的发展、变化过程及其规律性。

3）调查报告要突出市场调查的目的

撰写市场调研报告，必须目的明确、有的放矢，任何市场调查都是为了解决某一问题，或者为了说明某一问题。市场调研报告必须围绕上述市场调查的目的来进行论述。

4）调查报告的语言要简明、准确、易懂

调查报告是给人看的，无论是厂长、经理，还是其他一般的读者，他们大多不喜欢冗长、乏味、呆板的语言，也不精通调查的专业术语。因此，撰写调查报告语言要力求简单、准确、通俗易懂。

2. 撰写步骤

1）构思

构思是根据思维运动的基本规律，从感性认识上升到理性认识的过程。构思主要包括四个阶段。

第一，收集资料。通过收集到的资料，即调查中获得的实际数据资料及各方面背景材料，初步认识客观事物。

第二，确立主题思想。在认识客观事物的基础上，确立主题思想。主题的提炼要做到准确、集中、深刻和新颖。

第三，确立观点，列出论点、论据。确定主题后，对收集到的大量资料，经过分析研究，逐渐消化、吸收，形成概念，再通过判断、推理，把感性认识提高到理性认识。然后列出论点、论据，以便得出合理的结论。在做出结论时，应注意以下几个问题。

① 一切有关的实际情况及调查资料是否考虑周全了。

② 是否有相关结论足以说明调查事实。

③ 立场是否公正客观、前后一致。

第四，安排文章层次结构。在完成上述几步后，构思基本上就有框架了。在此基础上，考虑文章正文的大致结构与内容，安排文章层次段落。层次一般分为以下三层。

① 基本情况介绍。

② 综合分析。

③ 结论与建议。

2）选取数据资料

撰写市场调研报告必须根据数据资料进行分析，即介绍情况要有数据做依据，反映问题要用数据做定量分析，提出建议和措施同样要用数据来论证其可行性与效益。

选取数据资料后，还要运用得法，运用资料的过程就是一个用资料说明观点、揭示主题的过程，在写作时，要努力做到用资料说明观点，用观点论证主题，详略得当，主次分明，使观点与数据资料协调统一，以便更好地突出主题。

3）撰写初稿

根据撰写提纲的要求，由单独一人或数人分工负责撰写，各部分的写作格式、字数、图表和数据要协调，统一控制。初稿完成后，必须对其进行修改，分析各部分内容与主题的连贯性，思考顺序安排是否恰当，最后整理成完整的市场调查报告。

4）定稿

写出初稿，征得各方意见进行修改后，就可以定稿。定稿阶段，一定要坚持反映客观、服从真理、不屈服于权力和金钱的态度，使最终报告较完善、较准确地反映市场活动的客观规律。

任务实施

各公司分享和评析一份专业的市场调研报告。

汇报交流

各公司推荐一名代表分享和评析所选市场调研报告，并谈谈对市场调研报告的认识。

总结拓展

中国报告大厅

中国报告大厅是市场研究报告、统计数据的集成商和供应商，主要提供针对企业用户的各类信息，提供有深度的研究报告、市场调查、统计数据等。

为了满足企业对原始数据的需求，也为了能给企业提供更为全面和客观的研究报告，中国报告大厅与国内各大数据源（包括政府机构、行业协会、图书馆、信息中心等权威机构）建立起战略合作关系。

经过多年的努力，中国报告大厅与国内100多家最优质的研究公司建立良好的合作关系，推出超过50000份有价值的研究报告。中国报告大厅的目标是打造一个真正的一站式服务的多用户报告平台。

中国报告大厅会聚全国各大市场研究信息生产商的研究成果，依托独有的资源优势，为客户提供最准确、最及时、最权威、最专业的研究报告。

中国报告大厅关注的领域已经涵盖互联网、移动、增值服务、计算机、软件、数码、游戏、医药、保健、建筑、化工、农业、机电、家电、纺织、能源等30多个大行业。

中国报告大厅具有如下优势。

（1）从业多年，经验丰富，信誉良好，采购流程安全快捷。

（2）为客户提供最完善的售前、售后服务。

（3）可获赠数据中心会员资格，全面了解行业动态。

（4）30多个行业超过50000份不同的专家群体撰写研究报告，内容涵盖面广。

（5）拥有高素质的研究团队，密切关注市场最新动向，网站信息实时更新，会聚各行业最新研究成果。

（资料来源：中国报告大厅_百度百科.https://baike.baidu.com/item）

任务 8.2 市场调研报告写作

任务引入

各公司根据所有收集、整理、分析的调研资料,撰写本课题的市场调研报告。
- 问题 1:市场调研报告一般包括哪些内容?
- 问题 2:撰写市场调研报告的技巧有哪些?

知识铺垫

8.2.1 市场调研报告的格式

现在常用的市场调研报告一般包括标题、目录、概要、正文、结论和建议、附件等几部分。

1. 标题

标题和委托方、调查方、责任人和报告日期,一般应打印在扉页上。可以参考图 8-3。

标题是调研报告内容的高度概括,一般要通过标题把被调查单位、调查内容明确而具体地表示出来,如《关于哈尔滨市家电市场的调查报告》。有的调查报告还采用正、副标题形式,一般正标题表达调查的主题,副标题则具体表明调查的单位和问题。

微课堂:调查
报告的一般
格式

2. 目录

如果调研报告内容、页数较少,可以采用简单的目录,列出报告中所要阐述的主要内容即可。目录格式可以参考图 8-4。

××市场调研报告（标题）
委托方:
调查方:

图 8-3 标题扉页参考格式

目 录

图 8-4 目录参考格式

如果调研报告内容、页数较多,为了方便读者阅读,应当采用目录或索引形式列出报告所分的主要章节和附录,并注明标题、有关章节号码及页码,可以参考例 8-1。

【例 8-1】

《2015—2020 年中国婴儿汽车座椅模具行业细分市场研究及重点企业深度调查分析报告》目录（节选）

（资料来源：中国报告大厅.http://www.chinabgao.com/report/1047107.html）

3. 概要

概要主要阐述课题的基本情况，它是按照市场调查课题的顺序将问题展开，并阐述对调查的原始资料进行选择、评价、做出结论、提出建议的原则等。主要包括以下四方面内容。

（1）简要说明调查目的，即简要地说明调查的由来和委托调查的原因。

（2）介绍调查对象和调查内容，包括调查的时间、地点、对象、范围、要点及所要解答的问题。

（3）简要介绍调查研究的方法。介绍调查研究的方法，有助于人们确信调查结果的可靠性，因此要对所用方法进行简短的叙述，并说明选用此种方法的原因。例如，是用抽样调查法还是用典型调查法，是用实地调查法还是文案调查法，这些一般是在调查过程中使用的方法。另外，还要简单介绍在分析中使用的方法，如指数平滑分析、回归分析、德尔菲法等都应做简要说明。

（4）简要概括主要结论和建议，即简要地说明由本次调查所得出的结论和合理化建议。

写概要时要注意，概要只给出报告最重要的内容，每段的内容应该非常简练，同时概要应能够引起读者兴趣，激发他们进一步阅读调研报告的其他内容。可以参考例 8-2。

【例 8-2】

《××学院××眼镜店市场调研报告》概要

本次调研是针对××学院在校生对眼镜的需求情况及在购买眼镜时所要考虑的影响因

素进行调研,主要涉及××学院眼镜市场的目标市场及4PS策略。

　　本次调研采用了文献资料(宏观环境、微观环境)和实地调研(问卷调查法)相结合的调研方式,首先分析宏观环境中本年度眼镜市场的走向与政府出台的政策;微观环境中竞争者(例如明仁、宝岛等)的经营策略等。然后对××学院八大院系进行了简单随机抽样,共抽取样本288人。我们采用问卷调查法,调查××学院在校生近视眼的市场状况、所需要的眼镜的款式、价格以及有多少学生愿意用眼镜来装饰自己。最后通过分析得出:××学院眼镜有很大的市场,学生比较喜欢戴有框架的眼镜,可接受价格在265元左右,且有的学生会选择用眼镜来装饰自己;有小部分学生会选择隐形眼镜。学生比较喜欢青春阳光的眼镜款式,并且他们只有在度数不足或眼镜损坏时才会更换眼镜,主要是通过朋友介绍、亲身体验和宣传单的方式获得商品信息。消费者喜欢的促销活动是推行贵宾卡和赠送相关的产品,消费者所期望的服务有忠诚的服务态度、打折、免费清洗和免费检查视力等。

　　通过调研发现:××眼镜店眼镜款式比较单一,隐形眼镜价格较高且护理和清洗不规范,营业人员服务态度较差,该眼镜店只采取发放宣传单的方式进行宣传。因此,我们建议××眼镜店,可以推出款式多样的框架眼镜并将隐形眼镜的价格适当降低,还应对营业人员进行培训,采用营业推广的方式让学生了解本店的促销活动,并且可推出会员制,稳定老顾客。

　　　　　　　　　　　　　　(资料来源:本课程工学结合调研项目整理资料,2018年12月)

4. 正文

　　正文是市场调查分析报告的主体部分,也是写作的重点和难点所在。这部分必须准确阐明全部有关论据,包括问题的提出到引出的结论、论证的全部过程、分析研究问题的方法,还应有可供市场活动的决策者进行独立思考的全部调查结果和必要的市场信息,以及对这些情况和内容的分析评论。正文要完整、准确、具体地说明调查的基本情况,并进行科学、合理的分析和预测。

5. 结论和建议

　　这部分内容是市场调研报告写作目的和宗旨的体现,要在上文调查情况和分析预测的基础上,提出具体的建议和措施,供决策者参考。要注意建议的针对性和可行性,能够切实解决问题。结论和建议与正文部分的论述要紧密对应,不可提出无论据的结论,也不要没有结论性意见的论证。

6. 附件

　　附件是指调查报告正文没有包含或没有提及,但与正文有关而必须附加说明的部分。它是对正文报告的补充或更详尽的说明,包括数据汇总表及原始资料背景材料和必要的工作技术报告,如为调查选定样本的有关细节资料及调查期间所使用的文件副本等。可以参考例8-3。

　　【例8-3】

《××学院××眼镜店市场调研报告》附件

（资料来源：本课程工学结合调研项目整理资料，2018 年 12 月）

8.2.2　市场调研报告的撰写形式

1. 标题的形式

标题是画龙点睛之笔。它必须准确揭示调查报告的主题思想，做到题文相符。标题要简单明了、高度概括，具有较强的吸引力。

标题的形式有如下三种。

微课堂：调研报告
撰写技巧

（1）"直叙式"的标题，是反映调查意向或只透出调查地点、调查项目的标题，如《××市居民住宅消费需求调查》等。

（2）"表明观点式"的标题，是直接阐明作者的观点、看法，或对事物的判断、评价的标题，如《对当前巨额结余购买力不可忽视》等调查报告的标题。

（3）"提出问题式"的标题，是以设问、反问等形式，突出问题的焦点和尖锐性，吸引读者阅读，促使读者思考的标题，如《××牌产品为什么滞销》等形式的标题。

以上几种标题的形式各有所长，特别是第二、三种形式的标题，它们既表明了作者的态度，又揭示了主题，具有很强的吸引力，但从标题上不易看出调查的范围和调查对象。因此，这种形式的标题又可分为正标题和副标题，并分作两行表示，举例如下。

××牌产品为什么滞销？

——对××牌产品销售情况的调查分析

女人生来爱逛街

——京城女士购物消费抽样调查报告

2. 开头部分的形式

"万事开头难"，好的开头，既可使调查报告顺利展开，又能吸引读者。开头的形式一般有以下几种。

（1）开门见山，揭示主题。文章开始先交代调查的目的或动机，揭示主题。例如："我公司受北京××电视机厂委托，对消费者进行一项有关电视机的市场调查，预测未来几年大众对电视机的需求量及需求的种类，使××电视机厂能根据市场需求及时调整其产量及种类，确定今后发展方向。"

（2）结论先行，逐步论证。是先将调查结论写出来，然后再逐步论证。例如："××牌收银机是一种高档收银机，通过对××牌收银机在北京各商业部门的拥有、使用情况的调查，我们认为它在北京不具有市场竞争能力，原因主要从以下几个方面阐述……"

（3）交代情况，逐层分析。可先介绍背景情况、调查数据，然后逐层分析，得出结论。也可先交代调查时间、地点、范围等情况，然后分析。例如，《关于香皂的购买习惯与使用情况的调查报告》的开头："本次关于对香皂的购买习惯和使用情况的调查，调查对象主要集中于中青年，其中青年（20～35 岁）占 55%，中年（36～50 岁）占 25%，老年（51 岁以上）占 20%；女性为 70%，男性 30%……"

（4）提出问题，引入正题。例如，《关于方便面市场调查的分析报告》中的开头部分："从去年下半年开始,随着××牌方便面的上市,各种合资的、内地的方便面品牌似雨后春笋般地涌现,如何在种类繁多的竞争中立于不败之地? 带着这些问题,我们对北京市部分消费者和销售单位进行了有关调查。"

3. 论述部分的形式

论述部分是调查报告的核心部分,它决定着整个调查报告质量的高低和作用的大小。这一部分着重依据调查、了解到的事实分析和说明调查对象的发生、发展和变化过程,调查的结果及存在的问题,提出具体的意见和建议。

由于论述一般涉及很多内容,文字较长,有时也可以用概括性或提示性的小标题,突出文章的中心思想。论述部分的结构安排是否恰当,直接影响分析报告的质量。论述部分主要分为基本情况部分和分析部分两部分内容。

1) 基本情况部分

主要有以下三种方法。

(1) 是先对调查数据资料及背景资料做客观的说明,然后在分析部分阐述对情况的看法、观点或分析。

(2) 提出问题的目的是要分析问题,找出解决问题的办法。

(3) 先肯定事物的一个方面,再由肯定的一面引申出分析部分,又由分析部分引出结论,循序渐进。

2) 分析部分

分析部分是调查报告的主要组成部分。在这个阶段,要对资料进行质和量的分析,通过分析了解情况,说明问题和解决问题。分析有三类情况。第一类,原因分析。它是对问题的基本成因进行分析,如"对××牌产品滞销原因分析",就属于此类。第二类,利弊分析。它是对事物在市场活动中所处的地位和起到的作用进行利弊分析等。第三类,预测分析。它是对事物的发展趋势和发展规律做出的分析,如"对××市居民住宅需求意向的调查",通过居民家庭人口情况、住房现有状况、收入情况、居民对储蓄的认识,以及对分期付款购房的想法等,对××市居民住房需求意向进行预测。

此外,论述部分的层次段落一般有以下四种形式。

(1) 层层深入的形式,是指各层意思之间是一层比一层深入,层层剖析。

(2) 先后顺序的形式,是指按事物发展的先后顺序安排层次,各层意思之间有密切联系。

(3) 综合展开的形式,是指先说明总的情况,然后分段展开,或先分段展开,然后综合说明,展开部分之和为综合部分。

(4) 并列的形式,是指各层意思之间是并列关系。

总之,论述部分的层次是调查报告的骨架,它在调查报告中起着重要作用,撰写市场调查报告时应注意结合主题的需要,无论采取什么写法,都应该充分表现主题。

4. 结尾部分的形式

结尾部分是调查报告的结束语。好的结尾,可使读者明确题旨,加深认识,启发读者思考和联想。结尾一般有如下四种形式。

(1) 概括全文。经过层层剖析后,综合说明调查报告的主要观点,深入文章的主题。

（2）形成结论。在对真实资料进行深入细致的科学分析的基础上，得出报告结论。

（3）看法和建议。通过分析，形成对事物的看法，在此基础上，提出建议和可行性方案。提出的建议必须能确实掌握企业状况及市场变化，使建议有付诸实行的可能性。

（4）展望未来，说明意义。通过调查分析展望未来前景。

8.2.3 市场调研报告的撰写技巧

1. 语言技巧

调查报告是用书面形式表达的语言，提高语言表达能力，是写好调查报告的重要条件之一。有了丰富的资料和深刻的感受，而写作不能得心应手，词不达意，则会使整个调查研究工作功亏一篑，前功尽弃。报告的语言要逻辑严谨、数据准确、文风质朴、简洁生动、通俗易懂、用词恰当，并且善于使用表格、图示表达意图，避免文字上的累赘。

2. 撰写初稿技巧

在草拟市场调研报告之前，营销人员必须对报告的各有关章节和段落的编排以及文体有一个明确的思路。当然，这一切还要根据市场调查范围来决定，但在拟定初步的写作提纲时，对此应进行反复考虑和构思。在起草调查报告时，应该有条理、有系统地集中阐明各种有关论据和见解，但也要注意有所侧重，突出重点，不能平铺直叙、面面俱到。

市场调研报告的初稿起草完毕后，应将初稿通读多遍，认真审查，这样也许会发现其中某些章节或段落的材料有必要重新调整或安排，以求改进。

为了方便，必要时对报告中各部分内容的材料进行适当调整或重新编排，在首次起草报告时，属于各个不同部分内容的材料均应另纸撰写，而且每页用纸统一按各自所属章节段落分别编号。此外，在起草报告时，所用的纸张最好是一律单面书写，方便调整或变更。

3. 使用图表说明

一般来说，与使用任何文字去说明某种变化趋势及各个因素的相互关系比较，使用图表通常可以收到更为明显的效果。使用图表说明必须要有明确的目的性，不能只是为了装饰文字，以求悦目。通常情况下，在总结调查结果时和报告正文中所使用的图表，应该只是扼要地介绍资料的图表。详细地介绍一切所收集到的重要资料的图表，应该归入报告附件部分。

此外，使用图表说明还必须认真考虑图表的设计和格式。如果图表格式设计不当，不但无助于说明情况，甚至可能产生曲解事实真相的相反效果。

在报告正文部分中使用图表还有一种特殊的作用，那就是通过图表去突出某些方面的资料，或强调某种关系和变化趋势。因此，在报告正文中选用图表列载的资料，一般需有较大的选择性。为了方便阅读，图表中各项资料的数值通常应选用整数，但经常也会使用百分比和指数，或做补充说明，或使用代替某些绝对数值的资料。

作为报告附件部分的图表，要求格式设计必须完整，主要是为了更好地向读者全面介绍有关的资料，以便读者进行独立思考和分析问题。正是这个缘故，图表中所有列载的资料务求尽量完整和准确，一般都需要提供绝对数值的资料，而不是百分比或指数。

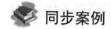 同步案例

<h2 style="text-align:center">××市居民家庭饮食消费状况调查报告</h2>

目录(略)

概要(略)

为深入了解本市居民家庭在酒类市场及餐饮类市场的消费情况,特进行此次调查。调查由本市某大学承担,调查时间是 2020 年 7 月至 8 月,调查方式为问卷式访问调查,本次调查选取的样本总数是 2000 户。各项调查工作结束后,该大学将调查内容予以总结,其调查报告如下。

1. 调查对象的基本情况

(1)样品类属情况。在有效样本户中,工人 320 户,占总数比例为 18.2%;农民 130 户,占总数比例为 7.4%;教师 200 户,占总数比例为 11.4%;机关干部 190 户,占总数比例为 10.8%;个体户 220 户,占总数比例为 12.5%;经理 150 户,占总数比例为 8.52%;科研人员 50 户,占总数比例为 2.84%;待业户 90 户,占总数比例为 5.1%;医生 20 户,占总数比例为 1.14%;其他 260 户,占总数比例为 14.77%。

(2)家庭收入情况。本次调查结果显示,从本市总的消费水平来看,大部分居民的人均收入在 4000 元左右,样本中只有约 2.3%的消费者收入在 8000 元以上。因此,可以初步得出结论,本市总的消费水平较低,商家在定价时要特别慎重。

2. 专门调查部分

1)酒类产品的消费情况

(1)白酒比红酒消费量大。分析其原因,一是白酒除了顾客自己消费以外,用于送礼的较多,而红酒主要用于自己消费;二是商家所做广告也多数是白酒广告,红酒的广告很少。这直接导致白酒市场大于红酒市场。

(2)白酒消费多元化。

① 从买白酒的用途来看,约 52.84%的消费者用来自己消费,约 27.84%的消费者用来送礼,其余的是随机性很大的消费者。

买来用于自己消费的酒,其价格大部分在 20 元以下,其中 10 元以下的约占 26.7%,10~20 元的占 22.73%。从品牌上来说,稻花香、洋河、汤沟酒相对看好,尤其是汤沟酒,约占 18.75%,这也许与消费者的地方情结有关。从红酒的消费情况来看,大部分价格也都集中在 10~20 元,其中,10 元以下的占 10.23%;价格档次越高,购买力相对越低。从品牌上来说,以花果山、张裕、山楂酒为主。

送礼者所购买的白酒,其价格大部分选择在 80~150 元(约占 28.4%),约有 15.34%的消费者选择 150 元以上的。这样,生产厂商的定价和包装策略就有了依据,定价要合理,又要有好的包装,才能增大销售量。从品牌的选择来看,约有 21.59%的消费者选择五粮液,10.80%的消费者选择茅台;另外,对红酒的调查显示,约有 10.2%的消费者选择 40~80 元的价位,选择 80 元以上的约占 5.11%。总之,从以上的消费情况来看,消费者的消费水平基本上决定了酒类市场的规模。

② 购买因素比较鲜明。调查资料显示,消费者关注的因素依次为价格、品牌、质量、包

装、广告、酒精度，这样就可以得出结论：生产厂商的合理定价是十分重要的，创名牌、求质量、巧包装、做好广告也很重要。

③ 顾客忠诚度调查表明，经常换品牌的消费者占样本总数的 32.95％，偶尔换品牌的占43.75％，对新品牌的酒持喜欢态度的占样本总数的 32.39％，持无所谓态度的占 52.27％，明确表示不喜欢的占 3.4％。可以看出，一旦某个品牌在消费者心目中形成印象，是很难改变的。因此，厂商应在树立企业形象、争创名牌上狠下功夫，这对企业的发展十分重要。

④ 动因分析。购买何种品牌的酒类主要在于消费者自己的选择，其次是广告宣传，然后是亲友介绍，最后才是营业员推荐。不难发现，怎样吸引消费者的注意力，对于企业来说是关键，怎样做好广告宣传，消费者的口碑如何建立，将直接影响品牌商品在酒类市场的规模。而对于商家来说，营业员的素质也应重视，因为其对酒类产品的销售有一定的影响作用。

2) 饮食类产品的消费情况

本次调查主要针对一些饮食消费场所和消费者比较喜欢的饮食进行，调查表明，消费有以下几个重要特点。

(1) 消费者认为最好的酒店不是最佳选择，而最常去的酒店往往又不是最好的酒店，消费者最常去的酒店大部分是中档的，这与本市居民的消费水平是相适应的，现将几个主要酒店比较如下。

××大酒店是大家最看好的，约有 31.82％的消费者选择它；其次是××美食广场和××大酒店，消费者占比都是 10.23％；然后是××宾馆。调查中我们发现，××宾馆虽然是比较恰当的，但由于该宾馆的特殊性，只有举办大型会议时使用，或者是贵宾、政要才可以进入，所以调查中作为普通消费者的调查对象很少会选择××宾馆。

(2) 消费者大多选择在自己工作或住所的周围，有一定的区域性。虽然在酒店的选择上有很大的随机性，但也并非绝对如此。例如，××酒楼、××酒店，也有一定的远距离消费者惠顾。

(3) 消费者追求时尚消费，如手抓龙虾、糖醋排骨、糖醋里脊、宫保鸡丁的消费比较多，特别是手抓龙虾，在调查样本总数中约占 26.14％，以绝对优势占领餐饮类市场。

(4) 近年来，海鲜与火锅成为市民饮食市场的两个亮点，市场潜力很大，目前的消费量也很大。调查显示，表示喜欢海鲜的占样本总数的 60.8％，喜欢火锅的约占 51.14％；在对季节消费的调查中，喜欢在夏季吃火锅的约有 81.83％，喜欢在冬天吃的约为 36.93％，火锅不但在冬季有很大的市场，在夏季也有较大的市场潜力。目前，本市的火锅店和海鲜馆遍布街头，形成居民消费的一大景观和特色。

3. 结论和建议

1) 结论

(1) 本市的居民消费水平还不算太高，属于中等消费水平，平均收入在 4000 元左右，相当一部分居民还没有达到小康水平。

(2) 居民在酒类产品上主要是用于自己消费，并且以白酒居多，红酒的消费比较少；用于个人消费的酒品，无论是白酒还是红酒，其品牌以家乡酒为主。

(3) 消费者在买酒时多注重酒的价格、质量、包装和宣传，也有相当一部分消费者持无所谓的态度。对新牌子的酒认知度较高。

（4）对酒店的消费，主要集中在中档消费水平上，火锅和海鲜的消费潜力较大，并且已经有相当大的消费市场。

2）建议

（1）商家在组织货品时要根据市场的变化制定相应的营销策略。

（2）对消费者较多选择本地酒的情况，政府和商家应采取积极措施引导消费者的消费，实现城市消费的良性循环。

附件（略）

讨论： 在一份市场调查报告中，哪些内容需要重点阐述？哪些内容可以略写？

提示： 市场调查报告一般包括标题、目录、概要、正文、结论和建议、附件等几部分。其中正文的开头部分由于是对调查内容的基本描述，可以适当略写，而论述部分和结论建议部分应该重点阐述，因为这些内容恰恰是一份调查报告的应用价值所在。

任务实施

每个公司结合所选课题，撰写一份规范的市场调研报告。

汇报交流

各公司推荐一名代表，汇报并展示本课题的市场调研报告。

总结拓展

市场调研报告写作注意事项

撰写一份好的调查报告并非易事，调查报告本身不仅显示出调查的质量，也反映了作者的知识水平和文字素养。在撰写调查报告时，除了按照常用的格式和要求外，还应注意以下几点。

1. 切忌将分析工作简单化

简单化是指只将资料数据罗列堆砌，仅停留在表面文章上，根据资料就事论事；简单介绍式的分析多，深入细致的分析及观点少，无结论和建议，整个调查报告的系统性很差，使分析报告的价值不大。只有重点突出，才能使人看后留下深刻的印象。

2. 切忌分析面面俱到、事无巨细

如果把收集的各种资料无论是否反映主题，全都面面俱到、事无巨细地进行分析，会使读者感到杂乱无章，读后不知所云。一篇调查报告自有它的重点和中心，在对情况有了全面了解之后，经过全面系统的构思，应能有详有略地抓住主题，深入分析。

3. 报告长短根据内容确定

确定调查报告的长短，要根据调查目的和调查报告的内容而定，对调查报告的篇幅，做到宜长则长、宜短则短，尽量做到长中求短，力求写得短小精悍。

4. 引用他人资料应详细注释

调查报告中如果引用他人资料，应加以详细注释。通过注释，指出资料的来源，以供读者查证，同时也是对他人成果的尊重。注释应详细、准确，如被引用资料的作者姓名、书刊名称、页码、出版单位和出版时间等都应予以列明。

5. 打印成文，美观大方

最后呈交的报告应该是专业化的研究成果，应使用质量好的纸张，打印和装订都要符合规范。印刷格式应有变化，字体的大小、排版规范等对报告的外观和可读性都会有很大的影响，这些细节处理得好坏都会影响阅读者的信任感。

知识图解

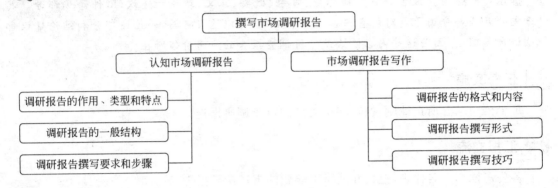

知识检测

一、名词解释

市场调研报告

二、单项选择题

1. 以下不利于调查报告的撰写的是（　　　）。
　　A. 天马行空，想到哪里就写到哪里　　　　B. 为报告选择作者钟情的主题
　　C. 专心于论题中的某个论题　　　　　　　D. 从论题转向论点

2. 《用智慧与良知拨开云雾——访经济学巨擘吴敬琏》属于（　　　）标题形式。
　　A. 直叙式　　　　　B. 判断式　　　　　C. 提问式　　　　　D. 双标题

3. 以下（　　　）结构的优点是，问题展得开，每个问题的论述比较集中，而且条理清楚，有较强的说服力。
　　A. 纵式　　　　　　B. 横式　　　　　　C. 总分　　　　　　D. 纵横交错式

4. 下列（　　　）不是调查报告的特点。
　　A. 针对性　　　　　B. 真实性　　　　　C. 具体性　　　　　D. 时效性

5. 以下（　　　）不是缩短较长调查报告应该采用的方法。
　　A. 画掉所有重复和多余的分析
　　B. 寻找更简洁的方式表达相同的意思
　　C. 考虑一下你的论据，删掉任何不重要的内容
　　D. 重新选择论题

6. 市场调研报告必须符合客观实际，这是市场调研报告编写的（　　　）原则。

A. 实事求是 B. 客观导向

C. 迅速及时 D. 突出重点

7. 下列（ ）不是调查报告新颖性的体现。

A. 引用新的事实 B. 提出新的观点

C. 形成新的结论 D. 采用新的写作手法

8. 下列（ ）是撰写调查报告的基础。

A. 时效性 B. 真实性 C. 新颖性 D. 针对性

9. 以下（ ）内容不应该放在调查报告的附录中。

A. 调查问卷或量表

B. 主要论点

C. 典型案例

D. 名词注释、人名和专业术语对照表

10. 下列（ ）是撰写调查报告的目的。

A. 针对性 B. 真实性 C. 新颖性 D. 时效性

三、多项选择题

1. 下列（ ）结构是调查报告主体部分的结构形式。

A. 纵式 B. 横式 C. 总分 D. 纵横交错式

2. 下列（ ）是调查报告新颖性的体现。

A. 引用新的事实 B. 提出新的观点

C. 形成新的结论 D. 采用新的写作手法

3. 下列（ ）是撰写调查报告的目的。

A. 揭示本质 B. 寻找规律 C. 总结经验 D. 以书面形式陈述

4. 下列（ ）有利于撰写调查报告的主体部分。

A. 确定段落并撰写论题句 B. 坚守论题

C. 从一个子主题转向另一个 D. 提出论据并与论点联系起来

5. 市场调查报告的主要研读者是（ ）。

A. 总经理 B. 销售员 C. 秘书 D. 董事长

四、简答题

1. 简述市场调研报告的一般结构。

2. 市场调研报告的写作技巧有哪些？

3. 简述市场调研报告的写作要求。

案例分析

第十六次全国国民阅读调查报告

自 1999 年起，由中国新闻出版研究院组织实施的全国国民阅读调查已持续开展了十六次。第十六次全国国民阅读调查从 2018 年 8 月开始全面启动，2018 年 8 月至 9 月开展样本城市抽样工作，2018 年 9 月至 12 月在全国范围内开展入户问卷调查执行工作，2018 年 11

月至 12 月开展问卷复核、数据录入和数据处理工作，完成分析报告。

本次调查仍严格遵循"同口径、可比性"原则，继续沿用四套问卷进行全年龄段人口的调查。对未成年人的三个年龄段（0～8 周岁、9～13 周岁、14～17 周岁）分别采用三套不同的问卷进行访问。

本次调查执行样本城市为 50 个，覆盖了我国 29 个省、自治区、直辖市。本次调查的有效样本量为 19683 个，其中成年人样本为 15043 个，18 周岁以下未成年人样本为 4640 个，未成年人样本占总样本量的 23.6％；有效采集城镇样本 14651 个，农村样本 5032 个，城乡样本比例为 2.9∶1。

样本回收后，根据第六次全国人口普查公报的数据对样本进行加权，并运用 SPSS 社会学统计软件进行分析。本次调查可推及我国人口 12.88 亿，其中城镇居民占 50.9％，农村居民占 49.1％。现将本次调查的主要发现汇报如下。

1. 2018 年我国成年国民各媒介综合阅读率保持增长势头，各类数字化阅读方式的接触率均有所增长

2018 年我国成年国民包括书报刊和数字出版物在内的各种媒介的综合阅读率为 80.8％，较 2017 年的 80.3％有所提升，数字化阅读方式（网络在线阅读、手机阅读、电子阅读器阅读、Pad 阅读等）的接触率为 76.2％，较 2017 年的 73.0％上升了 3.2 个百分点。图书阅读率为 59.0％，与 2017 年（59.1％）基本持平；报纸阅读率为 35.1％，较 2017 年的 37.6％下降了 2.5 个百分点；期刊阅读率为 23.4％，较 2017 年的 25.3％下降了 1.9 个百分点。数字化阅读的发展，提升了国民综合阅读率和数字化阅读方式接触率，整体阅读人群持续增加，但也带来了纸质阅读率增长放缓的新趋势。

进一步对各类数字化阅读载体的接触情况进行分析发现，2018 年我国成年国民的网络在线阅读接触率、手机阅读接触率、电子阅读器阅读接触率、Pad（平板电脑）阅读接触率均有所上升。具体来看，2018 年有 69.3％的成年国民进行过网络在线阅读，较 2017 年的 59.7％上升了 9.6 个百分点；73.7％的成年国民进行过手机阅读，较 2017 年的 71.0％上升了 2.7 个百分点；20.8％的成年国民在电子阅读器上阅读，较 2017 年的 14.3％上升了 6.5 个百分点；20.8％的成年国民使用 Pad（平板电脑）进行数字化阅读，较 2017 年的 12.8％上升了 8.0 个百分点。

2. 手机和互联网成为我国成年国民每天接触媒介的主体，纸质书、报刊的阅读时长均有所减少

从人们对不同媒介接触时长来看，成年国民人均每天手机接触时间最长。我国成年国民人均每天手机接触时长为 84.87 分钟，比 2017 年的 80.43 分钟增加了 4.44 分钟；人均每天互联网接触时长为 65.12 分钟，比 2017 年的 60.70 分钟增加了 4.42 分钟；人均每天电子阅读器阅读时长为 10.70 分钟，比 2017 年的 8.12 分钟增加了 2.58 分钟；2018 年人均每天接触 Pad（平板电脑）的时长为 11.10 分钟，较 2017 年的 12.61 分钟减少了 1.51 分钟。

在传统纸质媒介中，我国成年国民人均每天读书时间最长，为 19.81 分钟，比 2017 年的 20.38 分钟减少了 0.57 分钟，超一成（12.3％）国民平均每天阅读 1 小时以上图书，比 2017 年（12.1％）略有增加；人均每天读报时长为 9.58 分钟，比 2017 年的 12.00 分钟减少了 2.42 分钟；人均每天阅读期刊时长为 5.56 分钟，比 2017 年的 6.88 分钟减少了 1.32 分钟。

3. 2018 年我国成年国民人均图书阅读量基本保持平稳，报刊阅读量持续下滑

从成年国民对各类出版物阅读量的考察看，2018 年我国成年国民人均纸质图书阅读量为

4.67本,与2017年的4.66本基本持平。人均电子书阅读量为3.32本,较2017年的3.12本增加了0.20本。纸质报纸的人均阅读量为26.38期(份),低于2017年的33.62期(份)。纸质期刊的人均阅读量为2.61期(份),低于2017年的3.81期(份)。我国成年国民中,11.5%的国民年均阅读10本及以上纸质图书,此外还有7.1%的国民年均阅读10本及以上电子书。

4. 我国城镇居民不同介质阅读率和阅读量远远高于农村居民,城乡差异明显

对我国城乡成年居民2018年不同介质阅读情况的考察发现,我国城镇居民的图书阅读率为68.1%,较2017年的67.5%高0.6个百分点;农村居民的图书阅读率为49.0%,略低于2017年的49.3%。城镇居民报纸阅读率为41.2%,较农村居民的28.1%高13.1个百分点。城镇居民2018年的期刊阅读率为27.6%,较农村居民的18.5%高9.1个百分点。城镇居民2018年的数字化阅读方式接触率为83.0%,较农村居民的68.2%高14.8个百分点。2018年我国城镇居民的综合阅读率为87.5%,较农村居民的73.0%高14.5个百分点。

通过对我国城乡成年居民不同介质阅读数量的考察发现,2018年,我国城镇居民的纸质图书阅读量为5.60本,较2017年的5.83本低0.23本;农村居民的纸质图书阅读量为3.64本,较2017年的3.35本高0.29本;城镇居民的报纸阅读量为38.09(份),高于农村居民的12.85期(份);城镇居民的期刊阅读量为3.38期(份),高于农村居民的1.72期(份);我国城镇居民在2018年人均阅读电子书3.41本,较农村居民的3.23本高0.18本。

5. 我国成年国民和未成年人有声阅读继续较快增长,成为国民阅读新的增长点,移动有声APP平台已经成为听书的主流选择

对我国国民听书习惯的考察发现,2018年,我国有近三成的国民有听书习惯。其中,成年国民的听书率为26.0%,较2017年的平均水平(22.8%)提高了3.2个百分点。0~17周岁未成年人的听书率为26.2%,较2017年的平均水平(22.7%)提高了3.5个百分点。具体看来,0~8周岁儿童的听书率为26.8%,9~13周岁少年儿童的听书率为25.2%,14~17周岁青少年的听书率为26.0%。

对我国成年国民听书介质的考察发现,选择"移动有声APP平台"听书的国民比例较高,为11.7%;有6.4%的人选择通过"广播"听书。

6. 我国成年国民网上活动行为中,以阅读新闻、社交和观看视频为主,娱乐化和碎片化特征明显,深度图书阅读行为的占比偏低

2018年,我国成年国民上网率为78.4%,比2017年的79.1%略有下降。具体来看,有近三成(29.5%)的国民通过计算机上网,有近八成(76.8%)的国民通过手机上网。

我国成年网民上网从事的活动中,信息获取功能受到越来越多网民的重视,具体来说,有61.6%的网民将"阅读新闻"作为主要网上活动之一,有28.2%的网民将"查询各类信息"作为主要网上活动之一。同时,互联网的娱乐功能仍然占据很重要的位置,有62.3%的网民将"网上聊天/交友"作为主要网上活动之一,有50.0%的网民将"看视频"作为主要网上活动之一,有41.1%的网民将"网上购物"作为主要网上活动之一,有36.5%的网民将"在线听歌/下载歌曲和电影"作为主要网上活动之一,还分别有28.0%和19.2%的网民将"网络游戏"和"即时通信"作为主要网上活动之一。有15.9%的网民将"阅读网络书籍、报刊"作为主要网上活动之一。

7. 超过半数成年国民倾向于数字化阅读方式,倾向纸质阅读的读者比例下降,而倾向手机阅读的读者比例上升明显

从数字化阅读方式的人群分布特征来看,我国成年国民数字化阅读方式接触者中,18~

29 周岁人群占 32.8%,30~39 周岁人群占 25.4%,40~49 周岁人群占 23.5%,50~59 周岁人群占 13.0%。可见,我国成年数字化阅读接触者中,81.7% 是 18~49 周岁人群。

对我国国民倾向的阅读形式的研究发现,38.4% 的成年国民更倾向于"拿一本纸质图书阅读",比 2017 年的 45.1% 下降了 6.7 个百分点;有 40.2% 的国民倾向于"手机阅读",比 2017 年的 35.1% 上升了 5.1 个百分点;有 12.8% 的国民更倾向于"网络在线阅读";有 7.7% 的人倾向于"在电子阅读器上阅读";0.8% 的国民"习惯从网上下载并打印下来阅读"。

8. 四成以上的成年国民认为自己的阅读数量较少,国民对当地有关部门举办阅读活动的呼声较高

2018 年我国成年国民对个人阅读数量评价中,只有 2.1% 的国民认为自己的阅读数量很多,6.3% 的国民认为自己的阅读数量比较多,37.8% 的国民认为自己的阅读数量一般,41.5% 的国民认为自己的阅读数量很少或比较少。

从成年国民对个人纸质阅读内容和数字阅读内容的阅读量变化情况的反馈来看,有 7.7% 的国民表示 2018 年"增加了纸质内容的阅读",但有 10.0% 的国民表示 2018 年"减少了纸质内容的阅读";有 6.7% 的国民表示 2018 年"减少了数字内容的阅读",但有 9.9% 的国民表示 2018 年"增加了数字内容的阅读";五成以上(54.5%)的国民认为 2018 年个人阅读量没有变化。

从成年国民对于个人总体阅读情况的评价来看,有 26.3% 的国民表示满意(非常满意或比较满意),比 2017 年的 23.7% 提升了 2.6 个百分点;有 14.6% 的国民表示不满意(比较不满意或非常不满意),比 2017 年的 13.1% 增加了 1.5 个百分点;另有 47.4% 的国民表示一般。

9. 0~17 周岁未成年人图书阅读率有所下降,值得关注

从未成年人的阅读率来看,2018 年 0~8 周岁儿童图书阅读率为 68.0%,低于 2017 年的 75.8%;9~13 周岁少年儿童图书阅读率为 96.3%,较 2017 年的 93.2% 提高了 3.1 个百分点;14~17 周岁青少年图书阅读率为 86.4%,低于 2017 年的 90.4%。2018 年我国 0~17 周岁未成年人图书阅读率为 80.4%,低于 2017 年的 84.8%。

对未成年人图书阅读量的分析发现,2018 年我国 14~17 周岁青少年课外图书的阅读量最大,为 11.56 本,与 2017 年的 11.57 本基本持平;9~13 周岁少年儿童人均图书阅读量为 9.49 本,较 2017 年的 8.87 本增加了 0.62 本;0~8 周岁儿童人均图书阅读量为 7.10 本,比 2017 年的 7.23 本略有下降。2018 年我国 0~17 周岁未成年人的人均图书阅读量为 8.91 本,比 2017 年的 8.81 本增加了 0.10 本。

10. 在 0~8 周岁儿童家庭中,近七成家庭有陪孩子读书的习惯

对亲子早期阅读行为的分析发现,2018 年我国 0~8 周岁儿童家庭中,平时有陪孩子读书习惯的家庭占 68.7%。另外,在 0~8 周岁有阅读行为的儿童家庭中,平时有陪孩子读书习惯的家庭占到 93.4%,较 2017 年的 91.8% 提高了 1.6 个百分点;在这些家庭中,家长平均每天花 22.61 分钟陪孩子读书,较 2017 年的 23.69 分钟有所减少。

11. 2018 年全国阅读指数为 68.67 点,其中个人阅读指数为 71.67 点,公共阅读服务指数为 65.91 点

为了综合反映我国国民阅读总体情况及其变化趋势,引导各城市统一阅读指数标准,我们研制出我国国民阅读指数和城市阅读指数指标体系。阅读指数指标体系共包含 25 项单一指标,分为"个人阅读指数"和"公共阅读服务指数"两大方面。其中,"个人阅读指数"包括国民个人图书阅读量与拥有量、各类出版物的阅读率以及个人阅读认知与评价三个方面,综合反映国民阅读水平;"公共阅读服务指数"包括国民对公共阅读设施、全民阅读活动等的认知度、使用情况以及满意度评价三个方面,综合反映全民阅读公共设施建设与公共服务水平。通过对 25 项指标进行分层拟合,获得阅读指数。

经测算,2018 年全国阅读指数为 68.67 点,较 2017 年的 68.14 点提高了 0.53 点。其中,个人阅读指数为 71.67 点,略高于 2017 年的 71.65 点;公共阅读服务指数为 65.91 点,较 2017 年的 64.90 点提高了 1.01 点。

通过对第十六次全国国民阅读调查 50 个采样城市的阅读指数进行测算,得到 2018 年城市阅读指数,排在前十位的城市依次为深圳(84.39 点)、苏州(79.91 点)、北京(78.65 点)、青岛(77.04 点)、杭州(76.63 点)、南京(75.60 点)、上海(75.40 点)、合肥(75.01 点)、武汉(74.65 点)和福州(74.64 点)。

(资料来源:中国新闻出版研究院全国国民阅读调查课题组.新阅读[J].2019(5):45-47)

问题:

1. 结合案例谈谈调查报告的作用与结构。

2. 如何评价这份市场调研报告?

要求: 小组讨论,回答案例中的问题;全班交流分享,教师对各小组的回答进行点评。

技能训练

1. 各公司结合所收集、整理和分析的资料,撰写本课题的市场调查报告。

2. 各公司推荐一名代表(每次汇报人尽量不重复,要求全员参与)汇报和展示本课题的市场调查报告,全班评议。

3. 实训考核:采用过程性考核和成果性考核相结合的考核方式。

(1) 过程性考核:根据每位学生参与实训的全过程表现,评出个人成绩。过程性考核的评价标准见表 8-3。

表 8-3 过程性考核评价标准

姓名＼任务＼标准	工作态度 (25%)	工作技能 (30%)	团队合作 (25%)	阶段性成果展示 (20%)	个人成绩
撰写市场调查报告				市场调查报告	

注:每一阶段性成果都制定不同的评价标准,阶段性成果评价成绩计入过程性评价,分组给每人分别打分。

(2) 成果性考核:根据各组市场预测的完成情况和汇报情况,评出小组成绩。市场调查报告评价标准如表 8-4 所示。

表 8-4　市场调研报告评价标准

考核人员			被考评小组	
考评时间				
考核内容		考核标准	分值	实际得分
调研报告构成	标题	明确规范，一般由调查对象＋调查内容＋文种构成	5	
	目录	条理清楚，内容全面，排版整齐美观	5	
	概要	概述调研课题的基本情况	5	
	正文	详细介绍调研报告的内容及相关数据分析，要求文表结合，有理有据	30	
	结论和建议	根据调查结论，针对企业提出实际合理化建议或解决方法	15	
	附件	提供与调研结果有关的数据资料，如样卷、原始资料来源、统计汇总表等	10	
内容		紧扣主题、观点明确、条理清楚、有理有据	10	
文字表达		语言简练，语句流畅，尽可能文表结合	5	
可行性		数据来源客观真实、分析透彻，有参考价值	10	
现实指导意义		调研数据对企业有指导意义，能帮助企业决策和预测，提出独特的建议和解决思路，受到企业好评	5	
合　　计			100	
教师评语			签名： 日期	
学生意见反馈			签名： 日期	

项目 9

市场调研工作总结

项目导言

市场调研工作结束,调研公司不仅要提交一份高质量的、专业性的市场调研书面报告,还应该熟练地进行口头汇报和交流,一般制作成多媒体演示课件,向决策者或客户进行演示、解说和沟通。此外,调研公司也应该对本次调研工作进行总结和反思,总结调研工作的收获和经验,反思调研工作中存在的问题和不足,以便调研工作不断改进和提高。

学习目标

- **能力目标**

能熟练地汇报市场调研报告。

- **知识目标**

1. 理解口头汇报市场调研报告的重要意义;掌握口头报告的材料准备技巧。
2. 掌握口头汇报时的基本礼仪和汇报技巧。

- **素质目标**

1. 培养学生团队合作精神。
2. 培养学生分析问题和解决问题的能力。
3. 培养口头表达能力。

案例导入

市场调查中的常见问题总结

企业在开展任何市场行动之前,都应先做市场调查,这是诸多企业从实践中得出的科学规律。但是一个个鲜活的例子却向大家展示,似乎是"成也市场调查,败也市场调查"。市场调查到底可靠还是不可靠,这是目前大家争论的一个焦点。在调查实践中,由于存在很多问题,确实影响到了市场调查的可靠性。市场调查常见的五大问题总结如下。

一、市场调查的目的不明确

在市场调查的实施中,很多操作者并不明白为什么要开展这次市场调查,这次市场调查的目的是什么。出现这个问题的原因很多,或许是市场调查的设计者并没有制定一个明确的目的,或许是设计者没有把这个目的给操作者解释清楚。例如,企业在开店选址时会进行一次调查,这是常规操作。正因为是常规操作,在开展这项调查时,往往流于形式,似乎是为了调查而去调查。但是很多调查者并不真的清楚为什么要在预定的区域范围内对居民、对周边环境进行调研。这样的调查是否是想了解潜在消费者的情况与预期符不符合,如果达不到预期，那么是放弃还是坚持。在这种连调查者都不清楚目的是什么的情况下，通过收集、整理、分析后得到的信息可能对企业的决策并没有什么太大的价值，那么，这样的调查似乎也没有什么意义。市场调查的设计者在调研方案中，一定要确定一个明确具体的目的，并且要紧紧围绕这个目的来执行整个方案。

二、市场调查的操作不规范

科学规范的操作是市场调查能获得成功的一个重要因素。然而，在实践中，很多市场调查都存在操作不规范的问题。

（1）调查者弄虚作假。有些市场调查把调查样本的数量和调查者的绩效挂钩，比如按回收问卷的份数来计算调查者的绩效。这样就很容易导致调查者在调查中弄虚作假，可能采取冒充被调查者、虚构被调查者、虚填问卷、虚造数据等方法来获得绩效奖励。这样的弄虚作假对最终的调查结果百害而无一利。要防止调查者弄虚作假，就应在制度上加强管理，比如建立监督机制；在方式上加以改进，比如重视回收问卷的质量而不是数量。

（2）设计与调查分离。在很多市场调查中，调查的设计者和实施者是相分离的。设计者负责设计整个调查方案，实施者负责调查实施、数据收集分析。调查实施者可能并不理解设计者的设计思路和设计目的，那么在实施过程中及后期数据分析中，并不能按照设计者所设想的去操作，最后所得到的信息可能并不是设计者所想要的，从而达不到调查的目的。要保证调查方案在操作中不走样、不偏离，设计者最好能参与整个调查过程。如果确实做不到这一点，也要与实施者进行充分的沟通，并提供及时的指导。

（3）调查问卷设计不合理。问卷调查是目前市场调查中最流行、最常见的一种方法。而问卷设计合不合理是问卷调查能否获得成功的一个重要因素。在问卷设计中，存在着问卷结构、用语、顺序等多方面的不合理。科学、规范地设计问卷，能大大提高问卷的质量，从而也能提高调查的成功率。

三、市场调查不重视调查对象

如果调查对象不配合调查，那么，调查几乎是不可能取得成功的。因此，在调查中，应非常重视调查对象。然而，现实情况并非如此。

1. 不为调查对象着想

相信很多被调查者都有这个感受，就是调查者纯粹只是为了简单地完成自己的任务，丝毫不为他们着想。在调查中，他们得不到重视，甚至得不到应有的尊重。比如，在问卷调查中，能看到长达十几页的问卷。又如，在访问调查中，访谈者罔顾受访者的心情和感受。试想，调查对象若这样被对待，又怎么会心甘情愿地配合调查，如实回答问题，只能是敷衍了事。要想获得调查对象的支持和配合，调查者就应该拿出应有的诚恳态度，真心实意地为对方着想。

2. 忽视调查对象的隐私

在很多市场调查中，都存在忽视调查对象隐私的问题。这个问题主要体现在数据收集上，具体表现在以下两个方面。

（1）滥用大数据。为了获得消费者的信息，有些企业在调查中滥用大数据，在消费者毫不知情的情况下，通过手机或计算机的客户端偷传消费者信息。这种方式不仅让消费者感到愤怒，也涉嫌违法、违规。

（2）利用特殊渠道。有些企业为了更精准细致地了解目标受众，利用一些特殊渠道收集信息。例如，某些药商通过医院，在没有获得病人许可的情况下，收集病人的相关资料。获取受众信息固然重要,但也应在合理、合法的前提下去操作。

3.取样注重于大众

在诸多市场调查中,调查者都希望样本数目越多越好,认为样本容量越大,调查结果的可靠性就越高。因此,在取样时,往往就比较注重处于中间端的大多数群体,而忽略处于两端的个性化人群。而实践证明,如此抽取样本的调查结果对于企业创新、开发新市场等商业决策价值不大。例如,在开发新市场过程中,虽说处于两端的个性化人群的数量较少,但却发挥着重要作用。如果对这两个极端受众的消费心理、消费习惯等方面开展调查,相信一定能够获得比较有价值的信息。在个性化需求越来越明显的当今时代,市场调查应该把眼光越来越多地放在处于两端的个性化受众上。

四、市场调查偏重于定量研究

目前,大多数的市场调查偏重于定量研究,甚至在有些调查中,只有定量分析。从样本抽取、信度效度检验,再到数据收集、统计分析,都离不开定量研究方法。定量分析能提高市场调查的可靠性和准确性,这对市场调查是非常重要的。但是,同样不能忽略的还有定性研究。定性调查的方法有观察法、访谈法等,这些也是常见的调查方法。如果说定性分析研究发展的方向和趋势,那么,定量分析研究发展的广度和深度。市场调查应定量研究和定性研究相结合,两者相辅相成,不可偏颇。

五、市场调查未能深入挖掘信息

调查报告是凝结整个调查心血的成果展示,阅读者习惯依据调查报告的质量来判断这次市场调查的价值。而从很多调查报告中,都未能发现什么有价值的信息。现在大多数调查报告喜欢大量运用统计学的方法,大篇幅分析变量之间的相关关系、因果关系等。但对于这些变量变化的原因、影响因素以及未来发展的方向与趋势描述得却不多。也就是说,市场调查对于企业来说,最重要的意义在于去发现市场中的不足与未满足的需求。而这些在最后的调查报告中却出现得很少。这是因为调查对收集上来的信息,往往只限于表面的研究,挖掘得不够深入,分析得不够透彻。

(资料来源:宁萍.市场调查中的问题分析.产业与科技论坛[J].2018(17)2:74-75)

案例思考

认真阅读案例,谈谈该案例对市场调研工作的启示。

通过以上案例可以得出结论:"市场调查是走向市场的第一步。"市场调查能够为企业决策提供有价值的依据。但是,在调查实践中确实还存在很多问题,如果在调查中能够尽可能地解决这些问题,就能大大提高调查的价值。调研人员要认真总结市场调研中存在的问题和教训,努力提高调研质量,为科学决策提供依据。

任务9.1 口头汇报市场调研报告

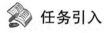 **任务引入**

每公司根据已经完成的市场调研报告,准备进行市场调研口头汇报。

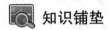

- 问题1：口头市场调研报告的作用是什么？
- 问题2：如何做好口头汇报？

知识铺垫

9.1.1 口头调研报告的含义、作用和特点

市场调研报告从表现形式上来看，有书面报告和口头报告两种形式，口头调研报告是书面调研报告的补充。

口头调研报告是市场调查的主持人或报告撰写者以口头陈述的形式向委托方汇报调查方法、报告结果以及结论、建议的活动。在很多情况下，需要将调查报告的结果向管理层或委托者做口头报告。口头报告可以帮助管理部门或委托方理解书面调研报告的内容并补充书面报告；同时，可以针对委托人提出的问题及时做出解答、口头报告对于有关人士迅速掌握和理解报告内容具有重要作用。

与书面报告相比，口头报告具有以下特点。

（1）口头报告能用较短的时间说明所需调查的问题。

（2）口头报告生动、具有感染力，容易给对方留下深刻印象。

（3）口头报告能与听者直接交流，便于增强双方的沟通。

（4）口头报告具有一定的灵活性，一般可根据具体情况对报告内容、时间做出必要的调整。

9.1.2 做好口头汇报的准备

为了确保口头汇报效果良好，达到预期的目标，汇报前需要做好以下几方面的准备工作。

1. 按照书面调研报告的格式准备详细的汇报提纲

采用口头报告方式并不意味着可以随心所欲、信口开河，它同样需要有一份经过精心准备的提纲，包括报告的基本框架和内容。当然，其内容和风格要与听者的特点相吻合，因此，口头报告之前，汇报人员首先要了解听者的状况，如他们的专业技术水平怎样、他们想了解的核心问题是什么、他们的兴趣是什么等。

2. 精心制作汇报PPT

口头报告前，要精心准备一份PPT文稿，通过投影仪，将调查报告的核心内容展示给客户或决策者。PPT要内容简洁、条理清楚、美观大方，尽量使用图表，使调查结果直观、生动，以提高客户或决策者的兴趣。

3. 提前准备场地和设备

根据听众人数提前准备汇报场地和多媒体设备，并进行必要的测试，避免关键时刻出现失误。

4. 认真挑选和训练汇报人员

汇报人员一般应从参与此项调查的人员中选择,选择一位口头表达流利、善于演讲的调研人员。选好后还要进行专门的训练,可以在现场或模拟现场进行。训练时最好找些模拟听众,让他们提出意见以便修正。通过训练不仅可以增强报告人员的自信心,而且可以掌握报告所需的时间,检验媒体设备的性能及相关资料是否齐全。

9.1.3 口头汇报的成功技巧

能否将口头报告所具有的优点发挥出来,还取决于一些汇报技巧。具体归纳为以下几点。

1. 汇报时要充满自信

有些人常在汇报开始时对其所讲的话道歉,这实际上是不明智的和不自信的表现。一方面,这会暗示没有做出足够的努力准备汇报;另一方面,无谓的道歉浪费了宝贵的时间。

2. 进行充分的练习

调查人员在汇报时,经常会出现紧张心理。事先做充分的练习,全面掌握汇报资料是减少紧张的有效途径。汇报中最紧张的时刻常发生在报告开始时,为减少心理障碍,尤其要注意练习汇报的开头部分。

3. 尽量借助图表来增强效果

一张图表胜似千言万语,在做口头汇报时,要善于采用图表来辅助和支持你的观点。使用图表时要注意:图表的制作要以客观准确的数据为基础,要保证图表清晰易懂,不能用太多图表,图表的颜色不能过于花哨。

4. 要使听者易听易懂

由于听比讲更难以集中注意力,故要求汇报语言简洁明了、通俗易懂,要有趣味性和说服力。如果有一个十分复杂的问题需要说明,可先做简要、概括地介绍,并运用声音、眼神和手势等的变化来加深听者的印象。

5. 要与听者保持目光接触

汇报时要尽量看着听者,不要低头看着讲稿或别处。与听者保持目光接触,有助于判断他们对汇报的态度以及对内容的理解程度。

6. 对回答问题时机的把握

在汇报过程中最好不要回答问题,有关演讲清晰性问题除外,以免出现讲话思路被打断、使听者游离于报告主题之外或造成时间不够等现象。在汇报开始前可告知听讲者在报告后回答问题或进行个别交流。

7. 在规定的时间内结束汇报

口头汇报常有一定的时间限制,在有限的时间内讲完报告是最基本的要求。滔滔不绝的汇报不仅浪费时间,也影响报告的效果。

8. 强调阅读书面报告

口头汇报结束后，还要请客户或有关人士仔细阅读书面报告。

任务实施

各公司根据已完成的书面调研报告，做好充分的汇报准备，并熟练地完成本课题的口头汇报。

汇报交流

各公司推荐一名代表，用 PPT 汇报并展示本组的市场调查报告。

总结拓展

口头汇报的礼仪技巧

口头汇报是一种面对面的交流，除了要做好充分的准备，还要注意一些礼仪性细节和技巧。

1. 谦恭的态度

态度决定人的内心情绪和行为表现。汇报时应秉持谦恭的态度，始终将尊重对方放在第一位，汇报者应始终保持谦虚谨慎、沉稳冷静、不骄不躁，努力营造愉快、融洽的交流气氛，同时汇报态度要诚实，要实事求是、客观公正地汇报调研过程和结论建议。汇报结束，可以诚恳地请求听者批评指正。

2. 精准的内容

汇报内容精练、准确是汇报成功的关键。汇报过程中，对调研工作过程和取得成果略讲，而对调研中发现的问题和解决方案要重点分析。汇报内容应突出中心、择其要点、结构鲜明、精练概括。论证说明要逻辑严密、论证充分。对调研数据的描述要准确、客观，对调研过程和调研方法要交代清楚，不可文过饰非。

3. 得体的形象

仪表形象是汇报人给人的第一印象。正式汇报时汇报人应着正装且仪表整洁，给人以精干振奋之感。汇报时要常微笑、多注视，不时地与听者进行互动交流并对其加以鼓励。汇报人可通过眼神、表情、语气等展示自己对汇报的积极态度。汇报人要吐字清晰、语气温和、声量适中，多用敬语和谦语。汇报完成后对于对方所提问题要耐心倾听，认真记录，并适时应答，切不可随意打断对方的问话。汇报要始终保持文雅大方、彬彬有礼的形象。

任务 9.2　市场调研工作总结汇报

任务引入

（1）各调研公司根据调研工作的实施情况，分享调研收获和心得，查找问题与不足，提出改进对策。评选"最佳调研公司"和每个公司的"最佳调研员"。

（2）各调研公司对本课程教学提出合理化建议，师生互动，共同探讨如何改进教学方法，提高教学质量。

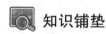 **知识铺垫**

9.2.1　市场调研工作总结的重要意义

市场调研工作总结，是对一项完整的市场调研工作进行一次全面系统的检查、评价、分析和研究，肯定成绩和查找不足，从而得出一些经验和教训，以便在下一次调研工作中得以改进和提高。市场调研工作总结是对已完成的调研工作进行理性的思考和深入的研究。

市场调研工作总结的写作过程，既是对自身调研工作的回顾过程，又是人们思想认识提高的过程。通过总结，人们可以把零散的、肤浅的感性认识上升为系统、深刻的理性认识，从而得出科学的结论，以便改正缺点，吸取经验教训，使今后的工作少走弯路、多出成果。

9.2.2　市场调研工作总结的内容

市场调研工作总结的内容分为以下几部分。

1. 市场调研的基本情况

市场调研的基本情况是对调研背景和调研过程的简略介绍。调研背景主要是课题的来源、目的和意义。调研过程包括制订调研方案、选择抽样方式和调查方法、问卷设计、实地调研、整理和分析调研资料、市场预测和撰写市场调查报告等。

2. 调研中获得的成绩和经验

主要讲解调研工作取得了哪些主要成绩，采取了哪些方法、措施，收到了什么效果等，比如在调研过程中收集到哪些一手和二手资料、运用了哪些整理资料和分析资料的方法、如何实施调研问卷、如何撰写和汇报调查报告等。

3. 调研中存在的问题和不足

通过实施市场调研工作，认真查找、分析调研中存在的问题和不足。比如，由于调研问卷设计不合理，影响被调查者答题；由于不善于沟通，导致被调查者不愿配合调查；由于不熟练计算机技术导致 Excel 图表制作、调查报告的排版、口头汇报 PPT 的制作都受到影响，等等。通过总结，努力发现不足，吸取教训，以便今后得以改进和提高。

4. 今后调研的改进措施

努力发扬优点，改进不足，争取在下一次调研中扬长避短，不断提高市场调研的工作效率，改进工作方法，提高市场调研的工作质量。

 任务实施

各调研公司认真总结本次调研工作。

汇报交流

各公司推荐一名代表,进行本公司调研工作的总结汇报。

总结拓展

调查本课程的学生反馈意见

为了探索基于工作过程的一体化教学改革,努力提高教学质量,在学生总结汇报结束后,教师现场调研学生对本课程教学改革的评价、意见和建议。

(1) 要求全班学生现场认真填写调研问卷,详见附录2。

(2) 每个调研公司随机抽取三名学生座谈,深入了解学生的真实想法和建议。

(3) 整理、分析学生的反馈意见,吸取合理化建议,不断完善基于工作过程的一体化教学改革方案,改进教学方法,提高教学质量。

这不仅是对市场调研课程的最好总结,更是对市场调研课程的真实运用,教学相长,实现“多赢”。

知识图解

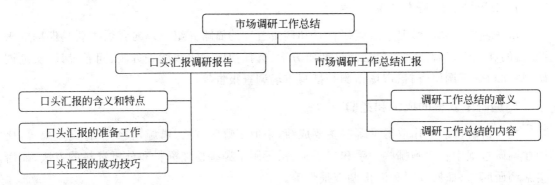

知识检测

名词解释

市场调研工作总结

案例分析

奇瑞的新营销利器

2019年,中国车市持续低迷。在这样的氛围中,奇瑞汽车每月公布的销量数据,却次次让人兴奋。据最新公布的奇瑞集团销量数据显示,2019年7月,奇瑞集团共销售汽车4.9万辆,2019年1月到7月,奇瑞集团汽车累计销量已达37.3万辆,实现了连续7个月的销量增长。优异成绩的背后,除了造车技术的精进,到底奇瑞还有什么样的秘密武器?

新营销兵器第 1 号：“双十一”不止为了卖车，收集培育销售线索才是关键

2018 年 11 月 11 日，奇瑞官方商城上线，即参与了“双十一”电商日大战。奇瑞自建官方商城，并不为了在线上直接做整车交易，而是把它当成自己的营销阵地，通过多种营销活动玩法，有效地收集更多的销售线索并进行培育，从而提升线索质量和转化率。一方面，商城满足了消费者线上选车、了解奇瑞品牌的实际需求；另一方面，通过丰富的商城活动，奇瑞官方商城能吸引消费者，并探测消费者“水温”。

奇瑞官方商城的款项支付，并不指向整车购买，而是下定金，支付定金后，奇瑞会引导消费者去线下核销提车。奇瑞官方商城的背后，依托的是数字营销平台。早在 2018 年，奇瑞汽车就选择与杭州数跑科技有限公司合作，数跑科技基于阿里云中台技术架构，采用用户全生命周期的理念，帮助奇瑞汽车进行数字营销平台建设，实现奇瑞汽车线上线下营销场景的打通。它根据触达用户搜索、浏览、分享、试乘试驾和下单等全流程动作，实现客户旅程的数字化管理，并且通过客户的线上行为，收集数据，逐渐形成了客户完整购车行为的数据链。拥有强大数据处理能力的数字营销平台，不仅可以分析描绘出愈加清晰的客户画像，帮助奇瑞更好地了解客户需求，还会进一步了解奇瑞客户的活动喜好，策划让客户感兴趣的品牌活动。

新营销兵器第 2 号：不管你在哪个平台买车，数据都会统一归集到后台，让营销越来越精准

在瑞虎 8 的预售中，奇瑞就曾在腾讯、天猫、易车等多个购车平台建立导流入口，将在活动页面受到访问的过程中产生的数据归集到数字营销平台，并结合业务数据进行数据分析及数据识别处理，最终实现活动数据分析并以报表方式实时呈现，同时基于实时数据分析实现车型广告个性化推荐。其实，这一实现的背后是奇瑞数字营销平台多个“业务中心”协同联动的结果。数字营销平台里的“渠道中心”，可以整合奇瑞所有线上渠道，通过对媒体、频道、页面、点位、投放数据监测，对各渠道媒体、广告位资源实现集中统一管理，并以分钟级监测数据呈现。此时，内容中心、活动中心也在通过数据分析渠道上投放的内容与活动，对效果进行洞察反馈。剩下的就是如何将合适的内容以合适的渠道、合适的方式推送到合适的人中。数字营销平台里的“用户数据中心”此时就发挥了作用。通过在用户旅程全触点采集的数据，辅以各业务模块的数据汇合，“用户数据中心”制定出汽车行业营销域用户旅程标签体系，实现了具有汽车行业属性的用户画像与用户智能分群，知道了这类属性的用户此时此地需要什么，那么就给用户最需要的。

新营销兵器第 3 号：让听得见炮火的人做决定，让经销商在一线能够最方便及时地开展品牌活动

对于奇瑞老牌车企来说，传统渠道升级是个大命题。目前，奇瑞正在进行“一级网络以提升质量为主导＋二级网络保证纵向渗透”的渠道重塑计划。奇瑞官方商城通过多种营销活动玩法，有效地收集更多的销售线索并进行培育，提升线索质量，将成熟的线索直接下发到经销商，从而提升销售转化率。除了帮经销商收集、培育和下发线索，数字营销平台通过“内容中心”和“活动中心”，将营销活动制作能力下沉，改善了之前活动物料准备时间长、突发事件应变慢等情况，让经销商也能及时进行品牌活动。数字营销平台的“内容中心”，构建了统一素材库，不仅仅是可以随时取用，并且通过可视化工具进行在线操作，还提供了针对汽车行业的各种内容模板组件，包括海报组件、车型组件、配置组件、销售顾问个人名片等，以最简便的方式让经销商快速生产，并清晰传递出明确信息，降低开发运营成本。而"活动中心"可以根据市场活动方案，快速在后台进行相关营销活动参数设置，并根据业务目标，运用营销活动工具，选择恰当的活动方式，比如秒杀、限时抢购、搭配购等，有针对性地进行执行发布。另外，数字营销平台还实现了对经销商微信公众号的生态管理运营。奇瑞的品牌活动信息，可以一键下发实时资讯到各经销商外，不同地域里的经销商还能根据当地消费者行为特点，智能收发当地消费者感兴趣的活动内容，让经销商也可以掌握"千人千面"技能。

新营销兵器第 4 号：丰富新零售渠道，将数据力量武装到体系中每个人

奇瑞在渠道上的科技赋能，不止于经销商，更在服务整个渠道体系中的每一个人。奇瑞汽车建立了销售顾问为中心的经销商名片，让汽车销售顾问可以更直接地和消费者分享新的活动、车型等。经销商名片里，传递的不只是活动信息页，还有销售顾问的信息，消费者可以选择在页面里实时沟通，也可以拨打销售顾问电话咨询。除了汽车销售顾问，在新零售模式下，汽车经纪人模式得到了实际应用。通过渠道下沉、孵化社会化零散的销售力量，依托互联网技术，为分散的个体提供统一平台，以传统 4S 店为中心，形成更细微的社会化触角触达潜在客户。让对奇瑞品牌有信任感、认同感的人可以进来一同卖车。经过一定的审核、认证，也会有分级、淘汰等管理功能，优胜劣汰。经纪人既可以在线上，通过内容中心结合微信公众号，向目标群体推送内容，实现裂变扩散，也可以在线下通过定向地推模式，快速、便捷地与目标客户群体进行直接沟通。

据了解，目前奇瑞的渠道规模稳中有升，截至 2019 年 7 月底，奇瑞一网规模稳定在 500 家，二网规模达到 1300 家。目前，奇瑞还在新零售上积极布局，进行横向扩展。相信之后奇瑞的数字营销平台将会更好地帮助营销业务，快速前进。

（资料来源：阿里云研究中心. http://www.aliresearch.com）

问题：

1. 从市场调研角度看，奇瑞销量增长的原因有哪些？

2. 上述案例给市场调研人员哪些启示？

要求：小组讨论，回答案例中的问题；全班交流分享，教师对各小组的回答进行点评。

技能训练

1. 各公司汇报市场调查报告和市场调研工作总结。

2. 各公司推荐一名代表（每次汇报人尽量不重复，要求全员参与）汇报本课题的市场调查报告和市场调研工作总结。根据调研工作各阶段任务的完成情况和阶段性考核，全班评议评选出"最佳调研公司"和每个公司的"最佳调研员"，并予以相应的表彰和奖励。

3. 实训考核：采用过程性考核和成果性考核相结合的考核方式。

（1）过程性考核：根据每位学生参与实训的全过程表现，评出个人成绩。过程性考核的评价标准见表 9-1。

表 9-1 过程性评价标准

姓名 \ 任务 \ 标准	工作态度（25%）	工作技能（30%）	团队合作（25%）	阶段性成果展示（20%）	个人成绩
口头汇报调研报告				汇报 PPT	

注：每一阶段性成果都制定不同的评价标准，阶段性成果评价成绩计入过程性评价，分组给每人分别打分。

（2）成果性考核：根据各组市场调查报告和市场调研工作的完成情况和汇报情况，评出小组成绩。口头汇报调查报告评价标准如表 9-2 所示。

表 9-2 口头汇报调查报告评价标准

考核人员		被考评小组	
考评时间			
考评标准	考评具体内容	分值	实际得分
	汇报 PPT 制作条理清楚、美观大方	30	
	汇报内容精练、准确	40	
	语言表达清晰、流畅	20	
	汇报态度认真、礼仪得体	10	
	合　　计	100	
教师评语		签名： 日期	
学生意见反馈		签名： 日期	

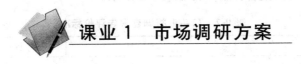

课业 1 市场调研方案

××学院××眼镜店市场调研方案

委托人：××眼镜店

责任人：××调研公司

组长：××

组员：××、××、××、××、××

20××年××月××日

目　　录

概　　要

据统计,我国配戴眼镜的人口每年有不断上升的趋势,市场潜力巨大。由于学习的压力,患近视的人越来越多,在校内由于学生对眼镜种类的需求不同,致使眼镜的更换周期加快,明仁、宝岛、精益、江鹰等频频出现在消费者的视线里。因此,××眼镜店××学院分店委托我们公司进行市场调研,以了解××学院在校学生对眼镜的不同需求,为××眼镜店的营销策略提供依据。

我们公司决定为××眼镜店调查在校生在购买眼镜时所考虑的因素,例如价格、款式、材质、舒适度等。采用经验法与随机抽样的方法对××学院在校生进行抽查,以确定调研人数。

本公司以文献资料(宏观环境、微观环境)和实地调研(问卷调查法)相结合的调研方式为××眼镜店进行调研,分析宏观环境中本年度眼镜的走向与政府出台的政策;微观环境中竞争者(如明仁、宝岛等)的经营策略。以问卷调查法,调查××学院在校生近视眼的市场状况、所需要的款式、价格以及不近视眼的学生有多少人是愿意用眼镜来装饰自己的,为××眼镜店的营销决策提供依据,以促进销售,开发新市场。

一、调研目的

了解××学院在校学生对眼镜的需求状况,以及在购买眼镜时所要考虑的影响因素,例如价格、款式、材质、舒适度等,为××眼镜店××学院分店的营销策略提供依据。

二、调研内容

1. 消费者的基本情况,包括年级、性别、学院等。

2. 调查××学院在校大学生近视眼的程度及近视眼的学生会选择什么款式的眼镜,例如框架眼镜、隐形眼镜等;调查学生会用眼镜美化自己的占比情况。

3. 调查消费者所能接受的眼镜价格范围及更换眼镜的原因,例如眼镜损坏、度数不足等。

4. 调查消费者购买眼镜的渠道和对眼镜促销的要求。

三、调研对象

××学院八大院系(公共管理学院、机电工程学院、建筑工程学院、商学院、外国语学院、信息工程学院、医药与化学学院、艺术与旅游学院)大一、大二学生。

四、抽样方式和调研方法

(一)抽样方式

因为大学是追求个性和时尚的阶段,在校生对于眼镜的需求有所差异,导致其购买习惯的差异,因此在购买眼镜上的需求有所不同。为了准确、及时地得出调研结果,此次调研抽样采用了经验法和随机抽样法：先根据经验法的总体范围推算出选取样本的比重，见表1；然后再计算出抽取的具体样本数，见表2。

表1 经验法对比

N	100以下	100~1000	1000~5000	5000~10000	10000~100000	100000以上
比重	50%	20%~50%	10%~30%	3%~15%	1%~5%	1%以下

表2 ××院八大院系大一、大二学生人数统计   单位：人

院系 人数	公共管理学院	机电工程学院	建筑工程学院	商学院	外国语学院	信息工程学院	医药与化学学院	艺术与旅游学院	合计
大一	104	523	812	721	49	257	180	312	2958
大二	116	568	793	534	57	282	176	266	2792
合计	220	1091	1605	1255	106	539	356	578	5750

由表1可确定抽取样本总人数，即$5750 \times 5\% = 288$人。具体情况如下。

公共管理学院：　　　　　$288 \times (220/5750) = 11$（人）

机电工程学院：　　　　　$288 \times (1091/5750) = 55$（人）

建筑工程学院：　　　　　$288 \times (1605/5750) = 80$（人）

商学院：　　　　　　　　$288 \times (1255/5750) = 63$（人）

外国语学院：　　　　　　$288 \times (106/5750) = 5$（人）

信息工程学院：　　　　　$288 \times (539/5750) = 27$（人）

医药与化学学院：　　　　$288 \times (356/5750) = 18$（人）

艺术与旅游学院：　　　　$288 \times (578/5750) = 29$（人）

（二）调研方法

本公司采用文献调查法（宏观环境、微观环境）和实地调研（主要是问卷调查）相结合的调研方式为××眼镜店进行调研。

五、调研资料整理和分析方法

（一）资料整理方法

本公司先对文献资料进行筛选，筛选出对××学院××眼镜店可以借鉴的信息，然后对实地调研（问卷）资料进行定量、定性分析，根据4PS（产品、价格、渠道和促销）进行整理，先对近视者与不近视者进行分组，然后再对款式、价格分组，整理出有效的数据进行分析。

（二）资料分析方法

对文献资料进行定性分析，对近视者占比及眼镜的款式、价格插入图表进行定量分析，根据4PS（产品、价格、渠道和促销）进行分析。

六、提交报告的方式

本调研公司提交一份规范、完整的本项目的市场调查报告。

七、调研程序及时间安排

设计调研方案：20××.9.22—20××.9.24

抽样设计：20××.9.29—20××.10.06

文案调研：20××.10.07—20××.10.12

实地调研(问卷调查)：20××.10.13—20××.10.20

问卷设计和实施：20××.10.27—20××.11.05

数据整理、分析：20××.11.10—20××.11.17

市场预测：20××.11.19—20××.12.01

撰写调查报告：20××.12.03—20××.12.08

八、经费估算

项　　目	费用/元
策划费	500
通信费	200
公关费	500
调研人员费用	500
问卷打印、复印费	60
统计、报告费	400
合　　计	2160

九、调研的组织计划

　　××、××负责文案调查法，××、××负责设计问卷。

　　发放问卷由××统一安排：××、××负责商学院、信息工程学院、医药与化学学院、外国语学院；××、××负责公共管理学院、机电工程学院、艺术与旅游学院；××负责建筑工程学院。

　　问卷审核：由××进行审核。

　　资料的整理、分析：××负责，其余人辅助。

附：调查问卷

问卷编号：

××学院大学生的眼镜需求调查

亲爱的同学们：

　　你们好！为了了解同学们的眼镜需求情况，更好地满足大家的需求，特组织此次调查。希望您能够从自身实际情况出发，积极配合，认真填写，请在您认为合适的选项上打钩，谢谢您的配合！

　　　　　　　年级_____　院系_____　性别_____

　　1. 您是否近视？（如选 B 选项，请直接跳到第 7 题）

　　　　A. 是　　　　　B. 否

　　2. 您戴上眼镜有多长时间了？

　　A. 一年　　　　B. 两年　　　　C. 三年

　　D. 四年以上　　E. 其他

3. 您平时更换眼镜的原因是什么?

　　A. 度数不足　　B. 眼镜损坏　　C. 新款上市　　D. 形象需要

4. 如果您没有在学校眼镜店配过眼镜,原因是什么?

　　A. 现在的还可以继续使用　　　　B. 这些眼镜店的价格太高

　　C. 不知道去哪家好　　　　　　　D. 习惯去以前经常去的店里配眼镜

　　E. 这些眼镜店的质量不好　　　　F. 其他(注明原因)_____

5. 您平时戴框架眼镜还是隐形眼镜?

　　A. 框架眼镜　　B. 隐形眼镜

6. 您能接受的眼镜价格大概是多少?

　　A. 200 元以下　　B. 200~300 元　　C. 300~400 元　　D. 400 元以上

　　E. 其他

7. 假设您不近视,您会使用眼镜当作装饰品来美化自己吗?

　　A. 会　　　　　　B. 不会

8. 您在选择眼镜时最看重哪方面的因素?(由高 1~6 低排序)

　　____款式　　____舒适度　　____颜色　　____价格　　____品牌　　____耐用度

9. 您会选择什么气质的眼镜?

　　A. 高贵典雅　　B. 简约大方　　C. 活泼可爱　　D. 复古

　　E. 青春阳光　　F. 其他

10. 您通常会选择哪种渠道获取眼镜商品信息?(可多选)

　　A. 报纸杂志　　B. 宣传单　　C. 亲身体验　　D. 上相关网站查询

　　E. 电视广告　　F. 朋友介绍　　G. 营业员推销

11. 怎样的促销活动最能吸引您?

　　A. 赠送相关产品　　　　　　　　B. 现场打折

　　C. 贵宾卡(可长期打折)　　　　　D. 其他

12. 您所期望的服务有: _____

您辛苦了,再次向您表示感谢!

调查员_____　　工号_____　　调查时间_____　　调查地点_____

课业2　市场调研报告

××学院××眼镜店市场调查报告

委托人：××眼镜店

责任人：××调研公司

组长：××

组员：××、××、××、××

20××年××月××日

目　　录

概　　要

本次调研是针对××学院在校生对眼镜的需求情况及在购买眼镜时所要考虑的影响因素进行调研，主要涉及××学院眼镜市场的目标市场及4PS（产品、价格、分销和促销）。

本次调研采用了文献资料（宏观环境、微观环境）和实地调研（问卷调查法）相结合的调研方式，首先分析宏观环境中本年度眼镜市场的走向与政府出台的政策；微观环境中竞争者（如明仁、宝岛等）的经营策略等。然后对××学院八大院系进行了简单随机抽样，共抽取样本288人。我们采用问卷调查法，调查××学院在校生近视眼的市场状况、所需要的款式、价格以及有多少学生愿意用眼镜来装饰自己，最后通过分析得出：××学院眼镜有很大市场，学生比较喜欢戴有框架的眼镜，可接受价格在265元左右，且有的学生会选择用眼镜来装饰自己；有小部分学生会选择隐形眼镜。学生比较喜欢青春阳光的眼镜并且他们只有在度数不足或眼镜损坏时才会更换眼镜，主要是通过朋友介绍、亲身体验和发放宣传单的方式获得商品信息。消费者喜欢的促销活动是推送贵宾卡和赠送相关的产品，消费者所期望的服务有忠诚的服务态度、打折、免费清洗和免费检查视力等服务。

通过调研发现：××眼镜店眼镜款式比较单一，隐形眼镜价格较高且护理和清洗不规范，营业人员服务态度较差，该眼镜店只采取发放宣传单的方式进行宣传。因此，我们建议××眼镜店：可以推出款式多样的框架眼镜并将隐形眼镜价格适当降低，并且对营业人员进行培训，采用营业推广的方式让学生了解本店的促销活动，并且可推出会员制，稳定老顾客。

一、调研的背景及意义

目前大学生对眼镜需求量大，有一定的健康意识，懂得主动去保护眼睛；品牌意识较强，但消费能力一般；年轻时尚，赶潮流。在校学生由于用眼过度，缺乏护眼意识，致使越来越多的学生视力不同程度地下降。随着环境的变化，消费者对眼镜的需求从视力保健的单一层面上，还注重产品的多样化、个性化。在校大学生在一个特殊的生活环境里形成一个特殊的群体，并营造成一种特殊的文化氛围，他们不仅在现时有巨大的消费潜力，也将会成为社会的消费主流。眼镜销售行业在学生这一群体有很大的市场发展空间。

每年开学，新生入校，校内各商家也迎来了一年一度的"潜在客户"争夺战，××眼镜虽有着较强的地理优势，但校外商家及××眼镜店都是××眼镜的竞争对手，怎样才能使××眼镜店脱颖而出成为首要问题。而解决这一问题的关键就是要对××眼镜店所处的市场环境进行调研，了解××眼镜的现有顾客及潜在顾客的需求特征。本次调研是对在校学生对眼镜的需求状况，以及在购买眼镜时所要考虑的影响因素和选择做全面的了解，以便对××眼镜店营销决策提供依据。

二、调研的对象、内容和方法

（一）调研对象

××学院八大院系（公共管理学院、机电工程学院、建筑工程学院、商学院、外国语学院、信息工程学院、医药与化学学院、艺术与旅游学院）大一、大二学生。

（二）调研内容

（1）消费者的基本情况，包括年级、性别、学院等。

（2）调查××学院在校大学生近视眼的程度及近视眼的学生会选择什么款式的眼镜，例如框架眼镜、隐形眼镜等；调查学生用眼镜美化自己的占比情况。

（3）调查消费者所能接受的眼镜价格范围及更换眼镜的原因，例如眼镜损坏、度数不足等。

（4）调查消费者购买眼镜的渠道和对眼镜促销的要求。

（三）调研方法

本次调研采用了文献调研（宏观环境、微观环境）和实地调研（问卷调查法）相结合的调研方式。文献调研主要是分析眼镜的走向、政策以及主要竞争对手（例如明仁、宝岛等）的经营策略等。实地调研主要对八大院系抽取样本 288 人采用线上、线下（各占 50%）相结合的问卷调查法，其中线上采用问卷星发放、回收问卷。

三、调研的资料整理和分析

（一）文献资料的整理和分析

从宏观环境中，可以看出我国眼镜出口困难，需要征收每副 11.44 美元的反倾销税；今年的眼镜主题为时尚、健康和科技，以独特、简约、绿色、环保为理念。

从微观环境中，可以看出，我国大学生的近视率较高，眼镜市场很大，并且宝岛眼镜推出会员制，给予消费者实实在在的优惠；明仁眼镜进入大专院校普及保护视力和视光学知识。××眼镜均可借鉴，推出会员制可以稳定老顾客，吸引新顾客；普及保护视力和视光学知识，可以让消费者知道保护眼睛的重要性，并且能感到××眼镜人性化的经营理念。

（二）实地调研资料整理和分析

我们组共线上、线下发问卷 288 份，回收 287 份，回收率为 99.7%，有效问卷为 277 份。无效问卷的主要原因是：理解错题以至于只回答了两题；过于马虎，选项全部一样；每题的候选项全部都选。以下是 277 份有效问卷的整理结果。

1. 关于眼镜分类分析

眼镜分类分析见表1、图1、图2。

表 1　眼镜分类对比　　　　　　　　　　　　　　　　　　单位：人

分类	是否近视		款　式	
	近视	不近视	框架眼镜	隐形眼镜
人数	189	88	257	20

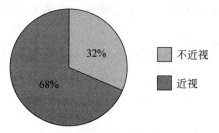

图 1　是否近视占比

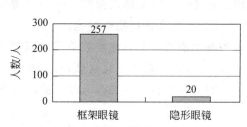

图 2　配戴眼镜款式对比

由表1、图1和图2可知,有189位学生近视,约占总人数的68%,选择框架眼镜的人数为257人;有88位学生不近视,约占总人数的32%,选择隐形眼镜的为20人。由此可知,我校近视眼人数很多,且习惯于配戴框架眼镜。

2. 关于眼镜价格分析

眼镜价格调查情况统计见表2、图3。

表2　189人价格分组的组中值计算

价格/元	组中值	人数/人	组中值×人数
200以下	150	51	7650
200~300	250	82	20500
300~400	350	31	10850
400以上	450	25	11250
总计	1200	189	50250

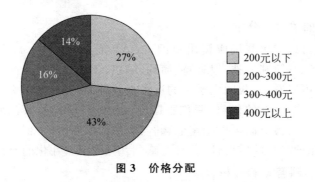

200元以下
200~300元
300~400元
400元以上

图3　价格分配

由表2数据计算可得:

$$平均数 = 50250 \div 189 = 265.9(元)$$

众数、中位数为200~300元。

由表2可知,大学生在购买眼镜时,所满意的价格集中在265.9元左右,即200~300元。

由图3可知,27%的学生能接受一副眼镜的价格在200元以下,43%的学生能接受一副眼镜的价格在200~300元,16%的学生能接受一副眼镜的价格在300~400元,14%的学生能接受一副眼镜的价格在400元以上。由此可知,学生在选择眼镜时选择300元以下的居多。

3. 关于眼镜描述性分析

（1）产品分析

消费者比较钟爱能体现简约大方和青春阳光气质的眼镜,并且比较喜欢戴有框架的眼镜;有少部分学生会选择隐形眼镜。

近视眼的消费者只有在度数不足或眼镜损坏时才会更换眼镜,不近视和近视的学生只有49人会选择用眼镜来美化自己,有219人不会用眼镜来美化自己。不近视的学生往往在新款上市时会购买价格在200元以下的眼镜来美化自己。

（2）渠道分析

消费者选择眼镜时大多是通过朋友介绍、亲身体验和发放宣传单获得商品的信息的。消费者习惯去以前经常去的店里配眼镜,因为他们对这些经常去的店比较了解。

（3）促销分析

消费者喜欢的促销活动是推送贵宾卡和赠送相关的产品,因此××眼镜可以推出会员制并赠送有关眼镜的产品,例如眼镜清洗液、眼镜盒、眼镜布等。消费者所期望的服务有忠诚的服务态度、打折、免费清洗和免费检查视力等服务。

四、调研结论和建议

（一）结论

（1）本年的眼镜主题为时尚、健康和科技,以独特、简约、绿色、环保为理念。

（2）××学院的学生近视率很高,绝大部分学生都有不同程度的近视,且有部分学生会用眼镜来装饰自己。

（3）近视学生中,大部分选择配戴框架眼镜,而××眼镜店的框架眼镜款式、颜色比较单一,舒适度也较差。隐形眼镜价格较高,护理及清洗不规范,引起学生反感,认为高价不合适。另外,近视的学生只有在度数不足或眼镜损坏时才会更换眼镜,这部分学生更换眼镜周期缓慢。

（4）××眼镜店的眼镜价格两极化,大都在100元以下或400元以上。

（5）××眼镜店面对的是直接消费者,而××眼镜店的营业人员对消费者的服务态度较差。

（6）××眼镜店的促销方式只是发放宣传单和在店里用广播进行宣传,而广播里的一些促销也不是学生想要的。比如,买眼镜片送框架,这样会使学生感觉送的框架是劣质的。××眼镜店的促销方式没能稳住顾客长期购买。

（二）建议

（1）××眼镜店要经常推出款式新颖舒适、颜色多种的框架眼镜,并突出时尚、健康和科技,以及独特、简约、绿色、环保的经营理念。

（2）××学院学生近视的比较多,眼镜有很大的市场,并且可开发眼镜的新市场。

（3）××眼镜店可以推出款式多样、颜色多种并舒适的框架眼镜,并适当降低隐形眼镜的价格,以加快更换眼镜的周期。

（4）大学生能接受一副眼镜的价格在265元左右,因此××眼镜店要适当调整眼镜的价格。

（5）××眼镜店应对现有营业员进行培训,使之具有专业的眼镜知识和良好的服务态度。

（6）加强向学生宣传保护视力的具体方法,对学生宣传眼镜的相关知识,不可随意配戴眼镜。××眼镜店可以选择营业推广的宣传方式,让消费者了解该店的各种优惠项目,并且给消费者提供免费清洗和检查视力服务。××眼镜店可推出会员制,会员卡可以积分,也可享受一定的价格优惠(特价商品除外),推出会员制可稳定老顾客,吸引新顾客;也可推出学生套餐,比如凡在本店购买眼镜并办理会员的,可以享受长期的免费清理优惠等。

五、附件

附件1:抽样方案设计
附件2:相关文献资料
附件3:调研问卷
（略）

教学反馈意见调查

市场调研与预测课程教学反馈调查

为了了解本课程的教学情况,以便进一步探索教学改革,提高教学质量,特设计本调查问卷。请同学们认真、如实填写,以便改进教学方法。非常感谢!(请将唯一的答案选项填写在括号里,并在横线上填写相关内容。)

班级:_____

1. 您对本课程教学内容设计的总体评价是( )。

    A. 很好,很实用　　　　　　　B. 较好,较实用　　　　　C. 一般

    D. 较差,不实用　　　　　　　E. 很差,很不实用

2. 您对本课程教学方法改革的总体评价是( )。

    A. 很好　　　　　　　　　　　B. 较好　　　　　　　　　C. 一般

    D. 较差　　　　　　　　　　　E. 很差

3. 您对本课程"教学做"一体化的团队学习模式的总体评价是( )。

    A. 很好　　　　　　　　　　　B. 较好　　　　　　　　　C. 一般

    D. 较差　　　　　　　　　　　E. 很差

4. 您对本课程线上、线下相结合的教学方式的评价是( )。

    A. 非常满意　　　　　　　　　B. 比较满意　　　　　　　C. 一般

    D. 较不满意　　　　　　　　　E. 非常不满意

5. 您对本课程线上教学平台(超星泛雅、学习通)学习资源的评价是( )。

    A. 很丰富,非常满意　　　　　B. 较丰富,较满意　　　　　C. 一般

    D. 资源较少,较不满意　　　　E. 资源很少,非常不满意

6. 您对本课程选用教材的评价是( )。

    A. 很好,很适用　　　　　　　B. 较好,较适用　　　　　C. 一般

    D. 较差,不太适用　　　　　　E. 很差,很不适用

7. 您对课后作业或任务的评价是( )。

    A. 很好,学以致用　　　　　　B. 较好,较实用　　　　　C. 一般,做不做无所谓

    D. 较差,作业或任务基本无用　E. 很差,作业或任务完全无用

8. 您对本课程非试卷考核方式的评价是( )。

    A. 很好,很实用　　　　　　　B. 较好,较实用　　　　　C. 一般

    D. 较差,不太适用　　　　　　E. 很差,不如考试

9. 您认为下列( )教学形式让您收获最大。

A. 理论讲授   B. 案例讨论   C. 项目教学、任务驱动

D. 情境模拟   E. 技能训练

10. 您觉得本课程的上课教室最好是(　　)。

A. 普通教室   B. 多媒体教室

C. 多功能智慧教室   D. 多种教室组合使用

11. 通过本课程的学习,您对市场调研技能掌握程度如何?(　　　)

A. 完全掌握   B. 基本掌握   C. 一般

D. 基本没掌握   E. 完全没掌握

12. 本课程的教学对您市场调研与预测的学习需求的满足程度如何?(　　　)

A. 很好   B. 较好   C. 一般

D. 较差   E. 很差

13. 您对教师授课的总体评价是(　　)。

A. 优秀   B. 良好   C. 一般

D. 较差   E. 很差

14. 您认为教师授课在哪些方面尚需改进?

_____

_____

15. 通过学习本课程,您的收获有哪些?

_____

_____

16. 您还希望学习哪些市场调研与预测方面的知识和技能?

_____

_____

17. 您对本课程教学还有哪些意见或建议?

_____

_____

参 考 文 献

[1] 夏学文. 市场调查与分析[M]. 北京：高等教育出版社,2016.

[2] 王秀娥. 市场调查与预测[M]. 2 版. 北京：清华大学出版社,2014.

[3] 魏玉芝,邵玉. 市场调查与分析[M]. 大连：东北财经大学出版社,2012.

[4] 邱小平. 市场调研与预测[M]. 2 版. 北京：机械工业出版社,2012.

[5] 李璐,张莉. 市场调查分析与应用[M]. 上海：上海交通大学出版社,2012.

[6] 惠兴杰. 市场调查与预测[M]. 成都：西南财经大学出版社,2013.

[7] 李国强,苗杰. 市场调查与市场分析[M]. 3 版. 北京：中国人民大学出版社,2017.

[8] 吕小宇. 市场调查与预测实训教程[M]. 成都：西南财经大学出版社,2017.

[9] 姚建平. 市场信息学[M]. 北京：机械工业出版社,2012.

[10] 王凤羽,冉陆荣. 市场调查与统计分析[M]. 北京：经济管理出版社,2018.

[11] 陈惠源. 市场调查与统计[M]. 2 版. 北京：北京大学出版社,2017.

[12] 张西华. 市场调研与数据分析[M]. 杭州：浙江大学出版社,2019.

[13] 佟成军. 关于网络调查与传统纸质调查差异的比较分析[J]. 中国统计,2017(1):64-67.

[14] 李珊珊. 互联网环境下社会调查方法的创新——以网络调查为例[J]. 新闻世界,2015(4):103-104.

[15] 汪博兴. 网络调查与传统调查方法的比较分析[J]. 襄阳职业技术学院学报,2013(3):39-42.

[16] 陈杰,丁晓冰,王晓红. 全民直播[J]. 知识经济,2020(4):11-17.

[17] 李笑然,姜毅. 销售预测中定量与定性分析方法的比较与研究[J]. 商业会计,2017(6):65-67.

[18] 陈雅芳,梁颖欣,蔡观秋,高永光,刘华. 智慧"云"综合产业园区建设研究[J]. 中国市场,2020(2):192-194.

[19] 中国新闻出版研究院全国国民阅读调查课题组. 第十六次全国国民阅读调查报告[J]. 新阅读,2019(5):45-47.

[20] 宁萍. 市场调查中的问题分析[J]. 产业与科技论坛,2018(17)2:74-75.

[21] 中国数据分析行业网. http://www.chinacpda.org.

[22] 搜狐网. https://www.sohu.com.

[23] 东方资讯. http://finance.eastday.com

[24] 国家统计局. http://www.stats.gov.cn.

[25] 问卷星. https://www.wjx.cn.

[26] 全国大学生创业服务网. http://cy.ncss.org.cn.

[27] 天津市统计局. http://www.stats-tj.gov.cn.

[28] 中国政府网. http://www.gov.cn.

[29] 百度文库. http://wenku.baidu.com.

[30] 中国知网. https://www.cnki.net.

[31] 南方财富网. http://www.southmoney.com.

[32] 中国社会科学网. http://www.cssn.cn.

[33] 站长之家. https://www.chinaz.com.

[34] 人民网. http://people.com.cn.

[35] 中国报告大厅. http://www.chinabgao.com.

[36] 阿里云研究中心. http://www.aliresearch.com.